한국산업보안연구학회

산업기술보호법

현대호 · 이호용 공저

法 文 社

머리말

지난 수십 년 간 우리나라의 국가경제는 산업기술을 중심으로 빠른 속도로 발달하였고 산업구조도 선진화되어 왔다. 이에 따라 산업기술의 가치와 보호는 개인이나 기업의 지식재산에 머물지 아니하고 국가경제에 중대한 영향을 미치는 국가안보상의 문제가 되었다. 우리나라에서 산업기술 보호법제는 '형법상의 배임죄나 민법상의 손해배상책임'과 같은 기본적 법률문제를 중심으로 하는 것에서, '부정경쟁방지 및 영업비밀 보호에 관한 법률'에 의한 노하우의 보호로, 그리고 '산업기술 유출방지 및 보호에 관한 법률'의 제정에 의한 독자적 보호로 강화 · 발전되어 왔다. 이와 같은 법제의 변화는 사회변화에 따라 현재에도 계속 진행되고 있으며 정부 역할의 선진화에 맞물려 새로운 변화에 직면하고 있다.

이 책은 산업보안연구학회를 중심으로 '산업보안학'이라는 새로운 학문에 대한 초석을 마련하고자 하는 노력의 일환으로 출간하게 되었다. 이 책은 저자가 수 년 간 관련 법제도의 제 · 개정에 참여하면서 얻은 지식과 경험을 정리한 결과물에 해당된다. 그러나 우리나라에서는 아직까지 새로운 학문으로 '산업보안학'에 대하여 충분히 소개되지 아니한 상황에서 '산업기술보호법'이라는 명칭으로 이 책을 최초로 출간하게 되어 우려되는 점도 없지 아니하다. 이 책에서 산업기술의 보호법제를 체계화하여 소개함에는 관련 연구가 부족한 상황에서 어려움이 있었고 바람직한 국가의 산업보안 정책과 법제의 방향을 제시하기에도 여러 모로 어려움이 있었다. 특히, 우리나라의 경제구조와 사회구조가 급격히 변화하고 있는 상황에서 산업기술에 대한 충분한 이해와 바람직한 법제의 역할까지 이 책에 모두 담지 못한 아쉬움이 있다. 아무쪼록 저자들의 입장과 우리나라의 산업기술보호 현황 등을 고려하여 새로운 학문의 장을 마련하는 계기가 되기를 바란다.

2013년 5월
저 자 씀

차 례

제1장
개　관

제1절　개 요

제2절　산업기술의 범위

제3절　산업기술의 보호방법

제4절　산업스파이와 양형기준

제1절 개 요

Ⅰ. 산업기술 보호의 필요성

산업기술은 기계 · 동력 · 정밀기구 · 철의 이용법을 발전시켜 인류역사에 대혁명을 가져왔고 큰 변화를 이루어가던 사회 속에서 과학을 새로운 위치로 끌어올리게 되었다. 산업기술의 역사는 한마디로 막대와 돌을 손에 잡은 최초의 인간에서부터 생산과 파괴의 수단을 지배하는 현대인에 이르기까지 도구를 사용하고 이성을 가진 동물로서의 인간발달의 역사라고 할 수 있다. 18세기 중엽 산업혁명[1]에 의해 인간의 생산활동방법을 도구에서 기계의 사용으로 진화시켰고, 가내수공업에서 대량생산이 가능한 공장체제로 체질을 변환하였으며 경제적으로는 내수에서 국가간의 무역으로 변화시킨 원동력이 되었다.

우리나라는 2011년 12월 연간 무역 1조 달러를 달성했다. 1962년 경제개발 5개년 계획을 세워 수출 주도의 경제 정책을 추진한 지 50년 만에 세계에서 9번째로 '무역 1조 달러 클럽'에 그 이름을 올리게 되었다. 우리나라는 무역 1조 달러 클럽에 진입함으로써 기술 강국 · 경제 강국으로서의 위상을 보여주게 되었다. 그런데 우리나라 경제성장의 견인차 역할을 하였던 것은 산업기술이다. 따라서 글로벌 경제 강국으로서 더욱 발전하기 위해서는 산업기술을 보호하기 위한 노력이 선행되어야 한다. 산업기술을 개발하고 이러한 산업기술을 보호하는 것은 단기적으로는 국부의 유출을 방지하고, 장기적으로는 다른 국가와의 경제전쟁으로부터 해당 국가를 생존하게 하는 핵심요소로 기능한다. 또한, 향후 정보화는 '조화로운 (세계)사회'의 관념을 전제로 한 것이 아니라 경쟁에서의 우위확보, 즉 국제사회에서의 지배적인 위치 확보에 초점을 맞추고 있다. 이렇게 산업기술을 둘러싼 갈등은 국내외적으로 현재보다 한층 강화될 것이며, 이에 따라 국가핵심

---

1) 1760-1830년경에 이르는 약 1세기 동안에 기계의 등장으로 인하여 종래의 수공업적 소규모 생산으로부터 대량생산의 공장제 기계공업으로 전환된 산업상의 일대변혁을 말한다. 방직기계의 등장으로 영국이 제일 먼저, 그리고 가장 철저히 경험하였고, 차츰 세계 각국에서 계속하여 일어났다. 이 산업혁명을 거쳐 비로소 자본주의 경제 체제가 확립되었다.

기술과 산업기술의 확보를 위한 경쟁은 더욱 치열해지고, 산업스파이들의 활동도 더욱 증가될 전망이다.

최근 언론보도를 보면 정보유출사고를 자주 접하게 된다. 기업의 기밀정보뿐만 아니라 개인정보와 군사기밀정보까지 유출되면서 사회적으로나 국가적으로 보안이 중요한 이슈로 부각되고 있다. 산업기밀보호센터에서 발표한 자료에 따르면 2003년 6건이었던 국내 산업기술의 해외유출 적발건수가 2011년에는 46건으로 지속적으로 증가하고 있으며 기술 유출시 그 피해액은 연평균 약 50조원 정도라고 한다. 특히, 적발건수는 2006년, 2007년까지는 매년 30여건이었던 것이 2008년부터는 40건을 넘어서고 있으며, 피해금액면에서도 2006년과 2007년을 비교해 보면, 2006년 13조 5,730억원에서 2007년 91조 6,500억원으로 전년대비 6.6배나 증가하였는데, 이것은 고부가가치를 가진 첨단산업기술의 해외유출이 급증하고 있다는 점을 반증하고 있다. 나아가 첨단산업기술의 유출혐의자도 2003년 29명에서 최근에는 100명을 넘는 수준으로 증가해 정부나 기업의 산업비밀 유출방지 대책이 문제된다.

한편, 첨단산업기술이 해외로 유출되는 경로는 크게 해외기업과의 기업합병에 의한 경우, 해외자본의 국내 기업에의 자본참여 전후에 기술을 유출하는 경우, 핵심기술인력이 해외로 전직하는 경우 등으로 다양하다. 2011년 한국산업기술보호협회가 실시한 국가핵심기술 보유기관 보안관리 실태조사에 따르면, 유출사고의 주된 원인으로 임직원의 보안의식 부족을 제1로 꼽았다. 또, 국가정보원의 자료에 따르면, 지난 약 7~8년간 발생한 기술유출의 약 80.8%는 전 · 현직 직원에 의해 발생된 것으로 나타났다.[2)]

이와 같은 유출사고가 증가 추세인 이유를 살펴보면, 종전에는 우리 산업기술이 선진국의 산업기술을 추격하는 수준에 그치는 데 불과했지만, 인터넷을 국가발전의 핵심사항으로 보고 정보기술(Information Technology; IT) 인프라 구축에 심혈을 기울인 결과 지금은 IT기술이 세계 최고의 수준을 자랑하게 되었을 뿐 아니라 기타 전기전자, 정보통신, 조선, 자동차, 철강 등 다양한 분야에서 세계 최고의 기술들을 보유하게 되었다. 치열한 국제경제 환경과 유례없는 국제금융위

2) 디지털 타임스, "산업기술 보호를 위한 인적 보안", 2010.2.22.

기 속에서 세계의 기업들은 살아남기 위해 첨단산업기술 확보에 모든 힘을 집중시키고 있으며, 이런 과정에서 첨단산업기술들이 경쟁국과 산업스파이의 표적이 되고 있다. 2000년대에 들어서면서 IT기술의 급속한 발달로 인해 짧게는 수년에서 길게는 수십 년에 걸쳐서 개발한 산업기술이 몇 초 사이에 유출될 수 있는 환경으로 변화하였고 휴대용 저장장치와 SNS, 스마트폰 등 편리함을 위해 개발된 신기술들은 보안의 커다란 위협요소가 되고 있다. 이러한 측면에서 산업기술의 보호에 대한 문제인식은 무엇보다도 중요하며 시급하다.

Ⅱ. 산업기술 보호의 법적 쟁점

사회가 발달하면서 국가의 부와 미래는 자본과 노동보다 얼마나 혁신적인 기술을 많이 보유하고 있는가에 의해 좌우된다. 세계 각국이 미래를 주도할 혁신적 기술 개발에 주력하는 이유도 여기에 있다. 그런데 이러한 기술 개발경쟁은 국가간 기술 경쟁력의 격차를 점차 좁히고 있다. 따라서 새로운 산업기술의 개발만큼이나 이미 개발된 산업기술을 잘 보호하는 것도 중요하다. 미국, 일본 등 선진 기술을 보유한 나라일수록 자국의 기술보호에 더욱 적극적이며 더 이상의 기술유출이나 모방을 좌시하지 않겠다는 입장을 강하게 견지하고 있는 것도 바로 그러한 이유이다. 그런데 산업기술의 보호는 기술 개발자의 직업의 자유를 제한할 수도 있고, 기술 그 자체는 하나의 재산권으로서 기술 개발자임에도 자신의 재산권을 마음대로 향유할 수 없는 특수성을 가지고 있기도 하다. 따라서 산업기술을 보호함에 있어서 '국부를 위하여'라는 이름으로 '전면적'이고 '규제 일변도'로만 할 수도 없다.

그렇다면 국가는 국내의 산업기술 보호를 위하여 어디까지 또 어떤 방법으로 개입할 수 있을지는 중요한 관심사가 아닐 수 없다. 이러한 점을 탐구하기 위하여 이하에서는 산업기술보호와 관련하여 논의될 수 있는 법적 쟁점에는 어떤 것이 있는지 짚어 보기로 한다.

1. 상대적 재산권으로서의 산업기술

산업기술도 인간의 창조적 활동이나 경험 등을 통해 창출된 것으로서 재산적 가치가 실현될 수 있는 창작물이므로 재산권, 소위 지식재산권(intellectual property rights)에 해당한다. 따라서 산업기술의 보호에 관한 법적 쟁점을 논의함에 있어 가장 먼저 등장하는 것이 바로 산업기술의 재산권성이다.

재산권이론은 근대 민법의 3대 원리 중 하나인 '소유권 절대의 원칙'에서 출발하지만 오늘날에는 재산권의 상대성 · 사회성 · 의무성도 함께 강조되고 있다. 즉 헌법 제23조는 재산권을 보장함과 동시에 재산권의 행사는 '공공복리'에 적합하도록 해야 하고, 또 '공공의 필요'에 의해 재산권을 제한할 수 있도록 하고 있다. 이것은 재산권을 사회적으로 기속되는 상대권화하며, 재산권 행사에는 일정한 의무를 부여할 수 있다. 원래 재산권의 상대성 · 사회성 내지 의무성은 재화가 갖는 유한성(有限性)에서 출발하는 것이었다. 산업재산은 재화의 유한성과는 직접 관련이 없으나, 산업재산이 개인만을 위해서 활용되는 것이 아니라 사회와 공공전반을 위해서도 활용되는 것이기 때문에 산업기술에도 재산권의 상대성 · 사회성 · 의무성이 적용되지 않을 수 없다.

이와 같이 보면 상대적인 개념인 재산권으로서 산업기술은 공공복리 측면에서 제약이 가능하며 여기에 국가개입의 근거가 있음을 확인할 수 있다.

2. 경제의 규제와 조정 원리를 통한 국가개입과 그 한계

우리 헌법이 추구하는 사회적 시장경제질서는 사유재산제의 보장과 자유경쟁을 기본원리로 하는 시장경제질서를 근간으로 하면서 사회복지 · 사회정의 · 경제민주화 등을 실현하기 위하여 부분적으로 사회주의적 통제경제를 가미한 경제질서이다.

헌법 제125조는 "국가는 대외무역을 육성하며, 이를 규제 · 조정할 수 있다"고 규정하고 있는데, 이것은 국가발전의 균형을 도모하는 조치이고, 기업이나 기술이 충분한 대외경쟁력을 갖추지 못하고 있는 경우 국가의 개입은 당연한 조치이다. 또, 대외무역법에서는 해외 간 거래 등에 대해 정부의 승인을 인정하고 있고, 산업기술 유출방지 및 보호에 관한 법률(이하 '산업기술유출방지법'이라 한다)에서도 정부의 승인과 사전신고를 명시하고 있는데 이러한 것들은 헌법상 경제의 규제와 조정의 원리에 따라 국가개입의 근거를 마련하고 있는 것이라고 하겠다.

그러나 사적 자치의 원칙은 국가가 경제에 관한 규제와 조정을 함에 있어서 화폐경제 · 자유경쟁 · 계약의 자유 등 자유시장 경제질서의 근간을 이루는 것을 간과해서는 안 된다. 다시 말해서 국가적인 규제와 통제를 가하는 것도 최소한도의 범위 안에서 보충성의 원칙을 벗어나지 않도록 하여 시장경제질서의 근간을 이루는 사유제산제도와 더불어 경제활동에 대한 사적 자치의 원칙이 존중되는 한도 내에서만 허용될 수 있다. 뿐만 아니라, 경제에 관한 규제와 조정은 법치국가 원리에 따라 행해져야 되는데, 개인의 재산권을 침해할 경우 사회적 이익과 조화를 이룰 수 있도록 비례의 원칙에 의해야 하고, 그 본질적인 내용은 침해할 수 없다.[3)]

3. 국가안보와 수출규제

각 나라는 자기나라의 상품의 국가경쟁력을 확보 · 강화하고, 국가안전을 보장하기 위해서 특정산업이나 첨단기술을 국가 차원에서 보호 · 육성하며, 대외경제거래를 규제하기도 한다. 중요한 제품 및 기술이 경쟁국가로 수출되어 국가안전까지 위협하는 결과를 야기할 가능성이 있다면 그러한 수출행위를 통제하고 규제하는 것은 국가존립이 관련된 중대한 조치이며 이는 국가가 개입하여 산업기술의 수출을 제한할 수 있는 근거가 된다. 예컨대, 미국의 경우에도 대외정책의 도구로서 수출규제를 가장 빈번하고 강력하며 광범위하게 행사해 온 국가다. 타국의 군사적 침략행위, 정치범 박해행위, 인권 위반행위, 인종차별정책 및 차별적 이민정책, 국제테러행위 및 인질납치행위, 내정간섭행위 등에 대해 단독적이고 일방적으로 타국과 공동으로 또는 UN 결의에 입각한 집단제재의 일환으로 수출규제를 가장 빈번하게 행사해 온 것이 사실이다.

한편 GATT 제11조는 원칙적으로 수출규제를 금지하고 예외적으로 허용하고

3) 이순복, 기업의 M&A에 있어서 산업기술의 보호에 관한 법적 연구, 세계헌법연구 제15권 제3호, 2009. 309면.

있으며, 제20조에서는 공중도덕 및 위생상 필요한 수출규제, 국내의 가공 산업에 필수적인 원료확보에 필요한 수출규제, 국내공급부족 물품의 획득 또는 분배를 위하여 필수불가결한 수출규제 등을 일반적으로 허용하고 있다. 이 외에도 국가안보상의 중대한 이익을 보호하기 위하여 필요한 경제적 조치를 취하는 것은 GATT 체제상 허용되고 있고, 이 안보 예외조항은 합법적인 수출규제의 법적 근거로 원용(援用)되어 왔다. 그러나 구체적인 국가안보 기준에 관해 GATT 관행상 확립된 기준은 없기 때문에 안보위협의 존재여부 및 시기를 누가 결정하느냐가 문제가 되는데, 이에 대하여 안보예외원용의 남용을 방지하기 위한 국제적 기준이 결여된 GATT체제상 제21조의 안보예외는 '국가에 유보된' 영역으로서 중대한 안보이행의 존재여부에 대한 결정권은 각 체약국이 보유하고 있다고 해석할 수 있다.[4)]

4. 산업기술 규제와 손실보상

전술한 바와 같이 산업기술유출방지법에서 정하고 있는 산업기술이나 국가핵심기술이 재산권에 속하며, 그 재산권에는 사회성과 의무성을 내포하고 있음은 쉽게 이해할 수 있다. 그러나 산업기술유출방지법에서는 재산권인 산업기술에 대한 수출 제한조치 등의 통제를 하면서도 이에 상응하는 보상규정이 없다. 즉 국가핵심기술에 대해 승인을 거부하거나 사전신고 대상인 산업기술에 대해 보상규정 없이 수출금지 · 수출중지 · 원상회복의 조치를 취할 수 있는데, 이러한 점은 위헌성 시비를 불러일으킬 수 있다. 그러나 국가핵심기술과 산업기술에 대한 이러한 제약은 국민경제 및 국가안보 차원에서 시행되고 있는 것이어서 이것을 단순히 위헌이라고 하기 어렵다. 또 산업기술에 대한 제약은 국가로부터 연구개발비를 지원 받은 경우와 그렇지 않은 경우가 달리 취급되고 있다. 즉, 국가로부터 연구개발비를 지원받아 개발한 국가핵심기술을 보유한 기관이 해당 국가핵심기술을 외국기업 등에 매각 또는 이전 등의 방법으로 수출하고자 하는 경우에는 국가안보와 국민경제적 파급효과 등을 검토 · 심의하여 산업통상자원부장관이

4) 이준복, 앞의 논문, 310면.

승인할 수 있도록 규정하고 있다(산업기술유출방지법 제11조). 국가핵심기술로 지정된 산업기술은 국가로부터 지원금을 받아 개발되기 때문에 국가경제와 국가안보적 차원의 검토나 규제 없이 수출되거나 거래되어서는 아니 된다. 따라서 이런 경우에는 특별한 보상 없이 국가가 개입하여 규제하는 것의 정당성을 인정하지 않을 수 없다.

하지만 국가로부터 연구개발비를 지원 받지 않은 산업기술에 대해서는 사전신고를 하도록 명시하고 있으며, 이 경우에는 국가안보에 심각한 영향을 주는 경우에 한해서만 수출중지 등의 통제 조치가 가능하다. 따라서, 만약 산업기술유출방지법에서 국가로부터 어떤 지원도 받지 않는 기술을 핵심기술로 지정하고, 이에 대한 아무런 보상규정 없이 국가가 개입을 하여 제한한다면 이는 위헌성 시비가 제기될 수 있을 것이다.

같은 이유로 산업기술에 대한 행정적 통제는 해당기술이 국가안보 및 국민경제에 미치는 파급효과, 관련 제품의 국내외 시장점유율, 해당 분야의 연구동향 및 기술 확산과의 조화 등을 종합적으로 고려하여 필요최소한의 범위 안에서 정하여야 한다(산업기술유출방지법 제9조 제2항).

그러나 더욱 중요한 것은 현재의 실태에 대한 객관적인 분석이다. 위에서 언급한 것과 같이 국가가 개입하여 기술의 수출을 제한하는 것에 대한 정당성을 획보할 수 있는 근거가 있지만, 국가핵심기술로 지정됨으로써 국가의 통제를 받고 있는 대상 기업들을 위한 지원정책이 없는 상황에서 현실적으로 규제만 뒤따르기 때문에 국가핵심기술로 지정되지 않으려고 회피하는 경향이 두드러지고 있다. 따라서 국가핵심기술 업체로 지정받는 것을 부담스러워 하는 기업 간의 분위기부터 달라져야 되는데, 이를 위해서는 국가핵심기술에 대해 법정책이 규제중심적인 것에서 지원중심적인 것으로 변화될 필요가 있다.[5)]

5) 이준복, 앞의 논문, 307면.

제2절 산업기술의 범위

I. 산업기술

1. 산업기술의 개념

(1) 산업기술의 개념과 대상

산업기술유출방지법에서는 "산업기술"이란 제품 또는 용역의 개발 · 생산 · 보급 및 사용에 필요한 제반 방법 내지 기술상의 정보 중에서 관계중앙행정기관의 장이 소관 분야의 산업경쟁력 제고 등을 위하여 법률 또는 해당 법률에서 위임한 명령에 따라 지정 · 고시 · 공고 · 인증하는 기술로서 ① 산업발전법 제5조에 따른 첨단기술[6], ② 조세특례제한법 제18조 제2항에 따른 고도기술, ③ 산업기술혁신 촉진법 제15조의2에 따른 신기술, ④ 전력기술관리법 제6조의2에 따른 신기술, ⑤ 부품 · 소재전문기업 등의 육성에 관한 특별조치법 제19조에 따른 부품 · 소재기술, ⑥ 환경기술 및 환경산업 지원법 제7조 제1항에 따른 신기술, ⑦ 그 밖의 법률 또는 해당 법률에서 위임한 명령에 따라 지정 · 고시 · 공고 · 인증하는 기술을 말한다(산업기술유출방지법 제2조 제1호). 이와 같은 산업기술유출방지법의 개념정의는 산업기술을 포괄적이지만 관련분야의 산업기술의 발달이나 시장상황 및 정부정책 등을 고려하여 신축적으로 그 대상을 정하고 있다.

---

6) '첨단기술'이란 산업발전법 제5조에 의하면 기술집약도가 높고 기술혁신속도가 빠르며, 신규 수요 및 고부가가치 창출과 기술적 · 경제적 파급 효과가 크고, 기술 · 경제적 비교우위 확보가 가능하며 기타 자원 및 에너지 절약, 생산성 향상, 환경보전 효과가 큰 10개 분야 100개 기술로 되어 있다(첨단기술 및 제품의 범위, 「지식경제부고시」 제2011-233호). 따라서 첨단기술은 일정 시점에서 가장 복잡하고 앞선 기술로서 신규성, 복잡성, 불확실성, 독점성 등의 특징을 지니고 있으며, 첨단기술을 기반으로 하는 첨단산업은 기술집약적 신산업분야이다(김대현, 첨단기술 획득전략 영향요인과 기술성과에 관한 연구, 목원대학교대학원 박사학위논문, 2003, 23면).

◈ 관계중앙행정기관이 법령에 따라 지정 · 고시 · 공고하는 기술

기술종류	근거법률	기술의 정의	소 관
첨단기술	산업발전법 제5조	기술집약도가 높고 기술혁신속도가 빠른 기술로서 산업구조의 고도화에 대한 기여도가 높으며 신규수요 및 부가가치 창출효과, 산업간 연관효과가 큰 기술	산업통상자원부
고도기술	조세특례법 제18조 제2항	국내산업의 국제경쟁력 강화에 긴요한 고도의 기술	기획재정부
신기술	산업기술혁신 촉진법 제15조의2	국내에서 최초로 개발된 기술 또는 기존 기술을 혁신적으로 개선 · 개량한 우수한 기술	산업통상자원부
신기술	전력기술관리법 제6조의2	국내에서 최초로 개발한 전력기술 또는 외국에서 도입하여 개량한 것으로서 국내에서 신규성 · 진보성 및 현장적용성이 있다고 판단되는 전력기술	산업통상자원부
부품 · 소재 기술	부품 · 소재전문 기업 등의 육성에 관한 특별조치법 제19조	부품 · 소재 및 부품 · 소재 생산설비와 관련된 기술	관련 중앙행정기관
신기술	환경기술 및 환경산업 지원법 제7조 제1항	국내에서 최초로 개발된 환경 분야 공법기술과 그에 관련된 기술 및 도입한 기술의 개량에 따른 새로운 환경 분야 공법기술과 그에 관련된 기술로서 기존의 기술과 비교하여 신규성과 우수성이 있다고 인증받은 기술	환경부

(2) 산업기술의 요소

무형의 서비스를 제공하는 데 필요한 산업기술도 산업기술유출방지법의 보호범위에 포함되며, 산업활동에 필요한 기술이면 족하고, 산업활동에 직접 참여하는 영업주체가 직접 개발하거나 보유하고 있을 것을 요구하지 않는다. 이 점에서 영업주체의 자기 영업활동에 유용한 정보만을 보호대상으로 하는 부정경쟁 방지 및 영업비밀 보호에 관한 법률(이하 '영업비밀보호법'이라 한다)의 영업비밀과 구별된다. 즉 영업비밀보호법 제2조에서는 '영업비밀'이란 공공연히 알려져 있지 아니하고 독립된 경제적 가치를 가지는 것으로서, 상당한 노력에 의하여 비밀로 유지된 생산방법, 판매방법, 그 밖에 영업활동에 유용한 기술상 또는 경영상의 정보를 말한다고 규정하고 있다.

산업기술유출방지법에 의해 보호되기 위해서는 반드시 기술상 정보여야 한

다. 기술상의 정보가 아닌 연구원 개인정보, 연구인력 관리지침 등은 보호될 수 없다. 이 점에서 기술상의 정보뿐 아니라 경영상의 정보까지 보호대상에 포괄적으로 보호하는 영업비밀보호법과는 차이가 있다.

산업기술은 아래와 같은 4개의 공통요건을 갖추어야 산업기술유출방지법상의 '산업기술'로 보호된다. 종래 산업기술유출방지법이 개정되기 전에는 이와 같은 공통적 요건을 갖추었다고 해도 택일적 요건(① 국내에서 개발된 독창적 기술로서 선진국 수준과 동등 또는 우수하고 산업화 가능 기술, ② 기존제품의 원가절감이나 성능 또는 품질을 현저하게 개선시킬 수 있는 기술, ③ 기술적 · 경제적 파급효과가 커서 국가기술력과 대외경쟁력 강화에 이바지할 수 있는 기술, ④ 보호요건을 갖춘 다른 산업기술로 응용 또는 활용하는 기술일 것) 중 하나 이상을 추가적으로 충족할 것으로 요건으로 하였다.

◈ 산업기술의 개념요소[7)]

공통 요소	제품 또는 용역의 개발 · 생산 · 보급 및 사용에 필요한 것
	방법 내지 기술상의 정보일 것
	관계중앙행정기관의 장이 소관분야에서 지정할 것
	법령이 규정한 바에 따라 지정할 것

2. 전략물자(전략기술)와의 구분

산업기술과 구별되는 개념으로 전략기술 또는 전략물자가 있다. 전략물자란 재래식무기 또는 대량파괴무기와 이의 운반수단인 미사일의 제조, 개발, 사용 또는 보관 등에 이용 가능한 물품, 소프트웨어 및 기술로서 국제평화와 안전유지, 국가안보를 위해 수출입에 제한을 받고 있다. 우리나라는 대외무역법 및 다자간 국제수출통제체제의 원칙에 따라 산업통상자원부장관이 전략물자수출입고시에 전략물자를 고시하고 있다.

7) 최응렬 외, 국가핵심기술 보호수준과 보안요인과의 관계 연구, 한국공안행정학회보 제44호, 2011, 372면.

전략기술 및 전략물자 비교

구 분	전략물자	전략기술
법적 근거	대외무역법	
자가판정	법적 근거 있음	법적 근거 없음
사전판정기관	전략물자관리원	
사전판정 유효기간	판정일로부터 2년	
수출승인(허가) 유효기간	1년이내(특정포괄수출허가: 2년이내) (수탁가공포괄수출허가: 3년이내)	계약서상의 계약기간
수출승인(허가) 면제	• 일반산업용물자(민감 · 초민감품목제외)로 WA 체제 물품 중 미화 3천달러 이하인 경우 • 기타 면제사유 – 국내에 있는 외국선박 또는 항공기가 자체목적으로 사용하는 물자 – 선박 또는 항공기의 안전운항을 위하여 긴급수리용으로 사용되는 물자를 무상수출할 경우 – 재외공관(KOTRA 해외무역관 포함) 및 해외파견 우리나라 군대 또는 외교사절에 반출하는 공용물품 – 국제기관에 발송하는 화물로서 우리정부가 체결한 조약 또는 국제적 약속에 따라 수출허가가 면제되는 품목 –수입한 전략물자를 수리, 성능미달, 대체 등 부득이한 사유로 당초 수출자에게 반송하는 경우 – 우리 나라에서 개최하는 박람회, 견본회 또는 전시회 등에 출품할 목적으로 수입한 후 1년 이내에 당초 수출자에게 수출할 경우. 다만 별표2의 제10부(원자력전용품목)에 해당하는 품목의 경우에는 적용하지 아니한다. – 암호화품목등(5A002.a.1,2,5,6,9, 5B002, 5D002, 5E002)을 별표 6의 "가"지역 또는 바세나르체제 가입국에 수출하는 경우 (민간 최종사용자의 내부개발 또는 생산 용도에 한하며, 대량파괴무기등으로 전용될 경우는 제외한다.) – 자율준수무역거래자가 전략물자를 '가'지역으로 수출하거나 또는 해당 전략물자 소관의 국제수출통제체제 가입국에 수출하는 경우로써 그 최종사용자가 해외 본점 또는 자율준수무역거래자가 최대 주주인 해외 현지 법인(자율준수무역거래자가 해외에서 사업을 영위하기 위하여 「외국환거래법」제3조 제18호에 따른 해	• WA회원국: 민감 · 초민감 기술 이외의 품목 • WA비회원국: 미화 1만달러 이하의 품목(민감 · 초민감 관련기술 제외)

구 분		전략물자	전략기술
		외직접 투자를 한 법안을 말한다.)인 경우: 다만, 원자력전용품목, 군용물자품목 및 민감,초민감품목을 제외하고 대량파괴무기 등으로 전용될 가능성이 있는 경우 제외한다.	
포괄수출허가제도		국제평화 및 안정유지에 저해하지 않는다고 인정될 경우 일정기간동안 자율판단에 따라 수출가능토록 허용	없음
자율준수제도		있음	없음
불법수출시 제재사항	형 벌	- 5년 이하의 징역 또는 거래가의 3배 이하의 벌금 부과 - 목적범의 경우 가중처벌(7년 이하의 징역 또는 거래가의 5배 이하의 벌금 부과)	3년 이하의 징역 또는 1천만원 이하의 벌금 부과
	미수범	각 해당죄에 준하여 처벌	-
	양벌규정	해당법인 또는 가담자에 대하여 각 해당죄의 벌금형 부과	해당법인 또는 가담자에 대하여 1천만원 이하의 벌금 부과
	질서벌	사후관리규정 위반시 1천만원 이하의 과태료 부과	사후관리규정 위반시 100만원 이하의 과태료 부과
	행정벌	3년 이내 전략물자 무역금지 조치	-

아래의 도표에서 알 수 있듯이 전략물자수출관리체계는 1989년 대외무역법의 '전략물자수출입허가'제도로 도입되었고 세부 역할은 각부처와 관련 법률에 분장되어 있다. 즉 첫째, 대외무역법은 전략물자수출입의 일반법이며, 일반산업용 물품 및 기술, 소프트웨어에 대한 전략물자 수출입관리하고, 둘째, 원자력법은 원자력전용품목에 대한 수출입관리하고, 셋째, 방위사업법은 방산물자 중 주요방산물자에 대한 전략물자 수출입관리하고, 넷째, 남북교류협력촉진법은 남북한간 반 · 출입에 대한 전략물자 수출입관리하고 있으며, 다섯째, 화학 · 생물무기의 금지 및 특정화학물질 · 생물작용제 등의 제조 · 수출입규제 등에 대한 법률은 화학무기금지협약, 생물무기금지협약에 대한 우리정부의 이행책임관련 내용을 규정하고 있다.

◈ 전략물자수출관리체계

<table>
<tr><th>구 분</th><th>대상품목</th><th>수출승인(허가)기관</th><th>사전판정기관</th></tr>
<tr><td rowspan="5">전략 물자 · 기술</td><td>기술</td><td>산업통상자원부
무역안보팀</td><td>전략물자관리원</td></tr>
<tr><td>원자력 전용품목
(관련S/W 및 기술 포함)</td><td>원자력안전위원회
원자력통제과</td><td>원자력안전위원회
원자력통제과</td></tr>
<tr><td>산업용물품</td><td rowspan="2">산업통상자원부
무역안보팀</td><td rowspan="2">전략물자관리원</td></tr>
<tr><td>원자력 일반산업용 물품
(관련S/W 포함)</td></tr>
<tr><td>군용물자(관련S/W 포함)</td><td>방위사업청 수출협력과</td><td>-</td></tr>
<tr><td rowspan="3">상황허가</td><td>상황허가 대상일반
산업용 물자</td><td>산업통상자원부
무역안보팀</td><td>-</td></tr>
<tr><td>방사성동위원소의 유기 또는 무기화합물원자로 및 이들의 부분품과 관련기술</td><td>원자력안전위원회 방사선안전과 원자력안전위원회 원자력통제과</td><td>-</td></tr>
<tr><td>상황허가 대상품목관련기술</td><td>산업통상자원부 무역안보팀</td><td>-</td></tr>
<tr><td>비 고</td><td colspan="3">1. 기술이 물품 및 소프트웨어와 함께 수출되는 경우에는 물품 및 소프트웨어에 대한 수출허가기관이 담당
2. 상기 품목을 북한으로 직접 반출 · 반입하는 경우에는 ‘남북교류협력에관한법률’에 의거 통일부 남북기술협력팀(02-2100-5953~5)이 담당
3. 통관단계의 관리: 관세법에 따라 관세청 통관기획과(042-481-7843)</td></tr>
</table>

Ⅱ. 국가핵심기술

1. 국가핵심기술의 개념

산업기술유출방지법은 국내 핵심기술을 보호하여 국가산업경쟁력을 강화하고, 국가의 안전과 국민경제의 안정을 보장하는 것을 목표로 한다. 특히, 산업기술유출방지법은 국가안보에 직접적인 영향을 미치는 국가핵심기술의 해외유출을 규제하고 산업기술의 부정한 유출을 방지하기 위한 보안의식 확산 및 제도적 기반의 구축을 통해 국내 핵심기술을 보호한다. 여기서 “국가핵심기술”이란 국내외 시장에서 차지하는 기술적 · 경제적 가치가 높거나 관련 산업의 성장잠재력이 높아 해외로 유출될 경우에 국가의 안전보장 및 국민경제의 발전에 중대한 악영향을 줄 우려가 있는 기술로서 지정 등이 된 산업기술을 말한다(산업기술유출방지법 제2조 제2호). 즉 국가핵심기술은 산업기술유출방지법에 의하여 보호되는 '산업기술' 중에서 좀 더 강한 보호가 요구되는 기술에 대해 추가적인 절차를 거쳐 보호를 강화하기 위해 지정된다.

국가핵심기술은 기술적 · 경제적 '가치성', 관련 산업의 성장잠재력이 높은 '성장잠재성', 그리고 해외로 유출될 경우 국가의 안전보장 및 국민경제의 발전에 중대한 악영향을 줄 우려가 있는 '개연성' 있는 산업기술로서 산업통상자원부장관이 관계중앙행정기관의 장으로부터 통보받은 대상기술 중에서 산업기술보호위원회의 심의를 거쳐 지정해야 하는 '지정성'을 요건으로 갖추어야 한다. 다만, 국가핵심기술을 선정함에 있어서 해당 기술이 국가안보 및 국민경제에 미치는 파급효과, 관련제품의 국내외 시장점유율, 해당분야의 연구동향 및 기술 확산과의 조화 등을 종합적으로 고려하여 필요최소한의 범위 안에서 선정하여야 하는 '최소선정성'을 가지고 있다.

국가핵심기술의 개념 요소[8)]

공통 요소	산업기술에 해당할 것
	해외로 유출될 경우 국가의 안전보장 및 국민경제의 발전에 중대한 악영향을 줄 우려가 있을 것
	관계중앙행정기관의 장이 소관분야에서 지정할 것
선택적 요소	국내외 시장에서 차지하는 기술적 · 경제적 가치가 높을 것
	관련 산업의 성장 잠재력이 높을 것

2. 국가핵심기술의 선정기준

국가핵심기술은 국가안보 · 국민경제에 미치는 파급효과, 관련 제품의 국내외 시장점유율, 해당 분야 연구동향 · 기술 확산과의 조화 등을 종합 고려하여 필요최소한의 범위 내에서 선정한다. 여기서 국가안보의 관점에서는 수출이 통제되

8) 최응렬 외, 국가핵심기술 보호수준과 보안요인과의 관계 연구, 한국공안행정학회보 제44호, 2011, 373면.

는 전략물자 관련 제품 및 국내에서 연구개발이 진행되고 있는 방산제품에 내재되어 있는 관련 산업기술 등을 포괄하는 개념이라 할 수 있으며, 국민경제적 관점으로는 현재의 위상과 미래의 가능성을 감안할 때, 유출시 국민소득 · 산업경쟁력 · 무역수지 · 고용 등을 감소시켜 국민경제에 중대한 악영향을 줄 수 있는 산업기술이라 할 수 있다. 또한, 시장적 관점으로는 현재 세계시장에서 차지하는 점유율이 높은 제품에 내재된 기술로서 유출시 부메랑 효과가 발생하여 우리나라의 관련 산업경제에 악영향을 주는 산업기술이라 할 것이다.

이와 함께 해당 분야의 연구동향 및 기술확산과의 조화를 검토할 수 있는데, 국제적 기술교류를 통한 기술개발이 중요하여 국가핵심기술 선정을 유보할 필요가 있는 산업기술이 이에 해당된다.

선정기준 예시

① 국민 경제적 기준
- 수출비중 국내전체 %(해당기업 %)
- GDP비중(해당기업 %)
- 해당 분야 고용인원(해당기업 명) 등

② 시장적 기준
- 세계 시장점유율
- 국내기술 %(해당기업 %) 등

③ 기술의 세계적 수준
- Impact Factor(특허 등)
- 과학기술의 세계적 수준과 해당 기술의 수준 등

④ 국가안보 기준
- CoCom 기준
- 미국 EAA 기준
- 시장경쟁국(적국)기준 등

3. 지정된 국가핵심기술

정부는 2007년 8월 국무총리 주재로 제1차 산업기술보호위원회를 개최하여 산업기술의 유출방지 및 보호를 위한 중장기 기본계획(2008년-2012년), 산업기술보호지침 및 국가핵심기술 지정 등을 심의 · 확정하였다. 동 위원회는 국가안보 및 국민경제적 효과가 큰 기술 중 기업들의 글로벌 경영을 저해하지 않는 필요 최소한의 범위 내에서 국가핵심기술을 선정하였으며 전기 · 전자분야 4개 기술, 자동차분야 8개 기술, 철강분야 6개 기술, 조선분야 7개 기술, 원자력분야 4개 기술, 정보통신분야 6개 기술, 우주분야 5개 기술 등 총 40개 기술을 분야별로 선정하였다.

이후 2009년 12월 제2차 산업기술보호위원회에서 전기 · 전자 · 조선분야 기준변경과 정보통신분야 추가지정 및 생명공학분야 신규지정 등 8개 분야 총 49개 기술로 국가핵심기술을 재조정한 이후, 2011년 2월 23일 지식경제부고시 제2011-33호에 의거하여 자동차분야 고속열차 제어방식 일부 변경과 정보통신분야 UWB 시스템에서 중단 없이 신호 간섭회피를 위한 DAA(Detection And Avoid) 기술 1개를 추가 지정하여 8개 분야 총 50개 기술로 지정하였다. 2012년 1월 지식경제부고시 제2012-13호에서는 총58개의 국가핵심기술을 선정하였다. 분야별로 국가핵심기술을 분류하면, 전기전자 8개, 자동차 8개, 철강 6개, 조선 7개, 원자력 4개, 정보통신 17개, 우주 5개, 생명공학 3개로 지정되어 있다.

◈ 국가핵심기술의 종류

분 야	국가핵심기술 명칭
전기전자 (8개)	- 60나노급 이하 D램에 해당되는 설계 · 공정 · 소자기술 및 조립 · 검사기술 중 3차원 적층형성 기술 - 40나노급 이하 D램에 해당되는 조립 · 검사기술 - 50나노급 이하 낸드플래시에 해당되는 설계 · 공정 · 소자기술 및 조립 · 검사기술 중 3차원 적층형성 기술 - 30나노급 이하 낸드플래시에 해당되는 조립 · 검사기술 - 7세대급(1870×2200㎜) 이상 TFT-LCD 패널 설계 · 공정 · 제조(모듈조립 공정기술은 제외) · 구동기술 - 30나노급 이하 파운드리에 해당하는 공정 · 소자기술 - AMOLED 패널 설계 · 공정 · 제조(모듈조립공정기술은 제외)기술 - 전기자동차用 고에너지밀도(200Wh/Kg이상) 고온안전성 (섭씨50도 이상) 리튬이차전지 설계기술
	- 하이브리드 자동차 시스템 설계기술(Control Unit Logic, Battery Monitoring System, Regenerative Braking System에 한함) - 연료전지 자동차 80㎾ 이상 Stack시스템 설계기술 - LPG자동차 액상분사(LPLi)시스템 설계기술 - Euro5 기준 이상의 디젤엔진 배기가스 후처리 장치 설계기술(DPF, SCR에 한

분 야	국가핵심기술 명칭
자동차 (8개)	함) - 자동차엔진 · 자동변속기 설계기술(단, 양산 후 2년 이내 기술에 한함) - 복합소재를 이용한 일체성형 철도차량 차체 설계 및 제조기술 - 자기조향 기능을 구비한 틸팅철도차량용 주행장치 설계 및 제조기술 - 최고시속 350km급 동력집중식 고속열차 동력시스템 설계 및 제조기술[AC 유도전동기 · TDCS(Train Diagnostic & Control System) 제어진단 · 주전력변환장치 기술에 한함]
철 강 (6개)	- FINEX 유동로 조업기술 - 항복강도 600MPa급 이상 철근/형강 제조기술(저탄소강(0.4% C 이하)로 전기로방식에 의해 제조된 것에 한함) - 고가공용 망간(10% Mn 이상) 함유 TWIP강 제조기술 - 합금원소 총량 4% 이하의 기가급 고강도 철강판재 제조기술 - 조선 · 발전소용 100톤 이상급(단품기준) 대형 주 · 단강제품 제조기술 - 저니켈(3% Ni 이하) 고질소(0.4% N 이상) 스테인리스강 제조기술
조 선 (7개)	- 고부가가치 선박 및 해양시스템 설계기술 - LNG선 카고탱크 제조기술 - 3천톤 이상 선박용 블록탑재 및 육상에서의 선박건조기술 - 500마력 이상 디젤엔진 · 크랭크샤프트 · 직경 5m 이상 프로펠러제조기술 - 선박용 통합제어시스템 및 항해 자동화기술 - 조선용 ERP/PLM시스템 및 CAD기반 설계 · 생산지원 프로그램 - 선박용 핵심기자재 제조기술(BWMS 제조기술, HRS 제조기술)
원자력 (4개)	- 중성자 거울 및 중성자 유도관 개발기술 - 연구용원자로 U-Mo 합금핵연료 제조기술 - 방사선 이용 기능성 하이드로젤 세소기술 - 신형 경수로 원자로출력제어시스템기술
정보통신 (17개)	- 휴대이동방송 다중대역 수신 안테나 및 임피던스 매칭 기술(지상파DMB, 위성DMB, DVB-H, MediaFLO, One-Seg, 디지털라디오방송, ATSC-/M/H 방송에 한함) - CR 기반의 Agile Spectrum Sensing 기술 - 지능형 개인맞춤 학습관리 및 운영기술 - 사용자제어를 위한 RunTime Hooking 기술 - 분산 대용량 게임서버 기술 - 객체기반 오디오 콘텐츠 생성기술 - PKI 경량 구현 기술(DTV, IPTV를 비롯한 셋톱박스, 모바일 단말, 유비쿼터스 단말에 한함) - UWB 시스템에서 중단없이 신호 간섭회피를 위한 DAA(Detection And Avoid)기술 - LTE/LTE-adv 시스템 설계기술 - 모바일 Application Prosessor SoC 설계 · 공정 기술 - 스마트기기용 사용자 인터페이스(UI) 기술 - LTE/LTE-adv Baseband Modem 설계기술

분 야	국가핵심기술 명칭
	- LTE-adv 단말기 RFIC 및 PAM 설계기술 - LTE/LTE-adv Femtocell 기지국 설계기술 - 기지국 소형화 및 전력을 최소화하는 PA 설계기술 - Wibro 단말 Baseband Modem Modem 설계기술 - LTE/LTE-adv/Wibro/Wibro-adv 계측기기 설계기술
우 주 (5개)	- 1m 이하 해상도 위성카메라용 고속기동 자세제어 탑재 알고리즘 기술 - 우주 발사체용 톤 방식의 FTS 수신기 설계 및 제작기술 - 우주 발사체용 20와트급 S-band RF송신기 설계 및 제작기술 - 우주발사체 탑재용 PCM 데이터 처리장치 설계 및 제작기술 - 고상 확산접합 부품성형기술
생명공학 (3개)	- 항체 대규모 발효정제기술(5만 리터 이상의 동물세포 발현 · 정제 공정기술) - 보툴리눔 독소 생산기술 - 산업용 원자현미경

Ⅲ. 영업비밀

영업비밀보호법 제2조에 규정된 영업비밀이란 공연히 알려져 있지 아니하고 독립된 경제적 가치를 가지는 것으로서, 상당한 노력에 의하여 비밀로 유지된 생산방법 · 판매방법 기타 영업활동에 유용한 기술상 또는 경영상의 정보를 말한다. 여기서 비공지성은 불특정 다수인이 그 정보를 알 수 있거나 알 수 있는 상태에 있지 아니한 것을 의미하고 보유자 이외에 타인이 당해 정보를 알고 있어도 보유자가 타인에게 비밀준수 의무를 부과하고 있다면 비공지성이 있다고 본다. 비밀관리성은 접근통제, 비밀등급 부여, 비밀준수 의무 부여, 관리규정 제정 등 비밀유지를 위한 노력을 말하며 이는 비밀정보의 성질에 따라 대책을 달리할 수 있다. 경제적 유용성은 특정의 정보가 제3자에게도 경제적 가치를 지닐 것을 요구한다. 이는 공개되지 아니한 기술적 정보, 경험, 기술지식의 비밀을 포함하는 노하우(Know-how)에 종속되는 개념으로 볼 수 있다.[9)]

9) 김웅일, 산업기술의 법적 보호에 관한 연구, 고려대학교 법무대학원 석사논문, 2011, 12면.

Ⅳ. 발 명

발명은 특허법 · 실용신안법 또는 디자인보호법에 따라 보호대상이 되는 발명과 특허법 제2조의 자연법칙을 이용한 기술적 사상의 창작으로서 고도한 것이라 정의할 수 있다(발명진흥법 제2조). 이는 기술의 공개를 통해 보호받는 산업재산권으로서의 의미가 있다. 발명진흥법에서 규정하고 있는 직무발명제도는 종업원과 사용자 사이의 계약을 중심으로 절차적 정당성만 인정된다면 발명에 대한 권리귀속은 종업원과 사용자 사이에서의 합의만으로 가능하며, 사실상 고용관계 속에서의 종업원 발명은 사용자에게 귀속될 수밖에 없다.[10] 이러한 발명은 특허 외 영업비밀로 관리될 수 있을 것이며 또한 산업기술 및 국가핵심기술에도 해당될 수 있다.[11]

10) 하홍준, 영업비밀 · 기술유출 관련 판례 연구, 한국지식재산연구원 · 산업기밀보호센터, 2009, 222면.
11) 김웅일, 앞의 논문, 12면.

제3절 산업기술의 보호방법

Ⅰ. 특허권에 의한 보호

산업기술은 특허로 등록하지 아니하거나 등록할 수 없는 경우에는 통상 영업비밀 형태로 보호된다. 예컨대, 발명형태의 정보와 기타 산업상의 노하우는 그 내용물에 따라서 특허법이나 영업비밀보호법에 의하여 소유의 대상이 될 수 있다. 이 경우 통상적으로 특허가 보호방식에서 보다 강력한 것으로 볼 수 있기에 특허에 의한 소유와 영업비밀에 의한 소유라는 선택에 직면한 자는 후자보다는 전자를 선호할 수 있다.

특허권으로 보호받는 경우에는 특허법 제87조 제1항에 의하여 발명의 공개가 요구되고, 공개된 발명은 특허법 제88조 제1항에 의하여 20년간 동안에만 배타적 권리로 보호된다. 이 경우 특허권은 발명의 제작, 이용 또는 판매로부터 타인을 배제하는 권리이다.[12] 영업비밀로 보호받는 경우 영업비밀은 비밀로 유지되는 한 영구적으로 경제적 이익을 향유할 수 있다. 그렇지만 영업비밀이 공개되는 순간부터 경쟁자는 동일한 기술을 이용할 수 있고 경쟁적 이점은 사라진다.

12) David A. Burge. Patent and Trademark Tactics and Practice, New York: John Wiley&Sons, 1984, p.27.

◆ **영업비밀과 특허의 법적 차이**

구 분	영업비밀(노하우)	특 허
법적 성격	• 비밀로 유지, 관리되고 있는 사실상태 보호	• 공개대가로 부여되는 독점권
보호대상	• 생산방법, 판매방법 기타 영업활동에 유용한 기술상 또는 경영상 정보	• 자연법칙을 이용한 고도한 기술적 사상(신기술)
절차/기간	• 등록 불필요 • 비밀이 알려질 때까지	• 등록 필요 • 출원일로부터 20년
독점성	• 동일 영업비밀 병존 가능 • 권리행사에 제한 없음	• 동일특허권 병존 불가 • 권리행사에 제한 있음 (강제, 법정실시권 등)
침해행위	• 절취, 기망 등 부정취득행위 • 부정취득한 영업비밀의 사용, 공개행위 • 비밀유지의무가 있는 자가 영업비밀보유자에게 손해를 줄 목적으로 사용, 공개행위	• 정당한 권원없이 특허권을 영업으로서 실시하는 행위
관련법	• 영업비밀보호법	• 특허법

Ⅱ. 저작권에 의한 보호

이 밖에도 산업기술은 도면이나 설계도 형태로 표현되어 있는 경우에는 저작권으로 보호를 받을 수 있다. 따라서 저작물 형태의 산업기술은 저작권법과 영업비밀보호법의 적용을 동시에 받을 수 있다.[13] 산업기술은 특허권, 저작권 또는

13) 인터넷상 프로그램을 구성하는 소스파일이 어느 정도 공개되어 있다고 하더라도 공개된 소스파일들을 이용목적에 맞게끔 수정 · 조합하여 회사의 시스템에 맞게 구현하는 것이 기술력의 중요한 부분인 점, 이 사건 소스파일들은 외국상품 구매대행 온라인 쇼핑몰 업체라는 피해 회사의 업무특성에 맞추어 여러 직원들의 아이디어, 회사에서의 영업회의과정, 실제시행에 따른 수정과정을 거쳐 상당한 시간과 비용, 노력을 기울여 다시 피해 회사의 이용 목적에 맞게 개별적으로 다시 제작된 점, 피해 회사 웹사이트의 관리자모드를 구성하는 소스파일들 자체는 인터넷상 전혀 공개되어 있지 아니하고, 이러한 소스파일들이 보관되어 있는 피해 회사의 서버는 IP주소, 아이디, 비밀번호 등을 입력하여야 접근할 수 있는 점, 피고인 역시 외국 온라인 쇼핑몰에서 판매하는 상품들의 재고 · 수량 · 가격 등을 실시간으로 조회하는 파일과 회원을 구매경력에 따라서 등급을 나눠서 자동으로 할인혜택을 차별적으로 주도록 되어 있는 파일 및 피해 회사에서 판매되는 상품과 경쟁사에서 판매되는 상품의 가격을 비교해 주는 파일 등은 피해 회사의 독자적인 영업비밀로 보호받아야 할 중요한 소스파일이라고 진술하고 있는 점 등을 종합하여 피고인이 사용한 피해 회사가 운영하는 웹사이트상 관리자모드를 구성하는 소스파일들은 공연히 알려져 있지 아니하고 독립된 경제적 가치를 가지며 상당한 노력에 의하여 비밀로 유지된 피해 회사의 영업비밀에 해당한다(대판 2008.7.24. 2007도11409).

영업비밀 등 해당 법률에서 규정하고 있는 요건을 갖춘 경우에 다양한 방법으로 보호받을 수 있다. 그렇지만 산업기술이 저작권으로 보호되기 위해서는 일정한 형태로 표현되어야 한다.[14] 이 경우 산업기술은 사상과 아이디어를 표현한 창작물로 드러나는 때에 한정하여 저작권으로 보호된다. 우리나라의 판례는 "창작성이란 완전한 의미의 독창성을 말하는 것은 아니며 단지 어떠한 작품이 남의 것을 단순히 모방한 것이 아니고 작자 자신의 독자적인 사상 또는 감정의 표현을 담고 있음을 의미할 뿐이어서 이러한 요건을 충족하기 위하여 단지 저작물에 그 저작자 나름대로의 정신적 노력의 소산으로서의 특성이 부여되어 있고 다른 저작자의 기존의 작품과 구별할 수 있을 정도이면 충분하다"고 보았다.[15]

Ⅲ. 영업비밀에 의한 보호

산업기술은 통상적으로 영업비밀로 보호된다. 즉 영업비밀 형태의 산업기술이 영업비밀보호법의 보호대상이 되고, 민사적 구제와 형사적 구제의 대상이 된다. 산업기술유출방지법에서는 명시적인 법문으로 표시하지 아니하고 있지만 금지청구의 대상과 형사처벌의 대상이 되는 산업기술은 영업비밀 형태의 산업기술이라고 볼 수 있다. 다만, 산업기술유출방지법은 산업기술이라는 개념정의에서 영업비밀보호법의 영업비밀 보호요건을 요구하지 아니하고 있다. 따라서 영업비밀 형태의 산업기술이 아닌 산업기술도 산업기술유출방지법의 보호대상이 되고 관련 금지청구나 형사벌 또는 행정벌 등의 대상이 될 수 있는 여지가 있다.

14) 프로그램을 저작권으로 보호하는 주된 이유는 다음과 같다. 첫째, 프로그램은 어문저작물과 유사한 특성을 가지고 있어서 문자부호에 의하여 특정한 내용을 표현하는 일종의 '창작'에 해당되고, 프로그램의 개발은 신규성이 아니라 창작성이라는 요건에 부합한다. 둘째, 저작권 성립의 무방식주의가 특허권보다 더 용이하고 보다 긴 보호기간이 주어진다. 셋째, 국제적으로도 베른협약(Berne Convention for the Protection of Literary and Artistic Works)과 세계저작권조약(Universal Copyright Convention; UCC)이라는 저작권의 보호체계가 마련되어 있어서 이에 프로그램만을 추가하는 용이성이 있다.

15) 대판 1995.11.14. 94도2238.

제4절 산업스파이와 양형기준

Ⅰ. 산업스파이란

경제적 이익을 목적으로 하는 산업스파이 범죄는 경제스파이와 좁은 의미의 산업스파이로 구분할 수 있다. 즉 경제스파이는 금융 · 재정 · 산업기술 등 다양한 분야에서 외국으로부터 경제적 정보를 알아내는 행위이고, 산업스파이는 산업기술을 알아내어 외국으로 유출하는 경제적 목적의 범죄행위이다. 이와 같은 구분은 아직까지 정착된 개념은 아니다.

미국의 경우 연방경제스파이법에서는 경제스파이에 대한 정의를 하고 있지 않으며, 법 내용으로는 경제스파이와 산업스파이를 동일어로 이해하고 있다. 그러나 여기서 경제스파이는 1996년 제정된 연방경제스파이법에서 유래한 용어로서 산업계에서 일반적으로 관용되는 명칭인 산업스파이와의 구별 여지가 있다. 즉 경제스파이는 정보의 수집에 국가가 관련되어 있다는 점이라고 할 수 있다.[16] 1996년 경제스파이법에서 경제스파이란 외국정부 · 조직 · 기관 · 단체에 이익을 줄 의도를 가지고 있거나 이익을 준다는 것을 알고 있으면서 고의로 영업비밀을 유출하는 자를 의미한다. 이 법은 외국의 산업스파이 행위를 미국 경제에 대한 직접적인 위협으로 간주하여 외국이 간여된 산업스파이 행위를 가중처벌하며, 인터넷 등 정보통신 기술의 발달에 따라 영업비밀의 도용을 방지하기 위하여 가능한 모든 수단과 방법 및 매체에 의한 영업비밀의 도용과 전송을 불법행위로 규정하고 있다. 결국 산업스파이란 경쟁국이나 회사가 비밀로서 관리하고 경제적 가치가 있는 산업기술을 부정한 목적으로 부정한 수단에 의해 정탐하고 유출하

16) Peter Schweizer, *Hello, Cruel World: How to Succeed in Business*, News & Observer (Raleigh), Mar. 9, 1997, at G5; Darren S. Tucker, *The Federal Government's War on Economic Espionage*, 18 U. Pa. J. Int'l Econ. L. 1109, 1112–1113 (1997).

는 일체의 행위를 말한다.

미국의 경우도 일부 논문과 신문 논설에서 경제스파이를 전통적인 스파이 내지 산업스파이와는 구별되는 개념으로 인식한 경우를 볼 수 있다. 이들 논의에 따르면, 경제스파이는 영업비밀이나 예민한 재정, 무역 또는 경제정책에 관한 정보를 불법적으로 또는 은밀하게 목표로 하거나 취득함에 관련된 자국 정부기관, 회사, 단체 또는 자국민을 위한 외국 정부의 후원, 조정 또는 지원의 정보활동을 말한다. 반면 전통적 스파이는 국방정보의 확인, 목표 지정, 수집에 관련된 자국 기관, 회사, 단체 또는 국민을 위한 외국의 후원 또는 조정된 정보활동을 말한다. 산업스파이는 영업비밀과 같이 그 소유자에 의하여 자발적으로 제공되지 않는 정보를 수집하기 위하여 불법적인 방법을 회사에서 사용하는 것을 말한다.

Ⅱ. 산업스파이의 피해 실태

1. 산업스파이 행위의 유형 및 특성

산업기술을 비롯하여 개인의 정신적 창조물은 그 경제적 가치가 증대됨에 따라서 침해사례도 증가하여 왔다.[17] 특히, 산업기술 유출은 어느 한 기업의 피해에 그치는 것이 아니라 산업전반의 경쟁력까지 위협하고 국부유출로 이어진다는 점에서 심각한 문제이다. 일단 산업기술은 빠져 나가게 되면 그 피해를 돌이킬 수 없게 된다. 산업기술을 빼내간 기업은 연구개발비와 시간을 들이지 않고서도 싸게 제품을 생산해 원천기술을 가진 기업보다 먼저 시장을 선점할 수 있으며 단기간 내에 기술격차를 줄일 수 있기 때문이다. 외국의 산업스파이가 노리는 것은 우리나라의 경우 전자 · 정보통신 · 원자력 · 생명공학 등 각 분야에서 우리나라가 세계적으로 기술경쟁력 우위를 확보한 분야의 첨단기술 및 경영전략 등 기술상 · 경영상의 영업비밀 정보이다.

17) 오늘날 미국에서도 개인의 정신적 창조물에 대한 침해가 증가하고 있는데, 그 이유는 첫째 상품에 사용되는 기술의 복잡성과 다양성, 둘째 침해자의 시장진입으로 상실하는 연구 및 개발에 대한 투자의 중요성, 셋째 침해자에 의하여 손상된 상표 등에 의하여 형성되는 신용의 중요성, 넷째 침해자의 시장진입으로 예상되는 잠재적 이용의 상실, 다섯째 지적재산권자에게 부여되는 엄청난 손해배상액 등이 그 주된 이유로 작용하고 있는 것으로 판단된다(Robert L. Dunn, Recovery of Damages for Lost Profits, Lawpress Corporation, 5th edition, 2002. p.17).

산업스파이가 산업기술을 절취하는 방법은 다양하다. 즉 전통적인 절도, 항공촬영, 컴퓨터해킹, 도청, 기업내부자의 매수, 스카우트, 공공기관의 정보를 이용하는 방법 등이 있을 수 있다. 이와 같은 다양한 방법들을 이용하는 산업스파이 행위는 전통적인 범죄와 구별되는 다음과 같은 특성을 지니고 있다.

첫째, 산업스파이행위는 각국의 국내법상 허용되지 아니한 불법적인 방법 또는 경쟁법적으로 허용되지 아니한 방법을 동원하여 정보를 습득한다는 측면에서 볼 때 고의에 의한 범죄행위이다. 이 점에서 고의 또는 중과실을 요건으로 하는 다른 범죄와 구별된다.

둘째, 이 경우 고의는 보복, 원한관계의 청산, 충동으로 자행되는 보통범죄와는 달리 오로지 산업기술을 절취하여 경제적 이익을 달성하기 위한 목적으로 행해진다.

셋째, 산업스파이 목적물의 소유주는 국가, 기업 또는 개인이 될 수 있다. 또 그 목적물은 절취된 이후에 경제적 가치로 환산하기 위하여 생산과 판매라는 일련의 과정이 필요하다.

넷째, 그 피해가 광범위하다. 전통적인 범죄는 특수한 경우를 제외하고 그 피해자가 소수인데 반하여 영업비밀 침해로 인하여 그 기업이 경쟁력을 잃어 문을 닫게 되면 기업주가 망하는 것은 물론 그 기업의 근로자가 일자리를 잃게 되고 넓게는 국가전체의 경쟁력을 잃게 되어 국가경제 및 국가안보에 심각한 영향을 미친다.

다섯째, 영업비밀 침해죄는 전통적인 범죄에 비하여 범죄의식이 낮다는 데 심각한 문제가 있다. 전통적인 범죄는 그 행위시에 자기가 범죄를 저지르고 있다는 의식이 명확한 반면, 영업비밀 침해범죄는 기술개발에 참여한 사람들에 의해서 주로 행하여지기 때문에 '내가 개발한 기술을 내가 좀 이용한다'는 식으로 별다른 죄의식 없이 범죄를 저지르는 특징이 있다.

여섯째, 영업비밀 침해는 주로 화이트 칼라 범죄이며 그 기업의 내부사정에 밝고 정보원에 접근이 용이한 내부자가 대부분이다. 이 점은 기업내부의 조직 · 인사관리 그리고 직원들의 후생복지 등과도 밀접한 관련성을 갖기 때문에 시사하는 바가 크다고 할 수 있다.

일곱째, 전통적인 범죄에 비해 영업비밀 침해사건은 적발하기가 매우 어려울 뿐만 아니라 당해 기업이 침해를 당했다는 사실을 인지하는 데 장시간이 소요되기 때문에 적절한 조치를 취하기 어렵다. 일반적으로 유체재산을 도난당했을 때는 원본이 사라지기 때문에 쉽게 인식할 수 있으나, 무체재산인 산업기술은 그대로 남아있고, 그 복제물이 첨단장치들을 통해 유출되기 때문에 침해사실을 인식하지 못하다가 시장에서 자신의 기업이 개발한 기술이 유통되는 것을 보고서야 인식하는 경우가 많다.

한편, 이와 같은 산업기술유출 범죄(산업스파이)의 특성에 관심을 두어야 할 이유는 다음과 같다. 첫째, 피해자가 기업에 그치지 않고 국가경제에 중대한 영향을 미치고 있다. 둘째, 대부분 기술개발 참여자가 죄의식 없이 산업기술을 유출하고 있다. 셋째, 1회성 범죄로 범죄의 증거를 확보하기가 곤란하고 그 추적도 용이하지 않다. 넷째, 전자우편이나 복사 등을 이용한 유출로 피해사실의 인지 자체가 용이하지 않다는 점이다. 따라서 산업기술유출 범죄에 국가의 사전적 또는 사후적인 대응조치가 필요하다.

2. 산업스파이의 피해실태

(1) 외 국

외국의 경우에도 산업스파이에 대한 통제가 언론기관 등을 통하여 알려지고 있지만 산업스파이의 특성상 산업기술의 유출에 따른 정확한 피해를 산정하기가 곤란하다. 몇몇 기관에서 발표한 사례를 살펴보면, 다음과 같다. 1997년과 1999년 사이의 ASIS(American Society for Industrial Security; 미국산업보안협회)조사에 의하면, 미국의 경우 산업스파이 행위로 인한 피해액이 한 해에 적게는 450억 달러에서 많게는 2,500억 달러에 이르고, 1980년대만 하더라도 산업스파이들이 미국 경제에 미친 총 피해액은 무려 1조 2천억 달러에 달한다는 미국 정부의 발표도 있었다.[18] 독일의 정보부(BND) 부장인 가이거는 1998년 "독일은 산업스파이로 인해 5만명의 실직자가 발생한다"[19]고 하는 등 전 세계적으로 첨단산업기술

18) Steven Fink, 뚫는 자와 막는 자; 기업스파이 전쟁, 조선일보사, 25-26면.
19) 한국기술거래소, 기술유출 대응 가이드북, 2005년 57면.

을 가진 국가가 산업스파이의 목표가 되고 침해대상이나 피해액도 기하급수적으로 늘어나고 있는 것으로 알려지고 있으며 그 주된 침해국으로 각국은 중국을 지목하고 있다.

(2) 우리나라

국가정보원 산업기밀보호센터는 2003년부터 2007년 10월말까지 해외로 유출하려던 119건의 기술유출 사건을 적발하였는데, 관련 업계에서는 적발된 기술이 그대로 해외로 유출되었다면 약 175조 6천억원에 이르는 엄청난 피해를 입었을 것으로 추정하고 있다. 기술유출 적발현황을 연도별로 구분해 보면 2003년에는 6건에 불과하던 것이 2004년 26건, 2005년 29건, 2006년 31건으로 매년 증가추세를 보이고 있으며, 2007년에도 10월말까지 모두 27건이 발생하였다.

산업스파이 처벌 실태

	기 소 59건(50%)					불기소 19건(16%)						수사중 30건(25%)		타기관 통보 11건(9%)			
계	무죄	징역	집행유예	벌금	재판중	무혐의	고소취하	기소중지	공소권없음	공소기각	기소유예	검찰	경찰	자료회수	강제퇴거	업계퇴출	자체징계
119건		13	29	4	13	9	5	2	1	1	1	18	12	3	5	1	2

2003년 이후 국정원에서 적발한 119건의 사건에 대한 처벌 실태를 살펴보면, 기술유출 사건의 기소율(구속 · 불구속 · 약식기소)은 119건 가운데 59건으로 50%를 차지하고 있는데, 이 가운데 징역선고 사건은 13건, 집행유예는 29건, 벌금형은 4건으로 집행유예 선고비율이 높게 나타나고 있다.[20]

20) 〈산업스파이 처리 결과〉: 국가정보원 제공자료 참조.

계	종 결					진 행	
	징 역	벌 금	집행유예	불기소	타기관 통보	재판중	수사중
119건	13건	4건	29건	19건	11건	13건	30건
443명	17명	7명	99명	117명	16명	61명	126명
인원 비율	4%	2%	22%	26%	4%	14%	28%

◈ 산업스파이 행위 관련 적용법령 실태

적용 법률		건수	적용 법률		건수
부정경쟁방지법	영업비밀침해	33		소 계	35
컴퓨터프로그램 보호법	프로그램저작권 침해죄	5		업무상 배임죄	24
특허법	특허침해죄	1		절도죄	5
상표법	상표침해죄	1	형 법	업무상 횡령죄	2
관세법	밀수출입죄	2		횡령죄	1
공공기록물관리법	무단파기 · 유출	1		수뢰후 부정처사죄	1
정보통신망법	정보통신망 침해죄	1		증거인멸죄	1
정부출연기관 육성법	비밀유지의무 위반죄	1	특정범죄 가중 처벌법		1

한편, 대한상공회의소가 전국 500개 산업체 · 연구소의 임직원 1,000명을 대상으로 조사한 '기업체 · 연구소 산업보안 의식조사'(2006년 2월) 결과에 의하면, 국내 기업의 20% 이상이 핵심기술이 유출되어 피해를 입은 경험이 있는 것으로 나타났으며 중기청이 조사한 '중소기업 산업기밀관리 실태조사 보고서'(2007년 6월)에 따르면, 대기업뿐만 아니라 중소기업도 17.8%가 최근 3년간 산업기밀의 외부 유출로 인해 피해를 입었고 이 중 52.6%가 2회 이상 기밀유출 경험이 있는 것으로 나타났다.

Ⅲ. 산업스파이의 양형기준

그렇다면 산업스파이로부터 산업기술의 보호 중요성이 높아지고, 그 피해실태가 막대함에 따라 관련 산업스파이에 대한 형사처벌 수위도 높다고 예상할 수 있다. 그렇지만 우리나라의 2003년부터 2007년까지 산업스파이 처벌실태를 보면, 전혀 예상과 다른 결과를 나타내고 있다. 이와 같은 현상은 산업스파이범죄가 화이트 칼라범죄에 해당하는 경우가 많고 대부분의 경우 관련 산업기술의 연구 · 개발에 참여하거나 개발한 자에 의한 범죄행위라는 점 등도 강하게 작용한 것으로 보인다. 또한 우리나라의 법원 실무상으로 산업스파이에 형량을 부과함에 있어서 산업기술의 유출로 인한 엄청난 피해금액이나 국가경제 등 국가안보에 미치는 영향에 관심을 두기보다는 오히려 해당 산업기술의 개발에 소요된 연구개발비 등에 역점을 두고 양형을 정하고 있는 것도 그 원인 중의 하나로 볼 수 있다.

이와 같이 산업기술이 외국으로 유출되는 사건의 해당 기업은 물론 사회적·국가적 영향 등을 고려한다면 마땅히 재판실무에서 부과되는 형량은 강화되는 것이 필수적이다. 이와 관련해서 미국연방양형기준(US Sentencing Guidelines, USSG)을 살펴볼 필요가 있다.

1. 미 국

미국에서도 원래 화이트 칼라범죄에 대한 양형은 약했다고 한다. 그러나 1987년 양형기준을 제정하면서 이를 일부 개선하였다. 이어 2001년 연방양형위원회(US Sentencing Commission)는 "경제범죄패키지"(Economic Crime Package)라고 불리는 연방양형기준 개정안을 공포하였다.[21] 이 개정안은 1995년부터 연구검토에 착수한 것으로서 크게 4개의 주요내용을 포함한다. 첫째, 종래 분리되어 있던 사기, 절도 등의 재산범죄를 하나의 양형기준으로 통합하였다(USSG 2B1.1로 통합됨). 둘째, 재산범죄에 공통적인 주요기준으로 손해기준표(loss table)를 개선하여, 경미한 재산범죄는 가볍게, 중한 손해를 가져오는 범죄는 보다 중하게 처벌하도록 하였다. 셋째, 재산범죄에 공통되는 손해(loss)의 개념을 재정의하고 여러 논점에 대하여 설명하였다. 즉, 양형기준에서 고려되는 손해는 "합리적으로 예견가능한 재산상의 피해"로 정의되고, 실제 손해뿐 아니라 의도한 손해도 고려하게 된다.[22] 또한 피해자에게 지급된 재물은 제외하는 순손해(net loss)를 의미하며, 범죄자가 취득한 "이득"(gain)은 보충적으로 손해를 갈음할 수 있다.[23] 손해의 산

21) 미국연방양형위원회와 양형기준에 대한 소개로는 United States Sentencing Commission, Fiften Years of Guidelines Sentencing, 2004 등 참조. 홈페이지: www.ussc.gov.

22) Cohen, Mark A., The Economics of Crime and Punishment: Implications for Sentencing of Economic Crimes and New Technology Offenses, 9 Geo. Mason L. Rev. 503, 524 (2000) 참조.

23) 재산상 손해(loss)의 의의에 대한 논의로는 Bowman, III, Frank O., The 2001 Federal Economic Crime Sentencing Reforms: An Analysis and Legislative History, 35 Ind. L. Rev. 5, 57 (2001) 이하 참조.

정시점은 범죄의 발견시점을 기준으로 한다. 넷째, 탈세, 자금세탁범죄 등에 대하여도 손해기준표를 원용하도록 규정하였다.[24] 이 경제범죄패키지개정안은 1987년 연방양형기준이 처음 공포된 이후 기념비적인 진전으로 평가된다. 그 이유는 재산범죄를 대부분 포괄하는 대규모의 개정인 동시에 주요범죄에 대하여 실질적인 개정으로는 처음이기 때문이다.[25]

SOX 제805조, 제905조, 제1104조 등은 기업범죄, 화이트 칼라범죄 등의 범죄행위에 대하여 연방양형기준이 적정한지 검토하고 개정하도록 규정하였다. 이에 따라 연방양형위원회는 2003년 5월 이들 범죄에 대한 양형기준을 개정, 공포하였다(시행일은 2003. 11. 1).[26] 주요내용은 첫째, 연방양형기준 §2B1.1(경제범죄)에서 최고법정형이 20년 이상의 자유형인 범죄의 기본범죄등급(base offense level)을 6등급에서 7등급으로 상향조정하였다. 여기에서 기본등급이 상향된 것은 상당수의 기본적 경제범죄자에게 집행유예, 선고유예, 분할자유형 등이 상당히 제약을 받는다는 것을 의미한다. 따라서 손해액이 $10,000이상이면 보호관찰(probation)이 불가능하다. 둘째, Enron, WorldCom 등 초대형 기업사기에 대응하기 위하여 손해액이 $200,000,000 이상인 경우의 가중등급을 신설하였고, 손해액의 산정에서 법원의 합리적 추산(reasonable estimate)이 가능함을 명시하였다(USSG §2B1.1 App. Note 3(C)). 셋째, SOX 제1104조는 피해자가 50명 이상의 규모일 경우 형의 가중을 검토하도록 규정하였고, 이에 따라 피해자가 10명 이상, 50명 이상, 250명 이상인 경우를 각각 등급으로 구별하였다(USSG §2B1.1 (b)(2)). 나아가 경제범죄로 100명 이상의 재정상태를 악화시키거나 1000명 이상을 고용한 공개기업을 위태롭게 하면 4등급 가중된다. 넷째, 공개기업(publicly traded company)의 임직원이 사기죄 등을 범하면 4등급이 가중되고, 개인 등도 마찬가지이다. 다섯째, 증권사기, 물품사기 등에 대한 형량을 가중하였다. 여섯째, 증거인멸, 사법방해, 위증 등의 처벌을 강화하고, 상당한 분량의 자료를 폐기, 변조한 경우 가중요건을 두었다. 2003년의 개정으로 기업사기, 화이트 칼라범죄, 기업의

24) Bowman, p.7; US Sentencing Guidelines, Appendix C amendments 617 참조.

25) Bowman, p.8.

26) 15 Federal Sentencing Reporter 301 (2003); US Sentencing Guidelines, Appendix C amendments 653 참조.

SENTENCING TABLE
(in months of imprisonment)

	Offense Level	Criminal History Category (Criminal History Points) I (0 or 1)	II (2 or 3)	III (4, 5, 6)	IV (7, 8, 9)	V (10, 11, 12)	VI (13 or more)
Zone A	1	0-6	0-6	0-6	0-6	0-6	0-6
	2	0-6	0-6	0-6	0-6	0-6	1-7
	3	0-6	0-6	0-6	0-6	2-8	3-9
	4	0-6	0-6	0-6	2-8	4-10	6-12
	5	0-6	0-6	1-7	4-10	6-12	9-15
	6	0-6	1-7	2-8	6-12	9-15	12-18
	7	0-6	2-8	4-10	8-14	12-18	15-21
	8	0-6	4-10	6-12	10-16	15-21	18-24
Zone B	9	4-10	6-12	8-14	12-18	18-24	21-27
	10	6-12	8-14	10-16	15-21	21-27	24-30
Zone C	11	8-14	10-16	12-18	18-24	24-30	27-33
	12	10-16	12-18	15-21	21-27	27-33	30-37
Zone D	13	12-18	15-21	18-24	24-30	30-37	33-41
	14	15-21	18-24	21-27	27-33	33-41	37-46
	15	18-24	21-27	24-30	30-37	37-46	41-51
	16	21-27	24-30	27-33	33-41	41-51	46-57
	17	24-30	27-33	30-37	37-46	46-57	51-63
	18	27-33	30-37	33-41	41-51	51-63	57-71
	19	30-37	33-41	37-46	46-57	57-71	63-78
	20	33-41	37-46	41-51	51-63	63-78	70-87
	21	37-46	41-51	46-57	57-71	70-87	77-96
	22	41-51	46-57	51-63	63-78	77-96	84-105
	23	46-57	51-63	57-71	70-87	84-105	92-115
	24	51-63	57-71	63-78	77-96	92-115	100-125
	25	57-71	63-78	70-87	84-105	100-125	110-137
	26	63-78	70-87	78-97	92-115	110-137	120-150
	27	70-87	78-97	87-108	100-125	120-150	130-162
	28	78-97	87-108	97-121	110-137	130-162	140-175
	29	87-108	97-121	108-135	121-151	140-175	151-188
	30	97-121	108-135	121-151	135-168	151-188	168-210
	31	108-135	121-151	135-168	151-188	168-210	188-235
	32	121-151	135-168	151-188	168-210	188-235	210-262
	33	135-168	151-188	168-210	188-235	210-262	235-293
	34	151-188	168-210	188-235	210-262	235-293	262-327
	35	168-210	188-235	210-262	235-293	262-327	292-365
	36	188-235	210-262	235-293	262-327	292-365	324-405
	37	210-262	235-293	262-327	292-365	324-405	360-life
	38	235-293	262-327	292-365	324-405	360-life	360-life
	39	262-327	292-365	324-405	360-life	360-life	360-life
	40	292-365	324-405	360-life	360-life	360-life	360-life
	41	324-405	360-life	360-life	360-life	360-life	360-life
	42	360-life	360-life	360-life	360-life	360-life	360-life
	43	life	life	life	life	life	life

증거인멸, 사법방해 등의 범죄에 대한 양형기준은 대폭 정비되었고, 2001년 개정에 이어서 경제범죄에 대한 형사적 처벌을 강화하였다. 구체적으로 경제범죄의

양형기준에 대하여는 도표와 같으며, 영업비밀을 침해행위한 자가 외국정부, 외국기관, 외국정부의 대리인에 이익을 위한 것을 알았거나 알 수 있었던 경우에는 2단계 양형기준을 강화하였다.

2. 우리나라

한편, 최근 우리나라의 대법원도 영업비밀 형태의 산업기술을 유출하는 범죄행위를 분류하였고,[27] 그 적용법률을 명시하였다. 산업기술 침해에 대한 양형기준은 다음과 같다.

이 도표에서 양형인자의 정의에 사용하는 문장의 의미는 아래와 같다. 첫째, 실제 피해가 경미한 경우란 ① 권리자가 당해 권리 또는 영업비밀 · 산업기술을 사실상 사용하지 아니하고 있었던 경우(사용 중인 권리 또는 영업비밀 · 산업기술 개발을 위한 핵심적 비밀인 경우에는 제외), ② 침해된 권리 또는 영업비밀 · 산업기술이 상품 · 용역의 한 공정이나 과정에 사용된 것에 불과하여 그 권리나 영업비밀 없이 또는 다른 대체기술을 사용하여 상품이나 용역을 생산할 수 있었던 경우로서 권리자의 매출감소가 미미한 경우, ③ 그 밖에 이에 준하는 경우 중 하나 이상에 해당하는 경우를 의미한다. 둘째, 영업비밀이 외부로 유출되지 아니하고 회수된 경우란 피고인이 취득한 영업비밀 또는 산업기술을 외부로 전혀 누설하지 아니하여, 권리자에게 피해가 발생할 위험성이 낮은 경우를 의미한다. 셋째, 비밀유지에 대한 특별한 의무가 있는 자란 피고인이 산업기술유출방지법 제34조에 해당하는 자, 권리자의 회사에 고용되지 아니한 자로서 도급 등의 형태로 권리자

27) 〈영업비밀 침해행위의 유형 구분〉

유 형	구성요건	적용법조
제1유형	부정한 이익을 얻거나 기업에 손해를 입힐 목적으로 영업비밀을 취득 · 사용 또는 누설	부경법 제18조 제2항
	산업기술을 유출하거나 침해한 행위	산기법 제36조 제2항
	직무상 알게 된 비밀을 누설하거나 도용한 행위	산기법 제36조 제5항
제2유형	부정한 이익을 얻거나 기업에 손해를 입힐 목적으로 영업비밀을 외국에서 사용하거나 외국에서 사용될 것임을 알면서 취득 · 사용 또는 누설	부경법 제18조 제1항
	외국에서 사용하거나 사용되게 할 목적으로 산업기술을 유출하거나 침해한 행위	산기법 제36조 제1항

의 기술개발에 참여하여 권리자로부터 기술개발에 대한 상당한 대가를 지급받은 자인 경우, 또는 피고인이 현재의 권리자에게 대가를 지급받고 산업기술 또는 영업비밀을 양도하고 이를 사용하지 아니하기로 약정한 후 유출 또는 사용한 경우를 의미한다.

◈ 영업비밀 침해행위의 양형기준

유형	구분	감경	기본	가중
1	국내침해	~ 10월	8월 ~ 1년6월	1년 ~ 3년
2	국외침해	10월 ~ 1년6월	1년 ~ 3년	2년 ~ 5년

구분		감경 요소	가중 요소
특별양형인자	행위	• 실제 피해가 경미한 경우 • 범행가담 또는 범행동기에 특히 참작할 사유가 있는 경우 • 영업비밀이 외부로 유출되지 아니하고 회수된 경우	• 계획적 · 조직적 범행 • 피해기업에 심각한 피해를 초래한 경우 • 국가 · 사회적으로 파급효과가 큰 영업비밀에 관한 범행
	행위자/기타	• 농아자 • 심신미약(본인책임 없음) • 자수 • 처벌불원(피해 회복을 위한 진지한 노력 포함)	• 동종 누범 • 비밀유지에 대한 특별한 의무가 있는 자
일반양형인자	행위	• 소극 가담 • 영업비밀의 관리를 소홀히 한 경우	• 유출된 영업비밀이 실제로 사용된 경우 • 피해규모가 큰 경우 • 취득 · 사용한 영업비밀을 누설한 경우 • 범행으로 인한 경제적 이익을 얻은 경우
	행위자/기타	• 진지한 반성 • 피해 회복을 위한 노력 • 형사처벌 전력 없음	• 동종 전과(집행종료 후 10년 미만)

제2장

산업기술의 유출 현황

제1절 개 요

우리나라의 경우 산업기술 유출의 현황은 국내의 통계가 미진하여 국가정보원 산업기밀센터의 홈페이지에 공개된 사건과 통계를 정리하면, 아래와 같다.[1)] 구체적으로 산업기밀보호센터는 2005년~2011년간 국내 첨단기술을 해외로 불법유출하였거나 유출을 기도한 사건 총 264건을 적발하였다. 연도별로는 2005년 29건, 2006년 31건, 2007년 32건, 2008년 42건, 2009년 43건, 2010년 41건, 2011년 46건 등 매년 꾸준히 증가하고 있는 추세이다.

구분	계	2005년	2006년	2007년	2008년	2009년	2010년	2011년
건수	264건	29건	31건	32건	42건	43건	41건	46건

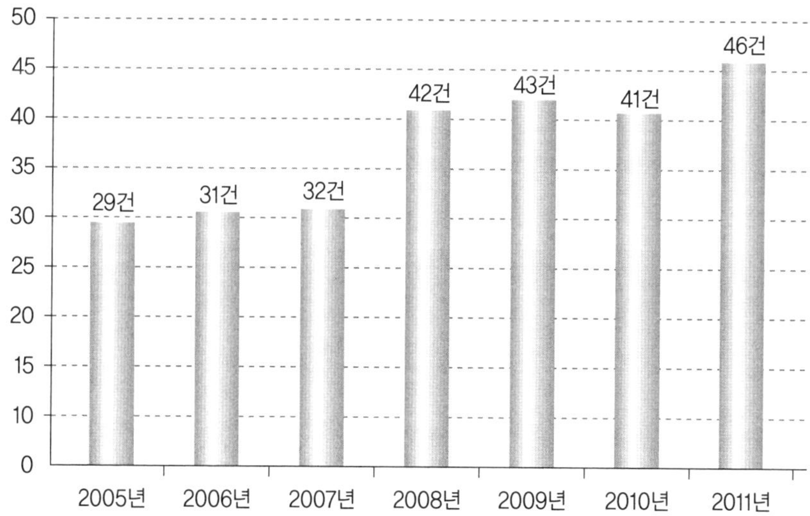

1) 자세한 산업기술 유출의 통계와 사례는 산업기밀보호센터의 홈페이지(http://service4.nis.go.kr/servlet/page)를 참조.

제2절 연도별 기술유출 사례

Ⅰ. 2012년

1. 05월 선박 부품 설계기술 중국 유출사건

국가 R&D자금 수십억원을 투입하여 개발한 H사의 선박부품 설계기술을 전 설계부장 최모씨 등 3명이 퇴직하면서 관련기술 일체를 외장형 하드에 담아 유출한 후, 동종업체를 설립하고 관련 기술을 중국에 불법유출하다 적발되었다.

◈ 선박부품 설계기술 유출사건

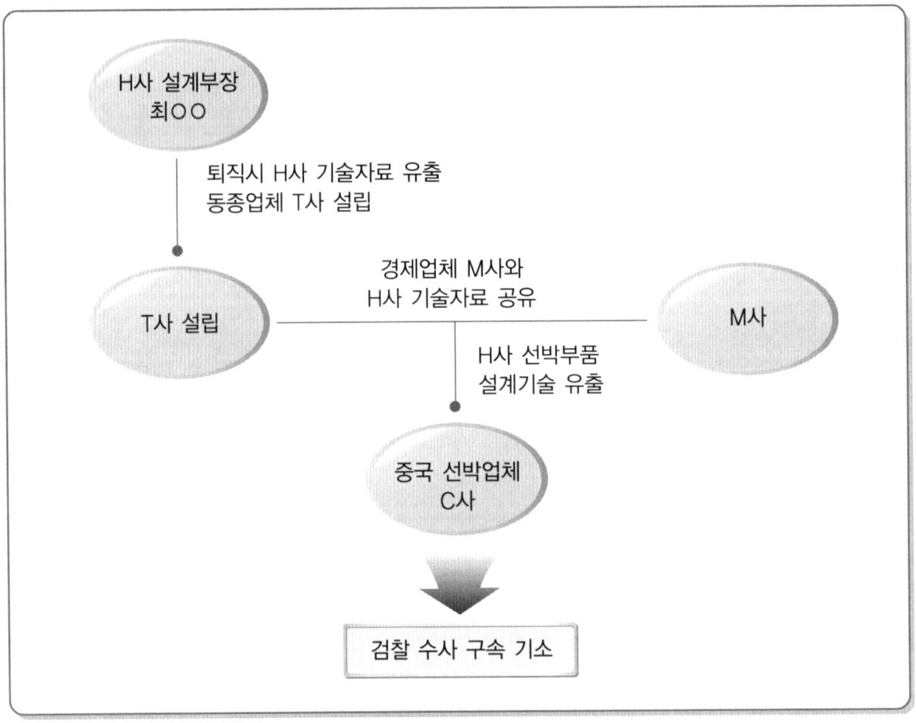

Ⅱ. 2011년

1. 04월 중국인 연구원 A전자 가전기술 해외유출 기도 사건

국내 A전자 연구소에서 근무하던 중국인 연구원 C모씨는 A전자의 가전제품 소음방지 기술 및 경영전략 등 핵심 영업기밀 자료를 출력, 디지털카메라로 촬영한 뒤 노트북에 담아 중국 최대 가전업체인 H사로 전직시 해당 자료를 유출기도하다 적발되었다.

◆ 외국인연구원 국내 가전기술 해외유출 기도 사건

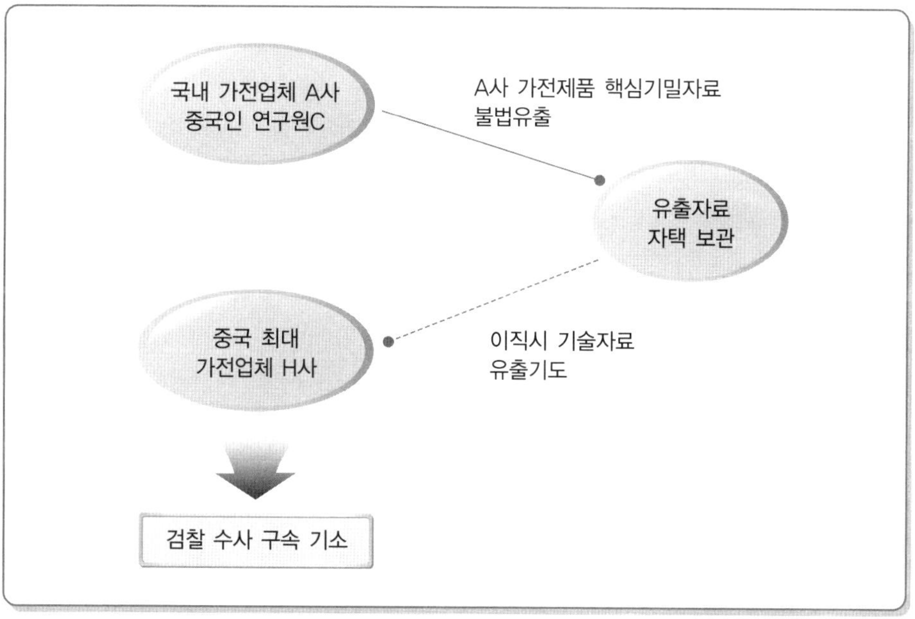

2. 08월 의약품 원료 제조기술 중국 유출 기도

국가 R&D자금 등 수십억원을 투입 · 개발한 C사의 '의약품 원료 제조기술'이 제조시설 담당 계약직 직원 이모씨가 원료를 제조 · 수출시 수익성이 높아질 것이라고 판단하였다. 설비담당직원 김모, 최모씨와 공모하여 공정시설 설계도면 등 제조기술 영업비밀을 불법유출한 후 유출한 자료를 이용, 동종업체 G사를 설립하고 중국 등 해외업체에 투자자를 모집하다 적발되었다.

◈ 의약품 원료 제조기술 해외유출 기도 사건

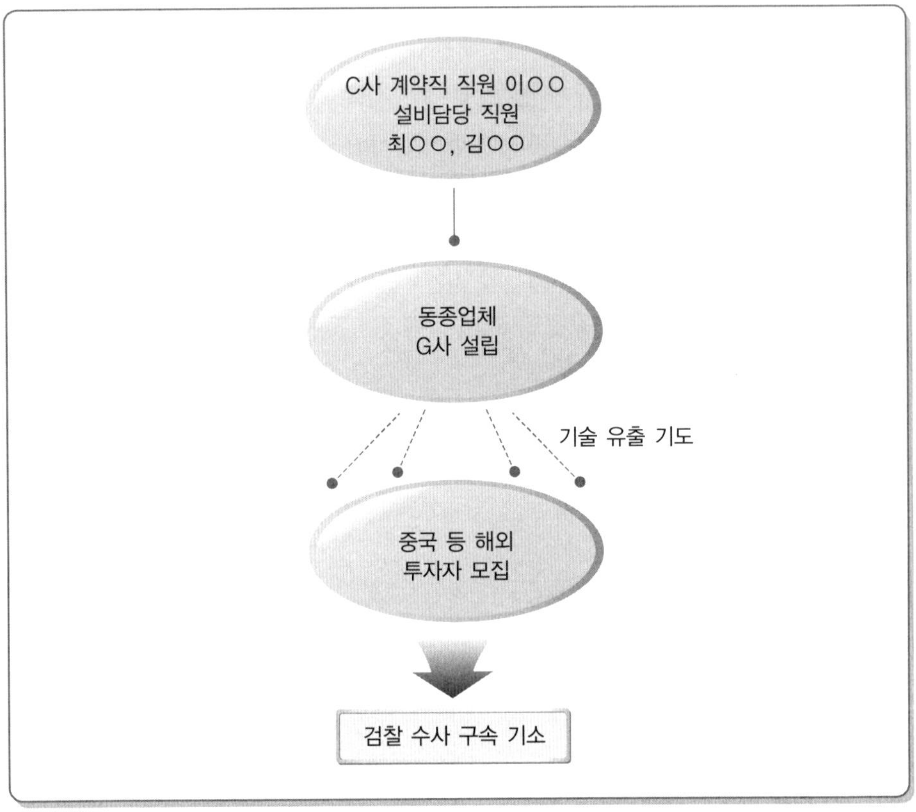

3. 12월 국내 첨단 디스플레이 기술 중국 유출사건

국내 디스플레이업체 A사 전연구원 조모씨는 퇴사전 비인가 USB 등을 이용하여 CELL장비 관련 기술자료를 무단유출 후 중국 C사로 전직하여 기술자료를 유출하였다. 또한 중국 C사 김모 부장은 A사 출신 조모씨 외 김모씨와 다른 국내 디스플레이업체 B사 전책임연구원 이모씨와도 공모하여 A사 및 B사 차세대 공정기술자료를 유출하다 적발되었다. 이 사건은 외국업체가 금전제공 대가로 국내 경쟁업체 연구원을 포섭해 세계 최고 수준인 국내 디스플레이 제작기술을 빼낸 사건으로 기업의 내부 직원대상 기술유출 경각심 제고 및 보안 시스템 강화가 지속적으로 필요함을 입증해주는 사건이다.

◈ **첨단 디스플레이 기술 해외 유출사건**

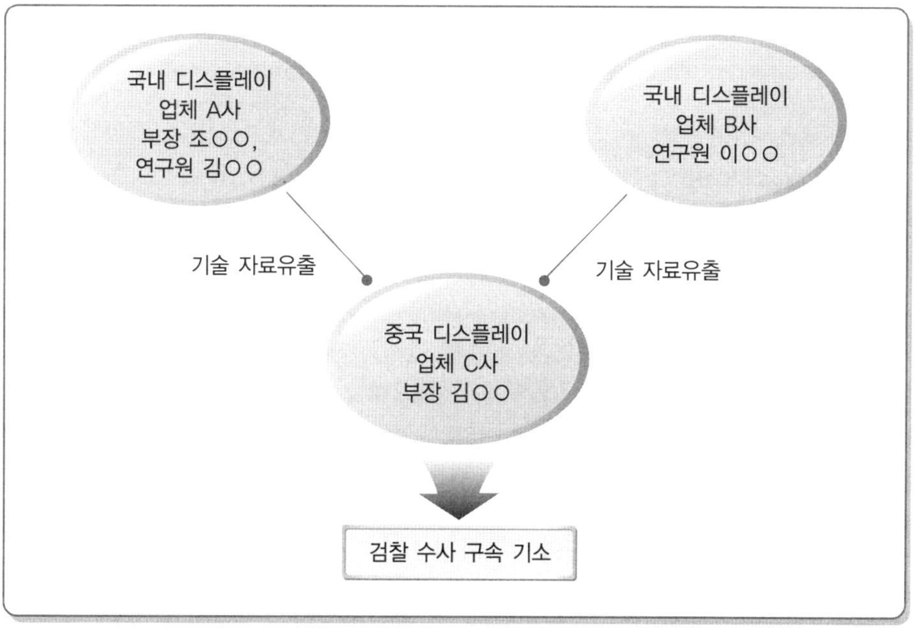

Ⅲ. 2010년

1. 04월 국내 3D기술 중국 유출사건

국내 3D 제조업체 A사 연구소장 서모씨와 동종업체 B사의 대표 곽모씨는 중국 통신장비업체 D사와 함께 중국에 3D입체영상을 만드는 자회사를 설립키로 하고 2009년 12월 A사의 3D제조기술이 담긴 파일을 빼내 2010년 2월 기술 일부를 중국의 D사에게 유출하다 적발되었다. A사의 3D기술은 특수안경 등 별도의 장비 사용 없이도 화면에 입체감을 구현하는 입체영상 제조기술로 중국으로 유출시 막대한 국부유출이 우려되었다.

◆ 3D 제조기술 중국 유출사건

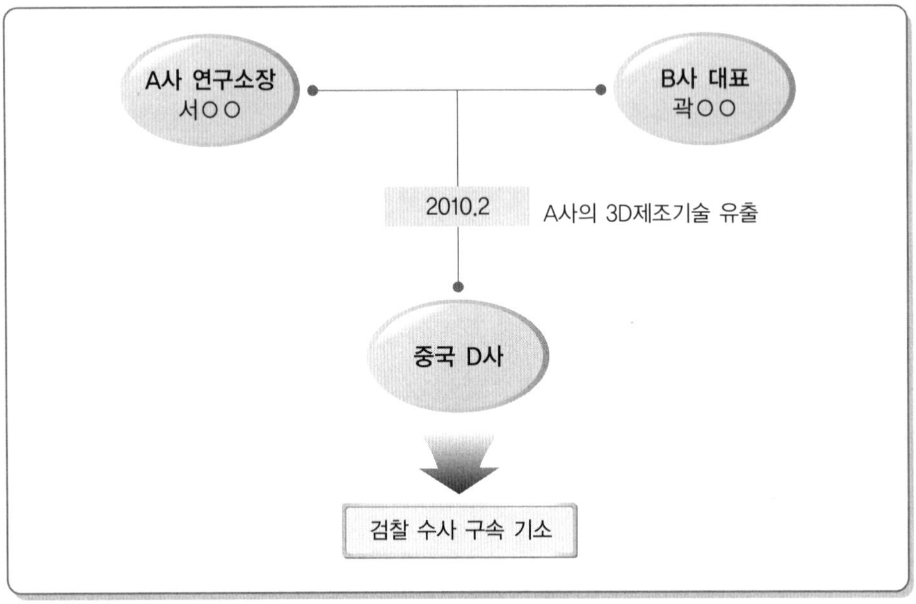

2. 03월 반도체 핵심기술 해외 유출사건

국내 반도체 제조회사 A사에 반도체 장비를 납품하는 협력업체 B사는 A/S등을 빙자해 영업비밀 서류를 절취하거나 친분을 이용해 A사의 영업기밀을 빼내는 수법으로 국가핵심기술로 지정된 A사의 반도체 핵심기술을 해외로 유출하다 적발되었다. 이 사건은 전 · 현직 직원에 의한 기술유출이 아닌 협력업체 직원에 의해 이뤄졌다는 점에서 협력업체에 대한 보안관리 강화의 필요성을 일깨워준 기술유출 사건에 해당된다.

◈ 반도체 핵심기술 해외 유출사건

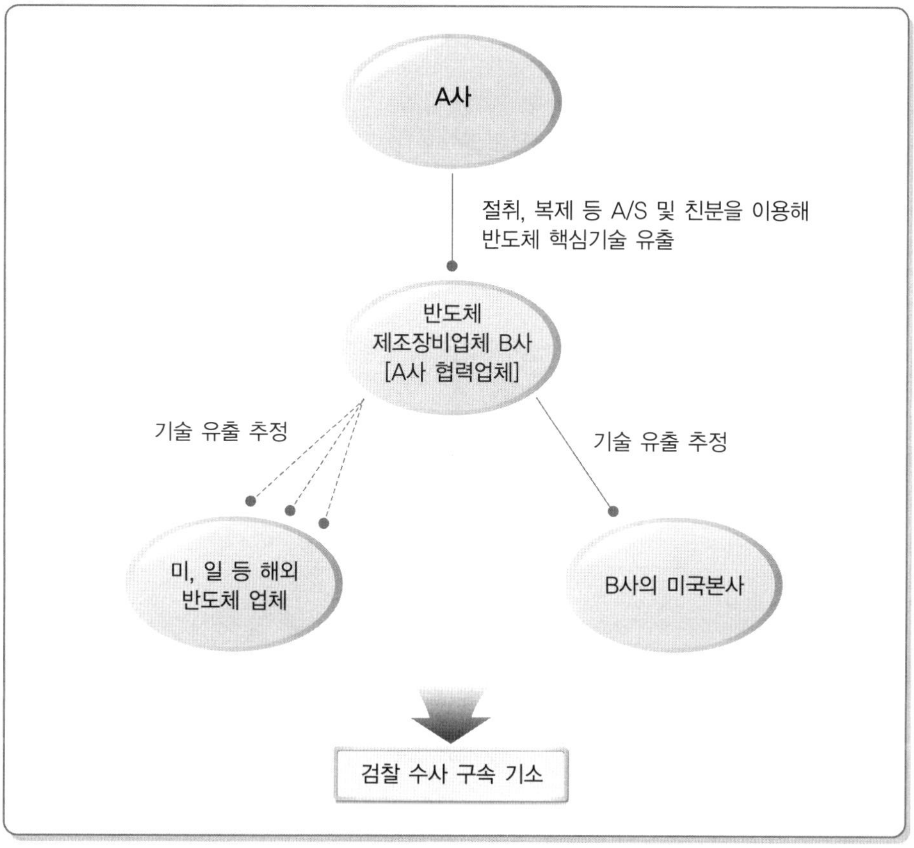

3. 02월 양문형 냉장고 설계기술 중국 유출기도

국내 전자제품 생산업체 A사의 협력업체인 B사 대표 김모씨는 A사의 양문형 냉장고 설계도면 등 신제품 핵심기술을 중국 H사로 유출기도하다 적발되었다. B사 대표 김모씨는 전 A사 부장이었던 P씨와 현 A사 과장 L씨에게서 핵심기술 내용이 포함된 양문형 냉장고 기술 파일을 전달받는 한편, 업무협력 차원에서 A사에 파견한 인력을 통해 불법 취득한 영업비밀을 2009년 8월 중국 H사와 기술자문 계약을 체결하고 핵심기술 유출시 막대한 국부유출이 우려되었다.

◈ 냉장고 설계기술 중국 유출기도

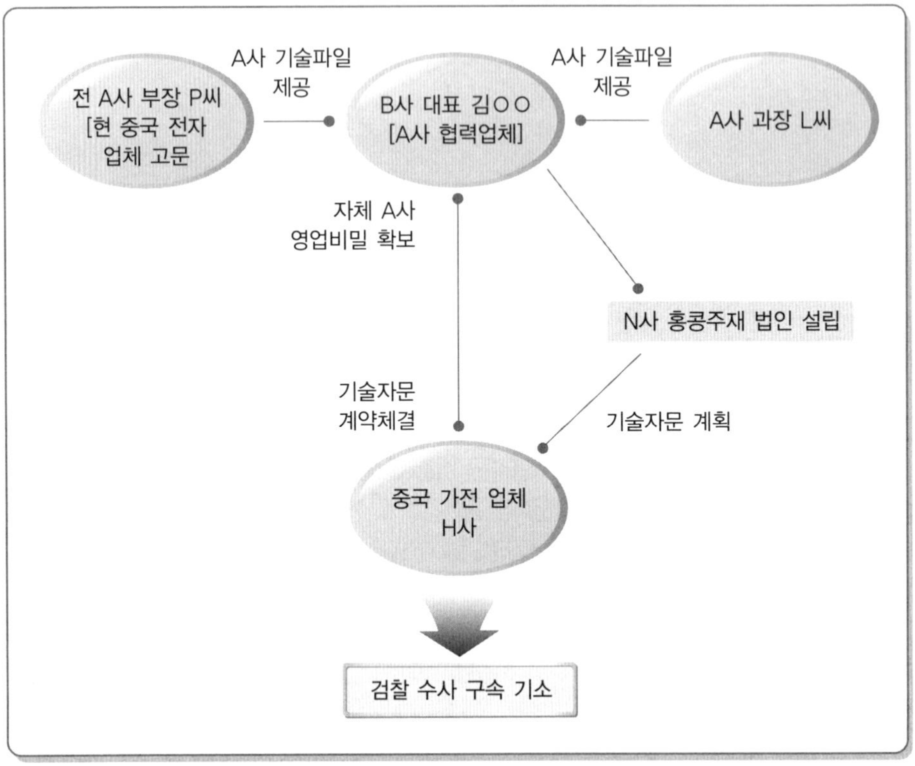

Ⅳ. 2009년

2009년 08월 D자동차 핵심 제조기술이 러시아 유출이 되었다. 러시아 신생 자동차 조립업체 T사가 외국인 투자를 빙자, 국내에 한국지사를 설립한 후 D사의 전 R&D센터장 등 핵심기술인력 200여명을 스카우트 하고 엔진 설계기술 등을 유출, D사의 기술을 T사 신차개발에 활용하다가 적발되었다.

◈ **자동차 핵심 제조기술 러시아 유출사건**

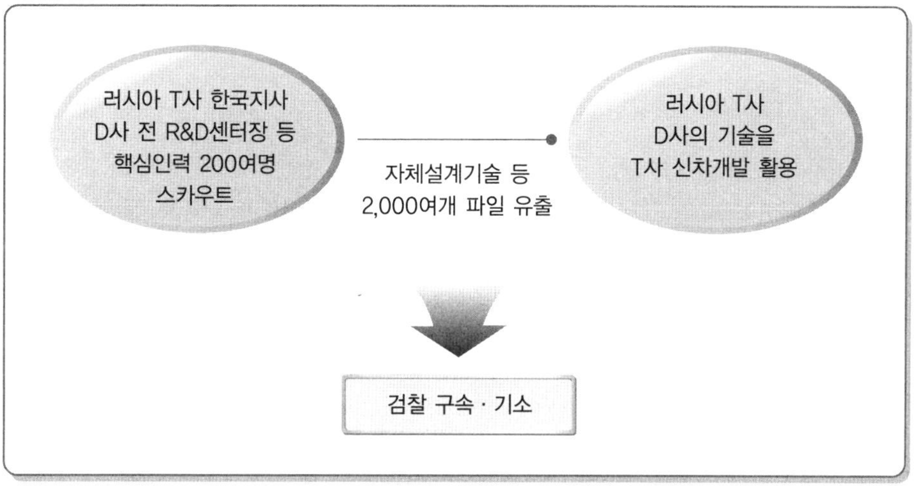

Ⅴ. 2008년

1. 09월 신호소자 반도체 공정기술 대만유출

반도체 생산업체 K사 기술부장 배○○는 2007년 12월 퇴직 후 대만 A사로 전직하면서 동 사가 개발한 첨단 신호소자 공정기술을 불법 유출하였으며, 추가적인 기술유출을 위해 국내 K사, T사 등 반도체 회사 현직 연구원들을 접촉하며 포섭을 기도하다 적발되었다. 이 사건의 산업기술은 신호소자 반도체 칩의 제조원가를 획기적으로 절감시킨 기술에 해당된다.

◈ 신호소자 반도체 공정기술 대만유출 사건

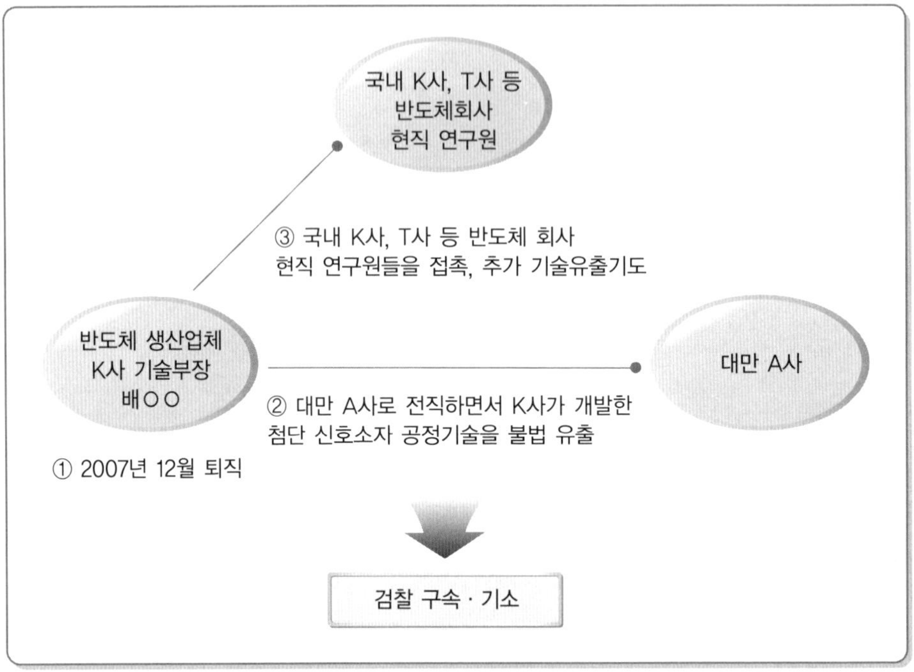

2. 07월 태양광 차단 신소재 기술 일본유출 기도

대일무역업자 성○○등 3명이 국내 벤처기업 M사의 '태양광 차단 신소재' 제조 핵심기술을 빼돌려 일본 A사에 유출기도하다 적발된 사건이다. 성○○는 M사 개발기술의 상품화에 투자하겠다며 접근, 자신의 지인을 동 사 연구원으로 취업시킨 후 제품 생산에 필요한 설계도와 사업계획서 등 핵심기술 · 영업 비밀자료를 빼돌려 일본 A사에 매각을 기도하다 적발되었다. 해당 산업기술은 태양광 투과율을 0~100%까지 조절 · 차단이 가능한 특수필름 제조 기술로 일본으로 유출하려다 차단되었다.

◆ **태양광 차단 신소재 기술 일본유출 기도사건**

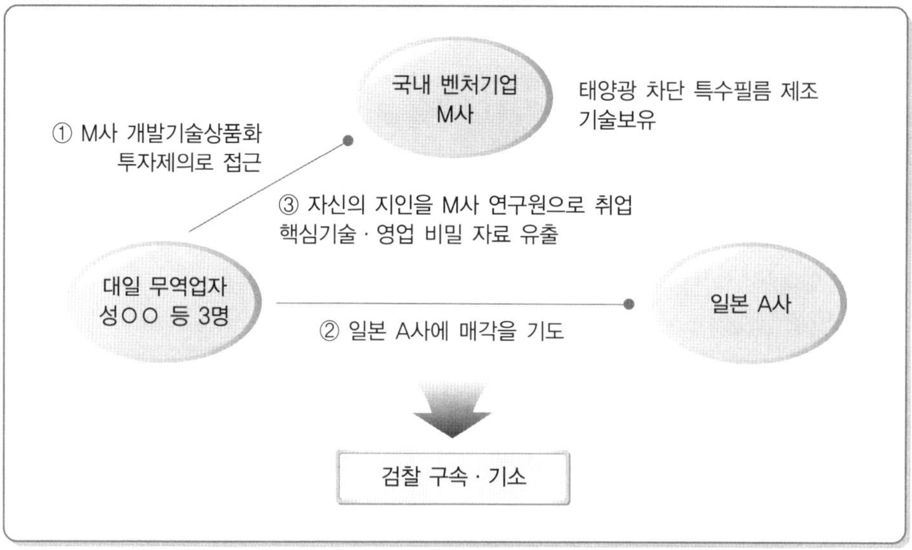

3. 03월 L사 첨단 PDP 제조기술 중국유출

전 L사 생산기술부장 정○○는 2005년 09월 인사에 불만을 품고 퇴사하면서 다면취 제조공법 등 세계 선도의 PDP 관련 기술자료 다량을 유출한 후, 2007년 3월 중국 최대 TV 제조업체인 C사가 중국정부 지원 하에 설립한 신설 PDP업체 「C Display」사 기술고문으로 전직하였으며 공장 설계도 등 유출자료를 활용, 신규 생산 라인 셋업을 주도하면서 전 · 현직 L사 연구원의 기술자문을 받는 등 지속적인 기술유출 기도하다가 적발되었다. 해당 산업기술은 중국의 PDP 조기 양산에 이용하려다 차단되었다.

4. 01월 K사 아연 제련공법 호주유출 기도

K사 이사 김○○는 2007년 9월 퇴사직전에 K사가 자체 개발한 첨단 아연 제련공법을 웹하드를 통해 유출한 후, 경쟁사인 호주 A사로 전직 및 이민을 기도하다가 적발되었다. K사는 동 공법이 경쟁업체로 넘어 갔을 경우, 약 800억원의 손실 예상되었다.

◈ 아연 제련공법 호주유출 기도사건

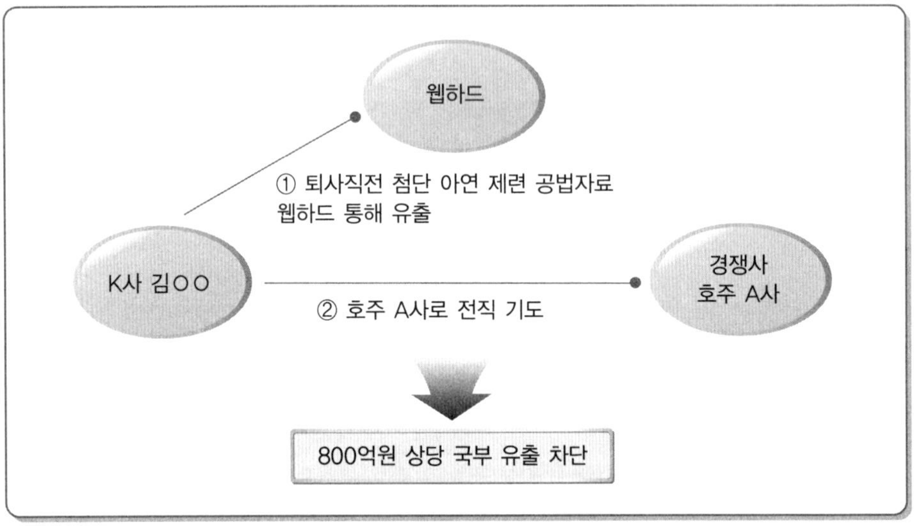

Ⅵ. 2007년

1. 11월 H사 자동차 자동변속기 기술 중국유출

H사 전직원 윤○○ 등 2명은 H사가 개발한 대형 4속 자동변속기 기술과 자동차 부품 설계도면 등을 200만 달러를 받고 중국 T사의 B씨에게 넘기다 적발되었다.

◈ 자동차 자동변속기 기술 중국유출 사건

2. 07월 수조원 가치의 조선기술, 해외유출 기도

국내 대형 조선업체 D사의 전직기술팀장으로 근무하던 엄○○씨가 선박건조 기술을 통째로 중국에 유출하려다 국정원에 의해 적발되었다.

◆ 조선기술 중국유출 기도사건

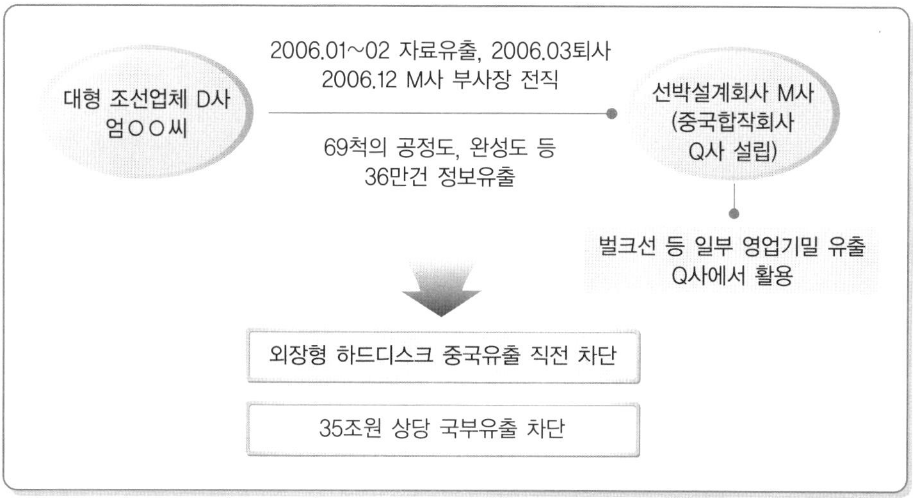

3. 05월 자동차 핵심기술 유출 기도

국내 K자동차의 전직원 5명이 자동차 기술컨설팅 회사에 근무하면서 현직 직원 2명으로부터 자동차 생산 핵심 기술을 빼낸 후 중국으로 유출하려다 국정원과 검찰에 의해 적발되었다.

4. 05월 세계 최초개발 와이브로 기술, 해외유출 기도

P사의 미국연구소에서 연구실장으로 근무하던 김○○씨는 P사 측과의 불화로 해임된 것에 불만을 품고, 이전에 한국에서 근무했던 정○○씨와 함께 P사 사무실에서 자신의 노트북, 외장 하드디스크와 e-메일 등을 이용해 와이브로 핵심 기술을 빼낸 후 미국업체로 빼돌리려다 국정원과 검찰에 의해 적발되었다.

세계 최초개발 와이브로 기술, 해외 유출 사건

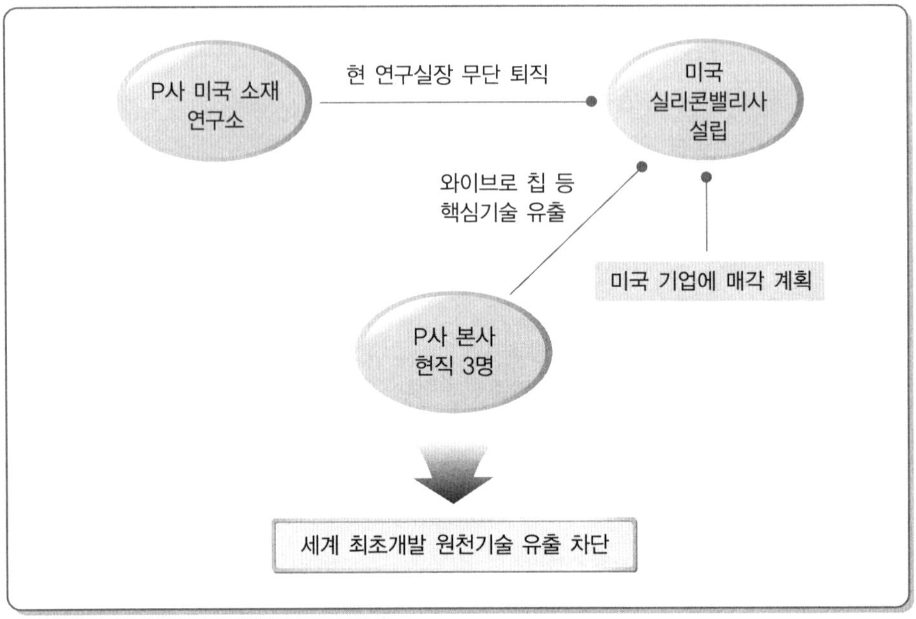

Ⅶ. 2006년

1. 03월 첨단 휴대폰 제조기술 카자흐스탄 유출 기도

S사 선임 연구원 이아무개는 러시아/CIS권 전문 컨설팅업체 F사 장모씨와 공모하여 S사가 개발한 이동통신 기술자료 및 프로그램, 최신 휴대폰 회로도 등 영업비밀을 유출하고 L사 휴대폰 제조분야 연구원 5명을 포섭하여 카자흐스탄 업체와 기술이전 계약체결을 통해 현지에 휴대폰 제조공장 설립을 추진하다가 적발되었다.

휴대전화 기술 유출사건

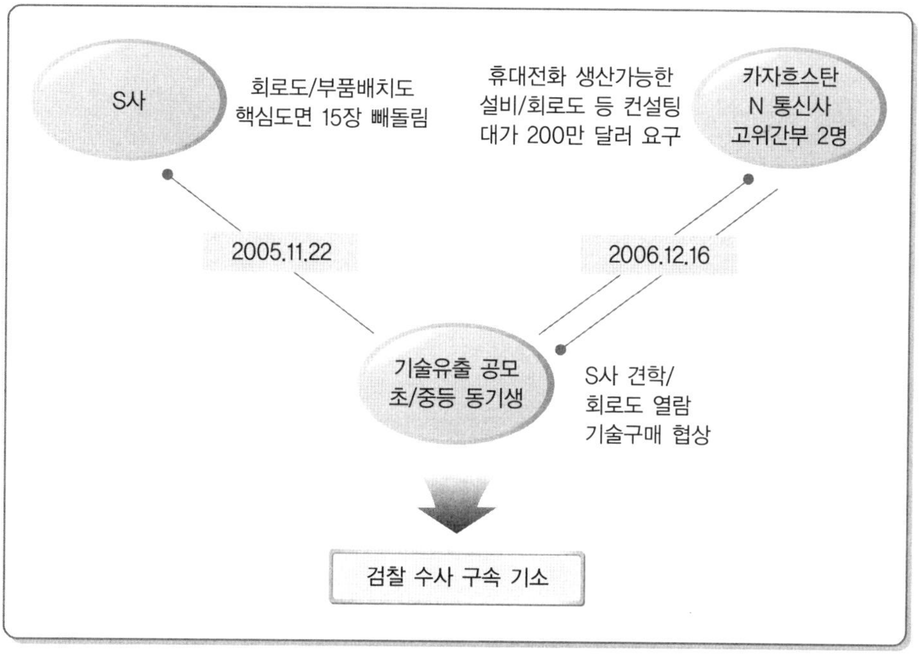

2. 01월 TFT-LCD 컬러필터 제조기술 중국유출 기도

광통신 부품 제조업체인 P사의 전대표 이아무개가 외국인 K아무개와 동종업체 L사를 설립하고 P사에서 연구원으로 재직 중인 제자 최/이 아무개 등을 통해 P사가 개발한 첨단 광통신부품 양산 기술자료(3GB)를 빼돌린 후 웨이퍼/하우징 모듈 등을 L사에서 제작을 시도하다가 적발되었다.

◆ **첨단 PDP 제조기술 중국유출 사건**

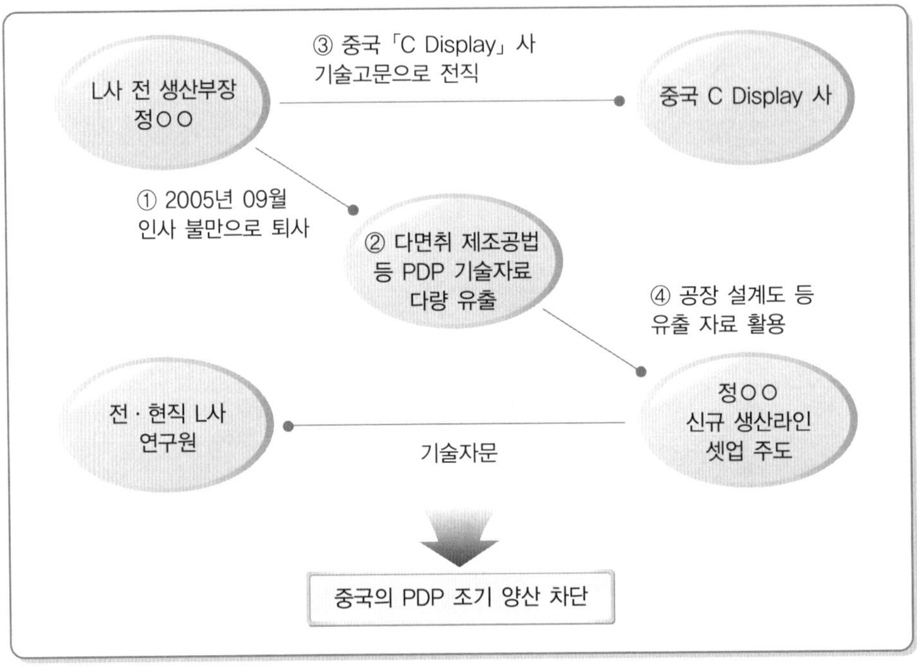

Ⅷ. 2005년

1. 07월 반도체 제조공정 기술 해외유출 기도

반도체 제조회사인 A사의 전 생산기술센터 부장 김 아무개는 조세 면제 국가인 '케이먼군도'에 반도체 제조업체인 L사(페이퍼 컴퍼니)를 설립하고 A사 출신 핵심 연구원 6명을 포섭하여 NAND Flash 메모리 기술을 빼낸 후 외국의 지방정부와 연계, 현지에 공장을 설립하려다 적발되었다. 해당 NAND Flash 메모리 기술은 동 사의 04년 영업이익만 2조원에 달하는 주력 제품에 해당된다.

2. 07월 광통신부품 핵심 공정기술 해외유출 기도

S사 퇴직 연구원인 박아무개는 재직시 친분이 있던 S사 LCD 공정/설비/제조 등 공정별 연구원 12명을 고액연봉으로 유인해서 S사가 주력 제품으로 집중 투

자중인 컬러필터를 유출하여 심천에 중국측 투자자금으로 TFT-LCD 라인/클린룸 등 전 공정이 가능한 공장 설립을 추진하다가 적발되었다.

3. 07월 고성능 셋톱박스 제조기술 해외유출 기도

셋톱박스 제조업체인 A사 전영업부장인 성아무개는 퇴직 후, 후배직원 송아무개와 공모하여 무역업체를 설립하고 외국인 해커를 고용하여 A사의 "유료방송 무료수신 S/W" 등의 기술자료를 빼낸 후 외국인이 경영하는 W사에 제공하려다 적발되었다.

Ⅸ. 2004년

1. 11월 TFT-LCD 제조기술 해외유출 기도

2004년 8월 C사의 TFT-LCD 컬러필터 연구원 3명은 대만 투자기업인 M사 대표로부터 억대 고액연봉과 함께 대만으로 전직을 권유받고 동시에 퇴직하면 의심을 받을 수 있다는 것을 알고, 차례로 퇴직하기로 공모한 후 회사 노트북에 저장된 TFT-LCD 제조와 관련된 기술자료를 USB메모리에 무단 복제하여 자택에 보관하고 9월 22일~25일간 3명이 함께 대만을 방문하여 M사 측과 기술면접 후 고용계약을 체결하고 기술유출을 시도하다가 적발되었다.

2. 9월 반도체 웨이퍼 검사장비 운용기술 해외유출 기도

2004년 5월 A사의 반도체개발본부에서 근무하던 박아무개는 회사에 알리지 않은 채 외국 경쟁사인 I사에 취업하기로 합의하고 퇴직 전 사내 주서버에 침투하여 5회에 걸쳐 512메가 DDR램, 32메가램, 126/256메가램용 웨이퍼 검사장비 운용 핵심 프로그램 340여개를 무단으로 내려받아 개인 이메일로 불법 전송하여 빼낸 후 2004년 9월 A사를 퇴사한 후 외국 경쟁사인 I사에 근무하기 위해 빼낸 기술자료를 가지고 출국하려다가 적발되었다.

3. 9월 초음파 진단기 제조기술 해외유출 기도

국내 의료기기 제조업체인 K사에 근무하던 Y 아무개 등 3명은 회사가 경영난으로 법정관리에 들어가자, 순차적으로 퇴직한 후 독일에 본사를 둔 S사의 국내연구소로 전직하면서 K사가 2,100억원을 투자 · 개발하여 세계시장 1위를 점유한 초음파 진단기 핵심기술 및 영업상 비밀자료 등 1,800개 파일을 CD/USB 메모리에 무단 복사하여 빼낸 후 S사의 국내연구소에서 K사와 동일한 제품을 만들어 영업에 활용하다가 적발되었다.

4. 6월 바이오 환경기술 해외유출 기도

국내 바이오 환경기업인 B사의 전 기술이사 최아무개는 2003.3~6간 중국에 음식물 쓰레기 처리기계 하청생산을 추진하는 과정에서 중국지사장 천아무개와 공모하여 장비 설계도면과 국내에서 출원한 특허서류 등 기술자료 일체를 빼내어 2003년 6월 최아무개가 개인적으로 중국에 설립한 K사 명의로 동일 내용의 특허를 본사 몰래 중국정부에 출원하는 한편 K사 홈페이지에 동 제품을 광고하면서 중국 내 대리점을 모집하는 등 사업화를 기도하다 적발되었다.

5. 5월 첨단 휴대폰 제조기술 해외유출 기도

외국계 회사인 Q코리아사의 부사장인 조아무개는 휴대폰 개발 위장 회사인 C코리아사를 설립한 후 국내 휴대폰 제조업체인 Y사의 연구원 양아무개 등 8명을 각종 인센티브/스톡옵션 제공 등을 제시하면서 포섭하여 양아무개 등 8명은 Y사가 206억원의 연구비를 투입하여 수출용으로 개발한 GSM/GPRS핸드폰 제조기술 자료를 퇴사하면서 무단으로 반출한 후 해외로 유출하려다 적발되었다.

6. 4월 LCD 생산장비 제조기술 해외유출 기도

국내 유일의 LCD(액정표시장치)용 플라즈마 화학증착(PECVD) 장치 제조업체인 H사가 해외 거대 기업과 대만에서 힘겨운 특허분쟁을 진행중에 있을 때 H사 전직 임원인 서아무개 등 2명은 동 사가 약 1,141억원의 연구개발비를 투자하여 개발한 LCD(액정표시장치) 생산장비 제조기술을 경쟁업체인 외국 A사(세계 LCD장비시장 80% 점유)로 전직하면서 유출할 목적으로 3GB에 달하는 방대한 분량의 LCD PECVD 장비 제조관련 기술 자료를 7~8회에 걸쳐 휴대용 USB 메모리 스틱에 복제한 후 은닉해 오다 적발되었다.

7. 1월 메모리 반도체 핵심기술 해외유출 기도

국내 굴지의 반도체 제조업체인 T사 책임연구원인 우아무개는 회사 경영상태가 악화되자 향후 거취문제로 고심하던 중 해외 경쟁업체인 S사로 전직한 동료 박아무개 등 4명과 공모하여 재취업시 활용할 목적으로 P사가 4,070억원을 들여 개발한 반도체 핵심기술 자료 20GB(A4용지 20만매)를 인터넷 사이버폴더를 이용하여 무단 반출한 후 해외로 유출하려다 적발되었다.

X. 2003년

1. 10월 PDP 핵심기술 대만유출 기도

A사 부장인 정아무개는 임원 승진에서 탈락한 데 불만을 품고 있던 중 전 A사 직원이었던 재미 대학후배인 김아무개로부터 'PDP 다면취 공법'에 관한 기술매매 제안을 받고 대만 디스플레이 제조회사인 Z사에 'PDP 다면취 제조공정'관련 기술자료 일부를 2억원에 양도하기로 한 후 관련 자료를 플로피디스켓에 저장하여 회사 뒷문을 통해 자택으로 가져가 Z사로 송부하려다 적발되었다.

2. 09월 미생물 발효장비 제작기술 유출 기도

전략물자 · 기술로 지정되어 있는 미생물 발효장비 제조업체인 K사에 근무하던 이아무개 등 4명은 미생물 발효장비 제조기술과 영업관련 정보를 빼내어 사업화하기로 공모하고 퇴직 후 업체를 설립, 빼내 온 설계도면을 활용하여 미생물 발효장비를 제작 · 판매하였으나 사업이 여의치 않자 설계도면 등 기술자료를 중국 J사에 판매하려다 적발되었다.

제3절 산업기술 유출사건의 유형(2007년~2011년)

Ⅰ. 기술유출 분야

산업기술의 유출 분야는 전기전자가 37%, 정밀기계가 27% 및 정보통신 15% 등으로 차지하고 있으며, 상대적으로 우리나라에서 첨단산업기술을 가지고 있는 분야에 집중되어 있음을 알 수 있다.

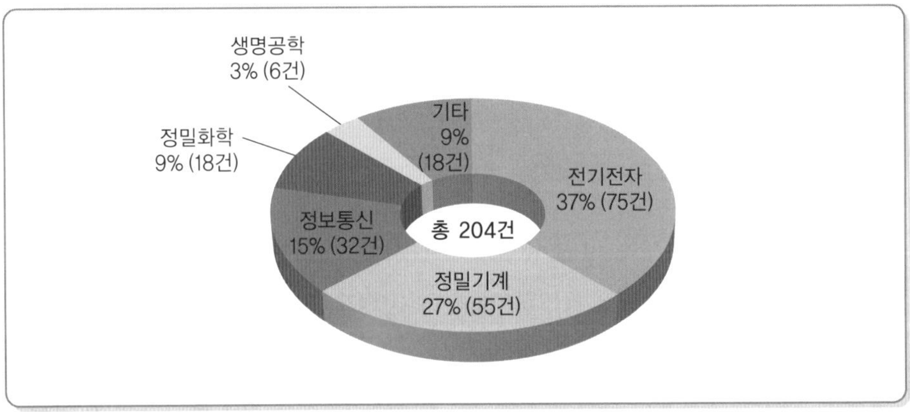

Ⅱ. 기술유출 주체

산업기술의 유출자는 전직직원 62%, 현직직원 17% 및 협력업체 종사자 13% 등으로 나타나고 있으며, 이 통계에서 알 수 있듯이 기업에서 전 · 현직의 직원에 대한 관리에 문제가 있음을 알 수 있다. 즉 기업내부자에 의한 유출이 상당부분을 차지하고 있으며 이들 유출자의 방지는 물리적 · 기술적 보안 조치도 중요하지만 무엇보다도 인사관리와 적정한 보상체계의 마련이 문제된다.

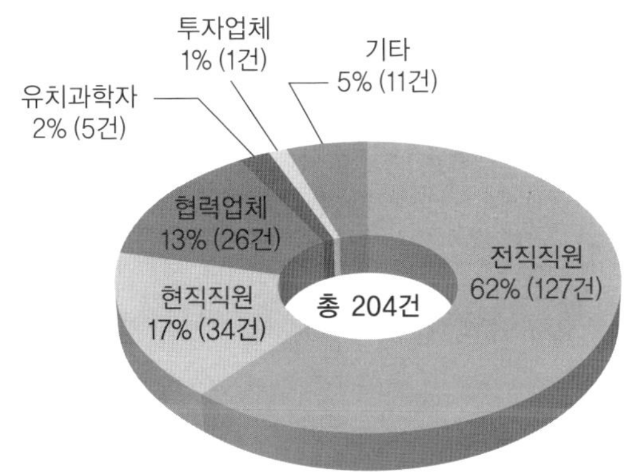

Ⅲ. 기술유출 유형

산업기술의 유출 유형으로는 무단보관 42%, 내부공모 25% 및 매수 23% 등으로 나타나고 있으며 이들 산업기술의 유출은 인사관리 문제로 귀결된다. 특히, 기업 내부에서 나름대로 산업기술의 유출방지를 위한 보호조치와 관리기준 등을 마련하여 직원을 관리하는 것이 필요함을 알 수 있다.

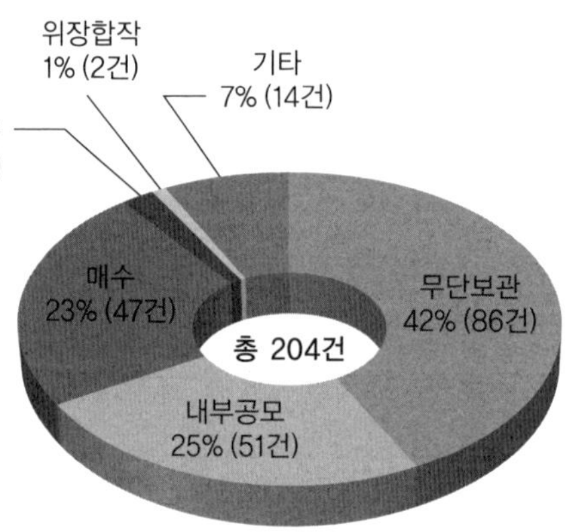

Ⅳ. 기술유출 동기

산업기술의 동기는 개인영리 61%, 금전유혹 20% 및 인사와 처우불만 11% 등으로 나타나고 있으며, 이들 산업기술 유출동기에서 내부직원의 교육 및 적정한 대우 등이 문제되고 있다. 사회적으로도 산업기술 유출이 국민경제와 국가안보에 직접적인 영향을 미치고 있음을 홍보하고 관련 범죄의 중대성 및 윤리에 대한 교육 등이 필요함을 알 수 있다.

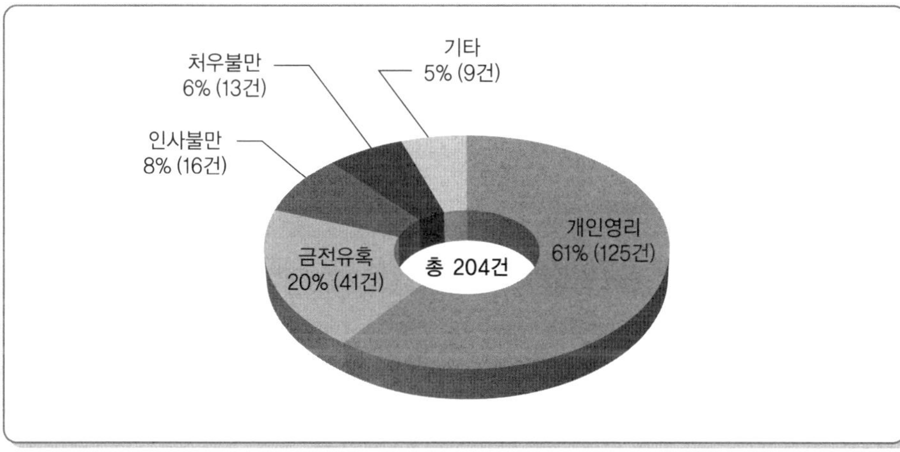

V. 규모별 기술유출 현황

기업의 규모별로 산업기술유출 현황을 살펴보면, 대기업 27%, 중소기업 69% 및 기타 4%로 나타나고 있으며, 대부분 산업기술 유출이 중소기업에 집중되어 있음을 알 수 있다. 한편, 대기업에서 발생하는 첨단산업기술 유출의 사례는 상대적으로 적다고 하지만 국가안보와 국민경제에 미치는 영향이 막대하다. 대기업의 경우는 스스로 산업기술의 보안을 유지하도록 정부차원에서 보호기준 및 교육 등을 강화하는 것이 의미가 있으며, 중소기업의 경우는 정부에서 각종 보안 조치 및 기술 도입 등에 대한 지원을 하는 것이 필요하다고 볼 수 있다.

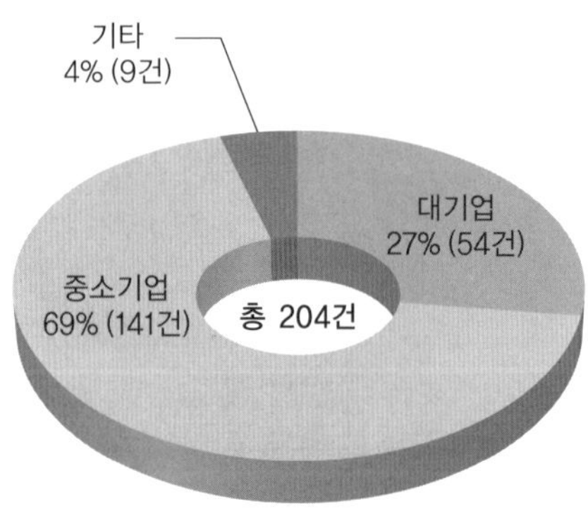

제3장

외국의 산업기술 보호

제1절 미 국
제2절 독 일
제3절 일 본
제4절 중 국
제5절 소 결

제1절 미 국

Ⅰ. 개 관

미국에서 영업비밀은 종래 저작권과 상표권의 보호와 달리 연방법이 아니라 주법에 의해 보호되어 왔고, 영업비밀의 보호는 19세기초부터 커먼로에 기초하여 영업비밀 침해행위를 불법행위로 다루었다. 즉 커먼로는 각각의 주가 독자성을 유지하지만 영업비밀의 보호에 대해서는 거의 공통한 법원칙을 발전시켜 왔는데, 영업비밀 보호에 관한 여러 주의 판례법 원칙은 불공정행위의 하나로 다루었다. 미국법률가협회(American Law Institute)는 1939년 '불법행위에 관한 첫 번째의 리스테이트먼트'[1]에서 영업비밀에 관한 일반원칙을 정하였고, 이를 기초로 통일주법위원회(National of Commissioners on Uniform State Laws, NCC)는 1979년 영업비밀에 관한 모델법으로 '통일영업비밀법(Uniform Trade Secret Act, UTSA)'을 마련하였으며, 불법행위에서 분리하여 독립된 법형식으로 1993년에 '부정경쟁방지법에 관한 세 번째의 리스테이트먼트'[2]를 만들었다. 미연방의회는 연방차원에서 영업비밀의 형사적 보호를 위하여 연방법의 형태로 1996년에 경제스파이법(Economic Espionage Act of 1996)을 제정하였다.

Ⅱ. 산업스파이에 관련한 법제

1. 입법배경

사람의 정신적 창작물은 미연방헌법에 근거하여 보호된다. 즉 연방의 특허법, 저작권법, 상표법이 연방헌법을 근거로 제정되었으며 이들에 대한 침해에 대해서는 연방차원에서 구제가 인정된다. 그러나 재산적 가치를 가진 경제적 정보들

---

1) The American Law Institute, Restatement of Torts(first), American Law Institute Publishers, 1934.
2) The American Law Institute, Restatement(third) on Unfair Competition, American Law Institute Publishers, 1993.

은 종래 주 차원의 영업비밀보호법에 의해 보호될 뿐 연방차원의 보호가 인정되지 않았다. 이들 재산적 가치를 가진 경제적 정보들의 주류를 차지하는 것은 영업비밀이고 영업비밀은 특허 등 다른 지식재산들과 달리 비밀성을 유지할 수 있는 범위에서만 보호가 인정된다.

미국 정부는 전 세계 국가 중 약 100개의 국가들이 미국이 가지고 있는 지식재산과 영업비밀을 얻기 위하여 국가적 차원에서 노력하고 있다고 보고 있다. 이들 국가 중 하나로 대한민국도 지목되고 있으며 로버트 김 사건도 미국 정부는 대한민국 정부의 협력 하에 의해 이루어진 미국 정부의 정보에 대한 불법적 취득행위로 보고 있다. 특히, 한 논문에서는 대한민국 정부가 정보부 직원들을 외교직원으로 가장하여 해외에 파견하고 있음은 말할 것도 없고 현대, 삼성 등 대기업의 해외지사에도 비공식적 지위를 부여받아 파견하고 있는 것으로 파악하고 있다.[3)]

이처럼 미국은 세계 여러 나라에서 보유하고자 하는 중요 지식재산을 가지고 있고 이와 같은 탈취행위에 노출되어 있음에도 불구하고 이런 행위를 적절히 규제할 수 있는 연방차원의 형사법규를 가지고 있지 않았다. 그로 인하여 무체재산에 대한 불법적 침해자를 규제하는 데 어려움이 있었다. 연방검사들은 이들 불법행위자들의 유사행위를 규제하고 있는 법률에 의하여 처벌하고자 시도하였으나 이런 시도행위가 언제나 성공적이었다고 보기는 어려웠다. 그러나 이러한 행위들은 궁극적으로 미국의 중요 무체재산을 해외로 불법유출하는 결과를 가져오게 되고 국익에 중대한 영향을 미친다고 할 수 있다.

물론 주 차원의 영업비밀보호법이 있기는 하지만 이는 불법적 침해에 대한 민사적 구제의 근거가 될 수 있을 뿐 형사적 처벌의 근거는 될 수 없었다. 따라서 미국 정부는 1996년 연방경제스파이법을 제정하여 연방차원에서 무체재산의 침해에 대한 형사적 보호를 인정하기에 이르렀다. 물론 이 법의 제정으로 연방차원에서 영업비밀을 포함한 무체재산권의 침해에 대한 형사적 보호가 인정되었지만 민사적 구제는 여전히 주 영업비밀보호법을 근거로 이루어진다고 할 수 있다.

---

3) Susan W. Brenner & Anthony C. Crescenzi, *State-Sponsored Crime: The Futility of the Ecpnpmic Espionage Act*, 28 Hous. J. Int'l L. 389, 412-413 (2006).

그러므로 미국에서 영업비밀의 침해에 대한 구제는 민사적 구제와 형사적 구제가 가능하다고 볼 수 있다. 민사적 구제는 통일영업비밀보호법을 근간으로 각 주에서 제정한 주 영업비밀보호법에 의해, 형사적 구제는 연방경제스파이법에 의해 인정된다. 즉 연방법인 연방경제스파이법이 형사적 구제만을 인정하는데 비하여 주 영업비밀보호법은 민사적 구제만을 인정하고 있다고 할 수 있다. 특히 주 영업비밀보호법은 모든 주에서 이를 채택하고 있는 것은 아니며 2004년까지 44개주와 워싱턴 DC만이 통일영업비밀보호법을 바탕으로 주의 영업비밀보호법을 제정하고 있다.

연방경제스파이법과 통일영업비밀보호법이 불법적인 지식재산의 취득행위에 대한 구제 내지 방어 수단을 제공한다면 합법적인 기업 취득행위를 통하여 미국의 지식재산이 유출되는 행위는 이들 법에 의해 막을 수 없다. 이에 미국 정부는 1989년 국방전략물품법(Defense Production Act)을 개정하는 Exon-Florio법을 만들었다. Exon-Florio법은 외국인 투자 관리에 관한 대통령의 권한을 강화한 외국투자 및 국가안보법(Foreign Investment and National Security Act of 2007)에 의해 개정되었다.

2. 연방경제스파이법

연방경제스파이법은 미국 국민의 영업비밀을 해외로 불법 유출하는 행위를 규제하기 위하여 1996년 제정된 연방 차원의 특별 형법이다. 이 법은 산업기술 등의 해외로의 유출에 한정되지 않으며 국내 불법 유출의 경우에도 동일하게 적용되어 그 실제적인 적용범위, 목적에 있어 다소 불명확한 점이 있다는 비판도 있지만[4] 이 법에 의하여 미국의 산업기술 및 영업비밀의 보호가 강화된 것은 부인할 수 없다. 이 법의 목적은 경쟁기업 등 사적 주체는 물론이고 외국 정부에게 이익을 주는 개인과 기업 나아가 외국의 정부기관에 의한 영업비밀 절도에 대하여 주로 형법적 처벌을 부과할 수 있도록 연방법으로서 포괄적인 규율을 하는 것이다.[5] 연방경제스파이법은 잘 알려져 있는 바와 같이 연방법 제18편 제1831조

4) Arther J. Schwab, Federal Protection of Trade Secrets: Understanding the Economic Espionage Act of 1996.

에서 제1839조까지 9개의 조문으로 구성되어 있다. 그 중 핵심이 되는 것은 제1831조와 제1832조이다.

제1831조[6)]에서는 영업비밀의 불법유출에 의해 이익을 받는 자가 외국 정부, 외국 기관 등 외국인인 경우를 규정하고 있고 제1832조[7)]에서는 이익을 받는 자가 외국인이 아닌 내국인인 경우를 규정하고 있다.

경제스파이법의 보호대상은 영업비밀이며, 이것은 통상정책은 물론 모든 형태의 재무 · 사업 · 과학 · 기술 · 공학 정보로서 기업에게 경제적 가치가 있고 비밀보호 조치를 받고 있는 것으로 규정하고 있다. 제1839조 제3항에 따르면 영업비밀은 "유체물이나 무체물을 불문하고 물리적, 전자적 도면, 영상 또는 서면 등으로 기록된 계획, 통합계획(complications), 프로그램, 장치, 공식, 디자인, 표본, 방법, 기술공정, 절차, 프로그램 또는 규정을 포함한 모든 형태와 양식의 재정, 사업, 과학, 기술 또는 공학 정보로서 그 소유자(정당한 권리자)가 이와 같은 정보, 비밀을 유지하는 합리적 조치를 취했거나 그 정보가 일반적으로 알려져 있지 않

---

5) 김웅일, 앞의 논문, 21면.

6) **제1831조 (경제스파이)** (a) (일반론) 누구든지 범죄행위를 통하여 외국의 정부, 정부기관 또는 정부관리를 이롭게 하기 위하여 또는 이롭게 함을 알면서도 고의로 다음의 행위를 하는 경우에는 (b)항에서 규정하고 있는 경우를 제외하고 $500,000이하의 벌금 또는 15년 이하의 징역에 처하거나 양자를 병과할 수 있다.
 (1) 영업비밀을 절도, 무단이용, 획득, 제거, 은닉이나 사기, 계략 또는 기만행위를 통하여 취득하는 경우
 (2) 영업비밀을 무단으로 복사, 복제, 스케치, 도안, 사진, 다운로드, 업로드, 변경, 파괴, 사진촬영, 모사, 발송, 전달, 전송, 우편발송, 의사교환을 하거나 전하는 경우
 (3) 영업비밀을 무단으로 절도, 이용, 취득 또는 횡령된 것임을 알면서도 수취, 구매 또는 소유하는 경우
 (4) (1)(2)(3)항에서 규정하고 있는 범죄를 하고자 시도하는 경우
 (5) (1)(2)(3)항에서 규정하고 있는 범죄행위를 하기 위하여 한 명 또는 그 이상의 자와 공모하고, 공모한 자 중 한 명 이상의 자가 실제로 공모의 목적을 실행하기 위한 행위를 하는 경우
 (b) (a)항에서 규정하고 있는 범죄를 행한 단체는 $10,000,000 이하의 벌금에 처해진다.

7) **제1832조 (영업비밀의 절도)** (a) 주 또는 국제간의 상거래를 위하여 생산되었거나 또는 제공되는 상품과 관련된 내지 포함된 영업비밀을 그 소유자 이외의 자의 경제적 이익을 위하여 횡령할 목적으로, 동법의 범죄행위를 통하여 그 영업비밀권자에게 손해를 야기하기 위하여, 또는 손해를 야기함을 알면서도 고의로 다음의 행위를 하는 경우에는 (b)항에서 규정하고 있는 경우를 제외하고 본조에 따라 벌금 또는 10년 이하의 벌금에 처하거나 양자를 병과할 수 있다.
 (1) 이들 정보를 절도, 무단이용, 획득, 제거, 은닉이나 사기, 계략 또는 기만행위를 통하여 취득하는 경우
 (2) 이들 정보를 무단으로 복사, 복제, 스케치, 도안, 사진, 다운로드, 업로드, 변경, 파괴, 사진촬영, 모사, 발송, 전달, 전송, 우편발송, 의사교환을 하거나 전하는 경우
 (3) 이들 정보를 무단으로 절취, 이용이나 취득 또는 횡령된 것임을 알면서 수취, 구매 또는 소유하는 경우
 (4) (1) 내지 (3)항에서 규정하고 있는 범죄를 저지르고자 시도하는 경우
 (5) (1) 내지 (3)항에서 규정하고 있는 범죄를 저지르기 위하여 한 명 또는 그 이상의 자와 공모하고 공모한 자 중 한 명 이상의 자가 실제로 공모의 목적을 실행하기 위한 행위를 하는 경우
 (b) (a)항에서 규정하고 있는 범죄를 저지른 단체는 $5,000,000 이하의 벌금에 처해진다.

고 일반 대중이 적절한 수단을 통해서 쉽게 인식할 수 없는 것으로서 실제상 또는 잠재적 독립적인 경제적 가치를 제공하는 경우"이라고 정의되고 있다.

또 경제스파이법의 처벌대상은 전술한 바와 같이 외국을 위한 경제스파이 행위(제1831조)와 개인을 위한 영업비밀 침해행위(제1832조)로 구분되어 있는데, 먼저 전자의 경우 '외국을 이롭게 할 목적으로 영업비밀을 절취, 복사, 수령하는 등의 행위'를 범죄로 규정하고 있어 외국 정부들과 그 기관들의 영업비밀 침해행위는 고의에 의한 영업비밀의 절취만을 스파이행위로 처벌하고 있으며, 과실(중과실)에 의한 영업비밀의 침해행위는 이 법에서 처벌하지 않고 있음을 알 수 있다. 다음으로 후자의 경우 '주 또는 국제거래에 관련된 영업비밀을 타인의 이익과 보유자에 대한 해악의 의도로 절취, 복사, 수령하는 행위'를 범죄로 규정하는데, 이것은 사적 영역에 있어서 영업비밀을 훔쳐서 연속적으로 경쟁자에게 제공하는 자에 대한 형법적 처벌을 규정한 것이다.

제1831조와 1832조의 범죄행위의 입증기준을 일반 형사사건의 기준인 '합리적 의심이 없는(beyond a reasonable doubt)'으로 매우 엄격한 기준을 적용하고 있다. 제1835조에서는 법원으로 하여금 영업비밀이 더 이상 노출되지 않도록 필요한 모든 비밀보호조치(Confidentiality)를 취하도록 하고 있으며, 이러한 법원의 조치에 당사자가 만족하지 않으면 소송 중에 상소를 할 수 있도록 하고 있다. 또한 동법 제1837조는 경제스파이 행위의 일부가 미국 영토 이외에서 발생한 경우라도 그 행위자를 기소할 수 있도록 함으로써 제한적 역외관할권(Applicability Outside the United States)을 규정하고 있다. 이는 경제활동의 세계화 현상을 반영한 것이며 국외에 진출해 있는 미국 기업에 중요한 의미를 갖는다.

국외유출의 경우 경제스파이로 가중처벌하고 국내유출의 경우 영업비밀절도죄를 적용하므로 양자의 형량도 다르다. 즉 국외유출의 경우 50만 달러 이하의 벌금, 15년 이하의 징역 또는 이 둘을 병과할 수 있도록 하고 불법행위자가 조직, 단체인 경우에는 1,000만 달러 이하의 벌금을 부과하도록 하고 있다. 반면 국내유출의 경우 불법행위자의 유형에 따라 벌금, 10년 이하의 징역 또는 이 둘을 병과할 수 있도록 하고 있다. 불법행위자가 조직, 단체인 경우에는 500만 달러 이하의 벌금을 부과한다. 그러나 여기서는 불법행위자가 개인인 경우에 벌금형을 부과하도록 하면서도 벌금액을 정하고 있지는 않다.

이외에도 제1833조는 예외조항으로서 미국 국가기관에 의해 이루어지는 합법적 행위에 대해서는 이 법이 적용되지 않음을 규정하고 있다. 제1834조에서는 연방경제스파이법에서 규정하고 있는 형사적 처벌 외에 불법행위와 직접, 간접으로 관련성을 가진 재산에 대하여 몰수가 이루어질 수 있도록 하고 있다. 제1835조에서는 이 법에서 정하고 있는 형벌을 과하는 과정에서 영업비밀의 비밀성을 유지하기 위하여 적절한 조치를 취할 수 있도록 하고 있다. 제1836조에서는 이 법과 관련하여 형사사건의 당사자가 되는 법무부 장관이 민사적 강제집행절차도 밟을 수 있도록 하고 있다. 또한 제1836조에서는 미연방법원이 이 법에 따른 민사소송에 대한 배타적 관할권을 가짐을 규정하고 있다. 제1837조에서는 미국 시민이나 영주권자에 의한 행위나 미국에서 행해진 행위의 연장이라고 볼 수 있는 행위에 대해서는 미국 영토 밖에서 이루어진 행위에 대해서도 연방경제스파이법이 적용됨을 규정하고 있다. 또 제1838조에는 다른 법과 연방경제스파이법과의 관계를 규정하고 있고, 제1839조에서는 연방경제스파이법에서 사용되고 있는 용어의 정의를 담고 있다.

3. 영업비밀보호법

(1) 통일영업비밀보호법

미국에서 1979년에 만들어진 통일영업비밀보호법을 모델로 한 영업비밀보호법을 가지고 있는 주는 2004년을 기준으로 할 때 46개주에 달한다. 로드 아일랜드의 영업비밀보호법은 1985년 통일영업비밀보호법과 동일하며 알라바마는 통일영업비밀보호법보다 협의의 보호를, 노스 캐롤라이나는 광의의 보호를 인정하고 있다.[8] 이와 같이 이들 각 주의 법들은 영업비밀보호법은 약간의 차이가 있으

8) 구체적으로는 알라바마, 알라스카, 아리조나, 알칸사, 캘리포니아, 콜로라도, 코네티컷, 델라웨어, 워싱턴 DC, 플로리다, 조지아, 하와이, 아이다호, 일리노이, 인디아나, 아이오와, 캔사스, 켄터키, 루이지애나, 메인, 매릴랜드, 미시간, 미네소타, 미시시피, 미주리, 몬타나, 네브라스카, 네바다, 뉴햄프셔, 뉴멕시코, 노스 다코타, 오하이오, 오클라호마, 오레곤, 펜실베니아, 로드 아일랜드, 사우스 캐롤라이나, 사우스 다코타, 테네시, 유타, 버몬트, 버지니아, 워싱턴, 웨스트 버지니아, 위스콘신이다. 이중 알라스카, 알칸사, 코네티컷, 델라웨어, 캔사스, 아이다호, 인디아나, 루이지애나, 몬타나와 워싱턴 주의 영업비밀보호법은 1979년 만들어진 통일영업비밀보호법을 바탕으로 약간의 변형을 가하였다. 콜로라도, 네바다, 뉴멕시코, 노스 다코타,

나, 영업비밀의 침해행위에 대한 구제방법으로 민사상의 금지명령과 손해배상책임을 규정하고, 종래의 판례를 근거로 하여 영업비밀의 요건을 구체적으로 규정하고 있다.[9]

이와 같이 많은 주의 영업비밀보호법의 근간이 되고 있는 통일영업비밀보호법은 총 11개의 조문으로 구성되어 있다. 제1조는 정의조항으로서 이 법에서 사용되고 있는 용어의 정의를 담고 있다. 연방경제스파이법이 외국정부, 외국정부의 기관, 영업비밀 및 소유권자 등에 대한 정의를 담고 있는 반면 통일영업비밀보호법은 부정수단, 부정사용, 침해자가 될 수 있는 자 및 영업비밀에 대한 정의를 담고 있다. 통일영업비밀보호법 제1조 제4항 (1)호 및 (2)호에서는 영업비밀을 "일반적으로 알려져 있지 아니하고, 독립적인 경제적 가치를 가지며, 쉽게 지득할 수 없으며, 또한 그 비밀을 유지하기 위한 노력의 대상이 되는 정보"를 가리킨다고 규정하고 있다. 연방경제스파이법과 통일영업비밀보호법은 영업비밀의 정의에 관하여 다음과 같은 공통점을 가지고 있다. 첫째, 비밀성을 유지하기 위하여 합리적 조치를 취하였을 것 둘째, 공개되지 않고 정당한 수단에 의해서는 쉽게 획득되기 어렵기 때문에 현실적이든 또는 잠재적이든 독립된 경제적 가치를 가질 것을 요구한다는 점 등이다. 제2조에서는 침해행위에 대한 금지청구권을, 제3조에서는 손해배상청구권을 규정하고 있다. 특히, 손해배상액 산정에 있어 악의적 침해에 대해서는 원손해배상액의 2배를 초과하지 않는 범위에서 징벌적 손해배상액을 청구할 수 있도록 하고 있다. 제3조에서는 고의나 악의에 의한 침해에 대하여 승소 당사자가 변호사비용을 청구할 수 있도록 규정하고 있다. 제3조에서는 영업비밀관련 소송에서 법원의 비밀보존의무를, 제6조에서는 제소기간을, 제7조에서는 다른 법률과의 관계를 규정하고 있다. 기타 제8조에서는 이 법을 채택하는 주들 사이에서 영업비밀보호법의 통일성이 유지되도록 적용 · 해석될 것을 정하고 있으며 제9조에서는 이 법의 약칭을, 제10조에서는 이 법의 분리가능성에 대하여, 제11조에서는 효력발생시기에 대하여 정하고 있다.

오클라호마, 오레곤, 사우스 다코타, 유타, 버지니아, 웨스트 버지니아와 위스콘신은 1985년 통일영업비밀보호법을 따르고 있다(Melvin F. Jager, Trade Secrets Laws, part 2 Trade Secrets Laws of Selected States (2007)).

9) 김문환, "개정영업비밀보호법에 대한 고찰", 정보와 법 연구(국민대), 1999, 창간호, 37면.

그러나 이를 수용한 각 주의 법률은 다음과 같은 몇 가지 문제점을 가지고 있다. 이들 법은 민사적 보호를 중심으로 이루어졌고, 형사적 구제에 관한 명시규정이 없다. 즉, 사후의 금전적 배상을 주목적으로 할 뿐 법원들로 하여금 징역형이나 벌금과 같은 형법적 처벌을 부가하는 것을 허용하지 않는 한계를 갖고 있다. 또, 금전적 배상을 받기 위해서 피해자는 소송의 제기와 그들의 피해를 입증해야만 한다. 결과적으로 통일영업비밀보호법이 많은 주로 하여금 포괄적인 지침을 준 것은 사실이나 영업비밀의 침해를 통제하기에는 그리 효과적인 수단이 되지 못하였다.[10]

(2) 주의 형법상 영업비밀 보호조항

연방법의 적용을 받는 영업비밀 침해행위에 대해서는 연방경제스파이법에 의해 형사처벌이 가능하다. 그러나 많은 주에서 주법의 적용을 받는 영업비밀 침해행위에 대해서도 이를 명문으로 범죄화하거나 영업비밀을 재산권으로 정의함으로써 형사처벌을 인정하고 있다. 많은 주에서 채택하고 있는 모범형법전에서는 영업비밀을 명확히 재산권의 정의에 포함시키고 있지는 않다. 하지만 재산적 가치를 가진 모든 것으로서 부동산, 유체 및 무체재산권, 계약상의 권리 등을 포함하는 것으로 정의하고 있어서 모범형법전에 따르면 무체재산인 영업비밀도 절도죄의 대상이 될 수 있다.[11][12] 예를 들어 모범형법전을 따르고 있는 알라바마 주 형법에서는 정의 조항에서 재산권이 유체재산과 더불어 무체재산을 포함하는 것으로 규정함으로써 무체재산도 절도죄의 대상이 될 수 있도록 하고 있다.[13] 실제로 대부분의 주 영업비밀 침해사건에서 논란이 되었던 것은 영업비밀이 재산권인지 여부가 아니라 문제의 정보가 영업비밀로서의 자격을 갖추고 있는지였다.

미국에서의 영업비밀보호법은 개별 주의 제정법뿐만 아니라 보통법(Common Law)으로도 되어 있어 각 주의 영업비밀보호법과 함께 판례도 주의 깊게 살필 필

10) 류병운, 경제스파이(Economic Espionage)로부터 영업비밀(Trade Secret)의 법적보호, 산업연구원, 2004, 216면.

11) MPC sec. 223.0.

12) 모범형법전에서는 절도죄를 동산과 부동산으로 나누어 규정하고 있다. 부동산에 대한 절도죄는 그 재산권을 타인에게 이전함으로써 성립하며 동산의 경우에는 타인의 재산을 절취하거나 불법적 통제권을 행사하는 경우에 성립한다. MPC sec. 223.2.

13) Ala. code § 13A-8-1.

요가 있다.

People v. Farell[14] 사건에서 캘리포니아 최고법원은 강제적인 징역형을 인정한 주 형벌조항이 영업비밀침해에는 적용될 수 없다는 항소심법원의 판결을 뒤엎고 5월의 징역형을 선고하였다. *People v. Gopal*[15]에서도 영업비밀을 얻기 위한 뇌물공여행위에 대한 형벌을 확정하였다. 이 사건에서는 비밀조사에서 반도체칩의 세부 디자인을 공개하는 테이프를 얻기 위하여 금전을 제공한 것이 드러났다. 피고는 해당 정보가 영업비밀에 해당하지 않는다고 항변하였지만 법원은 영업비밀에 대한 불법행위법에서의 정의와 형사법에서의 정의가 상이해야 한다고는 인정할 수 없다고 판단하였다.

*Schalk v. State*에서는 영업비밀을 표시한 문서를 복사하거나 영업비밀을 전달하거나 전파함에 의하여 텍사스 형법전 제31.05조의 위반을 확정하였다. 이 사건에서 피고들은 Texas Instrument사와의 고용관계를 청산하기 전에 그들에게 부여된 디렉토리 전체를 복사하였다. Texas Instrument사는 이들의 새로운 직장에서 동일 정보가 발견되었다는 정보를 근거로 검찰에 이들을 고소하였다. 법원은 해당 정보가 영업비밀이 아니라는 피고의 항변에 대하여 Texas Instrument사가 비록 연구원들 간의 정보공유를 장려함으로써 학구적인 분위기를 유지하였고 영업비밀에 의한 보호보다 특허에 의한 보호를 강조한 점은 사실이라고 인정하였다. 하지만 비공개에 대한 합의를 사전에 받았으며 보안조치와 컴퓨터 소프트웨어에 대한 보안조치를 취했다는 점에서 해당 정보를 영업비밀로 인정하였다.

이처럼 몇몇 주에서 주 형법을 통하여 영업비밀에 대한 처벌을 인정하고 있지만 형법이 가지고 있는 속성상 영업비밀 침해행위에 적용되기 어려운 면이 많다. 예를 들어 형법의 관점에서는 섭외사법이 존재할 수 없다. 형사법원은 자신의 관할 주의 실체법을 적용할 뿐이다. 그럼에도 불구하고 영업비밀 침해행위는 다수의 주에 걸쳐 완성될 수 있으며 관할권의 문제가 발생하게 된다.

14) 48 P. 3d 1155 (Cal. 2002).
15) 217 Cal. Rptr. 487 (Ct. App. 1985).

4. 리스테이트먼트(Restatement)

(1) 불법행위에 관한 첫 번째의 리스테이터먼트

'불법행위에 관한 첫 번째의 리스테이트먼트'[16]는 제정법이 아니어서 각 주의 법원을 구속하지 못하나, 커먼로의 공통원칙을 표현한 것으로서 높이 평가되고 있다. 동 리스테이터먼트 제757조 주석(b)에 기재되어 있는 영업비밀의 정의는 연방대법원의 판례나 주법원의 판례에서 종종 사용된다. 즉, 동 리스테이트먼트 제757조 주석(b)에서는 사업에서 이용되는 제법, 양식, 장치, 정보의 조합으로 구성되며, 이는 보유자에게 그것을 가지고 있지 않은 사람이나 사용하지 않은 사람에 비해 경제적 이익을 얻을 기회를 주는 것으로 화학성분을 위한 제법, 제조공정, 재료의 처리 또는 보존, 기계나 다른 장치를 위한 양식, 고객명부 등이라고 규정하고 있다.

동 리스테이먼트 제757조의 평석(b)에서는 보호를 구하는 정보가 영업비밀이기 위하여 부정한 수단을 사용하지 않으면 정보의 취득이 곤란한 실질적인 비밀의 요소가 존재해야 하며, 비밀성에 대하여 고려해야 할 6가지 요소는 다음과 같다.

(i) 정보가 기업외부에 알려져 있는 정도
(ii) 정보가 기업 내의 종업원이나 관련자에게 알려져 있는 정도
(iii) 기업이 당해 정보의 비밀을 지키기 위하여 취하고 있는 조치의 정도
(iv) 보유자와 경쟁자에 대한 정보의 가치
(v) 정보의 개발을 위해 소모한 노력과 비용
(vi) 제3자가 그 정보를 적법하게 취득하거나 복제하는 난이도 정도

(2) 부정경쟁방지법에 관한 세 번째의 리스테이터먼트

1993년에 마련된 '부정경쟁방지법에 관한 세 번째의 리스테이터먼트'[17]는 미국법률가협회가 부정경쟁행위의 광범위한 영역을 커버하는 포괄적인 법칙을 기술한 것으로 영업비밀 보호이론의 틀을 마련한 최근의 노력이다. 동 리스테이터

16) The American Law Institute, First Restatement of Torts, American Law Institute Publishers, 1934.

17) The American Law Institute, Restatement(third) of the Law Unfair Competition, American Law Institute Publishers, 1993.

먼트는 부정경쟁행위와 관련된 커먼로의 법리를 조문화시키는 작업을 완성하여 체계화하였는데, 간략히 내용을 살펴보면 다음과 같다. 첫째, 동 리스테이터먼트는 제2장에서 사기적 거래라는 명칭하에 상품이나 서비스의 거래에 있어서 구매자를 기망 또는 오인하게 할 수 있는 표시를 한 자에 대하여 그 피해를 회복하는 구제를 허용하고 있다. 즉, 타인의 상품이나 관련성을 기망이나 오인하게 하는 표시의 경우, 타인의 영업에 손실을 끼치는 표시의 경우, 타인에 의해 생산·공급되는 상품이나 서비스가 행위자 또는 제3자가 생산이나 공급하는 것으로 기망 내지는 오인하게 하는 표시, 타인상품이나 서비스의 생산자·공급자를 기망 또는 오인할 수 있는 허위표시, 사기적 거래에 실질적인 기여를 하는 자에 대한 책임을 마련하고 있다. 둘째, 상표법에 관련된 커먼로상의 원칙을 법조항의 방식으로 표현하고 있다.[18] 이러한 차원에서 상표는 부정경쟁행위의 차원에서 독자적인 재산권으로까지 발달했다. 셋째, 거래가치의 부정사용이라는 장을 통하여 영업비밀의 부정사용, 타인의 인격적 가치에 대한 부정사용 및 기타 법령의 위반이나 계약 또는 저작권법상의 저작인격권의 침해행위에 대하여 규정하고 있다. 즉, 영업비밀과 관련해서는 영업비밀의 개념정의, 영업비밀의 부정사용, 비밀유지의무, 영업비밀의 부정취득, 영업비밀의 부정사용에 대한 금지명령과 손해배상청구에 대하여 상세한 조항을 마련하고 있으며 인격권의 재산적 가치에 대한 보호와 관련해서도 퍼블리시티권에 대한 정의와 그 사용을 비롯하여 금지명령 및 손해배상에 대한 규정을 하고 있다.

한편, 동 리스테이터먼트 제39조에서는 영업비밀에 대하여 「영업비밀이라 함은 영업 또는 기타 운영에 있어서 이용 가능하고 또한 타인에 대해 현실적으로나 잠재적으로 경제적 우위를 주는 데 충분한 가치를 가진 비밀정보를 말한다」로 정의하였다. 동 리스테이터먼트는 '불법행위에 관한 첫 번째의 리스테이트먼트' 및 '통일영업비밀보호법'과는 달리 영업비밀의 요건으로 신규성을 들지 않고 경제

18) 상표는 다른 지식재산권과 달리 정신적 창조물을 보호하는 것이 아니라 상품 또는 서비스의 출처에 대한 사기와 혼동을 방지하여 상품 또는 서비스에 대한 상표권자의 신용과 명성을 보호한다. 즉, 상표권을 인정하는 주된 이유는 상품의 출처 또는 질의 혼동을 방지하여 소비자를 보호하려는 공공정책에 있다. 다른 한편, 상표는 상표소유자의 신용을 표상하는 무형적 자산(goodwill)으로 기능을 하므로 배타적 권리를 상표소유자에게 부여하고 있다.

적 가치와 비밀성에 초점을 두었다. 즉, 동 리스테이트먼트 제39조 주석(f)에서 영업비밀에는 특허법상의 신규성은 필요하지 않고 영업비밀에서 신규성의 요건은 비밀성이라는 용어와 동의어라고 규정하였으며 동 리스테이트먼트 제39조 주석(g)는「정보에 경제성, 비밀성이 명백하면 영업비밀보유자가 특별한 조치를 취했다는 증거는 반드시 필요하지 아니한다」고 규정하고 있다. 동 리스테이터먼트는 비밀성에 대하여도 제39조 주석(f)에서「정보가 영업비밀로서 자격을 가지려면 비밀성을 가지고 있어야 하지만 비밀성은 절대적일 필요는 없으며 정보를 가진 사람에게 현실적이거나 잠재적인 경제적 이익을 줄 정도면 비밀성이 충분하다」고 보는 상대적 비밀성 원리를 선언하고 있다.

5. 엑손-플로리오 조항(Exon-Florio Amendment)

엑손-플로리오조항은 1950년 제정된 국방전략물품법(Defense Production Act)을 개정하여 미국 내 외국인 투자를 정부가 점검할 수 있는 권한을 부여하기 위하여 제정되었다. 최초에 의회의 의도는 이 법을 통하여 군사 산업 기반에 대하여 필수적 서비스를 제공하는 미국 기업들을 외국인이 취득하는 것을 금지하려는 데 있었다. 그러나 "미국 내 외국인투자 위원회(Committee on Foreign Investment in the United States; CFIUS, 이하 '외국인투자위원회'라 한다)를 통한 엑손-플로리오 조항의 이행은 지난 20년간 많은 비판과 찬사를 동시에 받아왔다.

엑손-플로리오 조항의 가장 중심적 내용은 대통령 또는 대통령이 지명하는 자에 대하여 일정한 합병, 인수 및 취득을 조사하고 국가안보에 미치는 영향력을 결정할 수 있는 권한을 부여한 것이다. 원래 이 조항은 국가안보와 밀접한 관련성을 가진 정보가 외국인의 손에 넘어가는 것을 방지하기 위하여 관련 기술에 대한 정부군사계약의 도급인에 대하여만 적용되었다. 엑손-플로리오 조항을 집행하기 위하여 레이건 대통령은 안보와 밀접한 관련성을 가진 계약에 대한 외국 직접 투자행위에 대한 조사를 외국인투자위원회에 위임하였다. 대통령은 외국인투자위원회의 권고에 따라 외국정부나 회사가 미국 내에서 가지고 있는 소유권을 박탈하거나 외국정부나 회사가 미국 회사를 획득하려는 것을 막는다. 외국인투자위원회의 의장은 미국 재무부의 대표자가 되며 외국인투자위원회는 의장 이외에 10명의 위원으로 이루어져 있다.

외국인투자위원회에 의한 조사절차는 두 가지 방법에 의해 이루어진다. 첫째, 관련 거래행위를 한 당사자가 자발적으로 외국인투자위원회에 신고하도록 하고 있다. 신고는 이미 거래가 완료된 경우에도 가능하다. 둘째, 외국인투자위원회의 구성에 관여하는 정부기관들이 그런 거래에 대한 정보를 외국인투자위원회에 통지하여야 한다. 이들 통지는 적어도 거래가 완료되고 나서 3년 이내에 이루어져야 한다. 거래에 대한 합법적 통지가 이루어진 경우에 외국인투자위원회에서는 거래에 대한 30일간의 조사를 시작하고 당사자에게 이 사실을 통지한다. 30일간의 조사기간이 만료되면 외국인투자위원회는 조사를 중단하거나 수사를 시작한다. 수사는 45일의 범위에서 이루어져야 하며 수사의 종료 후 외국인투자위원회는 대통령에게 건의문을 제출하여야 한다. 만약 건의서에서 대통령이 해당 거래를 중단시켜야 한다고 외국인투자위원회가 건의한 경우에 대통령은 이러한 건의를 받아들일 것인지를 15일 이내에 결정해야 한다. 시작부터 종료까지 총 조사에 걸리는 시간은 90일을 초과할 수 없다.

국가안보를 이유로 합병이나 취득행위를 점검할 수 있는 대통령의 권한은 매우 광범위하다. 국가안보라는 개념 자체가 불명료할 뿐만 아니라 기술이 발달함에 따라 과거에는 국가안보와 관련성을 가진 것으로 인식되지 않았던 분야까지 확대되어가는 경향이 있다. 대표적인 것이 통신분야이며 최근에는 국제화의 결과로서 합병에 대한 조사가 에너지, 통신 기타 미국 관공서, 시설이나 관청에 공익서비스를 제공하는 모든 기업에 적용된다. 1993년에는 외국인투자위원회의 조사를 받아야 하는 거래를 추가함으로써 엑손-플로리오 조항의 보호범위를 확대하였다. 1993년 개정법에서는 획득행위자가 외국정부이거나 외국정부에 통제를 받거나 외국정부를 대리하여 행위하는 자이고 획득행위가 국가안보에 영향을 미친다면 그런 거래에 대한 통지를 받은 날로부터 30일 이내에 조사를 개시하도록 하고 있다.

외국인투자위원회가 사용하는 조사기준의 첫 번째는 획득이 외국인에 의해 또는 외국인과 함께 이루어지고 외국인이 주간 교역에 관여하는 미국국민을 통제하는 결과를 가져와야 한다. 둘째, 통제권을 행사하는 외국의 이익이 국가안보의 침해를 위협하는 조치를 취할 것이라는 믿음을 뒷받침하는 증거가 있어야 한다. 셋째, 기타 다른 법들이 국가안보를 위한 충분한 근거를 제공하지 못하여야 한다.

6. 외국투자 및 국가안보법(FINSA)

(1) 외국투자 및 국가안보법의 내용

2007년 7월 26일 부시 대통령은 외국인투자위원회를 통하여 외국인이나 외국기관에 의해 이루어진 미국 기업에 대한 통제권 획득에 관한 거래를 조사할 권한을 대통령에 부여하고 있는 엑손-플로리오 조항을 개정한 2007년 외국투자 및 국가안보법(Foreign Investment and National Security Act of 2007, 이하 "FINSA"라 함)에 서명하였다. 이 법은 2007년 10월 24일부터 발효하였으며 시행규칙은 2008년 4월 21일 이전에 발효되었다. FINSA는 액손-플로리오보다 그 대상을 확대시켰고, 또한 보다 강력한 통제수단을 정부에 부여하고 있다. 액손-플로리오 조항상의 외국인투자위원회(CFIUS)의 심사범위에 사회경제기반시설과 국가핵심기술 등을 포함시켰고, 해외투자에 대한 심사범위를 확대시켰다.[19] 외국투자 및 국가안보법은 기존의 엑손-플로리오 조항과 비교하여 크게 두 가지의 변화를 가져왔다.

첫째 FINSA에서는 기존 재무부규칙이나 행정명령, 비형식적인 행정관행 등에 따라 이루어지던 절차와 과정에 대한 법률적 근거를 마련하였다. 이를 구체적으로 살펴보면 ① 외국인투자위원회에 의하여 관련성이 없다고 인정되어 온 거래라도 당사자 중 어느 누구라고 거짓이거나 오해를 불러일으킬 수 있는 중대한 정보를 외국인투자위원회에 제공하였거나 이를 누락하였다면 다시 조사할 수 있다. ② 외국인투자위원회의 구성원으로 새로이 에너지부장관과 노동부장관이 추가되었다. ③ 외국인투자위원회에 의해 검토된 각 거래를 위하여 재무부는 주무관청을 정할 수 있다. 외국인투자위원회나 주무관청은 제안된 거래의 결과 발생

19) 손승우, 산업기술 유출형 M&A에 대한 규제방안, 법학연구, 충남대, 2009.12, 275-276면.

할 수 있는 국가안보에 대한 위협을 완화하기 위하여 국가안보계약이나 기타조건을 합의하고 이행할 수 있는 권한을 갖는다. 주무관청은 국가안보계약의 내용을 협상하고 집행하고 변경할 책임을 진다. ④ 외국인투자위원회는 재무부와 주무관청이 해당 거래가 국가안보를 침해하지 않는다고 결정한 경우를 제외하고 외국정부가 미국기업을 획득하고자 하는 거래를 조사해야 한다.

둘째, FINSA는 외국인투자위원회나 거래 당사자들에 대하여 다음과 같은 새로운 의무를 부과할 수 있게 하였다. ① 외국인투자위원회에 의해 관련성이 없는 것으로 판단된 거래라 하여도 ⅰ) 거래의 당사자나 거래의 결과 만들어진 법인이 고의적으로 국가안보계약의 중요내용을 위반하였으며, ⅱ) 그러한 위반사실을 주무관청이 외국인투자위원회에 증언하고, ⅲ) 외국인투자위원회가 계약위반을 처리할 유용한 다른 구제수단이나 법집행방법이 없다고 결정한 경우에 다시 조사될 수 있다. ② 국가안보에 관한 제안단계의 거래의 효과를 결정함에 있어 대통령이나 외국인투자위원회는 핵무기확산방지기준의 준수, 반테러리즘에 대한 미국정부와의 협조 사실, 해당기술을 운반하거나 유용하여 군사목적으로 사용할 가능성, 에너지원의 미국 내 필요를 만족시키기 위한 장기계획, 기타 중요 자원이나 물질과 같은 새로운 추가적 요소와 기타 대통령이나 외국인투자위원회가 적절하다고 생각하는 요소들을 고려할 수 있다. ③ 외국인투자위원회와 재무부는 새로운 보고요건을 가진다. 특히 기존의 엑손-플로리오 조항에도 존재하던 비밀유지조항이 보고를 받는 국회구성원들에게도 확대된다. 먼저, 제안된 거래에 대한 검토를 마친 재무부와 주무관청은 해당 거래에 관한 결정에 있어 외국인투자위원회에 의해 고려된 요소들에 관하여 일정 국회구성원들에게 보고하여야 한다. 다음으로 외국인투자위원회는 매년 일정 국회구성원들에게 그 활동을 보고하여야 한다. 마지막으로 재무부는 외국정부, 외국정부의 통제를 받거나 외국정부를 대리하는 기관 또는 외국인이 이스라엘을 보이콧하거나 외국 테러기관으로 미국 정부에 의해 지정된 기관을 금지하지 않는 경우에 이들에 의한 미국 내 직접투자를 의회에 보고해야 한다. 보고는 연 단위로 이루어져야 하며 그 첫 번째 보고는 2007년 12월 23일 이전에 이루어져야 한다. ④ 외국인투자위원회는 국가안보계약에 대한 준수를 평가하기 위한 방법을 개발해야 한다. 그 방법은 외국인투자위원회가 불필요하게 외국인투자위원회의 자원을 전용하거나 거래 당사자들에게 불필요한 부담을 부과함이 없이 외국인투자위원회가 계약의 준수를 확신할 수 있어야 한다. ⑤ 각각의 자발적인 통지와 자발적 통지에 따른 조치로서 제출되는 정보는 CEO나 해당 단체가 지정한 자가 서명하고 통지나 정보가 적용법과 규칙에서 요구하는 요건에 부합하고 모든 점에서 정확하며 완벽하다는 것을 기술한 증명서를 포함해야 한다. ⑥ 이 법을 이행하기 위하여 발효된 규칙은 이 법의 위반이나 국가안보계약의 위반에 대하여 민사상의 처벌을 부과하는 규정을 두어야 한다.

(2) 외국투자 및 국가안보법의 효과

FINSA는 외국인투자위원회의 기존의 업무나 이 법에 의한 고려 대상인 거래 당사자들의 권리와 의무에 급진적 변화를 가져오지는 않는다. 더 나아가 새로운 몇몇 조항은 상당히 강력한 조치를 취할 수 있도록 하고 있지만 그러한 조항이 실제로 사용될지는 의문이다. 더욱이 FINSA의 새로운 요건이 이미 외국인투자위원회에 의해 검토되어 문제가 없음을 인정받은 기존의 국가안보계약이나 거래에도 적용될 수 있는지는 명확하지 않다.

새로운 보고요건은 외국인투자위원회에서 검토 중인 거래 당사자들에 중대한 영향을 미칠 것이다. 과거 엑손-플로리오 조항 하에서는 외국인투자위원회는 매우 제한적인 거래에 대해서만 의회에 보고할 의무가 있었으나, FINSA에서는 외국인투자위원회와 재무부가 모든 거래를 의회에 보고하고 모든 활동내역과 외국거래에 대하여 보고서를 제출할 것을 요구한다. 이런 강화된 요건은 현재보다 외국인투자위원회의 조사과정이 더욱 정치적인 것이 될 가능성을 높인다. 또한 이는 민감한 국가들이나 주요 자산들과 관련된 당사자들에게 부담을 주게 되고 결과적으로 거래의 초기 단계에서 의회에 의한 토론을 가져오게 될 것이다.

Ⅲ. 산업스파이에 대한 판례의 동향

연방경제스파이법의 입법목적이 미국의 무체재산을 해외로 유출한 자에 대한 형사처벌에 있음에도 불구하고 이 법이 실제로 무체재산의 해외유출에 적용된 사례는 매우 드물다. 연방경제스파이법이 적용된 사례는 크게 미국인들 사이에 영업비밀의 불법유출에 관한 경우와 해외유출에 관한 경우로 나눌 수 있다. 그러나 전자의 경우가 압도적 다수라고 할 수 있다. 이하에서는 미국 외 지역으로 영업비밀의 유출사례를 소개한다.

1. *U.S. v. Kai-Lo Hsu*[20)]

(1) 사실관계

1997년 연방대배심은 Kai-Lo Hsu, Chester S. Ho 와 Jessica Chou를 Bristol Myers Squibb로부터 영업비밀을 절취하기 위한 예비 · 음모로 기소하였다. 기소장에 따르면 피고들의 행위는 1995년 6월로 거슬러 올라가 대만에 있는 Yuen Foong Paper Co.(YFP)의 기업개발이사인 Chou가 실제로는 FBI 비밀요원인 Hartmann을 미국의 기술정보 중개인(broker)이라고 오해하고 Bristol Myers가 생산하는 항암제인 Taxol에 대한 정보를 요청하면서 시작된다. Chou는 Taxol에 대한 정보를 얻기 위하여 1995년부터 1996년까지 계속하여 접촉을 시도하였고 이러한 연결은 1996년 2월 LA에서 Hartmann과 YFP의 기술이사인 Hsu와의 만남으로 이어지게 된다. 이 만남에서 Hsu는 YFP가 생물공학분야로 사업을 다양화하고자 하며 선진국에서 타이완으로 기술을 도입하고자 한다는 의사를 표명하였다. Hartmann이 Bristol Myers가 자신이 가지고 있는 비밀기술을 YFP와 공유하기를 원하지 않을 것이라고 하자 Hsu는 비밀인 Taxol 제조식을 얻기 위하여 Bristol사의 직원을 매수할 의사가 있음을 전달하였다.

이후 Hsu와 Chou는 Taxol 기술을 얻기 위하여 Hartmann과 14개월에 걸쳐 접촉하였으며 이에 Hartmann은 한 Bristol사의 연구원이 Taxol 정보를 YFP에 팔고자 한다는 사실을 알렸다. 그러나 그 연구원은 사실 FBI의 지시를 받은 직원으로서 이를 모르는 Chou는 Hartmann에게 자신들이 필요로 하는 핵심정보가 무엇인지를 이메일로 알려주었다. Chou는 Taxol 정보에 대한 대가로 현금 400,000

20) 155 F. 3d 189 (1998).

달러, 주식, 로얄티를 제시하였다. 이에 협상이 진행되는 과정에서 1997년 Hartmann과 Bristol의 연구원은 YFP를 대표하는 세 사람과 만나게 된다. 이 중 하나인 Ho는 대만 국립 치아오 퉁 대학의 생물공학 혁신센터 장으로서 Taxol에 대한 평가를 요청받았다. 이 모임에서 Bristol의 연구원은 Taxol의 연구배경과 연혁을 설명하고 약품제작에 관한 특정 기술과정과 기술 데이터를 요약한 Bristol의 문서를 제시하였다. 영업비밀을 포함하고 있는 이들 문서에는 Bristol Myers의 상호와 "비밀문서"라는 표시가 되어 있었다. 피고들이 문서를 검토하고 Taxol 기술에 대한 질의를 한 후 Hartmann 및 연구원과 헤어지자 FBI가 Hsu와 Ho를 체포하였다.

(2) 사건의 결과: 영업비밀에 대한 비밀유지명령

기소 후 피고들은 1997년 모임에서 제시되었던 Bristol Myers사의 문서들에 대한 사본의 공개를 요구하였다. 이에 연방정부는 연방경제스파이법 제1835조에 따라 해당 문서에 포함되어 있는 영업비밀의 공개를 금지하기 위한 보호처분을 요청하였다. 정부는 피고들이 영업비밀에 대한 실질적 절취행위가 아니라 영업비밀 절취에 대한 예비·음모로 기소되었기 때문에 실질적 영업비밀이 필요하지 않다고 주장하였다. 이에 피고는 형사기소에 대한 헌법상 절차적 요건은 조사과정에서 그들에게 문제의 문서에 대한 완전한 접근을 보장해야 한다고 주장하였다. 또한 피고는 법률적 불능의 항변을 위하여 해당 문서가 필요하다고 주장하였다. 이에 피고들은 Bristol Myers의 문서가 한정된 범위에서 제한적인 사람들에게만 공개되도록 허용할 것을 법원에 요청하였다.

하급심법원은 피고의 주장을 받아들였으나 항소심법원은 일단 피고에 의한 범죄의 완성이 법적으로 불가능하였음을 인정하였다. 그리고 법적 불능은 미수범에게는 정당한 항변사유가 될 수 없다고 판단하였다. 더 나아가 법원은 예비, 음모죄에 대해서도 법적 불능은 항변사유가 될 수 없다고 결론지었다. 그러므로 법적 불능을 판단하기 위하여 피고에 대하여 Bristol Myers의 문서에 대한 접근을 허용할 필요는 없다고 판결하였다.

2. *U.S. v. Martin*[21)]

(1) 사실관계

이 사건은 이메일을 통하여 메인 주의 화학자 Caryn Camp와 캘리포니아의 과학자인 Stephen Martin이 인터넷을 통한 친구관계를 맺으면서 시작되었다. Camp는 1995년 처음 포틀랜드에 본부를 둔 수의학 제품의 생산자인 IDEXX사에서 일을 시작하였다. IDEXX의 화학자로서 Camp의 임무는 애완동물과 가축을 위한 진단 테스트 키트를 위하여 화학물질을 혼합하는 것이었다. 최초 고용계약 시 Camp는 비공개와 비경쟁을 규정하고 있는 계약서에 서명하였다. 이 계약서에는 또한 사전 승인 없이 회사의 재산적 가치를 지닌 정보를 공개하는 것을 금지하는 윤리강령과 기업행위원칙이 포함되어 있었다.

1997년 와이오밍에 근거를 둔 DNA 백신 회사의 사장인 Martin은 HIV와 FIV에 대한 연구를 포함한 제안서를 IDEXX에 제출하였다. IDEXX는 Martin의 제안을 거절하였고 이들 두 사람 사이에서 이루어진 대화를 비밀로 유지할 것을 규정한 합의서에 서명하였다. 1998년 자신의 직업에 만족하지 못하고 싫증을 내고 있던 Camp는 다른 직업을 찾기 시작하였다. 그 과정에서 Camp는 Martin의 회사 인터넷 홈페이지를 발견하게 되고 이력서와 함께 이메일을 Martin에게 보내게 된다. Martin은 Camp의 이메일에 대한 답장에서 자신의 회사와 IDEXX 사이에는 비밀유지계약이 존재하며 자신의 회사가 IDEXX의 의뢰를 받아 수의학 진단에 관한 프로그램을 진행하고 있다고 설명하였다.

두 사람 간에 이메일을 통한 대화가 진행됨에 따라 두 사람의 관계는 개인적인 관계로 변화되었고 그 과정에서 Martin은 Camp에게 IDEXX의 기업경영에 관한 정보를 요구하게 된다. 결국 Camp는 IDEXX의 운영 매뉴얼, 마케팅 문건, 소프트웨어 등을 수집하여 Martin에게 보낼 준비를 하게 된다. 그러나 이를 보내는 과정에서 Camp의 실수로 이메일은 IDEXX사의 국제 마케팅 이사인 John Lawrence에게 전달되어 사실이 폭로되게 된다. Camp는 FBI의 조사를 받게 되고 Martin은 영업비밀침해에 대한 예비 · 음모로 기소되었다.

---

21) 228 F. 3d 1(2000).

(2) 사건의 결과

항소심법원은 피고에 대하여 연방경제스파이법을 위반한 영업비밀 침해에 대한 예비, 음모를 인정하기에 충분한 증거가 있다고 판결하였다. 특히 법원이 이러한 판단을 내린 근거는 당사자간의 합의가 존재하며 그 합의의 목적이 불법적인 것이며 피고가 자발적으로 이러한 행위에 개입했다고 인정되었기 때문이다.

3. *U.S. v. Krumrei*[22)]

이 사건에서 항소심법원은 자신이 판매하고자 하는 정보가 타인의 재산권이라는 것을 알았던 자연인의 기소를 위하여 연방경제스파이법을 적용한 것이 막연하기 때문에 위헌이라고 판단할 수는 없다고 판결하였다.

4. *U.S. v. Pin Yen Yang*[23)]

(1) 사실관계

Four Pillars는 Yang이 소유하고 있는 대만 회사이며 Avery Dennison사는 미국회사로서 접착제 제조 판매에 있어 Four Pillars의 주요 경쟁자 중의 하나였다. Victor Lee 박사는 대만인으로서 1986년 이래 Avery사에 의해 접착제에 대한 연구를 위하여 고용되어 왔다. 1989년 Lee박사가 대만을 방문했을 시 Four Pillars의 부사장 C.K. Kao가 그를 사장 Yang과 그의 딸 Sally에게 소개하였다. 이때 Yang은 Lee에게 자사의 자문으로 일해 줄 것을 요구하면서 연 25,000달러의 자문비를 지급하였다. 이들은 이러한 내용의 자문 약정을 비밀에 붙이기로 함에 동의하였다. 이후 Lee는 그의 처제 앞으로 만들어진 수표를 Four Pillars로부터 받았다.

미국으로 돌아온 Lee는 자신이 피고들에게 제공할 정보를 기술하면서 이들 중 일부는 Avery사의 기밀임을 지적하였다. 1989년 Lee는 두 가지 기밀에 관한 Avery 유동학보고서(Avery rheology reports)를 Yang에게 보냈고 Yang은 보내준

22) 258 F. 3d 535 (2001).
23) 281 F. 3d 534 (2002).

정보가 유용했다는 답장을 보냈다. 이후에도 Lee는 계속하여 Yang에게 비밀정보를 제공하였는데 그 중 하나를 Yang은 Avery에 의해 개발된 새로운 아크릴 접착제를 만드는 데 이용하였다. 이러한 자문행위 외에도 Lee 박사는 Four Pillars가 새로운 아크릴 접착제를 만드는 데 이용할 수 있는 Avery사에 의해 개발된 정보를 제공하였다. 이에 Yang은 Lee박사가 제공한 정보를 바탕으로 만들어진 접착제의 샘플을 보냈고 이 박사는 동일한 방식으로 만들어진 Avery사 제품과 성능을 비교해 주었다.

FBI가 사건을 알게 되었을 때 Lee 박사는 자신과 Four Pillars의 관계를 고백하고 Yang을 체포 처벌하는 데 협력할 것을 약속하였다. 얼마 후 Lee와 FBI와의 관계를 모른 채 Yang이 사업차 미국을 방문했을 때 FBI는 Lee의 협력을 받아 Yang을 체포하여 영업비밀침해에 대한 미수와 예비 · 음모죄로 기소하였다.

(2) 사건의 결과

영업비밀침해에 대한 항변으로 피고는 법률적 불능을 주장하면서 동시에 피고 회사에 대한 500만 달러에 상당하는 벌금이 부당함을 주장하였다. 이에 대하여 항소심법원은 피고가 절취하려고 했던 정보가 실제로는 영업비밀을 포함하고 있지 않았다는 것을 근거로 법률적 불능을 인정할 수는 없다고 판단하였다. 또한 항소심법원은 하급심법원이 피고회사에 대하여 500만 달러에 달하는 법정 최고액을 부과함에 대한 충분한 근거를 제시하지 못하였다고 판단하였다. 따라서 법원은 피고들에 대한 유죄는 인정되지만 양형이 재결정되어야 한다고 최종 결정하였다. 항소심 결정에 대하여 피고는 대법원에 상고하였으나 법원은 *United States v. Recio* 판결이 나올 때까지 상고신청의 결정을 유보하였다.

5. *U.S. v. Fei Ye and Ming Zhong*[24)]

(1) 사실관계

Fei와 Ming 두 중국인은 네 개의 미국 회사의 영업비밀을 불법적으로 절취한 혐의로 샌프란시스코 국제공항에서 중국행 비행기를 기다리는 과정에서 체포되

24) 436 F. 3d 1117 (2006).

었다. 두 피고는 이들 영업비밀을 중국으로 유출하려 했다는 이유로 연방경제스파이법 제1831조를 근거로 기소되었다.

(2) 사건의 결과

하급심법원을 거쳐 항소심법원에서 원고는 문제가 된 영업비밀이 영업비밀로서의 가치를 가지고 있지 않다는 전문가 증언을 인정하지 말아달라는 피고의 요청을 인정한 하급심법원의 결정을 무효화해달라고 요청하였다. 이에 항소심법원은 자신이 이 사건에 대하여 관할권을 가지고 있지 않음을 인정하면서도 원고의 요청을 받아들여 하급심법원의 결정을 무효화시켰다.

6. *U.S. v. Rosen*[25)]

(1) 사실관계

이스라엘을 위한 로비단체의 구성원인 피고는 미국의 국방상 정보를 이를 수신할 자격을 갖지 않은 자에게 전달했다는 이유로 연방경제스파이법을 근거로 기소되었다. 이에 피고는 문제의 연방경제스파이법의 조항, 즉 비밀정보의 절취를 규정한 문제의 규정이 지나치게 광범위하여 표현자유권에 위반되어 무효라는 주장을 하였다.

(2) 사건의 결과

법원은 연방경제스파이법에서 사용하고 있는 정보는 구두에 의해 전달된 정보를 포함하며, "국가안보에 관한 정보"와 "수신자격"이라는 문구가 막연하여 피고의 적법절차에 관한 권리를 위반하였다고 볼 수 없다고 판단하였다. 경제스파이법이 수정헌법 제1조에 의한 표현자유권의 보호에 영향을 미칠 수 있다. 그러나 신탁의 위치를 위반하지 않았고 실제로 정보를 가지고 있는 자로부터 정보를 얻은 자에 대하여 이루어진 연방경제스파이법을 근거로 한 기소는 표현자유권의 보호를 해치지 않는다. 국가방위에 관한 정보를 이를 수신할 자격을 갖추지 못한 자에게 전달하는 것을 금지하는 조항은 표현자유권의 보장을 침해하는 결과를

25) 445 F. Supp. 2d 602 (2006).

가져올 수 있을 정도로 광범위하지 않다. 따라서 방조죄로 인한 기소요건을 만족시킨다는 것이 법원의 최종적인 결정이다. 따라서 법원은 피고의 청구를 받아들이지 않으면서 피고의 영업비밀침해에 대한 방조를 인정하였다.

Ⅳ. 산업스파이에 대한 정부기관의 대응

산업스파이로부터 미국 국민의 영업비밀을 보호하기 위하여 연방정부와 주정부 모두가 노력하고 있다. 산업스파이에 대한 조사를 담당하는 것은 FBI이며 FBI는 경제스파이법에 중점을 둔 프로그램을 운영하고 있다. FBI의 조사를 바탕으로 기소는 법무부에서 담당하고 있다.

FBI에서는 매해 수백만 달러가 미국 산업과 경제를 노리는 외국 경쟁자에 의해 소실된다고 판단한다. 이들 외국 경쟁자는 스파이 체제를 구축하기 위하여 다음과 같은 세 가지 방법을 사용한다. 첫째, 미국 회사나 연구기관에서 일하고 접근하기 쉬운 사람을 대상으로 정하고 모집한다. 이때 종종 같은 국적을 가진 사람들이 대상이 될 수 있다. 둘째, 이들은 뇌물, 절도, 대형 쓰레기 수납장을 뒤지는 것, 도청과 같은 방법을 통하여 경제적 정보를 찾기 위하여 사람을 모집한다. 셋째, 이들은 필요한 정보를 얻기 위하여 외국 회사와 미국 산업 사이에 표면적으로는 무해한 기업관계를 형성한다.

이와 같이 적극적인 침해자로부터 기업이 영업비밀을 불법적으로 절취당할 가능성을 배제하기 위해서 FBI는 다음과 같은 여섯 가지 단계를 밟을 것을 권장하고 있다. 첫째, 실질적으로 위협이 존재한다는 것을 인식해야 한다. 둘째, 영업비밀을 구분하여 평가해야 한다. 셋째, 영업비밀을 보호하기 위하여 한정할 수 있는 계획을 이행해야 한다. 넷째, 영업비밀을 안전한 곳에 보관하여 그에 대한 접근을 제한해야 한다. 다섯째, 지식재산을 특정해야 한다. 여섯째, 근로자에 대한 보안교육을 시행해야 한다.

한편, 기업들은 자신의 영업비밀을 경쟁자로부터 지켜야 할 뿐만 아니라 타인의 영업비밀침해행위와 연계될 가능성을 배제하기 위하여 다음과 같은 조치를 취할 것이 요구된다. 첫째, 경쟁자에 의해 고용되었던 새로운 근로자와 필요한 채용인터뷰를 하여야 한다. 이때 인터뷰에서 전 고용인의 영업비밀과 관련된 근로자의 행위를 방어하는 것은 근로자 자신의 책임이라는 점을 지적해야 한다. 각각의 신규 근로자는 연방경제스파이법에 대한 설명을 들었으며 새로운 고용주가 동법의 위반을 막기 위하여 근로자가 가능한 모든 노력을 기울여야 한다는 점을 지적했다는 것을 기술한 문서에 서명하도록 요구해야 된다. 둘째, 모든 신규 근로자의 이전 고용주를 접촉하고 새로이 이 근로자를 고용했음을 알려야 한다. 연방경제스파이법에서는 새로운 고용주가 이전 고용주에게 그의 관점에서 보았을 때 보호되어야 할 영업비밀로서 간주될 수 있는 정보가 무엇인지에 대하여 지적할 것을 요구하고 있다. 셋째, 지사와 합자회사의 사이가 긴밀해지지 않도록 해야 한다.

연방경제스파이법을 둘러싼 FBI와 법무부의 위와 같은 적극적 행위들은 전형적인 영업비밀 침해논쟁에 휩싸인 결백한 경쟁자에 대한 처벌이라는 결과를 가져올 수 있다. 따라서 법무부는 연방경제스파이법이 발효된 후 처음 5년 동안은 모든 연방경제스파이법과 연계된 기소는 사전에 법무부의 최고위 단계의 검토와 동의를 받을 것을 요구하였다. 이 정책 하에서는 법무부장관, 법무부차관 또는 형사부 부차관보(Assistant Attorney General)와 같은 단지 세 명의 국가공무원만이 연방경제스파이법에 따른 기소를 허가할 수 있다. 사전 동의를 받지 않고 소송을 진행시킨 경우에는 이를 연방 상원과 하원의 법사위원회에 보고하고 관련 검사에게는 제재가 가해진다. 그러나 법무부는 연방경제스파이법에 따라 제기되는 모든 사건을 기소할 것이 요구된다.

V. 시사점

미국은 연방정부를 중심으로 미국 내 지식재산, 즉 영업비밀을 보호하기 위하여 적극적 조치를 취하고 있다. 특히 전반적으로 미국 내에서 지식재산은 사적재산으로 인정되어 형사처벌 문제에 대해서는 매우 소극적임에도 불구하고 산업스파이에 의한 영업비밀침해의 형사처벌에 대해서는 적극적 태도를 취하고 있다. 그 결과 만들어진 것이 연방경제스파이법이며 이의 적용은 외국인에 한정되는 것이 아니라 내국인에게도 활발하게 적용된다.

특히, 지식재산 침해와 관련하여 미국정부가 취하고 있는 조치 중 주목되는 점은 불법적인 방법에 의한 미국 내 지식재산의 취득 이외에도 표면적으로 합법을 가장하고 있지만 미국 내 중요 지식재산의 해외유출이라는 결과를 가져올 수 있는 행위에 대해서도 국가의 적극적 개입이 이루어지고 있다는 점이다. 즉 미국 내 기업이나 자산의 합병이나 인수를 통하여 미국 내 기업을 소유하게 된 외국기업을 통하여 실제로 미국인의 지식재산이 해외로 유출될 가능성이 존재하며 이런 경우를 대비한 내용들을 여러 법에 담고 있다. 주목되는 것은 초기에 군수산업이나 국방과 관련된 분야에 한정되던 법의 내용이 국가기간산업이나 중요기술까지 범위가 확대되고 있다는 점이다. 2007년 제정된 FINSA가 대표적인 것으로 이 법을 통하여 미국 정부는 합법적 거래를 가장한 미국의 지식재산의 해외유출방지를 더욱 강화하기 위한 조치를 마련하였다.

제2절 독 일

Ⅰ. 개 관

1. 독일의 산업기술보호

독일에서는 산업스파이 처벌을 직접 다루는 단행법은 없으며, 1909년 제정되어 1932년 개정된 부정경쟁방지법(Gesetz gegen den unlauteren Wettbewerbs)과 민법에 의해 영업비밀이 보호되었다. 독일에서 영업비밀의 보호는 초기에는 기술적 지식을 중심으로 하는 개념인 노하우(Know-how)의 보호에서 출발하였으며 경영상 혹은 영업상의 정보까지는 포함하지 않았다. 또한, 영업비밀 보호조항은 근로계약을 맺고 있는 자의 누설행위만을 처벌하도록 하고 있었고, 제3자 특히 산업 · 경제스파이의 탐지행위 자체는 처벌 대상으로 하지 않았다. 이러한 문제점들에 대한 인식을 하면서 2004년 부정경쟁방지법을 전면 개정하였고 이후 6차에 걸친 개정으로 그 보호범위를 넓히게 되었다.[26)]

독일은 부정경쟁방지법에서 영업비밀침해죄를 신분범 · 비신분범으로 구분규정하고 있으며, 외국으로의 영업비밀 유출행위에 대해서는 가중처벌 할 수 있도록 규정하고 있다. 원칙적으로 친고죄이나 외국인이 간여된 경우 검찰이 특별공익상의 필요가 있다고 인정할 때는 고소 없이 소추할 수 있고 미수 · 교사 · 승낙 행위에 대한 처벌조항도 두고 있다. 부정경쟁방지법 제17조, 제18조, 제20조는 영업비밀의 침해행위에 대한 형사처벌을 규정하고 있으며, 제19조는 민사적 손해배상청구권을 규정하고 있다. 이외에 형법상 대화비밀의 침해죄(§201), 신서비밀의 침해죄(§202), 데이터 탐지죄(§202 a), 사적 비밀의 침해죄(§203), 타인비밀의 부정사용죄(§204) 등도 영업비밀을 보호하기 위한 규정이다.

26) 한상훈, "산업스파이에 대한 형사법적 대응방안", 한국형사정책연구원, 2002, 21~22면.

독일은 기본적으로 외국인 투자와 국내투자를 차별하지는 않으나 '대외경제법'을 통해 외국인 취업 및 외국법인 설립을 통제하고 있다. 외국인이 취업시 노동부 허가를 받도록 하고, 외국법인의 설립시 연간 2만 건 이상의 거래를 수반하는 경우 주 중앙은행에 신고를 의무화하고 있다. 산업기술 보호 교육 등을 전문적으로 지원하는 민간 산업보안협회를 각 주 별로 발족 · 운용하고 있으며 기업과 정부기관 간 긴밀한 민 · 관 협력관계를 유지하고 있다.

2. 최근 독일의 산업기술보호 배경

독일 정부는 2007년 5월 내무, 외무, 법무, 국방부 등 연방정부 주요 부처 차관급 관계자들이 회동한 국가안보회의에서, 헌법보호청의 렘베르크 차장은 "최근 중국 북서부 란저우, 남부 광저우, 수도 베이징 등을 발신지로 하는 대규모 공격 메일들이 연방정부 주요 부처들에 침투를 시도하고 있다"고 보고했다. 독일 시사주간지 '슈피겔'이 보도한 '모래알 원칙' 기사는 최근의 해킹 움직임 뒤에 중국 정부, 특히 인민해방군이 있다고 한다. 추적을 피하기 위해 주로 한국의 컴퓨터 시스템을 경유하는 '우회전술'을 사용하는 이 해커들이 독일의 산업기술 정보와 노하우를 훔치는 것뿐 아니라 정부부처의 안보 관련 정보까지 노리고 있음이 확인되었다고 한다.

이 사건이 국가안보회의에서 공개된 후 헌법보호청과 정보기술안전청은 사상 최대의 디지털정보 방어전쟁을 치렀다. 이들 기관은 수십일 동안 모든 정부부처 컴퓨터의 하드디스크와 인터넷 임시저장 파일들을 이 잡듯이 뒤졌고, 그 결과 총리실은 물론 외무부와 경제기술부의 중앙전산망에서 중국의 스파이 프로그램 '트로이 목마'가 발견됐다고 보고하였다. 찾아내기 쉽지 않은 이들 스파이 프로그램이 방치됐을 경우 160기가바이트 규모의 정보유출이 불가피한 위기일발이었다. 독일의 한 고위관리는 '슈피겔'과의 인터뷰에서 "이미 빠져나간 정보의 양이 얼마나 되는지는 사실상 알 방법이 없다"고 토로했다.

이는 중국이 독일이 보유하고 있는 첨단기술을 노리고 조직적으로 감행한 것이며 독일 헌법보호청은 정부기관뿐 아니라 주요 기업에도 중국에서 보낸 트로

이 목마가 잠입해 있을 가능성이 높다고 보고 이들을 제거하기 위해 일반 기업들을 지원하겠다고 밝힌 바 있다. 중국 정부는 해킹의 배후에 인민해방군이 있다는 헌법보호청의 보고서 내용을 전면 부인하였으며 원자바오 총리가 "해커 공격에 대한 정부 차원의 조치를 취하겠다"고 언급한 바 있다. 베이징과 상하이의 독일 상공회의소 사무실을 포함해 중국 내 독일 기업의 사실상 모든 유선 통신이 도청당하고 있다는 기사도 나왔다.

최근 확인된 중국발(發) 해킹은 안보 관련 정보뿐 아니라 산업기술 정보까지 대상으로 한다는 점에서 매우 특징적이다. 중국 정부는 1986년 '863계획', 1997년 '973계획'을 발표한 이래 서방과의 기술격차를 줄이기 위해 모든 수단을 동원하겠다고 선언한 바 있고, 이후 15개 첨단 연구분야를 지정해 수백명의 과학자를 해외에 보내 선진기술 동향을 흡수하고 있다. 문제는 공식 루트를 통해 확인되지 않는 고급기술 정보의 경우 비공식적인 첩보활동에 상당 부분 의존하고 있다는 것이다.

이러한 기술첩보 활동에 직간접적으로 관계된 인력이 해외 유학생과 상사 주재원 등 총 80만명으로 추산된다는 것이 '황색 간첩(Die Gelben Spione)'이라는 특집기사에서 다룬 '슈피겔'의 분석이다. 황색 간첩들은 독일의 첨단 과학기술 · 공업 관련 첩보 수집에 주력한다. 상당수는 외교관이나 기자 신분으로 위장해 정치 · 경제 · 군사 정보까지 빼내간다고 지적하고 있다. 독일 정보기관인 연방헌법보호국 대(對)간첩본부 관계자는 인터뷰에서 "독일이 유럽연합과 북대서양조약기구(NATO)에서 중요한 역할을 하는 데다, 첨단과학기술을 보유한 기업들이 적지 않다는 점에서 중국 정보기관 요원들의 활동은 독일 안보에 큰 위협이 되고 있다"고 말했다.

유럽 각국의 언론 매체들도 중국 경계론을 내놓고 있다. 정보담당 부서인 MI5의 조너선 에번스(Evans) 국장이 사상 처음 영국의 대형은행과 회계법인, 로펌의 최고경영자 등 300명에게 서한을 보내 '중국 국가기관이 배후에 있는 인터넷을 이용한 스파이 행위를 경계하라'고 경고한 바 있으며 프랑스 르 몽드 지는 2007년 9월 8일 "프랑스 총리실이 중국군으로 추정되는 해커들로부터 사이버 공격을 받았다"라는 기사를 게재하였으며 영국 파이낸셜 타임스도 2007년 9월 4일 기사에서 "미 국방부의 전산망이 중국군 해커들에게 점령당해 상당한 정보가 유출됐고, 로버트 게이츠(Gates) 국방장관 보좌관들 전산망까지 침입당했다"라고 게재한 바 있다. 미 의회 산하 미 · 중 경제안보점검위원회는 "중국의 스파이 활동이야말로 미국 기술이 직면한 가장 큰 위협"이라고 경고했다. 2007년 시사주간지 타임(Time)도 역시 "미국 내 중국 산업스파이 건수는 매년 20~30%씩 증가하는 것으로 추정된다. FBI가 중국으로 정보를 빼돌린다고 의심해 감시하는 기업체만 3000여개"라는 글을 게재한 바 있다. 중국의 산업 스파이 활동으로 인한 미국 기업들의 피해액만 연간 450억 달러(약 42조원)가 넘는 것으로 알려지고 있다. 이러한 수치는 정보기술(IT) 강국을 표방하는 한국의 주요 정부기관과 원천기술 보유 기업에도 뻗어 있을 중국의 해킹 손길을 철저히 뒤져볼 필요가 있음을 절감케 하는 숫자다.

Ⅱ. 산업스파이 관련법률

독일에서는 영업비밀보호와 관련하여 영국과 미국의 영향을 받아 부정경쟁방지법이 1909년 제정되었다. 제1차대전 이후 독일산업계는 외국스파이에 의하여 커다란 손해를 입은 바 있으며 Sürete 사건 이후 처벌의 확대 및 강화를 요구하는 다양한 의견이 제시되었다고 한다. 1932년에는 대통령긴급명령을 통하여 처벌이 확대되었는 바, 영업비밀을 외국에 누설하거나 외국에서 사용하는 행위에 대한 처벌과 영업비밀누설의 상대방이 이미 그 내용을 알고 있는 불능미수행위에 대한 처벌이 신설되었다. 1932년 개정된 부정경쟁방지법과 민법을 통하여 영업비밀을 보호하여 왔으나 근로계약을 맺고 있는 자의 누설행위만을 처벌하도록 하고 있었으므로 제3자, 특히 산업스파이의 영업비밀탐지행위 자체는 처벌되지 못한 한계가 있었다.

그 후에도 경제스파이는 계속 증가하고 기존의 법률이 영업비밀의 효과적인 보호에 미흡하다는 주장이 계속됨에 따라 1986년에는 형법에 데이터탐지죄를 도입하는 것과 보조를 맞추어 부정경쟁방지법의 영업비밀보호조항 개정을 통하여 영업비밀의 보호를 강화하여 영업비밀탐지죄와 일반적인 미수범처벌규정이 도입되었고, 특별한 공공이익이 있는 경우 친고죄에 대한 예외를 인정하였다. 현행 영업비밀의 보호는 동법 제17조 내지 제20조의 a에서 규정하고 있다. 이상에서처럼 독일의 경우 지속적으로 처벌의 확대 및 강화의 방향으로 법개정이 이루어진 것을 알 수 있다. 그러나 여기서 그치지 않고 고용관계가 종료된 자에 대한 처벌규정의 도입 등 처벌범위의 확대에 대하여 논란이 계속되고 있다.

독일에서는 영업비밀의 침해를 공정한 경쟁을 해치는 선량한 풍속에 반하는 범죄행위로 보고 부정경쟁방지법의 영업비밀침해조항에서 보호하는 방식을 채택하고 있다. 부정경쟁방지법 제17조, 제18조, 제20조는 영업비밀의 침해행위에 대한 형사처벌을 규정하고 있으며, 제19조는 민사적 손해배상청구권을 규정하고 있다. 이러한 부정경쟁방지법 이외에 형법상 대화비밀의 침해죄(§201), 신서비밀의 침해죄(§202), 데이터탐지죄(§202 a), 사적 비밀의 침해죄(§203), 타인비밀의 부정사용죄(§204) 등에 의하여도 영업비밀이 보호된다.

Ⅲ. 부정경쟁방지법상의 영업비밀 보호

독일에서 부정경쟁행위의 방지는 독일민법 제823조 제1항의 영업권, 제823조 제2항의 보호법규 또는 제826조의 고의에 의한 풍속위반을 통하여 이루어지고 있으며, 특히 부정경쟁방지법이 중요한 역할을 한다. 즉, 독일의 경우에는 선량한 풍속위반행위에 대해서는 행위자가 경업의 목적으로 행위를 한 경우에는 부정경쟁방지법이 적용되고 경업목적이 없는 경우에는 민법 제826조가 적용된다. 즉, 민법 제826조는 선량한 풍속위반의 요건하에 손해배상만을 규정하고 있지만, 경업의 목적이 있을 경우 손해배상뿐만 아니라 금지청구를 인정한 점에서 부정경쟁방지법의 의미가 있다. 따라서 독일의 경우 부정경쟁방지법은 민사적 구제와 관련해서는 한층 의미가 있다. 독일에서 영업비밀의 보호는 초기에 노하우(Know-how)의 보호에서 출발하였으며 영업상의 정보는 포함하지 않았다.[27] 그렇지만 부정경쟁방지법이 1896년에 제정된 이후 2004년 전면개정을 포함하여 6

27) 노하우는 영업비밀보다는 좁은 개념으로 고객명단과 같은 영업상의 정보를 포함하지 아니하는 기술적 지식을 중심으로 한 개념이다.

차에 걸친 개정이 이루어지면서 그 보호범위를 넓혀왔다.

2004년에 개정된 부정경쟁방지법의 구성과 내용을 살펴보면, 다음과 같다. 첫째, 동법은 사업자간의 공정경쟁과 소비자보호에 대하여 강조하고 있는 점이 입법목적과 법 전반에 있어서 특색이 있다. 즉, 동법 제1조에서는 경쟁자, 소비자 및 거래참여자를 부정경쟁으로부터 보호하고 공정경쟁이라는 공공복리의 실현을 선언하고 있으며, 동법 제2조 제2항에서는 민법 제13조와 제14조의 소비자와 사업자라는 개념을 준용하고 있다. 둘째, 동법은 제3조에서 부정경쟁금지에 대하여 포괄적으로 금지함을 선언하고 있으며 동법 제4조에서 부정경쟁에 해당하는 개별적인 사례를 예시하고 있다. 예컨대, (ⅰ) 부당한 압력이나 영향력 행사로 구매를 강요하는 경쟁행위, (ⅱ) 미성년자 또는 소비자의 경솔 · 궁박 · 강박상태를 이용하는 경쟁행위, (ⅲ) 사행성의 광고를 통한 경쟁행위, (ⅳ) 가격인하, 끼워팔기 또는 사은품증정시에 그 조건을 명시하지 아니하는 경쟁행위, (ⅴ) 광고성의 퀴즈나 추첨의 경우 상품이나 용역의 구입을 조건으로 하는 경쟁행위, (ⅵ) 다른 사업자의 상품이나 용역에 대한 비방 등을 하는 경쟁행위, (ⅶ) 부정확한 사실의 유포에 의한 경쟁행위, (ⅷ) 다른 경쟁자의 상품이나 용역의 모방을 통한 경쟁행위, (ⅸ) 다른 경쟁자를 의도적으로 방해하는 경쟁행위, (ⅹ) 상품이나 용역의 거래행위를 규율하는 법규에 반하는 경쟁행위를 들고 있다. 셋째, 동법은 제5조에서 오인을 유발하는 광고를 금지하고 부정경쟁행위의 한 유형으로 다루고 있으며 동법 제6조에서 비교광고의 경우에 다음에 해당하면 부정경쟁행위로 보았다. 즉, (ⅰ) 상품이나 용역의 수요 등과 관련이 없는 비교광고, (ⅱ) 상품이나 용역의 특성과 관련이 없거나 가격과 관련이 없는 비교광고, (ⅲ) 영업주체나 상품주체 및 상표에 혼동으로 초래하는 비교광고, (ⅳ) 경쟁자의 상표가치를 부정사용 또는 침해하는 비교광고, (ⅴ) 경쟁자의 상품이나 용역과 영업관계를 해하는 비교광고, (ⅵ) 보호되는 상표의 상품이나 용역을 모방하는 비교광고가 여기에 해당된다.

1. 영업비밀의 개념

독일 부정경쟁방지법에는 영업비밀의 개념정의가 입법적으로 규정되어 있지 않다. 따라서 영업비밀의 개념은 판례로 발전되었다. 판례에 의할 때, 영업비밀은 4개의 요소로 구성된다. 즉 (1) 기업경영과 관련이 있고, (2) 제한된 사람들만이 알고 있으며, 즉 공공에 알려져(offenkundig) 있지 않으며, (3) 소유자에 의하여 비밀로 유지하려는 의사가 표시되고, (4) 비밀로 유지함에 소유자의 이익이 있는 사실이어야 한다. 영업비밀의 예로는, 고객명단, 원형철(原型綴), 연말보고서, 모델, 비용견적서, 계약서, 보험사의 모집인명단, 컴퓨터프로그램(소프트웨어) 등이며, 성인용도박기계의 조종프로그램도 영업비밀이 될 수 있다는 판례도 있다. 여기서 기업체 관련성(Beziehung zum Geschäftsbetrieb)이라는 요건은 영업비밀의 개념에 있어서 핵심이다.

이 요건이 충족되기 위하여 반드시 행위자가 영업비밀을 당해 기업체로부터 직접 취득해야 하는 것은 아니다. 또한 자체로는 알려져 있는 공정이나 생산도구를 특정한 기업이 제품의 생산에 사용하고 있다는 점을 비밀로 유지하고 있으면, 이러한 사실도 기업체관련성을 띨 수 있다. ② 비공지성(Fehlende Offenkundigkeit)이라는 요건은 영업비밀로 인정되기 위하여 공연히 알려져 있지 않아야 한다는 것이다. 즉, 제한된 범위의 특정한 사람들만이 알고 있어야 하는 것이다. 비밀유지의무를 부담하는 제3자도 제한된 범위에 포함된다.

다만, 당해 영업비밀을 알고 있는 사람의 숫자가 많거나 증가하고 있다고 하여 비밀성이 상실되는 것은 아니다. 공지의 사실이란, 어떠한 사실이나 정보가 일반적으로 알려져 있거나 임의의 접근에 노출되어 있어서, 이에 관심을 갖고 있는 누구나가 정당한 방법으로 큰 어려움 없이 획득할 수 있는 가능성이 있는 상태에 있는 경우에 인정된다. ③ 비밀유지의사(Geheimhaltungswille)라는 요건은 영업비밀로 인정되기 위하여 당해 영업비밀의 소유자가 이를 비밀로 유지하려는 의사가 있어야 한다. 다만, 영업비밀유지의사는 모든 개별적 영업비밀에 대하여 존재할 것이 요구되지는 않고, 영업비밀 전체에 대한 의사만 있으면 족하다. ④ 비밀유지에 대한 이익(Geheimhaltungsinteresse)이라는 요건은 영업비밀이 비밀로 유지하는 데에 소유자의 정당한 이익이 존재하여야 한다. 이는 통상 영업비밀이 기업체의 경쟁능력을 유지하는 데 의미가 있다면 인정된다. 뇌물제공자명단 등과 같이 위법한 정보에 대하여는 원칙적으로 보호가치 있는 이익이 아니어서 독일 부정경쟁방지법상의 영업비밀에 해당하지 않는다고 한다.

2. 부정경쟁방지법상 민사적 대응

민사적 구제는 제19조에 의하여 인정되고 있으며, 제17조, 제18조의 성립범위에 민사적 손해배상이 제한되는 것은 아니다. 제19조는 "제17조 및 제18조에 규정을 위반한 자는 이로 인하여 발생한 손해에 대하여 배상의무를 진다. 의무자가 다수인 경우에는 연대채무인의 책임을 져야 한다"라고 규정하고 있다. 이와 같이 부정경쟁방지법 제17조 및 제18조의 규정을 위반한 자는 손해배상책임을 져야 함을 명확히 규정하고 있다. 그 밖에도 부정경쟁방지법 제17조 이하의 규정, 특히 제17조는 영업비밀의 형사적 보호를 중심으로 하고 있으나 민법상의 보호를 배제하거나 제한하는 것은 아니다.

더 나아가, 공정경쟁에 반하는 행위로 손해를 입은 경우, 제1조의 일반조항에 의한 민사적 구제도 가능하다. 동시에, 민법 제826조에 의한 손해배상청구도 가능하며, 나아가 영업비밀도 일종의 기업재산으로 민법 제823조 제1항에 의하여 보호될 수 있다. 뿐만 아니라 영업비밀의 보호에 관한 형법규정을 위반한 경우 민법상의 선량한 풍속을 위반한 것이 된다. 따라서 부정경쟁방지법 제1조 및 민법 제826조가 동시에 적용될 것이나. 민법 제823조를 이에 적용하는 경우에는 당해 법규정의 기업의 권리보호라는 측면에서 살펴보아야 한다.

종합적으로 설명한다면, 부정경쟁방지법 제17조의 주관적 요건이 존재하는지의 여부에 관계없이 민사책임의 규정도 독립적인 판단기준이 되는 것이다. 독일의 판례와 학설은 영업비밀은 기업의 권리(Das Recht am Unternehmen)의 하나에 속한다. 과실에 의한 영업비밀을 침해한 경우에는 독일민법 제823조 제1항에서의 "기타의 권리"를 침해하는 것이 된다. 그러므로 고의없이 또는 경쟁관계가 없는 상황에서도 영업비밀 소유인은 민법 제823조를 원용하여 영업비밀을 보호할 수 있으며 부작위청구권을 행사할 수 있다.

한가지 주목할 만한 점은 독일법은 기본적으로 이직한 직원이 고용관계가 종료된 후에도 고용관계가 존속할 때에 정당하게 획득한 지식(Kenntnisse)을 자신이 착수한 영업 또는 새로운 고용주의 영업에 사용하더라도 형법에 의하여 처벌받지 아니한다는 것이다. 뿐만 아니라 이직한 직원이 재직기간중에 정당한 방법으로 취득한 전(前)고용주의 영업비밀을 사용하는 것은 부정경쟁방지법 제1조 및 민법 제826조의 규정을 위반한 것이 아니다. 그러므로 일반지식(예컨대, 경험, 기억 또는 숙련도) 및 특수한 지식(즉 영업비밀) 간의 경계선을 긋기 어려우며 이러한 지식들이 영업비밀보호와 관련이 있는 때에도 실무적으로 그와 같이 구분하지도 아니한다.

그러나 특정한 조건하에서는 직원이 고용관계가 종료된 후 하자없는 방법으로 취득한 영업비밀을 이용하는 것은 부정경쟁방지법 제1조 그리고 비경쟁상황하에서는 민법 제826조를 위반하게 될 수도 있다. 이러한 특수한 상황에는 두 가지가 있다. 첫째, 신임의 지위를 남용하는 경우(Mißbrauch einer Vertrauenstellung)이다. 직원이 기업을 이직할 당시 재임기간중 존재하는 신임의 지위는 계속적으로 비밀유지의무를 준수하도록 요구하는 계약관계가 존재하지 아니하는 한, 계약관계가 종료된 후에도 존속되는 것으로 볼 수 없다. 그러나 고도의 신임적 지위하에서(예컨대, 이러한 상황은 그 임금이 대단히 높다는 형식으로도 나타날 수 있을 것이다), 하자 없는 방법으로 취득한 지식을 이용하는 경우에는 부정경쟁에 해당될 수 있다. 이에 대한 판단의 중요한 기준은 당해 직원의 재직기간의 장단, 기업에서의 직위, 직업양성과정, 영업비밀의 당해 기업의 경쟁에 대한 중요성, 직원 자신의 비밀에 대한 공헌의 정도 및 비밀이용이익의 보호가치 등이 된다.

둘째, 의도적인 행위(Gezielte Maßnahmen)이다. 예컨대, 책임자 급의 직원이 재직중에 장기간 계획적으로 신임의 지위를 이용하여 원(原)고용주와 경쟁하는 기업의 설립과 관련된 모든 신경험을 취득한 경우 등이 해당된다.

3. 부정경쟁방지법상 형사적 대응

(1) 피용자의 누설행위

부정경쟁방지법 제17조 제1항은 "사업체의 피용자, 근로자 또는 견습생으로서, 고용관계에 기하여 위탁받거나 접근하게 된 영업상 또는 경영상의 비밀을, 고용관계의 지속중에 권한없이 경쟁의 목적으로, 자신의 이익이나 제3자를 위하여, 또는 사업주에게 손해를 가할 목적으로 타인에게 누설한 자는 3년 이하의 자유형 또는 벌금형에 처한다"고 규정하고 있다.

(2) 산업스파이행위

부정경쟁방지법은 경쟁의 목적으로, 자신의 이익을 위해 또는 제3자를 위하여, 또는 사업주에게 손해를 가할 목적으로 특정한 방법으로 영업상 또는 경영상의 비밀을 취득 또는 확보하는 행위도 3년 이하의 자유형 또는 벌금형으로 처벌하고 있다(동법 제17조 제2항 제1호). 이 규정이 제17조 제1항과 다른 점은 우선 범행주체가 모든 자연인이라는 점이다. 기업체의 피용자도 제2항 제1호의 주체가 될 수 있다.

영업비밀을 취득한다 함은, 행위자가 영업비밀에 대한 처분가능성을 획득한다는 것이다. 즉, 행위자가 영업비밀을 스스로 이용할 수 있는 상태나 타인에게 전달할 수 있는 상태에 있게 되면, 당해 영업비밀을 취득한 것이다. 범행대상이 물건인 경우에는 그에 대한 점유를 획득했을 때에 영업비밀을 취득한 것이다. 영업비밀을 확보(sichern)한다 함은 이미 영업비밀의 주요내용을 알고 있는 상태에서 영업비밀의 내용을 명확한 형태로 획득하는 것을 말한다. 즉, 이미 알고 있는 영업비밀을 문서로 확실하게 기록하는 등의 행위가 그 예이다.

이 규정은 특정한 방법으로 영업비밀을 취득한 경우에만 적용된다. 즉, a) 기술적 수단(technische Mittel)을 사용하거나, b) 비밀이 화체된 복제물(Wiedergabe)을 제작하거나, c) 비밀이 화체된 물건을 취득하는 형태로 영업비밀을 취득하여야 한다(동조 제1항 제1호). 기술적 수단의 사용(Anwendung technisher Mittel)이라 함은, 영업비밀 자체를 화체(Verkörperung)하지 않고 이를 취득할 수 있게 해주는 모든 기술적 장비를 말한다. 복사기, 사진기, 비디오카메라, 도청장치, 컴퓨터를 이용하여 데이터를 얻는 것 등이다.

(3) 영업비밀의 사후사용 등

이 규정은 세 가지 방법으로 취득한 영업비밀을 권한없이 사용하거나 타인에게 누설하는 행위를 처벌하고 있다. 여기에서의 영업비밀의 개념이나 "권한없이"의 해석론은 전술한 바와 동일하다. 세 가지 방법이란 첫째, 행위자가 제17조 제1항에 규정된 피용자의 누설행위에 의하여 취득한 영업비밀인 경우이다. 행위자가 당해 영업비밀을 인식할 필요는 없으며, 경쟁의 목적 등과 같은 주관적 요소도 본 죄에서는 요구되지 않는다. 둘째, 제17조 제2항 제1호에 규정된 행위를 스스로 하거나 또는 타인의 그러한 행위를 통하여 영업비밀을 취득한 경우이다. 셋째, 행위자가 영업비밀을 기타 권한없이 취득한 경우이다. 특히 세 번째 요건에서 "기타 권한없이"(sonst unbefugt)라 함은, 사전행위가 어떠한 법률에 위반한 경우이다. 즉, 범죄행위이거나 지식재산권의 침해행위이거나 계약을 위반한 행위이거나 한 경우를 예로 들 수 있다.

여기에서 사용(Verwerten)이라 함은 영업비밀을 이윤창출 등을 위하여 이용하는 것을 말한다. 즉, 영업비밀을 적용하여 제품 등을 생산한 경우에는 명백히 영업비밀을 사용한 것이다. 또한 여기에서 누설(Mitteilen)이라 함은, 전술한 바와 같이 제3자가 영업비밀을 알 수 있는 상황을 만드는 것을 말한다.

(4) 외국에서의 사용 등에 대한 가중사유

제17조 제4항은 특히 중한 경우에 대하여 형을 가중하고 있다. 즉, 행위자가 누설시에 당해 비밀이 외국에서 이용된다는 사실을 알고 있거나, 또는 행위자 스스로 외국에서 이용한 경우에는 5년 이하의 자유형 또는 벌금형에 처할 수 있다고 규정하고 있다. 결과적으로 영업비밀이 외국에서 사용되었는가 하는 점은 중요하지 않고, 누설시에 행위자가 외국에서 사용되리라는 점, 또는 그러한 가능성을 인식하였는가 하는 점이 중요하다. 두 번째 유형에 있어서는 행위자가 실제로 외국에서 영업비밀을 사용할 것을 요한다. 본 규정의 가중사유는 외국에서 사용될 경우나 외국에서 사용하는 경우로 제한되지 않는다. 영업비밀로 발생한 손해액이 현저한 경우 등에도 가중처벌은 가능하다. 제17조 제3항에 의하여, 제17조

에 규정된 행위의 미수범은 처벌된다. 미수범의 처벌에 대하여는 또한 독일형법 제22조, 제23조의 규정이 적용된다.

Ⅳ. 산업스파이에 대한 판례의 동향

독일법원조직법(GVG) 제172조 제2호는 중요한 영업상, 경영상 발명, 조세에 관한 비밀이 심리되고 이의 공개를 통하여 중대한 이익이 침해될 수 있다고 판단될 때에는 법원은 심리를 비공개로 진행할 수 있도록 규정하고 있다. 다만, 형사소송에서는 민사소송과 달리 실체적 진실발견에 중점을 두어 영업비밀을 이유로 한 증언거부는 허용되지 않는다(독일 형사소송법 제53조 참조). 나아가 영업비밀 등의 이유가 존재하는 경우에 법원은 특별결정을 통하여 이유설시의 전부 또는 일부도 공개하지 않을 수 있도록 하고 있다(독일 법원조직법 제173조 제2항 참조). 또한 영업비밀 등의 이유로 인하여 심리비공개를 결정한 경우, 비공개심리에 참석한 자에 대하여는 심리를 통하여 인식한 사실에 대한 비밀유지의무를 부과할 수 있다(동법 제174조 제3항 참조). 이러한 비밀유지의무에 반하여 비밀을 누설한 때에는 1년 이하의 자유형 또는 벌금형에 처해진다(독일형법 제353조의 d 제2호 참조).

한편, 독일 헌법재판소는 2008년 2월 27일 테러 용의자의 퍼스널 컴퓨터에 스파이 프로그램을 침투시켜 테러 관련 정보를 빼내는 이른바 '온라인 수색'을 제한적으로 허용하는 판결을 내린 바 있다. 헌재는 독일 정부가 추진하고 있는 온라인 수색에 대한 위헌 소송에 대한 판결에서 사법 당국이 용의자의 PC 하드드라이브와 인터넷 사용 정보를 취득하기 위하여는 인명이 위험에 처하거나 국가가 공격을 당하는 등 중대한 보호 이익이 있어야 한다고 밝힌 바 있다. 헌법재판소는 사법 당국이 비밀리에 용의자 PC에 스파이 프로그램을 업로드하기 위해서는 법원의 허가를 얻어야 하며 이 경우에도 개인 신상에 관한 정보는 수집할 수 없으며 이를 사용해서도 안 된다고 판시하였다.

독일 헌법재판소의 이 판결은 그 동안 프라이버시 침해 우려로 논란이 돼왔던 온라인 수색에 대해 제한적이나마 이를 허용한 것이라 할 수 있다. 이에 따라 독일 정보기관과 경찰은 법원의 영장을 발부받아 테러 용의자의 PC를 수색할 수 있게 되었다. 이러한 판결로 더욱 민감한 보안감시 임무를 수행할 수 있는 길이 열렸다고 할 수 있다.

V. 산업스파이에 대한 정부기관의 대응

1. 개 요

한델스브라트 지는 자국 내 주요기업(741개)을 대상으로 한 산업스파이 피해 관련 설문조사 결과 및 평가를 게재한 바 있다. 설문참여 기업 중 20%가 산업스파이 피해경험을 가지고 있다. 산업스파이 피해사례 대표적 유형에는 ① 회사내부 직원이 자발적으로 회사기밀을 외부에 지속 유출(20%), ② 경쟁사 · 해외정보기관들이 직원들에게 금전제공 등을 통해 기밀 유출(19%), ③ 경쟁사 · 해외정보기관들이 사내정보망을 해킹, 회사기밀을 탈취(15%) 등이다. 기업 직원들의 내부기밀 유출 동기는 ① 기밀 유출자 대다수가 금전적 보상을 목적, ② 상사로부터 괴롭힘을 받거나, 일방적으로 퇴출당한 직원의 보복도 일부 포함한다. 기밀유출 직책은 실무담당자(31.3%) · 전문직종(22.9%) · 관리자급 고위간부(17.1%)이고 주요 공격목표는 업종별로 자동차 · 항공기 · 기계설비 분야, 기업 내부적으로 과거 R&D부서에서 제품 데이터를 관리하는 영업부서로 변화하고 있다. 독일 내 산업스파이 건수는 연 10%수준으로 증가 추세이며, 피해액도 연 28억 유로로 집계되고 있으나, 다수의 기업이 이미지 손상을 우려하여 피해사실을 함구, 실제 피해액은 이를 크게 상회할 것으로 추정된다. 한편, 대다수 설문참여 기업들은 방첩기관의 방어능력을 신뢰하지 못하고 있으며, 산업스파이 감시부서 확대 및 민간자문역 선정 등 자체 방어능력 향상을 도모하고 있다고 한다.

최근 독일에서는 중국 및 동구의 산업스파이에 대한 경계령이 내려졌으며 중국 정부에 대하여 정식으로 항의한 바 있다. 독일은 이들 국가의 산업스파이행위가 국가적 차원에서 조직적으로 이루어지고 있다고 믿고 있으며 이러한 항의에 대하여 중국은 부인하거나 조사를 해보겠다는 소극적인 자세로 일관하여 왔다. 이에 따라 독일의 많은 국가기관들은 자신의 업무범위 내에서 나름대로의 외국인의 산업스파이행위를 방지하거나 탐지하기 위한 노력을 기울이고 있다. 예컨대, 독일 내무부는 '분데스 트로야너'라는 스파이 프로그램을 이용해 범죄 용의자의 PC를 수색하는 방안을 마련하고 법무부와 이 문제에 대해 협의하여 왔다. 테러 대응을 관장하고 있는 내무부의 계획에 따르면 정부 기관의 이메일로 위장한 스파이 프로그램을 테러 용의자의 PC에 설치한 다음, 범죄 관련 데이터를 빼내 이를 경찰 컴퓨터로 전송하는 방식을 이용하고 있다. 이 스파이 프로그램은 바이러스 예방 프로그램과 방화벽을 뚫고 개인용 PC에 침투할 수 있으며 키보드를 모니터해 비밀번호를 추적하는 기능을 갖추고 있다. 독일 녹색당 등 야당은 온라인 수색 방안 등 정부의 강력한 테러 대응 움직임이 시민의 안전을 보장하기보다는 시민의 권리를 침해하는 것이라며 반발하고 있다. 내무부의 이 계획에 대해 법무부는 정부 기관의 이메일을 가장한 스파이 프로그램은 해당 정부기관의 통상적인 통신 활동에 혼란을 초래할 것이라고 지적한 바 있다.

이와 같이 행정기관별로 자신들의 업무범위 내에서 산업스파이행위 탐지 또는 방지를 위하여 노력하고 있으나, 업무상의 충돌도 적지 않게 발생하고 있다. 그러나 독일의 외국 산업스파이에 대한 감시관련기관은 내무부나 법무부라기보다는 연방정보부와 연방헌법수호청이라고 할 수 있다.

2. 외국산업스파이 감시 관련기관

독일은 기업과 정부가 협력하여 산업스파이 행위를 방지하는 시스템을 구축하고 있다. 독일은 산업스파이 행위는 주경찰이 처리하는 것이 원칙이나, 기업이 협조를 요청하거나 위험한 사태라고 판단될 경우 연방정보부(BND)와 연방헌법수호청(BfV)이 개입한다. 연방산업보안협회(ASW)는 산업보안과 관련한 경제계 입장을 연방정부에 전달하며, 연방총리실은 산업보안 정보를 종합해 연방산업보안협회에 제공한다. 이러한 면에서 이 협회는 연방정부와 경제계의 사이에서 가교역할을 담당하면서 산업보안과 관련된 정보교류 및 협조체제를 강화하고 있다고 할 수 있다.

연방산업보안협회는 지난 1993년 독일산업연맹 등 연방 차원의 10개의 경제단체들과 9개주 산업보안협회가 사단법인 형태로 결성하였으나, 1994년 12월 독일 내무부의 '조정규정'에 따라 준(準)관청의 지위를 획득하였다. 그 설립목적, 정치권 · 정부에 산업보안 관련 기업 요청사항 전달, 보안관련 자문 · 지원 및 회원들간 협력증진, 그리고 산업보안 업무수행을 위한 정부기관과의 협력 등이다. 연방총리실은 산업보안 관련정보를 종합하여 연방산업보안협회에 제공하고 있다. 한편, 독일에서는 미국과 달리 산업기밀의 보호가 필요한 회사의 직원에 한해 일정기간 동안 이직을 금지해 사전에 기술 유출을 방지하고 있다. 다만, 이직금지 기간 동안에는 독일근로계약법에 따라 회사는 퇴직자에게 보상금을 지급해야 한다.

독일의 연방헌법수호청(BfV: Das Bundesamt fuer Verfassungschutz)이 자국 내에서 활동하는 외국 산업스파이를 감시하는 차원에서 방첩활동을 수행하고 있으며, 이와 병행해 산업기술 보호활동을 수행하고 있다. 연방헌법수호청은 정부내 산업스파이 대응책 조정역할을 떠 맡는다. 또 연방헌법수호청은 이를 전담할 인력을 더 증원할 예정이라고 한다. 독일 정부의 추산에 따르면 2006년 산업스파이 때문에 독일 산업계는 약 200억유로의 손해를 입은 것으로 추정된다. 또 약 75만 대의 컴퓨터가 트로얀 호스 등의 컴퓨터 바이러스에 감염되었는 바, 무엇보다도 러시아와 중국의 정보부들이 컴퓨터 해킹에 관련되었을 것으로 판단하고 있다.

이러한 문제의 심각성에도 불구하고 몇몇 독일 주정부의 경우 산업 스파이 대응책 담당자가 한 명에 불과하는 등 대응책이 아주 미비하다는 비판이 제기되어 왔다. 또한 연방정보부와 연방통신보안청 등 정부 각 부처가 산업스파이와 컴퓨터 해킹 등에 관한 권한을 행사하려고 서로 경쟁하여 왔다는 비판도 제기되었는 바, 이에 따라 연방헌법수호청이 중심이 되어 관련 기구들의 업무를 상호 조정하고 협조할 예정이라고 한다. 연방헌법수호청은 기업이 해킹을 당할 경우 우선 외국의 정부부처가 관련돼 있다고 의심한다. 그러나 해킹 당사자가 개인이나 기업의 경우 피해 기업들은 즉시 연방헌법수호청에 연락을 하라고 요청받는다. 아무래도 다른 정부기구와 달리 연방헌법수호청이 기업의 기밀을 유지하면서 이 업무를 제대로 처리할 수 있기 때문이다.

제3절 일 본

Ⅰ. 개 관

일본은 우리나라보다 1년 앞선 1991년부터 부정경쟁방지법을 시행하여 영업비밀보호규정을 두었지만 영업비밀 침해에 대하여 민사적 규제수단만을 인정하고 있었다. 최근에 와서야 산업스파이행위 또는 해킹행위 등 네트워크를 통한 정보의 부정취득의 사례의 증가,[28] 일본의 종신고용제가 무너지고 기업과 종업원과의 영업비밀을 둘러싼 분쟁이 증대됨에 따라 영업비밀의 부정취득행위 등은 그 본질이 무체물의 절취 등에 있으며, 그 보호를 충분히 하기 위해서는 형벌화도 하나의 방법이라는 의견이 강력히 제기되면서 형벌화에 대한 논의가 시작되었다.[29] 그리하여 2003년 개정법에 영업비밀 침해행위에 대한 벌칙조항이 수용되었고 2005년에는 퇴직자에 영업비밀의 누설을 새롭게 처벌의 대상으로 늘리고 동시에 퇴직자를 받아들이는 법인도 처벌할 있도록 양벌규정을 채용하였다. 또한 형벌의 국외범 적용과 2차적 취득자를 정범으로 처벌하는 등 형사벌을 더욱 상화했다.[30] 이처럼 일본도 독일이나 미국처럼 영업비밀의 침해 자체를 처벌하는 형벌규정은 존재하지 않는다. 그러므로 일본에서의 영업비밀보호는 부정경쟁방지법을 중심으로 민사적 보호와 입법목적을 달리하는 형벌규정에 의한 보호로 나누어 볼 수 있다.

28) 일본에서는 영업비밀의 보호를 최근 몇 년 컴퓨터 · 데이터 및 프로그램의 형식으로 보호 · 축적하는 일이 많아 컴퓨터범죄에 포함하여 논하는 사람도 적지 않다고 한다(佐久間 修, 最先端法領域の刑事規制, 現代法律出版, 2003, 201面 參照).

29) 고영수, "일본에 있어서의 영업비밀의 침해행위에 대한 법적보호", 지적소유권법연구 제4권, 2000, 227면.

30) 長內 健, 企業秘密保護法入門(第3版)−營業秘密防衛の理論と實務−, 民事法硏究會, 2006, 198面 參照.

Ⅱ. 부정경쟁방지법상 영업비밀의 보호

1. 연 혁

일본은 2003년 부정경쟁방지법의 개정 전까지 영업비밀 침해에 대한 형사처벌 규정을 두지 않고 형법으로 규율하고 있었다. 1911년 독일의 부정경쟁방지법을 모델로 영업비밀보호에 관한 법을 준비하였으나, 아직은 시기상조라는 여론의 확산으로 연구와 논의만을 계속하였다.[31] 당시 영업비밀의 보호는 침해의 유형에 따라 절도, 횡령, 배임 등 형법을 적용하거나 손해배상청구를 통하여 해결하였다. 1986년 우루과이라운드의 지식재산권문제가 대두되면서 1990년 6월 29일 부정경쟁방지법을 개정하면서 영업비밀보호에 관한 규정을 포함하였다. 이러한 배경에는 국제적으로 영업비밀의 보호가 요구된 것과 함께 일본의 산업기술이 발달하여 이에 대한 보호가 필요했기 때문이다.[32] 그러나 우리나라와 달리 일본은 부정경쟁방지법에 영업비밀 침해에 대한 형사처벌규정을 신설하지 않았으며, 1993년 개정에서도 포함시키지 않았다. 그 이유는 형법으로도 영업비밀 침해를 충분히 처벌할 수 있다는 판단이었지만,[33] 2003년 개정법에서는 영업비밀 침해에 대한 형법화의 논의가 이루어진 끝에 영업비밀침해죄가 신설되어 처음으로 형사상의 조치가 도입되었다.[34] 그 배경에는 기술자의 아르바이트나 퇴직자의

---

31) 한상훈, 산업스파이에 대한 형사법적 대응방안, 한국형사정책연구원, 2000, 85면 참조.

32) 이기욱, "일본의 영업비밀보호법제", 법률정보판례연구 제1집 제1호, 1999, 278면.

33) 이기욱, 위의 논문, 279면.

34) 2002년 7월 일본정부의 '知的財産戰略會議'는 "知的財産戰略大綱"을 공표하였다. 대강에는 '영업비밀의 보호강화'라는 제목 아래 "일본의 기업활동에서 영업비밀의 중요성이 한층 고양되고 있는 가운데 기업의 영업비밀이 국내외의 경합회사에 유출되는 사례가 증가하여 기업의 경쟁력이 손상되고 있다. 이를 방지하기 위하여 영업비밀의 부정취득 등에 대한 민사상의 구제조치를 강화하고 벌칙의 도입을 통하여 인재의 유동화에 대한 억지효과 등을 검토하여 2003년 정기국회에 부정경쟁방지법개정법안을 제출할 필요가 있다. 또한 일본에서는 재판공개원칙이 강력히 작용하여 재판과정에서 영업비밀이 공개됨으로써 권리자의 불이익이 발생할 수 있기 때문에 현실적으로 영업비밀에 관한 소송이 적지 않게 발생하고 있다. 재판의 공개는 헌법상의 요청이긴 하지만 이러한 문제를 등한시하는 경우 재판과정에서 영업비밀이 적절하게 보호될 수 없을 것이다. 산업계에서 영업비밀에 대한 중요성이 강조되고 있는 현실에서 구미 제국에 비하여 일본의 영업비밀보호의 수준이 극단적으로 저하되지 않도록 필요한 대책을 강구하여야 할 것"이라고 하면서 구체적으로는 "부정경쟁방지법개정에 의한 민사 · 형사 양면에 걸친 영업비밀의 보호강화에 대하여 인재유동화에 대한 억지효과 등, 이에 수반될 수 있는 문제점을 감안하여 2003년 정기국회에 개정법안을 제출한다"고 하고 있다. 이를 근거로 2003년 개정이 이루어진 것이다(山本庸幸, 要說不正競爭防止法[第4版], 社團法人發明協會, 2006,

지도 등으로 아시아 인근 국가의 경합회사에 기업의 영업비밀을 유출하는 사례가 증가하여 일본 기업의 경쟁력이 크게 손실되었다는 사정이 자리하고 있었다. 나아가 2005년 개정에서는 해외에서 영업비밀의 사용개시행위를 새로이 벌칙대상으로 함과 동시에 퇴직자에 의한 영업비밀의 부정사용 개시행위에 대하여도 벌칙을 신설하고 법인처벌규정을 강화하였다. 2005년 개정법의 배경에는 2001년 5월 일본인 연구원이 미국 클리블랜드 클리닉재단 러너연구소에서 발생한 '유전자스파이사건(DNA샘플 등 연구시료 절취 및 손괴사건)'[35]으로 인하여 일본 국내에서 미국의 "경제스파이법"에 버금가는 형사처벌을 도입해야 한다는 여론의 비등이 자리하고 있었다. 또한 2006년 개정에서는 벌칙을 5년 이하의 징역 또는 500만엔 이하의 벌금에서 10년 이하의 징역 또는 1,000만엔 이하의 벌금 및 그 병과형으로 대폭 상향조정하였다.

한편, 일본 법무성은 1974년도 개정형법초안을 작성하면서 제318조의 기업비밀누설죄에 대하여 "기업의 임원 또는 종업원이 정당한 이유 없이 그 기업의 생산방법 기타 기술에 관한 비밀을 제3자에게 누설한 경우에는 3년 이하의 징역 또는 50만엔 이하의 벌금에 처한다. 이들 지위에 있던 자가 그 기업의 생산방법 기타 기술에 관한 비밀을 지켜야 할 법률상의 의무에 위반하여 이를 제3자에게 누설한 경우에도 마찬가지이다"라고 규정했었다.[36]

이러한 기업누설죄의 신설에 찬성하는 견해도 있었지만,[37] 보호의 객체로서의 기업비밀의 개념이 모호하다는 점, 그리고 기업의 경우 특허권을 취득하지 아니한 노하우를 형법에 의하여 보호하는 것은 기업이기주의에 지나지 않기 때문에 이것을 형법이 보호하는 것은 타당하지 않다는 점, 종업원 특히 기술자, 연구자가 기업에 대하여 과도한 충성심을 갖도록 형벌로 뒷받침하는 것이 되므로 기

134面 參照).

35) 동 사건은 미국 경제스파이법이 1996년도 제정된 이래 동법 제1831조(외국을 이롭게 하는 경제스파이행위, 최장형기 15년과 벌금최고액 50만달러)를 최초로 적용한 사례로서, 미국은 일본과의 범죄인인도협약에 따라 일본인연구원의 신병을 인도할 것을 일본정부에 요구하였으나 2004년 3월 東京高等裁判所는 "범죄를 행했다고 의심할 만한 상당한 이유가 없다"는 이유로 인도청구거부를 결정하였다(백영준, 부정경쟁방지법상 영업비밀 보호제도 비교와 적용에 관하여-한국과 일본의 최근 개정내용을 중심으로-, 창작과 권리 제43호, 2006.6, 세창출판사, 47면).

36) 法制審議會, 改正刑法草案, 1974.

37) 東京辯護士會, 刑法全面的改正に對する意見, 1972, 317面 以下 參照.

업이 위법행위에 대한 비판, 내부고발을 처벌하는 것이 되거나, 노동자의 일상생활까지 감시하게 된다는 점, 공해반대운동 등의 소비자운동이나 노동운동의 자유가 억제될 우려가 있고 기업에 대한 취재, 보도의 자유가 제한된다는 점,[38] 퇴직자의 전직의 자유제한, 기업내부의 위법행위에 대한 고발의 억압 등을 이유로 학계 · 실무계 · 언론계로부터 강한 비판이 제기되었다.[39] 이와는 반대로 개정형법초안의 기업비밀누설죄로는 불충분하고 보다 처벌을 확대 · 강화해야 한다는 의견도 있었다.[40]

2. 영업비밀침해에 대한 민사적 보호

(1) 금지청구권

일본의 부정경쟁방지법 제3조(금지청구권)는 "① 부정경쟁에 의해 영업상의 이익이 침해되거나 침해될 우려가 있는 자는 그 영업상의 이익을 침해하는 자 또는 침해할 우려가 있는 자에 대하여 그 침해의 정지 또는 예방을 청구할 수 있다. ② 부정경쟁에 의해 영업상의 이익이 침해되거나 침해될 우려가 있는 자는 전항의 규정에 의한 청구시 침해행위를 조성한 물(침해행위로 생성된 물(物)을 포함한다)의 폐기, 침해행위에 공(供)한 설비의 제거 기타 침해의 정지 또는 예방에 필요한 행위를 청구할 수 있다"고 규정하여 영업비밀침해에 대한 민사상의 조치로 금지청구권을 규정하고 있다.

이러한 금지청구권의 행사에 있어서는 손해배상청구권의 행사와는 달리 침해자의 고의 · 과실 등은 그 요건으로 되어 있지 않다. 따라서 이러한 주관적 요건을 전혀 문제시하지 않고 "부정경쟁에 의한 영업상의 이익침해 또는 침해우려"라는 객관적 요건을 충족시키는 것만으로 금지청구권이라는 강력한 청구권을 행사할 수 있기 때문에 제3조는 부정경쟁방지법의 민사상 조치를 특징지우는 대표

38) 齊藤豊治, 營業秘密 刑事罰: 序論的 考察, 刑法雜誌 第32卷 第1號, 58, 60面.

39) 山英雄, 秘密構成要件批判, 法律時報, 46卷 6號, 1974, 194面 以下; 吉川經夫, 總括的問題提起, 刑法雜誌, 20卷 2號, 1977, 161面 以下; 中義勝, 改正刑法草案各則の批判, 法律時報, 46卷 6號, 1974, 38面 以下. 이에 대한 법무부의 반론은 法務省, 刑法全面改正についての檢討結果とその解說, 1976, 69面 以下 參照.

40) 西田典之, "財産的情報の刑法的保護", 刑法雜誌, 第30卷 第1號, 1989, 3~6面; 곽경직, "영업비밀에 대한 형사적 보호", 법조 제47권 9호, 통권 504호, 1998년 9월, 83면 참조.

적인 규정이라 할 것이다.

금지청구권의 주체는 영업상의 이익을 현실적으로 침해받은 자 또는 침해받을 우려가 있는 자이다. 여기서 전자의 "영업상의 이익을 현실적으로 침해받은 자"란 영업상의 이익에 대한 침해행위가 현재 반복 · 계속 중인 경우에 있어서 그 피해자를 말한다. 후자의 "영업상의 이익을 침해받을 우려가 있는 자"란 영업상의 이익이 침해될 구체적 위험이 있는 자를 말한다. 소위 추상적 위험, 즉 막연히 침해의 우려가 있는 것만으로는 부족하고 그 영업상의 이익과의 관계에서 구체적으로 침해의 위험을 어느 정도 정형적으로 설명할 수 있는 것이어야 한다. 그 부정경쟁의 대상이 된 상품, 역무 또는 영업에 대해서 이와 동종의 상품판매나 역무의 제공 또는 동종의 영업을 동일한 상권에서 행하는 사업자인 경우에는 개개 침해행위의 유형에 대하여 하나하나 입증할 필요도 없이 정형적으로 구체적 위험이 있다고 인정하여도 좋을 것이다.[41)]

한편, 금지를 청구하는 원고는 금지청구권의 주체임을 증명하여야 한다. 이 금지청구권의 주체로서의 지위는 승계할 수 있다. 즉 합병 · 회사분할(일본회사법 제5편 제2장 및 제3장)이나 상속(일본민법 제896조)의 경우는 물론이지만, 예컨대 주지상품등표시를 영업양도의 일환으로 양수한 경우도 승계된 것으로 이해할 수 있을 것이다.[42)]

(2) 비밀유지명령

영업비밀은 비공지, 즉 공공연히 알려져 있지 않는 섯이어야 한다(부정경쟁방지법 제2조 제6항). 그러나 부정경쟁으로서 영업비밀의 침해가 일단 소송으로 쟁송되는 경우에는 헌법상 재판공개의 원칙(제82조)하에서는 일반인이 재판을 방청하거나 소송기록의 열람을 청구할 수 있기 때문에 타인이 인지한 순간부터 더 이상 영업비밀일 수 없다는 모순을 포함하게 된다. 이러한 경우 부정경쟁으로서 영업비밀을 위치지어 그 보호를 꾀하려 하는 법의 취지에 반하는 것이 된다. 이점에서 부정경쟁방지법은 영업비밀이 문제되는 소송에 있어서는 비공개심리나 비

41) 山本庸幸, 要說不正競爭防止法[第4版], 社團法人發明協會, 2006, 248面.
42) 東京高判昭和48.10.9, 無體財産權關係民事 · 行政裁判例集第5卷第2号381面.

밀유지를 위한 일련의 절차규정을 신설하고 있는데, 비밀유지명령(부정경쟁방지법 제10조), 비밀유지명령의 취소(부정경쟁방지법 제11조) 등이 그것이다. 따라서 비밀유지명령제도는 법원이 영업비밀이 기재된 서면을 소송당사자에게 공개할 경우에 결정으로 타인에게 공개하지 못하도록 명령할 수 있는 제도로 영업비밀의 특성을 배려한 사법적 정책이라 할 수 있다.[43] 즉 부정경쟁방지법에 의거한 비밀유지명령은, ① 준비서면 · 증거의 내용에 당사자가 보유하는 영업비밀이 포함될 것, ② 영업비밀의 사용 · 개시를 제한할 필요가 있을 것이라는 요건에 모두 해당한다는 소명이 있는 경우에 법원은 결정으로 당해 영업비밀을 소송수행의 목적 이외로 사용하거나 당해 영업비밀에 관한 명령을 받은 자 이외의 자에게 개시해서는 안 된다는 취지로 명령할 수 있도록 규정하고 있다(부정경쟁방지법 제11조 제1항).

①의 요건은 이미 제출되었거나 제출될 준비서면에 당사자가 보유하는 영업비밀이 기재되거나 이미 조사된 또는 조사받을 증거의 내용에 당사자가 보유하는 영업비밀이 포함되는 것이 요건이다. 그러나 이미 준비서면을 제출하였거나 증거로 조사받은 후에 영업비밀성을 주장하는 경우 그 시점에서는 비밀관리성이나 비공지성을 상실한 경우가 대부분일 것이기 때문에 준비서면이나 증거제출 전에 신청할 필요가 있을 것이다. 준비서면의 제출 후 또는 증거로서의 조사 후에도 이 규정이 유효한 경우는 극히 예외적인 사례로 한정된다 할 것이다. 예를 들면 일단 비밀유지명령이 내려져 준비서면 또는 증거제출 및 조사가 이루어진 후에 소송대리인이 교체된 경우에 있어서 새로운 소송대리인에 대해서 비밀유지명령이 발동되는 경우를 들 수 있다.

②의 요건은 "영업비밀이 당해 소송수행목적 이외의 목적으로 사용"되거나 "당해 영업비밀이 개시"됨으로써 당해 영업비밀에 기초한 당사자의 사업활동에 지장을 초래할 우려가 있고, 이를 방지하기 위한 당해 영업비밀의 사용 또는 개시를 제한할 필요가 있을 것이다. 영업비밀은 소송의 수행목적 이외로 사용되거나 개시되는 경우 비밀관리성이나 비공지성이 상실되기 때문에 그러한 의미에서의 제한은 당연한 요건이라 할 것이다. 따라서 이 규정의 취지는 오히려 사업활

43) 백영준, 앞의 논문, 50면.

동에 지장을 초래하지 않아 그 사용 또는 개시를 제한할 필요가 없는 경우에는 비밀유지명령의 발동이 필요없다는 점에 있다.[44] 예컨대 개시의 대상인 당사자 간에 특별히 비밀관리계약을 맺은 경우와 같은 사례가 그것이다.

비밀유지명령의 신청은, (ⅰ) 비밀유지명령을 받을 자, (ⅱ) 영업비밀을 특정함에 충분한 사실, (ⅲ) 각기 사유에 해당하는 사실을 기재한 서면으로 하여야 한다(부정경쟁방지법 제11조 제2항). 비밀유지명령이 발동된 경우에는 그 결정서를 송달하여야 하고(동조 제3항), 송달된 시점부터 효력이 발생한다(동조 제4항). 신청을 각하한 재판에 대해서는 즉시 항고할 수 있다(동조 제5항). 신청을 용인한 재판에 대해서는 즉시항고를 인정하는 규정이 없기 때문에 불복하는 경우에는 비밀유지명령의 취소(부정경쟁방지법 제11조)를 신청할 수 있다.

이 가운데 (ⅰ)은 비밀유지명령을 받을 자, 즉 당사자 등, 소송대리인 또는 보좌인이다. 여기서 '당사자 등'이란 당사자 또는 당사자의 대리인(소송대리인 및 보좌인을 제외한다), 사용인 기타 종업원을 말한다. 또한 법인인 경우의 당사자는 그 대표자이다. (ⅱ)는 서증인 경우에는 예컨대 서면 중의 면수를 특정하여 구체적 개수를 적기하는 등 영업비밀을 특정하기에 충분한 사실로서 필요충분한 정도로 한정되어야 한다. (ⅲ)은 영업비밀이 포함될 것 및 그 비밀의 사용 또는 개시를 제한할 필요가 있을 것에 해당하는 사실을 기재한 서면을 말한다.

비밀유지명령의 취소는 그 신청자 또는 수명자가 당해 비밀유지명령의 이유가 된 요건을 상실할 것 또는 상실하게 된 것을 이유로 행한다(부정경쟁방지법 제11조 제1항). 비밀유지명령의 취소신청에 대한 재판이 있는 경우에는 그 결정서를 송달하여야 하고(동조 제2항), 취소신청의 재판에 대해서는 즉시 항고할 수 있다(동조 제3항). 비밀유지명령을 취소하는 재판은 확정되지 않으면 그 효력이 발생하지 않는다(동조 제4항). 법원은 비밀유지명령을 취소하는 재판을 한 경우에는 그 취소의 신청자 등에게 지체없이 취소재판을 한 취지를 통지하여야 한다(동조 제5항).

이상과 같은 비밀유지명령제도는 당사자, 소송대리인 또는 보좌인 등에게 법적으로 비밀유지의무를 부과할 수 있도록 하는 제도이다. 다만 일본의 부정경쟁

---

44) 山本庸幸, 要說不正競爭防止法[第4版], 社團法人發明協會, 2006, 333面.

방지법이 비밀유지명령 위반자를 형사처벌하는 것(부정경쟁방지법 제11조 제21조 제1항 제2호, 제3호, 제5호의 비밀유지명령위반죄)은 영업비밀 소송과정에서 발생할 수 있는 이해관계인의 부정취득행위를 사전에 차단하고자 하는 합리적인 목적에 기인하고 있다는 점을 중시할 필요가 있을 것이다. 즉 우리도 부정경쟁방지법상 비밀유지명령제도의 도입을 심도있게 검토할 필요가 있으며, 나아가 사건 자체보다는 사후 처리과정에서 발생할 수 있는 합법을 가장한 영업비밀 침해행위를 근본적으로 차단하고 부정경쟁방지법의 입법목적인 타인의 영업비밀 침해행위를 방지하여 건전한 거래질서를 유지하고자 하는 입법목적을 달성하는 데 기여할 것이라 판단되기 때문이다.

(3) 소송기록의 열람 등 제한

본래 소송기록에 대해서는 민사소송법에서 비밀보호를 위한 열람 등의 제한을 규정하고 있다(일본민사소송법 제92조).[45] 이 규정에 따르면 소송기록 중에 당사자가 보유하는 영업비밀 등이 있다는 소명이 이루어진 경우에 법원은 당해 당사자의 신청에 의해 결정으로 비밀기재부분의 열람 등의 청구를 할 수 있는 자를 당사자로 한정할 수 있다. 이로써 소송기록의 열람이나 복사라는 형태로 유출되는 것을 방지할 수 있다. 그러나 일본민사소송법 제92조 제1항은 당사자 이외의 자에 대하여 열람 등을 제한하는 것으로, 당사자로부터 위임을 받아 당사자로서 열람 등을 청구하는 자에 대하여 제한하는 규정은 아니다. 예컨대, 당사자인 회사의 대표자만이 비밀유지명령을 받은 상태라 할지라도 그 회사의 종업원이 비밀유지명령을 받지 않은 경우에는 영업비밀의 열람 등을 청구할 수 있다. 그러나 이러한 상태로는 의미가 없기 때문에 일본 부정경쟁방지법 제12조에서는 위와 같은 경우에는 비밀유지명령의 신청자에 대해서 법원서기관이 통지하고 이로써 비밀유지명령을 신청할 수 있는 기회를 부여하려는 것이다. 이를 위한 시간적 여

45) 소송기록의 열람제한과 관련된 일본 민사소송법 제92조를 발췌하면 다음과 같다. "① 다음의 사유에 대하여 소명이 있는 경우 법원은 당해당사자의 신청에 의해 결정으로 당해소송기록중 당해비밀이 기재되거나 기록된 부분의 열람 또는 등사, 그 정본, 등본, 초본의 교부 또는 그 복제(이하 '비밀기재부분의 열람등'으로 약함)를 청구할 수 있는 자를 당사자로 한정할 수 있다. 제2호 소송기록 중에 당사자가 보유하는 영업비밀(부정경쟁방지법 제2조 제6항에 규정된 영업비밀을 말한다)이 기재되거나 기록될 것, ② 전항의 신청이 있는 경우에는 그 신청에 대한 재판이 확정될 때까지 제3자는 비밀기재부분의 열람 등을 청구할 수 없다."

유를 부여하기 위해서 법원서기관은 청구일로부터 2주간을 경과할 때까지 청구자에게 비밀기재부분의 열람 등을 시킬 수 없다(일본 부정경쟁방지법 제12조 제2항). 다만 그 열람 등을 시키는 것에 대하여 일본 민사소송법 제92조 제1항의 신청을 한 당사자의 동의가 있는 때에는 이들 규정은 적용되지 아니 한다.[46]

(4) 당사자심문 등의 공개정지

일본 부정경쟁방지법 제13조는 부정경쟁에 의한 영업상 이익의 침해에 관한 소송에 있어서 영업비밀에 해당하는 것에 대하여 당사자 등이 심문을 받을 경우에는 당해 사항의 심문을 비공개로 진행할 수 있다. 다만, 법원은 당해 영업비밀이 당사자의 사업활동에 현저한 지장을 초래할 것이 명확하기 때문에 당해 사항에 관해서 충분한 진술을 할 수가 없고, 당해 진술을 제외하고 다른 증거만으로는 당해 사항을 판단의 기초로 삼아야 하는 부정경쟁에 의한 영업상 이익침해의 유무에 관해서 적정한 재판을 할 수 없다고 인정되는 경우에 법관 전원일치에 의해 당사자심문을 공개하지 않을 수 있다는 제도로서 헌법상 재판공개원칙(제82조)의 예외규정이다.[47]

이 규정은 입법당시 헌법상 재판공개원칙에 위배된다는 논란이 있었으나 영업비밀의 비공개가 헌법 제82조 제2항에 규정되어 있는 공개제한규정, 즉 공공의 질서 또는 선량한 풍속을 해할 우려가 있는 경우에 해당된다고 이해하고 있다. 결국 재판을 통한 영업비밀의 공개가 오히려 적정한 재판을 훼손한다고 하는 극한적인 경우까지 헌법이 재판의 공개를 요구하고 있다고는 해석할 수 없다는 견해가 지배적이어서 법관 전원일치의 요건을 전제로 당사자심문의 비공개규정을 2004년도 개정시 신설한 것이다.[48]

한편, 비공개결정에 있어서 법원은 미리 당사자 등의 의견을 청취하여야 하고(일본 부정경쟁방지법 제13조 제2항), 필요하다고 인정하는 때에는 당사자 등에게 그 진술할 사항을 기재한 서면을 제시하게 할 수 있는데, 이 경우에는 누구나 그 제시된 서면의 개시를 요구할 수 있는 것은 아니다(일본 부정경쟁방지법 제13조 제3

46) 山本庸辛, 要說不正競爭防止法[第4版], 社團法人發明協會, 2006, 335面.
47) 山本庸辛, 要說不正競爭防止法[第4版], 社團法人發明協會, 2006, 337面.
48) 백영준, 앞의 논문, 51면.

항). 다만, 필요하다고 인정하는 때에는 당사자 등, 소송대리인 또는 보좌인에 대해서 당해 서면을 개시할 수 있다(일본 부정경쟁방지법 제13조 제4항). 또한 이 서면에 대해서는 비밀유지명령을 신청할 수 있다(일본 부정경쟁방지법 제10조 제1항 제1호). 법원은 비공개로 심문하는 때에는 방청객을 퇴정시키기 전에 그 취지를 이유와 함께 언도하여야 하며, 당해 사항의 심문이 종료한 때에는 다시 방청객을 입장시켜야 한다(동조 제5항).

(5) 외국기업에 의한 자국기업의 M&A통제강화

일본정부는 외국인이 자국기업을 인수할 경우 정부에 신고서를 제출해야 하는 업종을 확대하는 한편, 외국인이 외환거래법 등을 위반해 취득한 의결권을 무효화하는 방안 등을 검토 중인 것으로 알려졌다.[49]

전 세계 국가들이 9 · 11테러 이후 자국 산업보호에 앞장서고 있으며, 세계적 규모의 기업인수 · 합병(M&A)이 활발하게 이루어짐에 따라 일본정부는 대량살상무기나 국제테러 활동에 전용될 우려가 있는 국가기술 및 첨단기술 유출을 방지하고, 중국 국유기업들의 일본기업 매수 공세를 차단하기 위해 재무성과 경제산업성이 공동으로 감독하는 외환법을 근거로 현재 외국기업이 자국기업을 인수할 때 정부에 신고해야 하는 업종범위를 항공기, 무기, 원자력, 우주개발에 관련된 업종에서 무기의 첨단화에 따른 공작기계 등 하이테크 소재 등까지 확대할 방침이며[50] 이를 위해 경제산업성은 산업계 대표와 학자로 구성된 연구회를 설치하여 2007년 6월을 목표로 보고서를 완성하고 재무성과 함께 법개정을 추진할 예정인 것으로 알려졌다.

한편, 재계를 대표하는 일본 '경제단체연합회'도 2006년 12월 1일 기술유출로 일본경제와 안전보장에 영향을 주는 생산설비를 가진 기업으로까지 외자 규제범위를 확대해 줄 것과 주주총회의 합병 승인 요건을 현행규정보다 엄격하게 개정해 삼각합병을 이용한 M&A를 어렵게 해줄 것도 정부에 공식 요청하였다. 구체

49) 니혼게이지 신문(2006.12.19), 산케이 신문(2007.1.14)에서 발췌.

50) 현재 일본의 외환법은 국가의 안전을 해칠 우려가 있는 대내 직접투자와 관련 외국자본에 사업목적이나 규모에 관한 신고서 제출을 의무화하고 있으며, 담당 장관은 심사결과 계획의 변경이나 중지를 권고 또는 명령할 수 있도록 규정하고 있다.

적으로 의결권을 3분의 1찬성으로 가능한 합병결의를 전체 주주 중 반수 이상이 찬성하고 총 의결권의 3분의 2이상의 찬성이 필요한 '특수결의'로 변경하는 안을 제시하였다. 미야하라 겐지 '경제단체연합회' 부회장도 M&A 관련법제의 국제표준은 없지만 미국과 유럽에도 적대적 매수에 대한 방어책은 있다며 삼각합병 시행(2007년 5월)이전에 관련법이 개정되도록 힘쓰겠다고 언급하였다.

3. 영업비밀침해에 대한 형사적 보호

(1) 형법의 한계성

일본 법원은 영업비밀의 침해행위를 횡령, 배임, 절도 및 장물취득죄와 비밀누설죄(제134조), 신서개봉죄(제133조), 주거침입죄(제130조) 등에 의하여 간접적으로 보호하여 왔다. 대표적인 사례로는 토요레이온(東洋レーヨン) 사건[51]이 있다. 이 사건에서 화학공장의 기술자인 피고인은 자기회사의 신상품에 관한 비밀문서를 경쟁기업에 판매하였다는 이유로 업무상 횡령죄로 처벌되었다. 또한 회사기밀서류를 동일 건물에 있는 다른 회사로 가지고 나와 복사한 후 원래 장소에 두는 경우에도 업무상 횡령죄의 성립을 인정하였다.[52]

본 판례는 내부의 자가 기업비밀의 보관업무를 가지고 있는 경우에 배임죄의 성립을 인정한 것으로서, 단순한 일반적 충실의무 혹은 비밀의무만으로 배임죄를 적용한다면 무죄의 가능성 또한 배제하지 못할 것이다. 따라서 회사의 내부관계에서 사무처리의 법적 임무를 가지는 경우에만 입무상 배임죄가 성립될 수 있을 것이다.

절도죄의 성립도 검토할 수 있는데, 기업내부의 자가 자신이 점유하고 있지 아니한 유체물을 절도하는 경우, 즉 데이터가 들어 있는 디스켓을 빼내어 복사하고 다시 제자리에 다시 갖다 놓은 경우에 있어서 중요한 것은 불법영득의사가 있느냐의 문제로 압축된다. 이에 대하여 일본 판례는 "권리자를 배제하고 타인의 물건을 자기의 소유물과 같이 그 경제적 용법에 따라 이를 이용 또는 처분할 의사"로 정의하고 있는데, 자료의 내용만을 복사한 경우에도 불법획득에 의한 취득

51) 神戸地判 昭和 56. 3. 27. 判決, 判例時報, NO.1012, 判例時報社, 35面.
52) 東京地判 昭和 60. 2. 13. 判決, 判例時報, NO.1146, 判例時報社, 23面.

의사가 존재하였다고 인정하였다.[53] 이외에도 뇌물수수, 주거침입, 공문서위조, 사기 등이 적용되는 경우도 있으나, 대부분 절도, 업무상 횡령, 배임이 적용되고 있다.[54] 이처럼 일본은 불법영득의사를 광범위하게 인정하여 절도죄 등의 재산죄의 성립을 인정하여 영업비밀 침해행위를 규율한 것이 특징이다.

그런데 현행 형법적용에 있어서 다음과 같은 문제점이 제기되었다. 절도죄 등의 규정에 대해서는 '물건에의 화체'라는 비본질적 차이에 의해 절도죄의 적용여부가 좌우되므로, 영업비밀을 화체한 물건의 이전을 수반하지 않는 경우에는 절도죄를 인정할 수 없다. 그리고 물건에의 화체가 적용상 필요치 않는 배임죄에 대해서도 "타인을 위하여 사무를 처리하는 자"라는 주체가 한정되어 영업비밀에 대한 비밀유지의무를 지는 모든 자에게 적용가능하다고 할 수 없다. 또한 영업비밀 취득행위의 방법도 해킹행위나 정보네트워크를 통해 다양화되어가고 있어 이는 기록매체를 빼내지 않고도 네트워크를 통하여 취득하는 경우가 많아 이러한 행위유형에는 형법의 적용이 곤란하다는 점이 지적되고 있다.[55]

(2) 영업비밀침해죄의 입법방향

이에 따라 일본에서는 영업비밀침해죄의 신설에 대하여 두 가지 방향에서 활발한 논의가 진행되었다. 하나는 영업비밀 침해를 부정경쟁행위의 일종으로 파악하고 이를 부정경쟁방지법에서 규제하여야 한다는 입장으로, 기업비밀침해를 형법상 재산죄나 업무방해죄에 의하여 대처하는 것은 부적당하고 단순한 비밀이 무체재산법에 의하여 보호될 수는 없으므로 부정경쟁방지법에 처벌규정을 두어 규제하자는 것이다. 이와는 달리 영업비밀 침해를 형법상 재산범의 일종으로 규율해야 한다는 입장으로, 영업비밀을 재산적 가치 있는 정보로 파악하면서 이를 새로운 재산의 일종으로 보호하여야 한다는 것이다. 따라서 재산적 정보의 침해죄를 신설한다든가, 비밀의 여부를 묻지 않고 재산적 가치 있는 정보를 정보재로 파악하고, 물질재 및 에네르기재와 함께 절도 · 횡령 · 사기 등 재산범의 객체로

53) 東京地判 昭和 60. 3. 6. 判決, 判例時報, NO.1147, 判例時報社, 162面.
54) 한상훈, 산업스파이에 대한 형사법적 대응방안, 한국형사정책연구원, 2000, 89면.
55) 고영수, 일본에 있어서의 영업비밀의 침해행위에 대한 법적보호, 지적재산권법연구 제4권, 한국지적재산권학회, 2000, 228~229면.

서 다루는 입법이 이루어져야 한다는 주장 역시 여기에 해당한다고 볼 수 있다.

일본 국내의 사회 환경의 변화와 위와 같은 당시 형법적용의 문제점이 제기됨에 따라 영업비밀 침해행위에 대한 형벌화가 논의되어 영업비밀 침해행위에 대한 형사처벌이 가능하게 되었다. 2003년 부정경쟁방지법 개정은 동법에 의한 보호의 수준을 두텁게 했다는 의미에서 대단히 중요한 개정으로 평가되고 있다.[56)] 즉 동개정법은 ① 사기 등의 행위(사람을 속이거나 폭행하거나 협박하는 행위)에 의하거나 관리침해행위(영업비밀이 기재되거나 기록된 서면 또는 기록매체의 절취, 영업비밀이 관리되고 있는 시설에의 침입, 「부정엑세스행위의 금지 등에 관한 법률」에 의한 부정엑세스행위)에 의하여 취득한 영업비밀을 부정한 경쟁의 목적으로 사용하거나 공개한 자(제14조 제1항 제3호), ② 부정한 경쟁의 목적에 사용하거나 공개하기 위하여 보유자가 관리하는 영업비밀기록매체 등을 취득하거나 영업비밀기록매체 등을 기재 · 기록을 복제하는 방법으로 영업비밀을 취득하는 자(제14조 제1항 제4호), ③ 영업비밀을 보유자로부터 제시받은 자로서 부정한 경쟁의 목적으로 사기 등의 행위 또는 관리침해행위에 의하거나 횡령, 그 밖의 영업비밀기록매체 등을 영득하거나 이에 관한 기재 · 기록을 복제하는 방법으로 영업비밀기록매체를 영득하거나 작성한 자 또는 그 영업비밀을 사용 또는 공개한 자(제14조 제1항 제5호), ④ 영업비밀을 보유자로부터 제시받은 임원 또는 종업원으로서 부정한 경쟁의 목적으로 영업비밀의 관리에 관계된 임무에 반하여 그 영업비밀을 사용하거나 공개한 자는 3년 이하의 징역 또는 3백만엔 이하의 벌금에 처하도록 하고 있다. 그리고 이러한 행위에 관하여 친고죄로 규정하고 있고(제14조 제2항), 형법 등 다른 법률의 형사처벌규정과는 경합관계에 있다는 것을 명시하였다(제14조 제3항).[57)]

(3) 2005년 부정경쟁방지법 개정

2005년 개정법에서는 일본 국내에서 관리되고 있던 영업비밀(외국에서 관리하고 있는 영업비밀이 외국에서 사용 · 개시된 경우는 불포함)과 일본 재판소에서 비밀유

56) 山本庸幸, 要說不正競爭防止法[第4版], 社團法人發明協會, 2006, 19面 以下.

57) 金 理其, 營業秘密の刑事法的保護, 嵯峨野書院, 2004, 247~248面 參照. 한편 2006년 6월 7일 법률 제55호로 개정된 부정경쟁방지법에서는 제21조에 규정되어 있다.

지명령의 대상이 된 영업비밀을 일본 국외에서 부정하게 사용 · 개시하는 행위를 처벌하기 위하여 벌칙을 도입하였다.[58] 또한 벌칙을 3년 이하의 징역 또는 300만엔 이하의 벌금을 5년 이하의 징역 또는 500만엔 이하의 벌금으로 인상함에 동시에 병과할 수 있도록 하였다. 이에 소송시효도 3년에서 5년으로 연장되었다. 그리고 법인의 양벌규정의 도입과 벌칙을 강화했으며(제22조 1항, 제2항),[59] 퇴직자에 의한 영업비밀의 부정사용 · 개시에 있어서 퇴직자의 직업선택의 자유에 대한 권리를 침해하지 않는 범위에서 악질적인 행위태양에 대해서 처벌하는 것으로 하였다(제21조 제1항 제8호). 또한 이차적 취득자를 정범으로 처벌하여 최종 취득자를 공범으로 처벌할 수 있게 되었다(제21조 제1항 제9호).[60]

(4) 2006년 부정경쟁방지법 개정

2006년 개정법에서는 영업비밀침해죄의 벌칙에 대하여 개정 전까지 "5년 이하의 징역, 500만엔 이하의 벌금 또는 병과형"이었던 것을 근본적으로 강화하여 "10년 이하의 징역, 1,000만엔 이하의 벌금 또는 병과형"으로 규정하였으며(부정경쟁방지법 제21조 제1항), 법인처벌에 대해서도 "1억 5,000만엔 이하의 벌금"을 "3억엔 이하의 벌금"으로 상향조정하였다(부정경쟁방지법 제22조 제1항).[61]

이처럼 일본은 그 동안의 논의를 수용하여 최근 부정경쟁방지법에 영업비밀침해에 대한 형사처벌조항을 만들었다. 일본은 기본적으로 영업비밀에 대하여 지식재산권의 차원에서 접근할 뿐만 아니라 자국기업의 자율권을 최대한 보장하

58) 일본 부정경쟁방지법 제21조 4항에서는 "일본 국내에서 관리되고 있는 영업비밀을 사기 등의 행위(사기, 폭행, 협박 등)와 관리침해행위(절도, 주거, 침입, 부정접근 등)로 취득하고 일본 국외에서 사용 · 개시하는 행위와 보유자로부터 지정된 일본 국내에서 관리되고 있는 영업비밀을 일본 국외에서 사용 · 개시하는 행위를 처벌하고 있으며, 제21조 5항에서는 영업비밀에 관한 재판소의 비밀유지명령에 일본 국외에서 위반행위도 처벌하고 있다(長内 健, 企業秘密保護法入門(第3版)-營業秘密防衛の理論と實務-, 199面).

59) 2005년 개정법에는 악성범죄행위에 한하여 법인을 처벌하고 있다. 즉, 제22조에서는 ① 법인의 대표자 · 대리인 · 종업원이 그 법인의 업무에 관해서 사기적 행위 또는 관리 침해행위에 의해 영업비밀을 취득하고 부정경쟁의 목적으로 사용 · 개시한 경우, ② 전항의 목적으로 법인의 대표자 · 대리인 · 종업원이 그 법인의 업무에 관해서 사기적 행위 또는 관리침해행위에 의해 비밀 기록 매체를 취득하여 그 기록의 복제물을 작성한 경우, ③ 법인의 대표자 · 대리인 · 종업원이 그 법인의 업무에 관해서 부정경쟁의 목적으로 영업비밀 부정개시의 상대편이 되어 영업비밀을 취득하고 사용 · 개시한 경우이다. 이는 친고죄이며 행위자에 대한 고소의 효력은 법인 등에도 미치며 반대의 경우도 마찬가지이다.

60) 이에 대한 자세한 설명은 長内 健, 企業秘密保護法入門(第3版)-營業秘密防衛の理論と實務-, 199~203面 參照.

61) http://www.meti.go.jp.

고 국가의 형벌권이라고 하는 강제력을 통한 개입을 가능한 자제하려고 하는 면을 엿볼 수 있다. 이를 반영하듯 개정법에는 행위자의 '부정한 경쟁의 목적'을 필요로 하여 처벌되는 목적범과 친고죄의 형태로 규정되어 있고, 형법 등 다른 형사처벌규정과는 경합적으로 적용된다는 것을 명시하였다. 따라서 개정된 부정경쟁방지법은 미수범의 처벌규정이 없으며 교사, 방조 등의 형태로 제21조 제1항의 각호의 행위에 관여한 자는 형법총칙의 공범규정에 따라 처벌된다.

(5) 2012년 부정경쟁방지법 개정

일본의 부정경쟁방지법은 2012년에 영업비밀에 관한 형사소송절차에 대하여 대폭적인 개정이 있었다. 형사소송절차에서 영업비밀의 비밀성을 보장하기 위하여 필요한 사항을 신설하는 것으로 다음과 같다.

첫째, 영업비밀의 은닉결정에 관한 조항을 신설하였다. 즉 법원은 영업비밀침해죄에 관련된 사건을 다루는 경우에 해당 사건의 피해자 혹은 해당 피해자의 법정대리인 또는 이러한 자로부터 위탁을 받은 변호사로부터 해당 사건에 관련된 영업비밀을 구성하는 정보의 전부 또는 일부를 특정시키게 되는 사항을 공개 법정에서 밝히기 어렵다는 취지의 신청이 있을 때에는, 피고인 또는 변호사의 의견을 청취하고 상당하다고 인정되는 때에는 그 범위를 정하여 해당 사항을 공개 법정에서 밝히기 어렵다는 취지의 결정을 할 수 있다(동법 제23조 제1항). 이 경우 신청은 미리 검찰관에게 하여야 한다. 이 경우에 검찰관은 의견을 첨부하여 이를 재판소에 통지하도록 한다(제2항). 한편, 법원은 이런 사건을 취급하는 경우에 검찰관 또는 피고인 혹은 변호인으로부터 피고인 기타 자가 보유하는 영업비밀을 구성하는 정보의 전부 또는 일부를 특정시키게 되는 사항을 공개 법정에서 밝히기 어렵다는 취지의 신청이 있을 때에는, 상대방의 의견을 청취하고 해당사항이 범죄의 증명 또는 피고인의 방어에 불가결하고 또한 해당 사항이 공개 법정에서 밝혀지게 됨으로써 해당 영업비밀에 의거한 피고인 기타 자의 사업활동에 현저한 지장을 초래할 우려가 있다고 인정되는 경우로 상당하다고 인정되는 때에는, 그 범위를 정하여 해당 사항을 공개 법정에서 밝히지 않는다는 취지의 결정을 할 수 있다(제3항). 또 법원은 은닉결정을 한 경우에 필요하다고 인정되는 때에는 검찰관 및 피고인 또는 변호인의 의견을 청취하고, 결정으로 영업비밀구성정보특정사항(은닉결정(秘匿決定)에 의해 공개법정에서 밝히지 않기로 된 영업비밀을 구성하는 정보의 전부 또는 일부를 특정시키게 되는 사항을 말한다)에 관련된 명칭 기타 표현을 대체할 호칭 기타 표현을 정할 수 있다(제4항). 법원은 은닉결정을 한 사건에 대하여 영업비밀구성정보특정사항을 공개 법정에서 밝히지 않기로 한 것이 옳지 않다고 인정하기에 이른 때 또는 형사소송법(1948년 법률 제131호)에 의해 벌칙조문이 철회 혹은 변경되었기 때문에 이 사건에 해당하지 않게 된 때에는, 결정으로 은닉결정의 전부 또는 일부 및 해당 은닉결정에 관련된 결정의 전부 또는 일부를 취소하도록 하였다(제5항).

둘째, 기소장의 낭독방법의 특례를 신설하였다. 즉 은닉결정이 있을 때에는 기소장의 낭독은 영업비밀구성정보특정사항을 밝히지 않는 방법으로 이를 행하도록 한다. 이 경우에는 검찰관은 피고인에게 기소장을 제시하도록 하였다(동법 제24조).

셋째, 심문 등의 제한을 신설하였다. 재판장은 은닉결정이 있을 경우에 소송관계인이 하는 심문 또는 진술이 영업비밀구성정보특정사항에 이르는 때에는 이를 제한함으로써 범죄 증명에 중대한 지장을 줄 우려가 있는 경우 또는 피고인의 방어에 실질적인 불이익을 줄 우려가 있는 경우를 제외하고 해당 심문 또는 진술을 제한할 수 있다. 소송관계인인 피고에 대한 진술을 요구하는 행위에 대해서도 마찬가지로 한다(동법 제25조 제1항). 이 명령을 받은 검찰관 또는 변호사인 변호인이 이에 따르지 않았을 경우에 대하여 준용하였다(제2항).

넷째, 공판기일 외의 증인심문 등을 신설하였다. 법원은 은닉결정을 한 경우에 증인, 감정인, 통역인 혹은 번역인을 심문할 때 또는 피고인이 임의로 공술을 하는 때에는, 검찰관 및 피고인 또는 변호인의 의견을 청취하고 증인, 감정인, 통역인 혹은 번역인의 심문 혹은 공술 또는 피고인에 대한 공술을 요구하는 행위 혹은 피고인의 공술이 영업비밀구성정보특정사항에 이르고 이것이 공개 법정에서 밝혀짐으로써 해당 영업비밀에 의거한 피해자, 피고인 기타 자의 사업활동에 현저한 지장을 줄 우려가 있어 이를 방지하기 위하여 부득이하다고 인정되는 때에는, 공판기일 외에 해당 심문 또는 형사소송법에서 규정하는 피고인의 공술을 요구하는 행위를 할 수 있다(동법 제26조 제1항).

다섯째, 심문 등에 관련된 사항의 요령을 기재한 서명의 제시명령을 신설하였다. 법원은 호칭 등의 결정을 하거나 심문 혹은 피고인의 공술을 요구하는 절차를 공판기일 외에 한다는 취지를 정함에 있어 필요하다고 인정되는 때에는, 검찰관 및 피고인 또는 변호인에 대하여 소송관계인이 할 심문 혹은 진술 또는 피고인에 대한 공술을 요구하는 행위에 관련된 사항의 요령을 기재한 서면의 제시를 명할 수 있도록 하였다(동법 제27조).

여섯째, 증거서류 낭독방법의 특례를 신설하였다. 은닉결정이 있을 때에는 형사소송법에 의한 증거서류의 낭독은 영업비밀구성정보특정사항을 밝히지 않는 방법으로 이를 행하도록 하였다(동법 제28조).

일곱째, 공판전 정리절차 등에서의 결정을 신설하였다. ① 은닉결정 혹은 호칭 등의 결정 또는 이러한 결정을 취소하는 결정을 하는 것과 ② 심문 또는 피고인의 공술을 요구하는 절차를 공판기일 외에 한다는 취지를 정할 것은 공판전 정리절차 및 기일간 정리절차에서 할 수 있다(동법 제29조).

여덟째, 증거개시시의 영업비밀 은닉 요청을 신설하였다. 검찰관 또는 변호인은 이 사건에 대하여 형사소송법에 따라 증거서류 또는 증거물을 열람할 기회를 부여함에 있어서, 영업비밀을 구성하는 정보의 전부 또는 일부를 특정시키게 되는 사항이 밝혀지게 됨으로써 해당 영업비밀에 의거한 피해자, 피고인 기타 자의 사업활동에 현저한 지장을 줄 우려가 있다고 인정되는 때에는, 상대방에게 그 취지를 고하고 해당 사항이 범죄의 증명 혹은 범죄의 수사 또는 피고인의 방어에 관하여 필요가 있는 경우를 제외하고 관계자(피고인을 포함한다)에게 알려지지 않게 할 것을 요구할 수 있다. 다만 피고인에게 알려지지 않게 하는 것을 요구하는 것에 대해서는 해당 사항 중 기소장에 기재된 사항 이외의 것에 한정하도록 하였다(동법 제30조 제1항).

아홉째, 최고재판소 규칙으로의 위임을 신설하였다. 이 법률에 정하는 것 외에 관하여 필요한 사항은 최고재판소 규칙으로 정하도록 하였다(동법 제31조).

(6) 최근의 동향

최근 일본 정부는 기업의 중요한 기술 · 정보 등을 빼가는 산업스파이 행위를 방지하기 위해 비밀정보를 부정하게 입수하는 것만으로도 처벌이 가능한 '기술정보적정관리법(가칭)'을 준비하고 있다고 한다.[62)]

그동안 일본에서 산업스파이를 단속할 수 있는 근거는 부정경쟁방지법의 영업비밀침해 조항이었으나, 적용 대상이 동종업계 경쟁 기업에 중요한 정보를 유출해 공정한 경쟁에 방해가 됐다고 인정되는 경우로 한정돼 왔다. 이에 따라 일본의 경제산업성은 기업의 경쟁력을 확보하고 군사적 목적으로 전용될 수 있는 기술의 유출도 사전에 방지할 수 있도록 정보유출 자체만으로도 처벌할 수 있는 법안을 마련키로 한 것이다.

준비 중인 새 법안은 '정보절도죄' 조항을 통해 기업이 사내에서 중요한 영업기술 정보 등을 의도적으로 입수하거나 유출시키는 행위만으로도 적발, 처벌이 가능하도록 했다. 사내 전산망에서 비밀정보 접근 권한이 없는 사원이 이에 접속해 관련 정보를 보조기억장치에 복사하거나 e메일을 통해 자신의 외부 메일 등으로 보내는 행위 등의 경우에 대해서도 제3자에게 이를 전달했는지 여부와 무관하게 위법 행위로 간주하게 된다. 경제산업성이 지난 2006년에 일본 전역의 625개 제조업체를 대상으로 실시한 조사에서 35.8%가 기술 유출이 있었다고 응답한 바 있다.

경제산업성은 정보 유출이 적발될 경우 10년 이하의 징역이나 1,000만엔 이하의 벌금(법인은 3억엔 이하의 벌금)을 부과할 수 있도록 벌칙조항의 방침을 정하였으며, 특허법도 개정해, 정부가 안전 보장상 중요한 기술과 지정한 특허는 일반인의 열람을 불허하는 '비밀 특허제도'도 도입할 방침이라고 한다.[63)]

62) 요미우리신문 2008년 1월 15일자 참조.
63) 일본경제산업성홈페이지 http://www.meti.go.jp 참조.

Ⅲ. 산업스파이에 관한 판례의 동향

일본에서 영업비밀침해와 관련하여 형법규정의 적용이 문제된 사건을 유형별로 분석해 보면 다음과 같다.

1. 유체물(원본)의 탈취

이 유형은 회사소유의 기밀자료(유체물) 자체를 종업원이 회사 밖으로 가지고 나와 제3자에게 양도하는 경우라 할 수 있는데, 영업비밀이 화체된 유체물을 외부로 반출하여 문제된 사건으로는 종업원이 회사기밀문서를 빼낸 행위에 대하여 절도죄를 인정한 '대일본인쇄주식회사사건'(東京地裁 1965.6.26 판결)이 있고,[64] 이 사건에서 기밀로 되어 있는 중합촉매제와 신규제법에 관한 연구보고서 등을 철한 파일 1책을 퇴직 이후 타회사에 판매한 행위에 대하여 업무상횡령죄를 인정한 '종연화학공업사건'(大阪地裁 1967.5.31 판결),[65] 소프트웨어가 입력되어 있는 디스켓을 회사 밖으로 반출하여 다른 회사 컴퓨터에 입력한 행위에 대하여 배임죄를 인정한 '종합컴퓨터사건'(東京地裁 1985.3.6 판결[66]; 1985.3.20 판결) 등이 있다. 이들 유형의 판례는 주로 절도죄(東京地裁 1987.9.30 판결[67]; 1984.6.15 판결[68])

64) 대일본인쇄회사의 비서과에 근무하는 피고인이 동회사 총무부 비서과장이 보관하는 대구수주보고서 1288매의 전무취체역이 보관하는 동경공경채산검토보고서 3철을 빼내어 산업스파이인 기획조사업자인 B에게 교부한 사건이지만, 이들 자료는 회사내부에서 더 이상 사용되지 않았기 때문에 '재물성'이 인정되는지 여부, 또한 자료반출시 불법영득의 의사가 있었는지 여부가 쟁점이었다. 법원은 이를 적극적으로 이해하여 설령 객체가 폐기처분시까지 사내에 보관되었음에 지나지 않는다 하더라도 이를 제3자에게 교부하기 위하여 무단으로 반출한 종업원 A에게 절도죄를, 기획조사업자인 B에게 장물수수죄를 각각 선고하였다(中山研一外 編著, 經濟刑法入門 第2版, 1995, 成文堂, 152面).

65) 종연화학공업주식회사 대판공장 기술과장 대리인 피고인이 동회사의 독자적인 제법으로 기밀로 되어 있는 중합촉매제와 재직 중에 배포 받은 염화비닐의 신규제법에 관한 연구보고서 등을 철한 각종문헌파일 1책을 퇴직시에 가지고 나가 이를 타회사에 판매한 사안에서 大阪地裁는 회사의 직원이 그 신분에 기하여 그 직무로 인해 회사로부터 배포 받은 자료문헌은 특별한 사정이 없는 한 그 자의 개인 소유에 속하는 것이 아니라 회사의 소유에 속하며…, 피고인이 영득한 위 양제는 소량이고 제고원가나 구입가격이 극히 근소하지만, 그 소유자인 회사가 갖는 주관적 가치는 크다 할 것이어서 업무상횡령죄가 성립한다(經營刑事法研究會編, 企業活動と經濟犯罪, (株)民事法研究會, 1998, 90面).

66) 컴퓨터소프트웨어의 개발, 판매 등을 목적으로 하는 회사의 과장 A등은 자신들이 보관하고 있는 동회사가 개발한 object program을 무단 사용하기 위해 그 소프트웨어가 입력되어 있는 디스켓을 회사 밖으로 반출하여 나른 회사의 컴퓨터에 입력한 행위에 대하여 A등은 배임죄로 유죄판결 받았다(山本庸幸, 要說不正競爭防止法[第4版], 社團法人發明協會, 2006, 150面).

로 처벌하는 경향이 두드러진 것을 확인할 수 있다.

2. 회사 내에서 복사물 탈취

제2의 유형으로는 내부자가 기업비밀에 해당하는 정보만을 복사하여 그 복제물을 외부에 반출한 사례로, 무엇보다도 서류복사시 회사소유의 복사기 및 용지를 사용하였는지, 범인 자신의 자재를 사용하였는지 여부에 의해 구별되고, 또한 행위장소가 회사 내의 보관장소이었는지, 사외로 반출하여 복사하였는지 여부에 따라 결론이 달라진다. 예를 들면 전술한 '대일본인쇄주식회사사건'에서는 피고인이 회사소유의 기계 · 감광지를 사용하여 기밀자료를 복사한 사실이 있었는바, 법원은 이 사실을 중시하여 회사의 복사물을 절취했다고 판단하였다. 이에 대해서는 복사매체가 누구의 소유인지에 따라 결론이 좌우되는 것은 부당하다는 비판도 제기되고 있다.[69)]

한편, '경왕백화점사건'(東京地裁 1987.9.30 판결)에서는 컴퓨터 기술자로 근무하는 범인이 사내에서 회사비품인 공테이프를 사용하여 마스터테이프에서 카피본을 작성하여 이를 매각할 목적으로 반출한 사실에 대하여 법원은 회사소유물의 절도를 인정하였다. 다만, 양형에서 객체의 경제적 가치와 절취에 의한 재산적 손해의 정도를 초과하여 피고인의 배신성, 회사의 신용훼손, 고객의 프라이버시침해까지도 고려한 점이 주목된다 할 것이다.[70)] 또한 최근 회사의 영업비밀을 복사하여 외부로 유출하여 문제된 사건으로 '성남신용금고사건'을 절도죄로 인정한 판결(東京地裁 1997.12.5 판결)이 있으며, 회사기밀서류를 동일 건물에 있는 다른 회사로 가지고 나와 복사한 후, 원래 장소에 두는 경우 업무상횡령죄를 인

67) 경왕백화점에 근무하는 베테랑 컴퓨터 기술자 A가 약 2년 반에 걸쳐 회사의 고객명부가 입력된 자기테이프를 훔쳐내 사외의 리스트 판매업자에게 매각하여 총액 2,000만엔을 초과하는 부정한 이익을 얻은 사례에서 사원의 고객명부 절취행위에 대하여 절도죄를 인정하였고 테이프의 복사 및 편집, 가공한 이용행위는 절도범에 의한 불가벌적 사후행위로 보았다(山本庸幸, 要說不正競爭防止法[第4版], 社團法人發明協會, 2006, 148面).

68) 의약품 회사에 근무하는 A가 타사개발 항생물질의 제조승인신청에 관한 자료의 반출을 국립예방위생연구소의 기관 B에 의뢰하여 이를 자사에 가져와 복사한 다음 되돌려 준 사례에서 A와 B의 절취공모를 인정하여 절도죄의 공동정범을 인정하였다. 또한 범행시에 이용 후에는 당해 자료를 반환할 의사로 현실적으로 반환하였다고 하여도 불법영득의사의 존재에는 영향을 미치는 것이 아니라고 판시하였다.

69) 藤木英雄, 刑法各論, 弘文堂, 1974, 423面.

70) 中山研一外編著, 經濟刑法入門 第2版, 1995, 成文堂, 153面.

정하였다.[71)]

3. 회사 외에서의 복사물 탈취

제3의 유형으로는 다음과 같은 사건을 들 수 있다. 즉 영업비밀이 화체된 서류를 외부에서 복사한 후 반환한 경우에 절도죄를 인정한 '건설조사회사건'(東京地裁 1980.2.14 판결), 직무상 참고자료로 교부받은 기밀자료를 보관 중 경쟁회사에 매각한 사안에서 배임죄를 부정하고 업무상횡령죄로 규율한 '동양레이온사건'(新戸地裁 1981.3.27 판결[72)]), 기밀자료를 회사 밖으로 반출한 후 복사 후 원래 장소에 놓은 행위에 대하여 업무상횡령죄를 인정한 '신사원공사건'(東京高裁 1965.12.4 판결[73)]) 등이 있다.

먼저 '건설조사회사건'은 경업중인 타사로 전직하려고 한 행위자가 근무처의 기밀자료인 구독회원명부를 무단으로 사외로 반출하여 근처 복사집에서 복사한 후 원본은 본래의 보관장소에 되돌려 놓은 사건이었다. 이 사건에서는 곧 바로 반환할 의사로 일시 반출하는 행위에 불법영득의 의사를 인정할 수 있는지 여부가 쟁점이 되었다. 법원은 기재내용자체에 경제적 가치가 있는 회원명부를 경쟁회사에 양도할 수단으로서 복사할 목적으로 반출한 이상, '권리자를 배제하고 자신의 소유물처럼 그 경제적 용법에 따라 이용할 의사(불법영득의 의사)'가 있다고 인정하고, 사외로 반출한 시점에서 점유이전도 인정하여 그 후의 반납은 단순히 절도죄의 사후처분에 지니지 않는 것으로 판단하였다.[74)]

---

71) 東京地裁 昭和 60.2.13. 판결, 判例時報 No.1146, 判例時報社, 23面.

72) 동양레이온 주식회사 애지공장 제조부 기술과원으로 근무하는 피고인인 상사로부터 직무상 참고자료로 교부받은 기밀자료를 보관 중 회사 밖으로 가지고 나가 경쟁회사에 매각한 사안에서 위 자료는 회사의 소유라고 판단하여 배임죄의 성립을 부정하고 업무상횡령죄로 의율하였다. 이 사건은 피고인이 자기의 직무와는 관계가 없는 다른 직원이 보관하는 회사의 기밀서류를 위 관리직원을 기만하여 무단으로 가지고 나온 후 자기 집에서 사진 촬영하여 이를 경쟁회사에 팔아넘긴 사안에서 검사는 비밀서류를 엄격히 보관하여야 할 업무상의 임무에 위배하여 회사에 손해를 끼쳤다는 이유로 배임죄로 기소하였으나 신호지방재판소에서는 이건 기밀서류의 취득경위가 종업원으로서의 일반적 충실의무에 위반하였다고 하더라도 그와 같은 불법으로 영득한 것에 대해서까지 보관 비익하여야 할 업무상의 임무를 부담한다고 할 수 없다하여 배임죄의 성립을 부정하였다(新戸地裁 1981. 3. 27判決, 判例時報第1012号35面).

73) 동회사 기술책임자 A등은 동사가 개발한 컴퓨터시스템에 관한 기밀자료를 회사 밖으로 반출해 자신들이 설립할 새 회사에서 이용하기 위해 그것을 복사한 후 원래의 장소에 돌려놓았다. A등은 업무상횡령죄로 유죄판결 받았다.

74) 東京地裁 1980. 2. 14判決, 刑裁月報第12卷第1・2号47面.

또한 '신약산업스파이사건'에서도 제약회사에 근무하는 피고인이 국립예방위생연구소에 보관되어 있는 타사의 신약제조승인신청용자료를 입수하기 위하여 동연구소의 기관으로 하여금 그 상사로부터 무단으로 당해자료를 반출시켜 이를 복사한 후 본래의 장소에 돌려놓은 사안이다. 재판에서는 절도죄의 성립을 인정하였다. 변호인은 자료의 '재물성'과 불법영득의사를 부정하였지만 주장이 모두 배척되었다.[75] 그리고 '신석철공소사건'도 종업원이 장차 설립될 신회사에서 사용할 목적으로 업무상 보관중인 기밀자료를 사정을 알지 못하는 다른 사원으로 하여금 반출하게 하고, 또한 자신이 일시적으로 반출하여 복사했다는 사안으로, 법원은 객체의 경제적 가치 및 불법영득의사를 긍정하였다.[76]

결국 이상의 판결들은 정보가 화체된 물건의 '재물성'은 정보와 매체를 종합적으로 평가하여야 한다는 입장이라 할 수 있다. 다만 그 경제적 가치가 내용인 정보의 가치보다 낮은 이상 당해 물품의 독점적 · 배타적인 이용에 의해서만 가치가 유지되기 때문에 소유자의 허가없이 복사하여 그 정보를 획득하는 행위는 원매체를 자신의 소유물화하는 것과 동일한 것으로, 그러한 의미에서 복사할 목적으로 일시 반출하는 것은 자료원본을 자신의 소유물처럼 그 경제적 용법에 따라 이용 또는 처분할 의사가 있었다고 할 수 있다.[77]

4. 정보 탈취

제4의 유형으로는 배임죄의 성립을 인정한 사례도 있다. 즉 컴퓨터 프로그램의 무단입력을 배임죄에 해당한다고 판시한 '종합컴퓨터사건'[78]이 그것이다. 이 사건에서는 신문 판매점의 업무 효율화를 위해 독자적으로 개발한 오브젝트프로그램을 사용하여 자신이 보관 · 관리하고 있던 플로피 씨디를 이용하여 회사의 업무 외에 컴퓨터에 입력하였다. 법원은 자신의 이익을 꾀할 목적으로 회사에 재산상의 손해를 끼쳤다고 판시하였다. 즉 영업상의 비밀인 프로그램의 무단입력이 배임죄에 해당한다고 판단한 것이다. 이 사건은 기업비밀침해사례에 대하여

75) 東京地裁 1984. 6. 15判決, 判例タイムズ第533号255面.
76) 東京地裁 1985. 2. 13判決, 判例時報第1146号23面.
77) 中山研一外編著, 經濟刑法入門 第2版, 1995, 成文堂, 153面.
78) 東京地裁 1985. 3. 6判決, 判例時報第1147号162面.

처음으로 배임죄의 성립을 인정한 판결이지만, 배임죄의 적용영역을 부당하게 확장하였다는 비판이 제기되고 있다.[79][80]

한편, 종업원인 프로그래머가 그 직무상 지위를 이용하여 회사의 기밀을 구두로 누설한 경우 배임죄를 적용할 수 있는지 여부도 문제가 될 수 있지만 사무처리자의 지위, 행위의 임무위배성 및 재산적 손해의 요건에 관한 인정은 어려울 것이다. 또한 외부자인 제3자가 피해회사의 종업원으로부터 위법하게 비밀을 입수한 경우 재산죄의 공범 또는 장물죄에 해당할 수 있지만, 예컨대 통신회선을 경유하여 외부에서 직접 비밀정보에 접속하여 이를 부정하게 이용하는 경우 등은 일본의 형법전으로 처벌하는 것은 불가능하다. 따라서 이러한 경우에는 업무상 비밀을 처벌하는 각종 특별형법에 의하여 영업비밀이 간접적으로 보호되고 있으므로 국가공무원법(제100조 제1항, 제109조 제12호), 유선전기통신법(제9조, 제14조), 부정엑세스행위의금지등에관한법률(제3조, 제8조), 특허법(제200조), 공인회계사법(제27조, 제52조) 등이 적용될 것이다.

5. 그 밖의 유형

그 밖에도 최근 산업스파이사건으로서 영업비밀을 반출한 사건에 대하여 횡령죄를 적용한 판례도 있다. 즉 소프트웨어개발을 하청받은 회사 과장이 은행용으로 개발중인 채권상환안내 등의 프로그램에 관하여 업무상 보관중인 항목설명서 등의 자료를 외부에서 복제하여 매각할 목적으로 반출한 사안에 대하여 법원은 업무상횡령죄를 선고하였다.[81]

---

79) 中山研一外編著, 經濟刑法入門 第2版, 1995, 成文堂, 155面.

80) 이 사건은 배임죄의 성립범위를 부당하게 확장했다는 비판과 함께 동양레이온 사건에서는 범인이 배임죄로 기소당했음에도 불구하고 사무처리의 범위를 일탈한 행위이기 때문에 권한의 남용에 의거한 임무위배성이 부정되었다. 그런데 종합컴퓨터 사건에서는 침해의 대상이 된 기업비밀이 전적으로 사내에서 관리해야 마땅한 내부 기록이었던 것에 대하여 제3자에게 양도할 것을 예정한 재산적 정보로 분류하였다. 이처럼 객체의 기능적 차이에 의거하여 후자의 경우 범인에게는 객체된 데이터를 보호 · 사용할 권한이 있었기 때문에 실질적인 누설행위를 임무배임으로서 파악할 수 있었을 것이다(佐久間 修, 最先端法領域の刑事規制, 有斐閣, 1998, 205面).

81) 東京地裁 1998. 7. 7判决, 判例時報第1683号160面. 山本庸幸, 要說不正競爭防止法[第4版], 社團法人發明協會, 2006, 149面.

Ⅳ. 산업스파이에 대한 정부기관의 대응

일본에서는 내각 및 경제산업성 산하에 다음과 같은 위원회 등 정부기관간 협조체계를 구축하여 국가적 차원에서 영업비밀의 보호강화책 수립에 만전을 기하고 있으며, 전담청인 경찰청의 단속 아래 검거건수, 검거인원 및 검거범인 수도 해마다 증가하고 있다.[82)]

1. 지적재산전략회의

일본은 국가산업의 국제경쟁력을 강화하고, 경제를 활성화하기 위해서는 연구활동이나 창조활동의 성과를 지적 재산으로서 전략적으로 보호 · 활용하는 것이 중요하다는 인식아래, 일본의 지적재산전략을 시급히 수립하고, 그 추진을 꾀하기 위해 내각산하에 '지적재산전략회의'를 구성하여 국가적 전략으로서 영업비밀의 보호에 대처하고 있다.

2002년 2월 25일 출범한 지적재산전략회의는 내각총리대신을 위시로 내각관방장관, 경제재정정책담당 · 정보통신기술(IT)담당대신, 과학기술정책담당대신, 총무대신, 법무대신, 외무대신, 재무대신, 문부과학대신, 후생노동대신, 농림수산대신, 경제산업대신 및 총리가 임명한 11명의 학계 · 재계 전문가들로 구성되어, 2003년 1월 16일 제8회 회의까지 활동하였다.

영업비밀보호와 관련된 지적재산전략회의의 주된 활동을 살펴보면, 2002년 7월 3일 제5회 회의에서 지적재산전략회의 결정으로 "지적재산전략대강"을 공표하였다. 영업비밀보호에 대해서 지적재산전략대강은 '제3장 구체적 행동계획 2. 지적재산의 보호강화 (6) 영업비밀의 보호강화'라는 제목 아래, "일본의 기업활동에서 영업비밀의 중요성이 한층 고양되고 있는 가운데 기업의 영업비밀이 국내외의 경합회사에 유출되는 사례가 증가하여 기업의 경쟁력이 손상되고 있다. 이를 방지하기 위하여 영업비밀의 부정취득 등에 대한 민사상의 구제조치를 강

82) 일본경찰청의 자료에 의하면, 부정경쟁방지법상 영업비밀침해범은 '지적재산권침해사범'으로 분류하고 있는데, 2007년의 검거상황은 16사건 43인이었다: 일본경찰청홈페이지 http://www.npa.go.jp 참조.

화하고 벌칙의 도입을 통해 인재의 유동화에 대한 억지효과 등을 검토하여 2003년 정기국회에 부정경쟁방지법개정안을 제출할 필요가 있다. 또한 일본에서는 재판공개원칙이 강력히 작용하여 재판과정에서 영업비밀이 공개됨으로써 권리자의 불이익이 발생할 수 있기 때문에 현실적으로 영업비밀에 관한 소송이 적지 않게 발생하고 있다. 재판의 공개는 헌법상의 요청이긴 하지만 이러한 문제를 등한시하는 경우 재판과정에서 영업비밀이 적절하게 보호될 수 없을 것이다. 산업계에서 영업비밀에 대한 중요성이 강조되고 있는 현실에서 구미 제국에 비하여 일본의 영업비밀보호의 수준이 극단적으로 저하되지 않도록 필요한 대책을 강구하여야 할 것"이라고 하면서 구체적으로는 "부정경쟁방지법개정에 의한 민사·형사 양면에 걸친 영업비밀의 보호강화에 대하여 인재유동화에 대한 억지효과 등, 이에 수반될 수 있는 문제점을 감안하여 2003년 정기국회에 개정법안을 제출한다"고 하여 영업비밀의 보호강화책을 강구하였다.

또한 2002년 10월 16일 제7회 회의에서는 영업비밀보호를 포함한 지적재산보호의 국가적 전략을 효율적이고 구체적으로 추진하기 위한 "지적재산기본법안"을 성안하고 2002년 12월 4일 법률 제122호로 공포되어 2003년 3월 1일자로 시행되었다. 지적재산전략회의는 지적재산기본법의 시행과 더불어 그 활동을 종료하고 영업비밀보호 등 지적재산의 보호강화를 위하여 확대된 새로운 기구인 '지적재산전략본부'가 내각산하에 설치되었다.

2. 지적재산전략본부

'지적재산전략회의'의 활동을 계승한 '지적재산전략본부'는 2003년 3월 1일자로 내각산하에 설치되어 2008년 4월 1일까지 19회에 걸쳐 활동을 지속하고 있다.

지적재산전략본부는 '지적재산기본법(2002년 법률 제122호)', '지적재산전략본부령(2003년 정령 제45호)'을 근거로 설치된 기구로서, '지적재산기본법' 제24조(설치)는 "지적재산의 창조, 보호 및 활용에 관한 시책을 집중적이고 계획적으로 추진하기 위하여 내각에 지적재산전략본부를 설치한다"고 규정하고 있으며, 지적재산기본법 제23조의 위임에 따라 제정된 '지적재산전략본부령'은 국무위원 이

외의 본부원의 정수 등을 규정하고 있다. 2008년 4월 1일 당시 지적재산전략본부의 구성원(지적재산기본법 제27조 내지 제29조, 지적재산전략본부령 제1조)은 본부장인 내각총리대신을 위시로 부본부장인 내각관방장관, 내각부특명담당대신(오키나와 및 북방대책, 과학기술정책, 국민생활, 규제개혁), 문부과학대신, 경제산업대신 및 본부장, 부본부장 이외의 모든 국무대신을 본부원으로 하여 구성하고, 동법 제29조 제2항 및 동령 제1조에 따라 내각총리대신이 임명하는 학 · 재계 전문가 10인으로 구성되어 있다.

지적재산기본법 제23조에 의하면, 지적재산전략본부의 주된 임무는 지적재산의 창조, 보호 및 활용에 관한 추진계획을 매년 작성하는 것이며, 추진계획에는 지적재산의 창조, 보호 및 활용을 위하여 정부가 집중적이고 계획적으로 실시하여야 할 시책에 관한 기본적인 방침, 지적재산의 창조, 보호 및 활용에 관하여 정부가 집중적이고 계획적으로 강구하여야 할 시책, 지적재산에 관한 교육의 진흥 및 인재의 확보 등에 관하여 정부가 집중적이고 계획적으로 강구하여야 할 시책 등이 포함되어야 한다. 특히 영업비밀의 보호강화와 관련하여서는 2004년 5월 27일 결정된 "지적재산추진계획2004"에서 '노하우 등이 기술자 등을 통하여 해외로 유출되는 것을 방지하기 위하여 해외에 영업비밀 등을 누설하는 행위에 대하여 2004년도에 피해실태를 조사 · 분석하여 필요한 대책을 강화한다'라는 요청에 입각하여 2005년 부정경쟁방지법 개정안에 해외에서의 영업비밀 부정사용 · 개시죄가 추가되었다. 또한 2007년 5월 31일 결정된 "지적재산추진계획2007"에서는 영업비밀의 보호강화를 위하여 ① 전략적인 노하우관리를 위한 환경을 정비하고, ② 노하우 등의 의도하지 않은 유출을 방지하기 위한 시책을 강구하고 있다. 즉 2007년도에 계속하여 부정경쟁방지법이나 영업비밀관리지침 등의 주지 · 보급 등을 통하여 기업에 적절한 영업비밀관리를 촉구하며, 이를 위해 영업비밀관리지침의 개정이나 필요한 법제도를 정비하는 등 지속적으로 영업비밀의 보호강화를 위한 시책을 강구하고 있다.

3. 경제산업성 부정경쟁방지소위원회

경제산업성산하 부정경쟁방지소위원회는 글로벌화한 경쟁환경에 대응한 영업비밀의 보호강화와 관련된 부정경쟁방지법의 개정,[83] 영업비밀관리지침, 기술유출방지지침 등을 실질적으로 제 · 개정 등 관장하는 위원회로 2002년 6월 26일부터 2005년 10월 11일까지 활동하였으며, 이후로는 경제산업성산하 지적재산정책부회에서 2008년 4월 1일 현재까지 영업비밀보호강화를 위한 기능을 담당하며, 내각산하 지적재산전략본부의 시책작성에 관여하고 있다.[84]

이상과 같이 일본에서는 영업비밀의 보호강화를 위하여 국가적 차원에서의 시책 등을 강구하는 등 내각차원에서 필요한 법제도 등의 정비, 지침 등의 제 · 개정 등을 통하여 영업비밀의 보호강화를 위하여 만전을 기하고 있으며, 경찰청 생활안전대책본부에서 그 단속에 만전을 기하는 등 국가적 차원에서 정부기관간의 협조체계를 공고히 하여 대처하고 있다.

V. 시사점

이상에서 고찰한 일본의 부정경쟁방지법상 영업비밀보호와 관련된 민사적, 형사적 보호규정은 입법론적으로 시사하는 바가 대단히 크다. 예컨대, 영업비밀 침해에 대한 손해배상청구시에는 법원의 요구로 준비서면 내지 증거 등을 제출할 필요가 있는데 이러한 준비서면과 증거 등에 영업비밀이 포함되어 있는 경우에는 소송과정에서 영업비밀이 공개될 우려가 있기 때문에 제출이 곤란할 것이다. 이러한 경우 소송에 있어서 영업비밀을 보호하기 위하여 일본은 지난 2004년 부정경쟁방지법의 개정을 통하여 소송당사자 등의 비밀유지의무, 소송당사자와 대리인만이 열람가능한 무인카메라 심리, 재판의 공개정지 등을 신설한 일련의 구제수단을 시행하고 있는 바, 소송과정에서 영업비밀의 공개우려를 불식시키기 위해서도 이들 제도의 도입을 심도있게 고려할 필요가 있다. 또한 퇴직자에 대해서는 경업제한 약정시 자유로운 계약에 따라 퇴직금액의 일정액을 비밀유지 보

83) 일본경제산업성 홈페이지: http://www.meti.go.jp 참조.
84) 일본경제산업성 홈페이지: http://www.meti.go.jp 참조.

상금 차원에서 지급하도록 명문화하는 것도 영업비밀 침해분쟁을 예방할 수 있는 방법일 것이다.

한편으로는 영업비밀이 형사재판과정에서 만천하에 공개되는 것을 방지하기 위하여, 재판의 공개 등과 같은 소송절차상의 문제들도 재검토되어야 한다. 헌법 제109조는 "재판의 심리와 판결은 공개한다"고 규정하고, "다만, 심리는 국가의 안전보장 또는 안녕질서를 방해하거나 선량한 풍속을 해할 염려가 있을 때에는 법원의 결정으로 공개하지 아니할 수 있다"고 한다(헌법 제109조 단서). 법원조직법 제57조도 기본적으로 이와 동일하게 규정하고 있다. 이러한 재판공개의 규정에 위배하는 것은 형사소송에서 항소이유에 해당한다(형사소송법 제361조의 5 제9호 참조). 이러한 재판공개규정으로 인하여, 소송절차에서 영업비밀이 제3자는 물론, 공공연히 공중에 대하여도 공개될 우려가 존재하고 있다. 영업비밀의 속성상 일단 공개되면, 영업비밀로서의 자격을 상실하게 되고 그로 인하여 단 한 번의 형사소송으로 인하여 당해 영업비밀은 이후 부정경쟁방지법상의 보호대상에서 제외될 위험에 빠지게 된다. 영업비밀의 보호가 헌법 제109조 단서, 법원조직법 제57조가 심리공개의 예외로 인정하고 있는 국가의 안전보장, 안녕질서, 선량한 풍속에 해당된다고 보기는 곤란하다.[85]

따라서 영업비밀에 관련된 재판을 함에 있어서는 일본의 부정경쟁방지법처럼 재판을 비공개로 할 수 있는 절차, 요건을 명확히 규정하는 것이 요구된다 할 것이다.[86] 성폭력범죄의처벌및피해자보호등에관한법률 제22조 제1항이 "성폭력범죄에 대한 심리는 그 피해자의 사생활을 보호하기 위하여 결정으로 이를 공개하지 아니할 수 있다"고 규정하고 있는 것과 유사한 규정이 부정경쟁방지법에도 필요하다고 할 것이다.

또한 일본의 부정경쟁방지법에서는 소송의 심리보다는 소송의 기록에 의해 영업비밀이 외부에 유출될 위험성이 더 높다는 점을 인식하여 소송기록의 열람을 제한해야 한다는 논의가 있었고, 그 동안의 논의를 수용하여 2002년 개정 민사소송법[87]에서는 영업비밀보호를 위한 열람제한 규정을 신설하였다. 즉 소송기

85) 곽경직, 영업비밀의 침해와 구제 및 소송상의 제문제, 인권과정의, 1997.6, 59면 이하 참조.
86) 곽경직, 위의 논문, 59면 이하 참조.

록 중에 당사자의 영업비밀이 있는 때에는 법원은 당사자의 신청에 따라 결정으로 소송기록 중 비밀이 적혀 있는 부분의 열람 · 복사와 재판서 · 조서 중 비밀이 적혀 있는 부분의 정본 · 등본 · 초본의 교부를 당사자에게만 한정하여 할 수 있게 한 것이다. 그러나 민사소송법의 규정은 당사자 이외의 자에 대하여 열람 등을 제한하는 것으로, 당사자로부터 위임을 받아 당사자로서 열람 등을 청구하는 자에 대하여 제한하는 규정은 아니다. 그러나 이러한 상태로는 의미가 없기 때문에 일본의 부정경쟁방지법 제12조의 규정처럼 비밀유지명령의 신청자에 대해서 법원서기관이 통지하고 이로써 비밀유지명령을 신청할 수 있는 기회를 부여하는 제도를 신설할 필요가 있다.

87) 2002. 1. 26. 공포, 법률 제6626호, 2002. 7. 1. 시행.

제4절 중 국

Ⅰ. 개 관

중국은 첨단 산업기술 보유기업의 인수 및 합병을 통해 자국의 경제 성장에 필요한 핵심기술을 확보하면서 인터넷상의 검열을 통해 첨단기술과 국가기밀 누설에 대해 최고 사형까지 처할 수 있게 하고 있다.

서방과의 기술격차를 줄이기 위한 노력인 1986년 '863계획', 97년 '973계획' 등을 통해서 알 수 있듯이 국가적으로 외국의 산업기술은 적극 수용하면서, 국내 산업기술의 보호를 위해서는 정보기관을 통하여 외국 정보기관이 산업기술획득을 위해 중국인을 포섭하거나 해외 공관을 도청하는 것을 철저히 차단하는 등 자국 내 산업기술은 강력한 처벌규정을 통해 보호하는 체계를 갖추고 있다. 이러한 엄격한 법률적 규제조치와 함께 사회주의 정치체제라는 통제시스템을 통하여 국가가 지정한 제한 또는 금지대상 기술이 해외에 유출될 가능성을 원천 봉쇄하고 있다.

중국은 주요 산업기술의 해외유출을 예방하기 위해 중국반부당경쟁법으로 전반적인 불공정 경영활동을 방지하고 이와 동시에 중국대외무역법과 중국기술수출입관리조례를 제정 · 시행하고 있다. 그리고 국가안전법(1993년)에 따라 산업기밀 누설을 국가안전을 위해(危害)하는 행위로 간주하여 관계자 전원을 중형으로 처벌하고 기술수출입관리조례(2002년)를 통해서는 수출대상 기술을 수출자유, 제한기술, 금지기술로 구분하여 엄격하게 관리한다. 또한 인터넷관련기밀보호법(2000년)에 따라 인터넷을 통한 첨단기술 및 국가기밀 유출 역시 방지하고 있다.[88)]

88) 산업기밀보호센터, 첨단 산업기술 보호동향, 2006 참조.

중국에서의 영업비밀 규정은 '중화인민공화국반부정당경쟁법(이하 '부정경쟁방지법'이라 한다)'에 영업비밀의 정의, 침해유형, 민사책임에 대하여 비교적 간단하게 규정되어 있고, 행정법규로는 영업비밀침해행위에관한규정(關于禁止侵犯商業秘密行爲的若干規定, 이하 '영업비밀규정'이라 함)이 있으며, 형법 제219조는 영업비밀침해죄를 규정하고 있다. 그리고, 이외에도 영업비밀 관련 법률로서 민법통칙, 계약법,[89] 회사법,[90] 노동법[91] 등이 있다.

중국에서도 영업비밀이라 함은 "공중이 모르고(不爲公衆所知悉), 권리자에게 경제이익을 가져다 주며(能爲權利人帶來經濟利益), 실용성을 구비하고(具有實用性), 그 권리자가 비밀조치를 취한(經權利人采取保密措施) 기술정보와 경영정보를 말한다(법 제10조 제4항)"고 규정하고 있다.

Ⅱ. 부정경쟁방지법에 의한 영업비밀의 보호

중국에서의 기술유출에 관한 보호는 부정경쟁방지법에 의하여 주로 이루어지고 있다. 동법은 1993년 9월 2일 제정되어 동년 12월부터 시행되고 있다. 동법은 사회주의 시장경제의 건전한 발전과 공평한 경쟁을 보호하고, 부정경쟁행위를 제지하고 경영자와 소비자의 합법적 권익을 보호하기 위하여 제정되었다. 동법 제10조에서는 영업비밀을 부정경쟁행위의 한 유형으로 보호하고 있다. 동법에서 영업비밀이란 "공중이 알지 못하며, 권리자에게 경제적 이익을 가져다 줄 수 있고 실용성을 가지며 비밀보호조치를 취한 기술정보와 경영정보"를 말한다.

동법 제10조는 절도, 기망, 협박 기타 부정한 수단으로 권리자의 영업비밀을 취득하는 행위, 전술한 수단으로써 권리자의 영업비밀을 취득하여 폭로하거나

89) 중국은 1999년 3월 기존에 제정 · 시행중이던 기술계약법(技術合同法), 경제계약법(經濟合同法), 섭외경제계약법(涉外經濟合同法)을 통합하여 새로운 계약법을 제정하여 시행하고 있으며, 중국에서의 전형계약인 모든 계약관계(총 23종의 계약)를 규정하고 있어 민법통칙을 보완해주고 있다.

90) 1993년 12월 제정되고 1999년 12월 개정된 회사법 제62조, 제123조, 제128조에는 이사(董事), 감사(監事), 경영관리자(經理)는 법률의 규정 또는 주주총회의 동의에 의하지 아니하고는 회사의 비밀을 누설해서는 안되고, 비밀누설로 인하여 회사에 손해를 입혔을 경우 배상책임이 있다고 규정하고 있다.

91) 1995년 1월부터 시행하고 있는 노동법 제22조 및 제102조에는 노동계약 당사자는 노동계약중 사용자의 영업비밀 관련사항에 대하여 비밀유지의무를 규정할 수 있고, 노동자가 계약사항을 위반하여 사용자에게 경제적 손실을 입혔을 경우 배상책임이 있다고 규정하고 있다.

타인이 사용하게 하는 행위를 영업비밀의 침해행위로 규정하고 있다.

민사적 구제로서 경영자는 동법 위반으로 인하여 손해를 끼친 경영자에 대한 손해배상책임이 있는데, 손해액을 계산하기 어려운 경우, 침해자가 침해기간 동안 침해행위로 인하여 얻은 소득의 이윤을 배상액으로 하고 침해받은 경영자가 침해행위를 조사하기 위하여 지출한 합리적 비용도 배상해야 한다(부정경쟁방지법 제20조).

행정적 구제로서는 동법 제10조 규정을 위반하여 영업비밀을 침해한 경우, 감독기관은 위법행위 중지명령을 해야 하고(침해행위 중지명령), 사정에 따라 1만 위엔 이상 20만 위엔 이하의 벌금에 처할 수 있다(동법 제25조).

형사적 구제로서는 영업비밀 침해행위 유형에 해당하는 행위로 영업비밀권리자에게 중대한 손실을 초래한 경우 그 침해자는 3년 이하의 징역이나 구금을 벌금과 병과하거나 혹은 벌금에 처한다(동법 제219조). 이 경우 중대한 손실이란 중국최고인민검찰원과 공안부가 2001년 4월 반포한 "경제범죄 사건기소표준에 관한 규정"에 의하면, 영업비밀 권리자에게 50만 위엔 이상의 직접 경제손실을 초래한 경우 권리자에게 파산을 초래하거나 기타 중대한 결과를 초래한 경우를 말한다고 규정되어 있다.

한편, 여러 나라로부터 조직적인 산업스파이행위를 주도하고 있다는 혐의를 받아온 중국 정부는 스스로는 철저한 감시와 사전검열 통해 산업스파이를 뿌리 뽑으려고 하고 있다. 중국은 산업기밀 누설 행위를 국가 안전의 중대한 위협으로 간주하고 지난 1993년 제정된 '국가안전법'을 통해 산업스파이 범죄자를 중형에 처하고 있다. 국가안전부에서는 외국 정보기관의 중국인 포섭 차단, 해외공관의 도청차단, 해킹방지 업무를 수행하고 있다. 해외공사관에는 산업스파이 행위를 방지하는 전담 요원인 '보위소조(保衛小組)'를 파견해 주재국이 공관원으로부터 산업보안과 관련된 정보수집을 하지 못하도록 하고 있다.

지난 2000년엔 '인터넷관련기밀보호법'을 제정해 인터넷상에 게재되는 정보를 사전 검열해 첨단기술이나 국가기밀의 유출이 적발될 경우 역시 중형에 처하고 있다. 또한 외국 통신사들의 경제정보 수집을 방지하기 위해 경제정보 서비스를 할 경우 국영 통신사인 신화통신사(新華通信社)의 인가를 의무화하고 있다. 경제정보 유통과정을 감독하는 '경제정보화 지도소조'도 운영하고 있다.

Ⅲ. 영업비밀 침해에 관련 판례의 동향

중국의 영업비밀 침해행위의 판례를 보면, 대부분 종업원에 의한 영업비밀 침해행위이다. 따라서, 종업원 관련 영업비밀 보호문제는 노동계약상 명기하거나 비밀유지 조치(규정제정 또는 비밀유지요구 등)를 취하면 해결될 수 있으나, 종업원에 대한 경업금지 행위에 대해서는 주의를 해야 할 것으로 판단된다. 이와 관련한 판례 두 개를 소개하면 먼저 영업비밀 침해와 관련된 판례[92]로서,

판매업무담당 종업원이 입사시 회사의 영업비밀 유지의무를 부담하고, 이직 후 3년이내 당해 회사의 상품과 관련된 업무에 종사할 수 없다는 노동계약을 체결 · 근무하고, 계약기간 만료 후, 근무 기간중 취득한 외국인 거래처와 전 근무처의 제품판매 가격 등을 이용하여, 중국의 동종업체와 외국대리점을 연계시키는 대리점을 개설한 사건에 대하여, 강소성(江蘇省)중급인민법원은 부정경쟁방지법 제2조, 제10조, 제20조와 민법통칙 제67조(대리인이 알고 있는 피대리인의 정보이용금지)를 적용하여, 당해 종업원과 이직 후 근무하던 업체에 대하여 손해배상과 3년간의 경업금지 판결을 하였다.[93]

또 다른 판결은 종업원이 사용자와의 노동계약으로 고용기간 동안과 퇴직 후 6개월 이내에는 경쟁업체에 근무하지 않는다는 계약을 체결하고, 사용자는 경업금지에 대한 보상으로 일정금액(400원)을 매월 봉급에 지급하였으나, 종업원이 퇴직 후 경쟁업체에 취업하자 원 사용자가 경업금지 계약위반으로 경업행위 금지와 위약금을 청구한 사건에 대하여[94] 법원은 사용자가 피고 종업원에게 실제로 경업금지 보상금을 지급했는지 여부와, 피고가 경업금지 기간중 실제로 경쟁업체에 근무했는지 여부를 판단했으나, 이 두 가지에 대한 원고의 증거가 충분하

92) 最高人民法院中國應用法學硏究所編, 前揭書, p.647-p.651.

93) 본 사건 판결에 대하여 피고들은 江蘇省最高人民法院에 상소를 하였으나, 손해배상액만 경감되었을 뿐, 경업금지 판결에 대해서는 원 판결이 유지되었다.

94) 이 사건에서 피고(종업원)는 원고의 청구에 대하여, 원고와 체결한 노동계약은 원고의 강제하에 체결한 계약으로 무효이고, 경업금지 보상금을 지급받지 못했으며, 더구나 경쟁업체에 근무한 사실이 없다고 주장하였다.

지 않다고 판단하여[95] 상해시제2중급인민법원은 원고의 청구를 기각시켰다.

이 판결에 대한 평석을 보면, 종업원과 사용자 간의 경업금지 약속이 유효한지 여부의 고려 사항으로 ① 경업금지의 주체가 합당한지 여부, 즉 경업금지의 주체는 고급관리직,[96] 기술직 혹은 회사의 영업비밀을 알고 있는 직원이어야 하고, ② 경업금지의 기간이 합리적인지 여부, 일반적으로 2-3년을 초과할 수 없다. ③ 경업금지의 지역 및 직업의 종류가 합리적인지 여부, 이에 대한 범위는 원 사용자와 경쟁관계를 일으키는 지역 또는 직업의 종류이어서는 안 된다. ④ 경업금지 보상금이 합리적인지 여부, 즉 사용자는 당해 종업원에게 적당한 경업금지 보상금을 지불해야 하고, 비록 보상금에 관한 계약이 없더라도 사용자가 종업원에게 지급한 봉급 중, 명확하게 경업금지 보상의 부분이 있어야 한다. ⑤ 경업금지의 계약위반 책임에 대하여 종업원에게 위반책임을 가중해서 안 되고, 사용자의 합법적 권익의 범위를 초과해서는 안 된다[97]고 서술하고 있다.

따라서, 영업비밀과 관련한 종업원의 경업금지 의무는 사용자와 종업원 사이의 계약에 의하여 발생하고 있으며, 당해 종업원에 대한 경업금지 보상금의 지급 여부는 경업금지 의무 효력발생 여부와 밀접한 관계가 있는 것으로 판단되고 있다.[98]

---

95) 원고는 경업금지 노동계약서, 경업금지 보상금 지급에 관한 봉급지출 및 협의서등을 제출했으나, 피고가 경쟁업체에 취직했다는 증거를 제출하지 못하고 사실만 주장하였다.

96) 이사, 감사, 경영관리자 등은 회사법 제62조 규정에 의하여 당연히 경업금지의무를 부담한다.

97) 濟奇 외 2人, 前揭書, p.225.

98) 孔祥俊, 前揭書, p.207; 張玉瑞, 前揭書, p.438-p.439; 北京市第一中級人民法院知識産權庭編, 前揭書, p.378.

제5절 소 결

이상에서 살펴본 내용 중에서 각국의 산업기술 보호체계(기관, 법률)와 주요내용을 요약하면, 다음과 같다.

주요 국가별 산업기밀 보호체계[99)]

국 가		관련 제도	주요 내용
미 국	기 관	FBI, CIA	국내외 산업스파이 색출
		국가방첩센터	대미 산업첩보수집활동 실태 보고
		산업보안협회	세계 최대의 보안협회로 22개국 204개 지부에 33,000명의 회원 보유 – 산업보안관련 교육, 전문인력 양성, 정보제공 등
		국가보안국	정보통신 보안위해 설치된 국방부 소속 정보기관 – 미국의 정보시스템 방어와 해외 첩보활동 감독
	법 률	경제스파이법	영업비밀 국외유출자에 대한 처벌
		수출관리법	미국의 안보와 위협할 수 있는 기업체 인수 방지
		종합무역법	국가안보를 위협할 수 있는 기업체 인수 방지
일 본	기 관	관민합동위원회	전자재료분야의 기술유출 방지(경제산업성)
		지적재산전략본부	관계부처 시책들을 조정하고 지식재산 추진계획 수립을 위해 총리실에 설치
	법 률	부정경쟁방지법	산업스파이에 대한 형사처벌
		지적재산기본법	기업소유의 지적재산 보호
중 국	기 관	중국국가안전부	자국 산업기밀 보호 · 선진산업정보 취득 지원
	법 률	국가안전법	산업기밀유출에 대한 관계자 처벌
		부정경쟁방지법	중국내 지식재산권 침해 방지
		인터넷기밀보호법	인터넷을 통한 첨단기술 유출방지

99) 중소기업청, 산업기밀 보호 가이드북, 2006. 12, 30면 참조.

국 가		관련 제도	주요 내용
독 일	기 관	연방산업보안협회	독일산업연맹 등 경제단체 등으로 구성, 산업보안 관련 연방정부와 의견 교류
		연방헌법보호청	자국내에서 활동하는 외국의 산업스파이감시 및 산업기술 보호활동 전개
		연방정보부	연방경찰과 함께 자국내 산업스파이 색출
	법 률	부정경쟁방지법	자국의 영업비밀 보호

다음으로, 미국, 독일, 일본, 중국 및 우리나라의 영업비밀 관련법의 주요 내용을 도식화하면 아래와 같은데, 이들 법률에서 특징은 영업비밀 보호를 부정경쟁방지라는 차원에서 출발하고 있고 각각 손해배상책임과 형사벌을 두어 강한 보호를 하고 있다. 특히, 최근 들어 산업기술 형태의 영업비밀을 외국으로 유출하는 스파이행위에 대하여는 보다 강한 처벌의지를 보여주고 있다.

◈ 주요국의 영업비밀보호법 비교

구 분		한 국 (영업비밀보호법)	미 국 (경제스파이법)	중 국 (부정경쟁방지법)	일 본 (부정경쟁방지법)	독 일 (부정경쟁방지법)
범죄구성요소	신분범	누구든지 (비신분범)	비신분범	신분범	비신분범	비신분범
	목적범	부정이익 또는 기업손해 목적 (목적범)	외국이익 인지 또는 의도 (목적범)	-	부정이익 또는 기업손해 목적 (목적범)	경업목적, 자기사용, 제3자 이익공여 또는 가해(목적범)
	보호대상	기업의 영업비밀 (Know-how 포함)	기술 또는 영업상 모든 정보 (Know-how 포함)	기술상 · 경영상의 정보	기술 또는 영업상 정보	사업활동에 유용한 기술 또는 영업상의 정보 (Know-how 포함)
소추요건		비친고죄	비친고죄	비친고죄	비친고죄	친고죄 원칙, 공공이익 필요시 비친고죄
가중 처벌		외국관련	외국관련	-	-	외국관련

구분	한 국 (영업비밀보호법)	미 국 (경제스파이법)	중 국 (부정경쟁방지법)	일 본 (부정경쟁방지법)	독 일 (부정경쟁방지법)
미수·예비·음모 양벌 규정	– 미수 · 예비 · 음모 처벌 – 양벌규정 적용	미수 · 음모 처벌 조직범죄 처벌	–	양벌규정	미수 · 교사 · 승낙 처벌
형 벌	• 국외유출: 10년 이하의 징역 또는 재산상 이득액의 2배이상 10배 이하의 벌금 • 국내유출: 5년 이하의 징역 또는 재산상 이득액 2배 이하의 벌금	• 경제간첩죄(국외) – 개인: 15년 이하 징역 또는 50만불 – 법인: 1천만불 이하 벌금 • 영업비밀 절도죄(국내) – 개인: 10년 이하 징역 또는 50만불 – 법인: 500만불 이하 벌금	• 영업비밀 침해시 감독 조사기관의 위법행위 정지명령 가능 • 1만위엔–20만위엔 벌금 부과	• 개인: 10년이하의 징역 또는 1000만엔 이하 벌금 • 법인: 13억엔 이하 벌금	• 3년 이하의 징역 또는 벌금 • 외국관련 5년, 교사 등 2년

제4장
영업비밀보호법에 의한 산업기술의 보호

제1절 영업비밀보호법의 연혁

제2절 영업비밀의 개념과 보호

제3절 영업비밀 침해에 대한 청구 근거

제4절 영업비밀의 보호요건과 보호기간

제5절 영업비밀의 취득과 양도 등

제6절 산업기술의 침해행위와 법적 대응

제7절 영업비밀보호법 관련 판례 분석

제8절 향후 입법과제

제1절 영업비밀보호법의 연혁

Ⅰ. 제정이유 및 주요 내용

우리나라의 부정경쟁방지 및 영업비밀 보호에 관한 법률은 1961년에 제정되었는데, 당시에 그 제정이유로 '부정한 수단에 의한 상업상의 경쟁을 방지하여 건전한 상거래의 질서를 유지하려는 것임'이라고 밝히고 있다. 당시 주요 내용은 첫째 부정경쟁행위의 범위를 정하고, 둘째 고의 또는 과실로 부정경쟁행위를 한 자는 손해배상책임을 지도록 하는 것이었다. 이 법에서는 영업비밀을 포함하고 있지 않았다.

Ⅱ. 개정이유 및 주요 내용

1. 1998년 개정

영업비밀보호법은 1998년에 개정되었는데, 그 이유로 우리 기업의 기술수준이 향상되고 국제교류가 증대됨에 따라 핵심기술의 유출 등 영업비밀 침해행위의 증가가 우려되므로 이에 효율적으로 대처할 수 있도록 관련 규정을 보완하여 건전한 거래질서를 확립하려는 것임이라고 밝히고 있다.

1998년 주요 개정사항은 첫째, 이 법이 규율하고 있는 사항 중 영업비밀의 보호에 관한 내용의 비중이 커지고 있으므로 이를 반영하여 제명을 '부정경쟁방지법'에서 '부정경쟁방지및영업비밀보호에관한법률'로 변경하고, 둘째, 영업비밀 침해행위로 인한 손해배상을 청구하는 경우 당해 행위를 한 자가 그로 인하여 이익을 받은 때에는 그 이익의 액을 청구인의 손해의 액으로 추정하도록 하는 등 영업비밀 침해행위로 인하여 영업상의 이익을 침해당한 자가 손해배상청구소송을 용이하게 수행할 수 있도록 하며, 셋째, 기업에 유용한 기술상의 영업비밀을 외국에서 사용하거나 외국에서 사용될 것임을 알고 제3자에게 누설한 자를 더

무겁게 처벌할 수 있게 하여 영업비밀의 해외유출을 방지하도록 하였다. 넷째, 종전에는 기업의 현직 임직원의 부정한 이익을 얻거나 그 기업에 손해를 가할 목적으로 그 기업에 특유한 생산기술에 관한 영업비밀을 제3자에게 누설할 경우에 한하여 처벌하였으나, 앞으로는 전직 임직원이 제3자에게 누설한 경우에도 이를 처벌하도록 하고, 그 형량도 상향조정함으로써 영업비밀 침해행위를 방지할 수 있는 제도적 기반을 확충하였다.

2. 2001년 개정

2001년의 영업비밀보호법 개정에서는 영업비밀 침해행위와 관련된 소송을 보다 용이하게 진행하여 부정경쟁행위 등으로 인하여 영업상의 이익을 침해당한 자의 손해를 효과적으로 보전할 수 있도록 하기 위하여 손해액 산정방식을 개선하는 등 현행 규정의 시행상 나타난 일부 미비점을 개선·보완하려는 것이었다. 주된 개정사항은 영업비밀 침해행위로 인한 손해액을 침해자가 양도한 수량에 침해당한 자가 그 물건의 판매로 얻을 수 있는 단위수량당 이익액을 곱한 금액으로 보다 구체화하고, 손해액의 입증이 성질상 극히 곤란한 경우에는 법원이 구술변론 전체의 취지 등에 기초하여 손해액을 인정할 수 있도록 하였다.

3. 2004년 개정

2004년의 영업비밀보호법 개정에서는 기업의 영업비밀 보호를 강화하기 위하여 기업의 영업비밀 침해행위의 처벌대상과 보호되는 기업의 영업비밀로 확대하며, 기업의 영업비밀을 침해한 자에 대한 형사처벌을 강화하는 한편, 현행제도의 운영상 나타난 일부 미비점을 보완하였다.

영업비밀과 관련한 주요개정 사항은 첫째, 종전에는 영업비밀 침해행위의 처벌대상을 해당 기업의 전·현직 임직원으로 하고 보호대상 영업비밀을 기술상의 영업비밀로 한정하였으나 처벌대상을 모든 위반자로 확대하고 보호대상 영업비밀에 경영상 영업비밀을 추가하도록 하며, 영업비밀 침해행위에 대하여 1억원 이하 또는 5천만원 이하의 벌금에 처하던 것을 재산상 이득액의 2배 이상 10배 이하의 벌금으로 상향 조정하였다. 둘째, 기업의 영업비밀 침해죄와 관련된 친고죄 규정을 삭제하고 미수범과 예비 · 음모자를 처벌하도록 하였으며 기업의 영업비밀 침해행위에 대하여도 양벌규정의 적용을 받도록 하여 기업의 영업비밀을 침해한 행위자 외에 법인 등도 처벌할 수 있도록 하였다.

4. 2011년 개정

2011년 12월 2일 영업비밀보호법 일부개정에서는 "「대한민국과 미합중국 간의 자유무역협정 및 대한민국과 미합중국 간의 자유무역협정에 관한 서한교환」의 합의사항[1]에 따라 법원으로 하여금 부정경쟁행위 등으로 인한 침해에 관한 소송에서 당사자가 제출한 준비서면 등에 영업비밀이 포함되어 있고 그 영업비밀이 공개되면 당사자의 영업에 지장을 줄 우려가 있는 경우 등에는 당사자의 신청에 따라 결정으로 해당 영업비밀을 알게 된 자에게 소송 수행 외의 목적으로 영업비밀을 사용하는 행위 등을 하지 아니할 것을 명할 수 있는 비밀유지명령제도를 도입하고, 비밀유지명령 신청 및 취소와 관련된 절차 등을 규정하려는 것임"이라고 밝히고 있다.

구체적으로 법원은 영업비밀 침해행위로 인한 영업상 이익의 침해에 관한 소송에서 그 당사자가 보유한 영업비밀에 대하여 이미 제출하였거나 제출하여야 할 준비서면 또는 이미 조사하였거나 조사하여야 할 증거에 영업비밀이 포함되어 있다는 것과 영업비밀이 해당 소송 수행 외의 목적으로 사용되거나 공개되면 당사자의 영업에 지장을 줄 우려가 있어 이를 방지하기 위하여 영업비밀의 사용 또는 공개를 제한할 필요가 있다는 것을 모두 소명한 경우에는 그 당사자의 신청에 따라 결정으로 다른 당사자, 당사자를 위하여 소송을 대리하는 자, 그 밖에 해

1) 국회에 김영록의원 대표발의안으로 부정경쟁방지 및 영업비밀보호에 관한 법률 일부개정법률안(2012. 2. 2.)이 제출되었는데, 그 제안이유로 "2011년 12월 2일 공포된 「부정경쟁방지 및 영업비밀보호에 관한 법률」은 한 · 미 FTA의 합의사항을 반영하기 위하여 개정된 것으로, 주요 개정내용은 비밀유지명령제도를 도입하는 것이었다. 그러나 법 개정 당시 한 · 미 FTA에 대한 국민적 공감대가 형성되지 않은 상태였고, 한 · 미 FTA가 우리 경제와 사회에 미칠 영향에 대해서는 논란이 끊이지 않고 있어 성급한 법 개정이었다는 지적이 제기되고 있다. 따라서 한 · 미 FTA를 재검토하기 위하여 2011년 12월 2일 공포된 「부정경쟁방지 및 영업비밀보호에 관한 법률」을 개정 이전의 내용으로 복귀시키려는 것임(안 제14조의4부터 제14조의6까지 및 제18조의4 삭제)"이라고 밝히고 있다.

당 소송으로 인하여 영업비밀을 알게 된 자에게 그 영업비밀을 해당 소송의 계속적인 수행 외의 목적으로 사용하거나 그 영업비밀에 관계된 명령을 받은 자 외의 자에게 공개하지 아니할 것을 명할 수 있다(안 제14조의4 제1항). 국내외에서 정당한 사유 없이 비밀유지명령을 위반한 자는 5년 이하의 징역 또는 5천만 원 이하의 벌금에 처한다(안 제18조의4 제1항).

Ⅲ. 최근 정부의 입법예고안과 주요 내용

1. 2011년 12월 23일 정부발의 제정안 및 주요 내용

2011년 12월 23일 정부안의 영업비밀보호법 일부개정법률안에서는 새로운 입법사항을 담고 있는데, 그 제안이유는 "새롭고 다양한 유형의 부정경쟁행위에 적절하게 대응하기 위하여 부정경쟁행위에 관한 보충적 일반조항을 신설하고, 영업비밀 침해 관련 소송 시 영업비밀 보유사실에 대한 입증 부담을 완화하기 위하여 전자문서로부터 추출된 고유의 식별값인 전자지문(電子指紋)을 이용한 영업비밀 원본증명제도를 도입하는 한편, 기업 외에 비영리기관이나 개인이 보유한 영업비밀의 유출행위도 처벌하는 등 현행 제도의 운영상 나타난 일부 미비점을 개선 · 보완하려는 것임"이라고 밝히고 있다.

주요 내용은 다음과 같다. 첫째, 부정경쟁행위에 관한 보충적 일반조항을 신설(안 제2조 제1호 차목)하였다. 즉 새롭고 다양한 유형의 부정경쟁행위에 적절하게 대응하기 위하여 경쟁자의 상당한 투자나 노력으로 만들어진 성과 등을 공정한 상거래 관행이나 경쟁질서에 반하는 방법으로 자신의 영업을 위하여 무단으로 사용함으로써 경쟁자의 경제적 이익을 침해하는 행위를 부정경쟁행위에 관한 보충적 일반조항으로 신설하였다. 향후 기술의 변화 등으로 나타나는 다양한 유형의 부정경쟁행위를 효율적으로 방지할 수 있게 되어 공정하고 건전한 거래질서를 유지하는 것을 목적으로 한다.

둘째, 영업비밀 보유사실을 증명하는 영업비밀 원본증명제도를 도입(안 제9조의2부터 제9조의5까지)하였다. 영업비밀을 포함하고 있는 전자문서의 원본 여부를 증명하기 위하여 그 전자문서로부터 고유의 식별값인 전자지문을 추출하여 원본증명기관에 등록하고, 필요한 경우 원본증명기관이 전자지문을 이용하여 그 전자문서가 원본임을 증명하는 영업비밀 원본증명제도를 도입하였다. 영업비밀 침해 관련 소송시 영업비밀 보유사실에 대한 입증 부담을 완화할 수 있게 되어 영업비밀 보유자의 권익을 효과적으로 보호할 수 있다.

셋째, 벌칙 규정에서의 영업비밀 보유주체를 기업에서 영업비밀 보유자로 확대(안 제18조)하였다. 기업 외에 개인의 경제활동이 활발해지고, 대학 및 공공 연구기관 등 비영리기관의 산학공동연구 및 자체 수익활동이 활성화되는 추세에 따라 개인이나 비영리기관이 보유한 영업비밀 보호의 필요성이 증대하고 있으나, 현행 벌칙 규정은 기업이 보유한 영업비밀을 유출한 자에 한정하여 처벌하고 있으므로 기업 외에 개인이나 비영리기관의 영업비밀이 유출되는 경우에도 형사적인 보호를 받을 수 있도록 벌칙 규정에서의 영업비밀 보유주체를 기업에서 영업비밀 보유자로 확대하였다.

2. 2012년 정부의 입법예고와 주요 내용

영업비밀보호법의 개정취지는 "새롭고 다양한 유형의 부정경쟁행위에 적절하게 대응하기 위하여 부정경쟁행위에 관한 보충적 일반조항을 신설하고, 영업비밀 침해 관련 소송시 영업비밀 보유사실의 입증 부담을 완화하기 위한 영업비밀 원본증명제도와 위조상품의 유통을 차단하기 위한 위조상품 신고포상금제도를 도입하는 한편, 벌칙 규정의 영업비밀 보유주체 확대 및 법정형 체계 개선 등 현행 제도의 운영상 나타난 일부 미비점을 개선·보완하려는 것임"이라고 밝히고 있다.

주요 내용은 첫째, 부정경쟁행위에 관한 보충적 일반조항을 신설(안 제2조 제1호 차목)하였다. 즉 새롭고 다양한 유형의 부정경쟁행위에 적절하게 대응하기 위하여 경쟁자의 상당한 투자나 노력으로 만들어진 성과 등을 공정한 상거래 관행이나 경쟁질서에 반하는 방법으로 자신의 영업을 위하여 무단으로 사용함으로써 경쟁자의 경제적 이익을 침해하는 행위를 부정경쟁행위에 관한 보충적 일반조항으로 신설하였으며, 향후 기술의 변화 등으로 나타나는 다양한 유형의 부정경쟁행위를 효율적으로 방지할 수 있게 되어 공정하고 건전한 거래질서를 유지할 수 있을 것으로 기대하고 있다. 둘째, 영업비밀 보유사실을 증명하는 영업비밀 원본증명제도를 도입(안 제9조의2부터 제9조의5까지)하였다. 즉 영업비밀을 포함하고 있는 전자문서의 원본 여부를 증명하기 위하여 그 전자문서로부터 고유의 식별값인 전자지문(電子指紋)을 추출하여 원본증명기관에 등록하고, 필요한 경우 원본증명기관이 전자지문을 이용하여 그 전자문서가 원본임을 증명하는 영업비밀 원본증명제도를 도입하였고, 영업비밀 침해 관련 소송시 영업비밀 보유사실에 대한 입증 부담을 완화할 수 있게 되어 영업비밀 보유자의 권익을 효과적으로 보호할 수 있을 것으로 기대하고 있다. 셋째, 벌칙 규정의 영업비밀 보유주체 확대 및 법정형 체계를 개선(안 제18조)하였다. 즉 기업 외에 개인 또는 비영리기관의 경제활동이 활발하여 개인이나 비영리기관이 보유한 영업비밀 보호의 필요성이 증대하고 있으나, 현행 벌칙 규정은 기업이 보유한 영업비밀을 유출한 자에 한정하여 처벌하고 있으므로 기업 외에 개인이나 비영리기관의 영업비밀이 유출되는 경우에도 형사적인 보호를 받을 수 있도록 벌칙 규정에서의 영업비밀 보유주체를 기업에서 영업비밀 보유자로 확대하였고, 현행 벌칙 규정은 재산상 이득이 없는 영업비밀 침해의 경우 벌금형을 부과할 수 없이 오직 징역형만 가능하므로, 재산상 이득액이 없는 영업비밀 침해에 대해서도 선택적으로 징역형 또는 벌금형에 처할 수 있도록 하였다.

Ⅳ. 시사점

이상에서 알 수 있듯이 영업비밀의 보호는 1994년 부정경쟁방지법의 개정에서 처음으로 영업비밀 보호를 독자적인 조항으로 규정하였으며, 2001년 개정에서는 손해배상의 산정을 용이하게 하는 조항을 규정하였고, 2004년 개정에서는 형사처벌을 강화하는 조항을 규정하였다. 2011년 개정에서는 비밀유지명령제도를 도입하는 조항이 규정되었다. 이와 같이 영업비밀보호법은 영업비밀의 민사적 보호와 형사적 보호를 강화하는 내용으로 개정되어 왔다. 그럼에도 불구하고 영업비밀 형태의 산업기술 유출행위는 늘어났고 그 피해액도 늘어났다. 다시 말해서 영업비밀보호법의 민사구제와 형사처벌이 영업비밀 형태의 산업기술 보호에 효율적으로 기능을 하고 있는지에 의문이 제기되었으며, 이러한 배경에서 산업기술유출방지법의 제정이 논의되었다.

제2절 영업비밀의 개념과 보호

Ⅰ. 영업비밀의 개념

종래 영업비밀의 경우 주거침입죄나 재물손괴죄 등의 형사벌이나 신용훼손 등과 같은 불법행위에 부수한 것으로 인식되었으며 당사자간의 계약(비밀유지의무)에 기초하여 계약위반으로 인한 민사책임을 부담하는 것에 머물렀다. 즉, 영업비밀은 그 보유자가 적절히 관리하여 그 비밀성을 유지할 수밖에 없었으며, 영업비밀은 부정경쟁행위의 금지라는 차원에서 민사적으로 보호되어 왔다. 영업비밀은 다른 지식재산권(예컨대, 특허권, 저작권 등)과 달리 부정경쟁행위의 방지라는 차원에서 그 침해행위의 부당성에 중심을 두고서 보호된다. 영업비밀보호법에서 영업비밀이라 함은 공연히 알려져 있지 아니하고 독립된 경제적 가치를 가지는 것으로서, 상당한 노력에 의하여 비밀로 유지된 생산방법 · 판매방법 기타 영업활동에 유용한 기술상 또는 경영상의 정보를 말한다(동법 제2조 제2호). 이와 같은 개념정의는 외국의 경우와 유사하게 포괄적인 개념이지만, "독립된 경제적 가치를 가지는 것"이라는 문구와 "상당한 노력에 의하여 비밀로 유지된"이라는 문구가 있어서 영업비밀의 보호를 제한하고자 하는 입법자의 의도를 엿볼 수 있었다.

한편, 영업비밀의 개념과 관련해서 다른 외국의 경우를 살펴보면, 미국의 통일영업비밀법 제1조 제4항에서는 「일반적으로 알려져 있지 아니하고, 공개 또는 이용으로 경제적 이익을 얻을 수 있는 자에 의하여 적당한 수단으로 쉽게 알 수 없으며 실질적으로 또는 잠재적으로 독립된 경제적 가치를 지닌 방식, 편집, 프로그램, 장치, 방법, 기술 또는 제법을 포함하는 정보로 기밀성의 유지에 상당한 노력을 해야 한다」라고 정의하여 경영정보는 포함하지 않았다. 그러나 1995년 '부정경쟁방지법에 관한 세 번째의 리스테이트먼트' 제39조에서는 「영업비밀이란 타인에게 넘겨지는 경우 실질적으로나 잠재적으로 경제적 가치가 있는 비밀로 영업이나 기업의 운영에 사용할 수 있는 정보를 말한다」라고 하여 영업비밀의 보호범위를 넓혀왔다.

영업비밀보호법에서 영업비밀이란 공연히 알려져 있지 아니하고 독립된 경제적 가치를 가지는 것으로서, 상당한 노력에 의하여 비밀로 유지된 생산방법 · 판매방법 기타 영업활동에 유용한 기술상 또는 경영상의 정보를 말한다(동법 제2조 제2호). 이와 같은 개념정의는 외국의 경우와 유사하게 포괄적인 개념이지만 "독립된 경제적 가치를 가지는 것"이라는 문구와 "상당한 노력에 의하여 비밀로 유지된"이라는 문구가 있어서 영업비밀의 보호를 제한하고자 하는 입법자의 의도를 엿볼 수 있다.

미국의 통일영업비밀법(Uniform Trade Secret Act) 제1조 제4항에서는 "일반적으로 알려져 있지 아니하고, 공개 또는 이용으로 경제적 이익을 얻을 수 있는 자에 의하여 적당한 수단으로 쉽게 알 수 없으며 실질적으로 또는 잠재적으로 독립된 경제적 가치를 지닌 방식, 편집, 프로그램, 장치, 방법, 기술 또는 제법을 포함하는 정보로 기밀성의 유지에 상당한 노력을 해야 한다"라고 하여 경영정보는 포함하지 않았다. 그러나 1995년 '부정경쟁방지법에 관한 세 번째의 리스테이트먼트' 제39조에서는 "영업비밀이란 타인에게 넘겨지는 경우 실질적으로나 잠재적으로 경제적 가치가 있는 비밀로 영업이나 기업의 운영에 사용할 수 있는 정보를 말한다"라고 하여 영업비밀의 보호범위를 확대하였다.

Ⅱ. 영업비밀의 보호대상

이와 같은 개념정의에서 알 수 있듯이 마케팅 컨셉이나 상품에 관한 아이디어는 성질상 마케팅 개시와 동시에 일반에게 알려지므로 영업비밀이나 다른 어떤 방식으로도 보호되기 어렵다. 한편, 영업비밀의 보호대상은 비밀정보이고 비밀정보에는 크게 기술상의 비밀정보와 경영상의 비밀정보로 구분된다.

먼저, 영업비밀로 보호되는 대상은 기술적인 노하우나 산업상 기술이 보호대상이 된다. 구체적인 기술상 정보에는 시설 및 제품의 설계도, 물건의 생산방법 및 제조방법, 물질의 배합방법, 연구개발 보고서 및 데이터, 실험데이터, 시실 ·

기계설비 · 장비 등의 관리 운영에 관한 방법 등이 여기에 해당되고, 앞에서 살펴본 산업기술보다는 포함하는 대상이 많다.

◈ **기술상의 영업비밀**[2)]

대 상	설 명	비 고
시설 및 제품의 설계도	중요 공장의 설계도면, 기계장치의 배치도, 제품 생산라인의 설계도, 공정 설계도	그 회사만의 독자적이며, 미공개된 정보나 자료
물건의 생산 및 제조방법	제품의 생산, 가공, 조립 또는 제조방법으로 비법이거나 미공개된 것	
물질의 배합방법	물질을 생성하는 반응순서, 원료의 배합순서, 배합비율, 시차 등으로서도 미공개되고 Reverse Engineering으로 알아낼 수 없는 것	식품이나 음식의 제조비법, 의약품이나 화공약품의 제조생산 방법 등
연구개발 보고서 및 데이터	연구개발과정, 결과보고서 및 연구에 사용된 데이터	연구에 성공하지 못하고 실패한 자료도 영업비밀로 보호 가능
실험데이터	개발중인 시제품 또는 시제품의 성능실험, 의약품의 효능 시험, 기계장치의 시운전 데이터 등	
시설, 기계설비, 장비	기업이나 개인이 독자적으로 개발하여 보유하고 있는 시설, 특수장비와 설비 등	시설과 지역을 통제구역으로 지정하고 접근을 제한하여 비밀로 관리

다음으로, 경영상 정보에는 회사의 중장기 또는 단기 사업계획, 재무자료, 생산예측, 노동비용견적, 제조비용견적, 특정기구 조작비용 견적, 마케팅전략 등이 포함될 수 있다. 구체적으로 도식화하면 아래와 같다.

2) 한국산업기술진흥협회, 중소기업 기술유출 대응 매뉴얼, 2007.12, 55면 참조.

◈ 경영상의 영업비밀

대 상	설 명	비 고
각종 주요계획	경영전략, 신규 투자계획, 신제품 개발/생산계획, 마케팅/판매계획, 인력수급계획 등	공개되면 경쟁업체의 대응이 있을 수 있는 계획은 영업비밀로 지정
고객명부	지역별 고객리스트, 연령별 또는 직업별 분류표 및 대리점/영업점의 제반 영업자료 등	고객정보의 유출은 개인 정보보호 차원에서 사회적 물의를 일으킬 수 있음
관리정보	원가분석, 마진율, 거래처 정보, 인사/재무관리 및 경영분석 정보 등	공개되면 자사의 피해가 우려되거나 경쟁회사에 유리한 정보
매뉴얼 등 중요자료	• 기업의 기술과 경험을 바탕으로 한 방법 기술 서류 • 기업만의 독특한 방법이나 기법을 담고 있는 모든 매뉴얼 등	• 원료 투입순서, 화합물의 반응방법, 합성방법 등 • 판매기법, 고객 접근 및 설득방법, 시장 조사방법, 원가 산정방법 등

Ⅲ. 영업비밀의 보호목적

영업비밀의 보호목적은 다른 지식재산권의 보호목적과 차이가 있다. 예컨대, 저작권의 경우 보호목적은 저작자의 노동에 대해 보상하려는 것이 아니라 과학과 실용예술의 발달을 촉진시키려는 것에 있다. 즉 저작권은 저작자에게 독창적인 표현에 대한 권리를 보장하는 대신 타인이 저작물에 담긴 아이디어와 정보를 자유롭게 이용할 수 있도록 한다.[3] 특허권의 경우에도 특허법에 의하여 발명을 보호 · 장려하고 그 이용을 도모함으로써 기술의 발전을 촉진하여 산업발전에 이바지함을 목적으로 한다(특허법 제1조).[4] 그렇지만 영업비밀은 시장의 자유경쟁과

3) Feist Publication, Inc., v. Rural Telephone Service Co., 499 U.S. 346(1991).

4) 특허권을 인정하는 이유에 대하여 인센티브이론(incentive or reward theory)과 기대이론(prospect theory)이 주장되고 있다. 인센티브이론은 특허제도가 없는 경우 사회는 발명가가 혁신에 대한 투자(발명자의 투자로 인한 경쟁이익에 대하여 경쟁자의 무임편승)와 혁신을 공개(발명자의 발명에 대한 모방)할 인센티브가 없기 때문에 최적의 상태를 달성할 수 없다는 것이다. 따라서 발명자의 발명에 대한 사회적 가치에 대한 일정한 몫을 발명자에게 귀속시키는 동시에 그 혁신에 관련된 중요정보를 공개할 유인을 형성시켜서 잠재적 시장실패를 극복하자는 이론이다. 기대이론은 발명자가 그의 발명을 공개할 수 있도록 상업적으로 충분한 기간 경제적 효율성을 증진시킬 수 있게 넓은 소유권을 부여하고, 이를 통하여 최초발명을 넘어선 제3자의 제2차적 발명에 대한 투자를 이끌어낸다는 주장이다. 이 견해에 의하면 특허는 기존의 기술을 이용하는 데 불필요한 중복투자를 방지하여 사회전체의 기회를 증대하는 것에 기여한다는 것이다.

부정경쟁의 방지라는 차원에서 공익과 사익 사이의 균형을 추구한다는 점에서 저작권이나 특허권과 차이가 있다. 우리나라의 판례도 "영업비밀 침해행위를 금지시키는 것은 침해행위자가 침해행위에 의하여 공정한 경쟁자보다 유리한 출발 내지 시간절약이라는 우월한 위치에서 부당하게 이익을 취하지 못하도록 하고, 영업비밀 보유자로 하여금 그러한 침해가 없었더라면 원래 있었을 위치로 되돌아갈 수 있게 하는 데에 그 목적이 있다"라는 입장이다.[5)]

한편, 영업비밀보호법은 그 입법 배경으로서 상업윤리기준의 유지와 발명의 장려라는 2가지를 들고 있다.[6)] 즉 영업비밀의 목적은 첫째, 영업비밀의 개발 · 축적에는 상당한 기간과 비용이 소요되고 많은 지적 창작노력이 수반된다. 그런데 영업비밀이 다른 지식재산처럼 적절한 보호를 받지 못하게 된다면, 기업들은 스스로의 연구 · 개발에 의하여 영업비밀을 개발 · 축적하기보다는 정당한 대가의 지불없이 다른 기업의 영업비밀을 부정사용하는 손쉬운 방법을 선택하게 될 것이다. 이처럼 다른 기업의 지적 창작노력에 무임승차하는 기업은 연구 · 개발비용의 부담이 없기 때문에 다른 기업에 비하여 오히려 생산제품의 원가가 더 싸고 기업간의 경쟁에 있어서 보다 유리한 입장에 서게 되어 건전한 기업의 몰락을 초래한다. 이와 같은 상업윤리의 타락을 방지하고 건전한 경쟁질서를 확립하기 위해서는 적절한 법적 방법으로 영업비밀을 보호할 필요가 있다. 둘째, 영업비밀에 대한 적절한 보호가 이루어지지 않게 되면, 이를 부정사용당한 기업이 그 개발 · 축적에 투입한 시간, 노력 및 비용은 수포로 돌아가게 되어 기업의 지적 창작의욕은 감퇴되고 기업은 연구 · 개발투자를 기피하게 될 것이다. 이는 결국 피해기업의 발전은 물론 거시적으로 보아 국가 전체의 산업발전을 저해하는 결과를 초래하게 되므로 연구 · 개발활동을 장려하고 투자를 유인하기 위하여도 영업비밀은 보호되어야 한다.

5) 대판 1998.2.13. 97다24528.
6) Kewanee Oil Co. v. Bicron Corp. 416 U.S.470(1973).

제3절 영업비밀 침해에 대한 청구 근거

Ⅰ. 개 요

영업비밀은 무형적인 정보에 해당되어 문서·도면·필름·테이프나 디스켓 등에 담겨 있다고 하더라도 유체물에 비하여 관리가 어려울 뿐만 아니라 각종 복사기와 통신기기의 발달로 인하여 그 유출이 더욱 용이하게 되었으며, 최근에는 고용의 유동성 증가와 기업간의 활발한 라이선스가 이루어짐에 따라 그 침해의 위험성은 더욱더 높아졌다. 우리나라에서는 1991년 부정경쟁방지법의 개정에서 그 동안 국내외적으로 관심을 모아온 영업비밀의 보호틀을 마련하였다. 물론 우리나라에서 영업비밀에 관한 보호가 법적으로 완전히 무방비상태에 있었던 것은 아니다. 영업비밀 침해의 태양에 따라서는 불법행위로도 될 수 있으며, 형법상의 다른 범죄행위로 처벌할 수도 있어서 민·형사상의 보호를 받은 것은 사실이다. 그러나 종래 전통적인 영업비밀 보호방법의 하나인 민사적 대응수단은 실질적인 피해액에 대한 원상회복 차원에서 손해배상을 허용하고 있어서 영업비밀의 보호에 충분한 역할을 하지 못했다. 형사법도 영업비밀의 누설 등 침해행위 그 자체를 범죄행위로 보아 처벌하는 규정이 없으므로 영업비밀을 침해하는 과정에서 발생하는 부수적인 범죄행위(예컨대, 절도죄, 주거침입죄 또는 배임죄 등)가 이루어진 경우에만 처벌함으로써 간접적으로 보호할 수 있을 뿐이었다. 이러한 보호는 영업비밀의 경제적 가치의 중요성이 높아짐에 따라 실효성이 낮아졌고 침해의 예방적(억제적) 기능도 현저히 상실하게 되었다. 그렇지만 최근 영업비밀보호법과 산업기술유출방지법 등에 의한 영업비밀 자체에 대한 강력한 보호수단이 마련되었으며, 이와 같은 영업비밀의 강력한 보호는 기술공개를 유도하는 특허정책과는 배치되는 측면도 있다.[7]

7) 이상정, 영업비밀의 보호, 인권과정의, 1992, 94면 참조.

Ⅱ. 계약에 기초한 보호

계약에 의한 보호는 다시 2가지, 즉 명시적 계약에 위반한 경우와 묵시적 계약에 위반한 경우로 나눌 수 있다. 영업비밀 소유자와 정당한 보유자 사이에 비밀준수의무를 지우는 직접적인 계약을 체결하고 그 책임의 범위와 내용도 계약으로 정할 수 있다. 이러한 계약은 유효하고 그 보호는 계약당사자 이외의 제3자에 대하여 미치지 못하는 상대적 보호에 그치지만, 계약당사자 사이에는 마치 배타적 권리와 같은 효력을 발생시킬 수 있다.

영업비밀의 보호는 부정경쟁행위의 방지차원에서 보호가 이루어짐에 따라 영업비밀의 보호방법으로 계약에 의한 보호가 중요한 의미가 있었으며 각종의 법률에 의하여 영업비밀이 마치 독립된 보호가치를 가진 지식재산권으로 보호되는 최근의 입법과 관련해서도 침해소송에서 여전히 중요한 지위를 차지하고 있다.

Ⅲ. 불법행위에 기초한 보호

영업비밀의 보호는 부정사용(misappropriation)[8]이라는 불법행위에 그 기초를 두고 있는데, 부정사용이라는 불법행위는 통상 타인의 성명 또는 물건 등의 배타적 권리 내지 인격적 이익을 부당하게 이용하는 경우를 말한다. 이 불법행위는 종래 배타적 또는 인격적 법익 외에도 미국의 경우 재산적 가치있는 정보(예컨대, 영업비밀, 데이터 베이스, 핫뉴스)를 보호하는 법리로 이용되고 있다. 이와 관련해서 미국의 커먼로에서는 부정사용이라는 불법행위가 일찍부터 커먼로에 의하여

8) 미국에서 정보의 부정사용에 대한 법적 분석은 적어도 1차세계대전 당시 서부전선의 전투에 관한 뉴스와 관련되어 다루어졌다. 즉, 1913년 International News Service, v. Associated Press사건(248U.S.215)에서 「당시에 INS구독자가 뉴스를 얻기 위해서는 게시판이나 신문이 필요했고, INS는 AP사의 피용자와 구성원을 매수하여 AP사의 뉴스를 자사의 게시판과 신문에 게재했다. 원고 AP는 뉴스의 수집이나 배포에 독점권을 가지고 있지도 뉴스기사의 복제를 막을 저작권도 가지고 있지 아니하지만, 원고의 경쟁자 INS가 수집하지 아니한 뉴스의 배포와 복제의 과정에 참여하는 것을 지연시키고 원고 AP의 노력과 비용으로 산출된 산물로부터 경쟁자 INS을 배제하는 한도에서 원고 AP의 부분적인 배제권이 있다」라고 하여 부정사용이라는 커먼로상의 불법행위에 의하여 재산적 가치있는 정보를 보호하였다. 초기에 부정사용은 '소비자의 혼동'의 경우에만 적용하는 제한적인 원리로 특징지어졌으나, 점차 소비자의 혼동가능성에 관계없이 타인의 표어나 상징에 무임 편승하는 경우에 표어나 상징의 재산적 이익에까지 미치는 것으로 넓혀왔다.

개발되어 왔으며, 이 불법행위는 초기의 사례에서 타인에 의하여 생산된 상품의 사칭(palming off)으로부터 경쟁자를 배제하는 데에서 출발하였다. 이러한 경향에 대하여 미국의 연방항소법원은 *National Basketball Association, v. Motorora, Inc.* 사건[9]에서 다음의 요건을 갖추어야 한다고 보았다. 즉 ① 원고가 정보의 수집에 비용을 지출하고, ② 정보가 시간적으로 민감하고, ③ 피고의 정보이용이 원고의 노력에 무임 편승하고, ④ 피고는 원고에 의하여 제공된 상품 또는 서비스와 직접적인 경쟁관계에 있어야 하고, ⑤ 원고와 기타 자의 노력에 무임편승으로 정보의 존재 또는 질을 위협하여 생산에 대한 인센티브를 감소시킬 수 있어야 한다.

이와 같이 영업비밀은 영업비밀보호법의 제정에 따라 1차적으로 동법에 의하여 손해배상청구, 금지청구 및 형사구제 등을 받을 수 있고, 2차적으로 민법 제750조의 불법행위에 기초한 손해배상청구가 가능하다.

Ⅳ. 신뢰의무위반에 기초한 보호

당사자 사이에 긴밀한 신뢰관계가 형성되어 있는 때에는 소위 신뢰위반(또는 비밀준수의무위반)에 기초하여 비밀정보를 보호하는 경우이다. 예컨대, 신뢰의무는 변호사와 의뢰인, 의사와 환자 등과 같은 긴밀한 관계를 명시적 또는 묵시적으로 전제하고 있는 경우에 비밀준수의무가 존재한다(신뢰위반에 기초한 소송도 (ⅰ) 정보의 기밀성, (ⅱ) 신뢰의무의 존재, (ⅲ) 정보의 실질적 이용 또는 공개, (ⅳ) 손해의 발생을 요건으로 한다).[10] 사용자와 종업원 간에 영업비밀을 보호하기 위해 명시적인 계약이 없다고 하더라도 종업원 등은 묵시적인 신뢰의무를 부담할 수 있다.[11] 이와 관련해서 사용자와 종업원 사이에 신뢰관계는 다음의 경우에 형성된다.

---

9) National Basketball Association, v. Motorora, Inc., 96-7975(2th Cir. 1997).

10) 경우에 따라서 정보가 비밀로 분류되고 피고가 비밀준수를 약정했다고 하여도 비밀준수의무가 발생하지 아니하는 경우가 있다. 즉 정보의 비밀성을 지키는 것이 공익에 반하는 경우이다. 여기에서 '공익성'의 기준은 영국판례에서 초기에 '부당법칙(iniquity rule)'에서 '정당한 이유(just cause or excuse)'로 넓혀졌다(Allison, Coleman, "protecting confidential information", computer law, Blackstone Press Limited, 1996, pp. 210~240).

11) 바이벅사 대 셀로판 테이프사 사건(1958.8. 미연방 제2순회항소법원)에서 기계류 제조업체인 바이벅사(ByBuk Company)는 재향군인 원호국의 직업훈련생인 블랙씨를 금형공으로 훈련시키기 위해 입사시킨 다음 다이컷트마스크 등을 제소하는 기계의 소립, 운선에 종사토록 하며 시간제로 일을 시켰다. 블랙씨와 명시적인 비밀보호계약을 체결하지 않았지만 바이벅사는 기계조립제조방법을 다른 사람에게 누설해서는 안 된

첫째, 일반적으로 고용관계하에 있는 종업원은 고용관계 성립에 의해서 취득하게 되는 영업비밀을 제3자에게 누설하여서도 아니 되고 또 이를 사용해서는 안 되는 묵시적인 의무를 진다.

둘째, 고용관계하에서 취득되는 영업비밀은 사용자의 고유재산이며 종업원은 이러한 신뢰의무를 저버리고 영업비밀을 사용해서는 안 된다.

셋째, 영업비밀 침해시 구제를 위해 반드시 명문의 비밀보호 유지계약이 요구되는 것은 아니어서 구체적인 사정이나 사용자와 고용인 간에 비밀보호유지에 관한 묵시적인 합의가 있었으면 이로써 충분하다.

넷째, 고용관계하에서의 신뢰의무를 지우도록 법률에 묵시적으로 규정되어 있는 현실을 감안하면 고용중 취급한 업무였던 기계조립 방법을 제3자에게 알려서는 안 된다는 명시적인 합의 유무에도 불구하고 고용계약 속에는 비밀보호의무가 포함되었다고 보아야 한다.

다는 취지의 말을 계속했고 실제 블랙씨는 평소 이를 잘 지켰다. 그런데 문제는 블랙씨가 이 회사를 퇴직한 후 바이벅사와 경쟁관계에 있는 Printed Cellophane Tape사에 입사한 뒤 바이벅사에서 영업비밀로 다루고 있던 기계의 조립방법을 알려주었고 이를 바탕으로 하여 Printed Cellophane Tape사는 바이벅사 제품의 복사판이라 할 수 있는 기계를 제조, 판매했다. 이에 대해 바이벅사는 Printed Cellophane Tape사를 상대로 영업비밀 침해금지 및 손해배상을 청구하는 소송을 냈고 제1심 및 제2심 법원은 사용자와 종업원과의 신뢰관계 위반을 인정하는 판결을 내렸고 이에 피고는 훈련생은 고용인이 아니며 훈련프로그램 동안에 배운 어떠한 지식도 자유롭게 사용할 수 있는 입장에 있는 훈련생신분이었기 때문에 회사와의 신뢰의무에 대한 책임은 없다라고 항변하였으나 법원은 이를 기각했다(상공회의소, 앞의 책, 30-31면 참조).

제4절 영업비밀의 보호요건과 보호기간

Ⅰ. 영업비밀의 보호요건

어떠한 정보가 영업비밀로 보호를 받을 수 있는지 여부에 대하여 영업비밀보호법은 제2조 제2호에서 영업비밀로 보호받기 위해서 (ⅰ) 공연히 알려져 있지 않을 것, (ⅱ) 독립된 경제적 가치를 가질 것, (ⅲ) 비밀로서 관리되고 있을 것, (ⅳ) 생산방법, 판매방법 기타 영업상 유용한 기술상 또는 경영상의 정보일 것을 요건으로 한다.

>>> **사례 영업비밀의 보호요건**

영업비밀이라 함은 일반적으로 알려져 있지 아니하고 독립된 경제적 가치를 가지며, 상당한 노력에 의하여 비밀로 유지·관리된 생산방법, 판매방법 기타 영업활동에 유용한 기술상 또는 경영상의 정보를 말하고, 영업비밀의 보유자인 회사가 직원들에게 비밀유지의 의무를 부과하는 등 기술정보를 엄격하게 관리하는 이상, 역실계가 가능하고 그에 의하여 기술정보의 획득이 가능하더라도, 그러한 사정만으로 그 기술정보를 영업비밀로 보는 데에 지장이 있다고 볼 수 없다(대판 1999.3.12. 98도4704).

1. 비밀성

영업비밀로 보호받기 위해서는 누구나 알고 있는 일반적인 정보가 아니라고 하는 비공지성을 필요로 한다. 불특정 다수인이 당해 정보를 공유하고 있다면 이미 영업비밀로서 보호를 받을 가치가 없다. 그러므로 영업비밀의 가장 중요한 요건은 비밀성이다. 그렇기는 하나 이 세상에서 자기만이 알고 있고 자기 이외의 어느 누구도 모른다고 할 수 있을 만큼 절대적 비밀성은 요구되지 않는다. 보유자 이외의 자가 당해 정보를 가지고 있다고 하더라도 그들에게 비밀유지의무가 있는 경우라면 비밀성은 그대로 지켜지고 있으며, 또 제3자가 우연히 동일한 정보를 개발하였다고 하더라도 당해 제3자가 그 정보를 비밀로서 관리하고 있는 경우에는 일반적으로 입수가 불가능하므로 여전히 비밀성을 가지고 있다. 비밀 보유자가 그 정보를 모르고 있는 경쟁상대방보다도 우월한 입장에 설 수 있고 타인은 합법적으로 그 정보를 입수하기 곤란한 정도만으로 수비요건을 충족시킬 수 있다. 결국 비밀이란 절대적 비밀이 아니라 상대적 비밀을 의미한다.

>>> **사례 영업비밀의 비공지성: 영업비밀의 상대적 비밀성**

영업비밀은 절대적인 비밀을 뜻하는 것은 아니고 일부 또는 일정범위의 사람들이 알고 있더라도 비밀로서 유지되어 있으면 영업비밀이 된다(서울지법 1995.2.22. 94가합3033).

한편, 영업비밀은 '비밀로서 관리되는 것'이 필요하다.[12] 이것은 영업비밀을 보호하는 것이 특히 타방에 있어서 경제적 활용의 안정성을 고려할 필요가 있기 때문이다. 여기서 '비밀관리'란 비밀정보를 보유자가 비밀로 할 필요가 있다고 판단하고, 객관적으로도 비밀로 취급되는 것으로 인식되는 상태에서 그 관리하에 두는 것을 의미한다.[13] 일반적으로 비밀을 처분할 권한을 가진 자를 '비밀소

12) 최근 고등법원의 판례에 의하면, 「피고인에 의해 인정된 사실에 의하면, 이 사건 자료들은 모두 A사가 높은 수준의 차체(車體) 품질을 확보하기 위하여 많은 비용과 시행착오를 통하여 얻어낸 자료이고, A사는 보안규정, 보안조직 등을 포함한 전사적인 보안시스템을 구축하고 직원들을 상대로 보안교육을 하였으며, 이를 지속적으로 평가 · 관리하여 오는 등 이 사건 자료들에 관하여 상당한 정도의 비밀유지를 위한 노력을 하고 있으며, 비록 생산직 직원뿐만 아니라 경우에 따라 협력사도 이 사건 자료를 이용할 수 있도록 하였으나, 이는 효율적인 업무의 수행을 위한 불가피한 조치였던 것으로 보인다. 또한 이 사건 자료들은 적어도 중국 자동차 회사에 있어서는 참고할 만한 자료이거나 시행착오를 줄이는 데 기여할 수 있는 것으로 보이는 점 등을 넉넉히 추인할 수 있는 바, 피고인들이 유출한 자료들은 모두 부정경쟁방지법 소정의 영업비밀에 해당되고 피고인들이 그러한 사정을 충분히 인식하고 있었다고 봄이 상당하다고 할 것이므로 영업비밀에 해당되지 않는다는 피고인의 주장은 이유없다」고 보았다.

13) 우리나라의 판례는 「필기구 제조업체에 있어서 잉크제조의 원료가 되는 10여 가지의 화학약품의 종류, 제품 및 색깔에 따른 약품들의 조성비율과 조성방법에 관한 기술정보는 가장 중요한 경영요소 중의 하나로서, 그 기술정보가 짧게는 2년, 길게는 32년의 시간과 많은 인적, 물적 시설을 투입하여 연구 · 개발한 것이고, 생산제품 중의 90% 이상의 제품에 사용하는 것으로서 실질적으로 그 기술정보 보유업체의 영업의 핵심적 요소로서 독립한 경제적 가치가 있으며, 그 내용이 일반적으로 알려져 있지 아니함은 물론 당해 업체의 직원들조차 자신이 연구하거나 관리한 것이 아니면 그 내용을 알기 곤란한 상태에 있어 비밀성이 있고, 당해 업체는 공장 내에 별도의 연구소를 설치하여 관계자 이외에는 그 곳에 출입할 수 없도록 하는 한편 모든 직원들에게는 그 비밀을 유지할 의무를 부과하고, 연구소장을 총책임자로 정하여 그 기술정보를 엄격하게 관리하는 등으로 비밀관리를 하여 왔다면 그 기술정보는 부정경쟁방지법 소정의 영업비밀에 해당하고, 당해 업체가 외국의 잉크제품을 분석하여 이를 토대로 이 사건 기술정보를 보유하게 되었다거나, 역설계가 허용되고 역설계에 의하여 이 사건 기술정보의 획득이 가능하다고 하더라도 그러한 사정만으로는 그 기술정보가 영업비밀이 되는 데 지장이 없다」(대판 1996.12.23. 96다16605)라고 하여 구체적인 개별사건에서 영업비밀에 해당

유자'라 칭하지만 영업비밀보호법에서는 영업비밀을 보유하는 사업자를 보유자라 칭한다. 영업비밀보호법에서 '소유'라는 용어를 피하고 '보유'라는 용어를 사용하는 것은 영업비밀이 유체물이 아니고, 특히 절대적 · 배타적인 권리의 대상이 되는 것이 아니라는 것, 영업비밀의 개발자나 그 승계자 · 전득자만이 아니고 라이선스 등의 부정행위에 의하지 아니하고 비밀을 보유하는 자를 포함할 필요가 있다는 것으로 해석된다. 그렇지만 여기서 말하는 '보유자'란 '정당한 권한에 기초하여 영업비밀을 취득하고 보유하는 사업자'를 말한다. '비밀로서 관리되는' 상황에 대하여는 구체적인 상황에 따라 판단하는 것이지만 통상 ① 당해 정보에 접근할 수 있는 자를 제한하고 있다는 것, ② 당해 정보에 접근하는 자에 권한없이 사용, 개시하지 못한다는 취지의 의무를 부과하는 것, ③ 당해 정보에 접근하는 자에 대하여 당해 정보가 재산적 정보이고 이것을 인식할 수 있도록 하는 것이 판단기준이 된다.

>>> **사례 영업비밀의 보유자**

부정경쟁방지법 제10조 제1항 등에서 말하는 영업비밀의 '보유자'라 함은 그 보유에 관하여 정당한 권원을 가지는 자뿐만 아니라 사실상의 보유자도 포함하는 개념이므로 가사 피고들의 주장과 같이 원고 회사가 외국의 잉크제품을 분석하여 이를 토대로 이 사건 잉크 등 제조방법을 개발하였다고 하더라도 원고 회사가 영업비밀인 이 사건 잉크 등 제조방법의 보유자임에는 변함이 없다(서울지법 1995.2.22. 94가합3033).

그러나 '비밀관리'에 대하여는 관리의 개념을 음미해야 하는데, 이것을 요건으로 하는 것에 대하여 이견이 있을 수 있다. 어떠한 상태에 있는 경우에 '관리'되고 있다고 말하는 것은 부정한 행위의 태양에 의하여서도 차이가 있기에 일률적으로 관리의 내용을 정하는 것은 적절하지 아니하다. 예컨대, 사원이 아닌 자가 회사의 건물에 침입하여 재산적 정보를 절취한 경우에는 사원 이외의 자에 대하여 당해 정보에 접근할 수 없다라는 관리가 행하여지면 충분하고, 종업원이 재산적 정보를 가지고 나간 경우에는 사원 이외의 자에 대하여 당해 정보에 접근하는 것이 재산적 정보를 침해하는 것이라는 것을 인식할 수 있는 관리가 필요하

된다고 본 사례도 있다.

다.[14)15)]

››› 사례 영업비밀의 비공지성

(1) 구 부정경쟁방지 및 영업비밀보호에 관한 법률(2007. 12. 21. 법률 제8767호로 개정되기 전의 것) 제2조 제2호의 '영업비밀'은 공연히 알려져 있지 아니하고 독립된 경제적 가치를 가지는 것으로서, 상당한 노력에 의하여 비밀로 유지된 생산방법, 판매방법 그 밖에 영업활동에 유용한 기술상 또는 경영상의 정보를 말하는 것인데, 여기서 '공연히 알려져 있지 아니하다'는 것은 정보가 간행물 등의 매체에 실리는 등 불특정 다수인에게 알려져 있지 않기 때문에 보유자를 통하지 아니하고는 정보를 통상 입수할 수 없는 것을 말하고, '독립된 경제적 가치를 가진다'는 것은 정보 보유자가 정보의 사용을 통해 경쟁자에 대하여 경쟁상 이익을 얻을 수 있거나 또는 정보의 취득이나 개발을 위해 상당한 비용이나 노력이 필요하다는 것을 말하며, '상당한 노력에 의하여 비밀로 유지된다'는 것은 정보가 비밀이라고 인식될 수 있는 표시를 하거나 고지를 하고, 정보에 접근할 수 있는 대상자나 접근 방법을 제한하거나 정보에 접근한 자에게 비밀준수의무를 부과하는 등 객관적으로 정보가 비밀로 유지 · 관리되고 있다는 사실이 인식 가능한 상태인 것을 말한다(대판 2011.7.14. 2009다12528).

(2) 부정경쟁방지및영업비밀보호에관한법률 제2조 제2호의 영업비밀이라 함은 공연히 알려져 있지 아니하고 독립된 경제적 가치를 가지는 것으로서, 상당한 노력에 의하

---

14) 타코 카바나 대 투 페소즈 사건(1991. 미국 제5순회 항소법원)에서 법원은 피고측 변호사의 보조인이 시청에 가서 텍사스 주의 정보공개법에 의해 원고가 건축허가신청용으로 제출한 설계도면 등의 사본을 소송증거용으로 교부받는 행위는 선서한 관계인에게만 제한적으로 서류를 교부한 것이므로 비밀유지 노력을 포기한 것으로 볼 수 없는 바, 영업비밀의 존재를 부인할 수는 없다고 설시하였다. 즉 타코 카바나가 건축허가를 받기 위해 설계도 등을 제출해야만 했으므로 관청에 서류를 제출한 행위로 영업비밀의 법적 요건이 상실되는 것은 아니라고 판단한 것이다. 또한 투 페소즈의 경영자들이 타코 카바나의 영업비밀을 입수하는 과정에 있어 이를 전달한 사람이 직무상 영업비밀 준수의무를 가지는 전기회사(타코 카바나 레스토랑 공사회사)의 견적기사 등이었는 바 이는 불법행위로 인해 영업비밀이 누설된 것이므로 비밀성 상실로 영업비밀이 소멸된 것으로는 볼 수 없다는 이유도 뒷받침되었다. 결국 항소심에서도 피고의 주장이 받아들여지지 않아 영업비밀 부정사용에 의해 손해는 로열티 상당액을 기준으로 정하는 관례에 따라 손해배상액의 산정, 원고승소의 판결을 내린 원심이 확정되었다(상공회의소, 위의 책, 50면 참조).

15) CTI사 대 SA사 사건(1993. 미연방 제4순회항소법원)에서 Transend의 출현에 대하여 CTI사측에서는 SA사와 호크스씨 등 SA사에 합류한 전직 자사 직원들을 상대로 버지니아 주 동부지구 연방법원에 저작권침해, 영업비밀 부정사용, 비밀유지의무위반 및 계약위반 등을 이유로 제소하였다. 이에 대하여 1심 법원은 원고인 CTI사가 피고들이 자사의 영업비밀을 부정사용함을 입증하지 못했다 하여 원고 패소판결을 내렸다. 1심 판결에서 패소한 원고는 연방 제4순회항소법원에 항소하였다. 원고는 1심이 배척한 자사 영업비밀의 존재에 대하여 비록 부분적으로는 공지의 정보이기는 하나 소프트웨어 전체는 각 부분의 결합이며 이 결합하는 과정에 특징이 있어 영업비밀로서의 충분한 가치가 있는 이유로 항소하였으나 항소법원은 CTI사가 영업비밀이라고 주장하는 부분들을 영업비밀로 인정할 수 없다고 결론짓고 그 이유로서 Claims Express와 EDI Link는 모두 일반적으로 알려지지 않은 사실로부터 독립적인 경제적 가치를 얻은 것이 아니며, 제3자가 정당한 방법으로 쉽게 접근하기가 어려운 것이 아니라고 판시하였다(상공회의소, 위의 책, 42-43면 참조).

여 비밀로 유지된 생산방법·판매방법 기타 영업활동에 유용한 기술상 또는 경영상의 정보를 말한다 할 것이고, 여기서 공연히 알려져 있지 아니하다고 함은 그 정보가 간행물 등의 매체에 실리는 등 불특정 다수인에게 알려져 있지 않기 때문에 보유자를 통하지 아니하고는 그 정보를 통상 입수할 수 없는 것을 말하고, 보유자가 비밀로서 관리하고 있다고 하더라도 당해 정보의 내용이 이미 일반적으로 알려져 있을 때에는 영업비밀이라고 할 수 없다(대판 2004.9.23. 2002다60610).

(3) 부정경쟁방지 및 영업비밀보호에 관한 법률 제2조 제2호의 "영업비밀"이란, 공연히 알려져 있지 아니하고 독립된 경제적 가치를 가지는 것으로서, 상당한 노력에 의하여 비밀로 유지된 생산방법·판매방법 기타 영업활동에 유용한 기술상 또는 경영상의 정보를 말하고, 여기서 공연히 알려져 있지 아니하다고 함은 그 정보가 간행물 등의 매체에 실리는 등 불특정 다수인에게 알려져 있지 않기 때문에 보유자를 통하지 아니하고는 그 정보를 통상 입수할 수 없는 것을 말한다(대판 2012.6.28. 2011도3657).

2. 경제적 가치성

영업비밀은 비밀보유자의 의사만으로는 부족하고 비밀로 소유관리할 정당한 이익 즉, 경제적 가치를 가지고 있는 것이어야 한다는 견해가 있다.[16] 여기서 경제적 가치는 원칙적으로 비밀성으로부터 유래하는 것으로 그 공개 또는 사용에 의해 경제적 가치를 얻을 수 있는 자에게 일반적으로 알려져 있지 않고 또 정당한 수단에 의해서는 쉽게 알 수 없기 때문에 현실적이건 잠재적이건 경제적 가치를 가지게 되며 법률상 정당한 이익을 가져야 한다는 의미이며, 정보 그 자체가 경제거래의 대상이 되는 독자적·금전적 가치를 가져야 한다는 의미는 아니라고 한다.

이와 같은 해석은 현행 영업비밀보호법 제2조의2에서 "독립된 경제적 가치를 가지는 것"이라는 문구에서 도출되는 것인데 법문의 해석상 어쩔 수 없는 한계가 인정된다. 그렇지만 이 문구는 동조에서 규정한 "생산방법·판매방법 기타 영업활동에 유용한 기술상 또는 경영상의 정보"라는 문구와 실질적으로 중복적인 것이 아닌가 하는 의문이 제기된다. 즉 "독립된 경제적 가치를 가질 것"이라는 문구를 엄격하게 해석한다면 영업비밀이 그 자체로서 독립된 경제적 가치를 가져

16) 송영식·이상정·황종환, 위의 책, 93면.

야만 한다고 해석할 수도 있다. 물론 위에서 살펴본 견해에서는 현실적이건 잠재적이건 간에 경제적 가치를 가지는 것으로 충분하고 독립된 가치를 가질 것을 요구하지 않았다. 원래 이 문구는 다른 외국의 입법례를 모방한 것이라고 생각되는데, 일본의 부정경쟁방지법처럼 이 문구를 삭제하는 것이 타당하고 이 문구가 없다고 하여도 유용성이라는 요건을 통하여 충분히 한정될 것으로 사료된다.

>>> **사례 영업비밀의 경제성**

(1) 구 부정경쟁방지 및 영업비밀보호에 관한 법률(2004. 1. 20. 법률 제7095호로 개정되기 전의 것) 제2조 제2호의 영업비밀이란 일반적으로 알려져 있지 아니하고 독립된 경제적 가치를 가지며, 상당한 노력에 의하여 비밀로 유지 · 관리된 생산방법, 판매방법 기타 영업활동에 유용한 기술상 또는 경영상의 정보를 말하고, 이때 정보가 '독립된 경제적 가치를 가진다'는 의미는, 그 정보의 보유자가 그 정보의 사용을 통해 경쟁자에 대하여 경쟁상의 이익을 얻을 수 있거나 또는 그 정보의 취득이나 개발을 위해 상당한 비용이나 노력이 필요하다는 것인바, 어떠한 정보가 위와 같은 요건을 모두 갖추었다면, 위 정보가 바로 영업활동에 이용될 수 있을 정도의 완성된 단계에 이르지 못하였거나, 실제 제3자에게 아무런 도움을 준 바 없거나, 누구나 시제품만 있으면 실험을 통하여 알아낼 수 있는 정보라고 하더라도, 위 정보를 영업비밀로 보는 데 장애가 되는 것은 아니다. 사원이 회사를 퇴사하면서 부품과 원료의 배합비율과 제조공정을 기술한 자료와 회사가 시제품의 품질을 확인하거나 제조기술 향상을 위한 각종 실험을 통하여 나타난 결과를 기재한 자료를 가져간 경우 이는 절도에 해당하고, 위 자료는 구 부정경쟁방지 및 영업비밀보호에 관한 법률(2004. 1. 20. 법률 제7095호로 개정되기 전의 것)에 정한 영업비밀에 해당한다(대판 2008.2.15. 2005도6223).

3. 비밀관리

비공지인 특정정보가 영업비밀로서 보호받기 위해서는 단순히 당해 정보가 공연히 알려져 있지 않다는 것 이외에 보유자가 당해 정보를 비밀로서 관리하고 있음을 요한다. 즉 관리의사와 관리노력을 필요로 한다. 그러므로 영업비밀이라 할지라도 부주의나 사고 등 관리소홀에 의해 공개된 영업비밀은 보호될 수 없다. 즉 고객명부는 보유자가 비밀을 유지하는 동안만 보호될 뿐이다.[17] 이러한 관리요건을 필요로 하는 이유는 영업비밀에 관한 부정한 행위는 비밀로서 관리되고 있는 타인의 정보를 부정한 수단으로 취득하여 경쟁상 유리한 지위를 차지하려는 행위이고, 이러한 부정한 수단이 필요한 것은 당해 정보가 비밀로서 관리되고 있기 때문이므로 객관적으로 비밀로서 관리되고 있지 않은 정보는 그 정보에 접근하는 사람에게 당해 정보가 누구에게나 공개되어 자유로이 사용할 수 있는 정보라는 개연성이 높아 그러한 정보까지 보호하면 정보거래의 안정성을 해치기 때문이다. 또 제3자 보호를 위하여 정보에 접근하는 자가 무엇이 영업비밀인가를 명확히 인식할 수 있도록 할 필요가 있기 때문이다. 우리나라의 판례에서는 "영업비밀의 보유자인 회사가 직원들에게 비밀유지의 의무를 부과하는 등 기술정보를 엄격하게 관리하는 이상, 역설계가 가능하고 그에 의하여 기술정보의 획득이 가능하더라도, 그러한 사정만으로 그 기술정보를 영업비밀로 보는 데에 지장이 있다고 볼 수 없다"고 본 사례도 있다.[18] 어느 경우에 비밀로서 관리되고 있다고 인정될 수 있는가는 구체적인 상황에 따라서 개별적으로 판단되어야 할 문제이나 대략 다음과 같은 경우에는 비밀로서 관리된다고 볼 수 있다. 예컨대, (i) 당해 정보에 접근할 수 있는 자를 제한하고 있는 경우, (ii) 당해 정보에 접근한 자에게 당해 정보를 권한없이 사용하거나 공개해서는 안 된다는 의무가 과하여져 있는 경우, (iii) 당해 정보에 접근한 자에게 당해 정보가 영업비밀인 것을

17) 디피잉스 버드 버신 내 씨앤씨 베탈프로덕츠사 사건 (미국 제2순회연방항소법원, 1985년)에서 1886년에 설립된 이래 약 100년의 역사를 갖고 있는 디피앙스사는 금속제 단추와 그 부품들을 취급하고 있었다. 그러나 경기침체 등으로 회사경영에 어려움을 느낀 디피앙스사는 1982년 자구책으로 회사의 일부 재산을 매각하기로 하였다. 회사자산 중 우선매각이 손쉬운 기계장비, 사무용기기 및 컴퓨터 등을 30만달러에 씨앤씨 메탈프로덕츠사에 팔았다. 문제는 디피앙스사가 컴퓨터 등을 매각하면서 컴퓨터하드웨어 속에 내장된 메모리 뱅크 관리를 소홀히 한데서 비롯되었다. 평소 디피앙스사는 고객명단 등 고객관련기록을 컴퓨터의 메모리뱅크와 백업디스크에 수록하고 있는데, 백업디스크는 디피앙스사의 금고속에 보관해 왔었다. 씨앤씨 메탈프로덕츠사는 직원들이 자사가 구입한 컴퓨터를 가져가기 위하여 디피앙스사 건물에 출입하는 과정에서 컴퓨터 내(메모리 뱅크)에 고객명단이 수록된 것을 발견하고 디피앙스사의 전산요원에게 부탁하여 컴퓨터 내에 수록된 고객명단을 출력, 인쇄하여 고객명단 등을 입수해 갔다. 매각하지도 않은 고객명단 등 고객관련사항이 고스란히 컴퓨터와 함께 씨앤씨 메탈프로덕츠사 측에 넘어간 사실을 후에 알게된 디피앙스사는 인수자를 상대로 영업비밀 침해를 이유로 한 손해배상청구와 함께 영업비밀사용금지청구 소송을 제기하기에 이르렀다. 디피앙스사는 고객명단 등 고객관련 영업비밀이 수록된 백업디스크 등이 철저한 보안관리하에 있는 금고에 보관되고 있었고 또 고객명단 등을 타인에게 제공할 의도도 없었으므로 고객명단 등은 영업비밀로 보호되어야 한다고 주장하였다. 이에 대하여 1심 지방법원과 2심 미연방 제2순회항소법원은 원고 패소판결을 내렸다. 이 사건에서 피고측은 원고회사의 직원에게 뇌물을 주고 그가 쉽게 입수할 수 있는 Source code book을 이용하여 고객명단을 입수할 수 있었고 이에 대해 법원은 고객명단을 보호할 수 없다는 결정을 하면서 명단이 고의적이든 또는 우발적이든 간에 공개되면 영업비밀은 더 이상 존재하지 않는다고 판시했다(상공회의소, 영업비밀 보호 사례집, 1996.12, 23면 참조).

18) 대판 1999.3.12. 98도4704.

알 수 있도록 하고 있는 경우를 들 수 있다.

>>> **사례 비밀유지성**

여기서 '상당한 노력에 의하여 비밀로 유지된다'는 것은 그 정보가 비밀이라고 인식될 수 있는 표시를 하거나 고지를 하고, 그 정보에 접근할 수 있는 대상자나 접근 방법을 제한하거나 그 정보에 접근한 자에게 비밀준수의무를 부과하는 등 객관적으로 그 정보가 비밀로 유지 · 관리되고 있다는 사실이 인식 가능한 상태인 것을 말한다. 직원들이 취득 · 사용한 회사의 업무 관련 파일이 보관책임자가 지정되거나 보안장치 · 보안관리규정이 없었고 중요도에 따른 분류 또는 대외비 · 기밀자료 등의 표시도 없이 파일서버에 저장되어 회사 내에서 일반적으로 자유롭게 접근 · 열람 · 복사할 수 있었던 사안에서, 이는 상당한 노력에 의하여 비밀로 유지된 정보라고 볼 수 없어 구 부정경쟁방지 및 영업비밀보호에 관한 법률(2007. 12. 21. 법률 제8767호로 개정되기 전의 것) 제2조 제2호에 정한 영업비밀에 해당하지 않는다(대판 2008.7.10. 2008도3435).

한편, 영업비밀이 되기 위해서는 공연성을 가져서는 안 된다. 여기서 '비공연성'이란 당해 정보가 일반에 알려지지 아니한 상태를 말한다. 즉, 불특정 다수인에게 공연하게 알려지지 아니한 것이고 경제적 가치가 있으며 비밀로써 관리되는 정보를 말한다. 따라서 공연하게 알려진 영업비밀은 특허법 등의 무체재산권법으로 보호되지 아니하고 영업비밀보호법의 보호대상으로 할 수 없다. 이에 반하여 정보가 특정의 자에 유래하고 그 자에 한정하여 공지되는 경우 정보에 대하여 일정의 권리행사를 인정하는 것은 정보의 유통, 정보거래의 안정성을 현저히 침해하는 것이 아니다. 즉, 이 경우 재산적 정보로서 보호할 수 있는 이익이 인정되고 일반에 알려지지 아니한 정보이고 거듭 당해 보유자 외의 다른 자가 동일한 것을 알고 있다고 하여도 즉, 당해 재산적 정보와 동일한 정보를 보유하는 자가 복수 존재하는 경우에도 그것이 당해 업계 등에서 일반적으로 알려지지 아니한 경우에도 보호된다. 당해 정보가 일반에 알려진 경우에는 보유자가 속하는 사업분야의 사업종사자 일반을 기준으로 판단하고, 보유자의 사업관계자나 보유자이외의 소수사업자에 알려져도 공연히 알려진 것으로 말하기 어렵다. 즉, 내용적으로는 공지의 정보이지만 정보를 사용하는 사업이 비공지라면 충분하며, 문제된 비공지요건은 보호객체의 요건이고 정보 자체가 비공지정보라는 것을 의미하는 것은 아니다. 비공지요건의 유무는 손해배상청구에 대하여는 부정행위가 행하는 날이고, 금지청구에 대하여는 사실심의 구두변론 종결일을 기준으로 한다.

4. 영업활동에 유용한 기술상 또는 경영상의 정보

영업비밀은 '생산방법, 판매방법 기타의 사업활동에 유용한 기술상 또는 영업상의 정보'이어야 한다. 여기서 '생산방법, 판매방법'이란 '사업활동에 유용한 기술상 또는 영업상의 정보'로 예시할 수 있고 구체적으로는 생산방법에 대하여는 제조상의 노하우, 판매방법에 대하여는 고객명단이나 판매목록 등을 열거할 수 있다. 어떠한 정보가 영업비밀로 보호받기 위해서는 경제적으로 '유용한 기술상의 정보 또는 영업상의 정보'이어야 한다. 따라서 비공지로서 비밀관리라고 하는 정보에 대하여도 상품 · 서비스의 생산 · 판매, 연구개발 등의 사업활동을 행함에 있어서 유용성이 없는 정보는 영업비밀에 해당하지 아니한다. 여기서 '유용성'이란 당해 정보 자체가 사업활동에 사용 · 이용되는 것에 의한 비용의 절약, 경영효율의 개선 등에 유용한 것이다. 그렇지만 이와 같은 정보에 해당한다면 당해 정보가 현실적으로 사업활동에 기여하는 것이고 이것을 장래 또는 잠재적으로 유용성의 기능성이 객관적으로 인식된다면 영업비밀을 획득한다. 유용성은 당해 정보의 객관적 유용성을 의미하는 것이기에 보유자가 주관적으로 유용성을 판단하는 것도 객관적으로 당해 사업에 유용한 정보가 아닌 것으로 제한되고 그 침해로부터 보유자를 보호할 필요는 없다.

유용성의 유무가 문제되는 경우에는 소위 부정적 정보와 반사회적 정보에 관련되어 있다. 부정적 정보(negative information)의 사례로서는 신약개발 과정에서 실패한 시험데이터 등의 정보를 들 수 있다. 이와 같은 실험데이터 등의 실패 정보 자체로부터 적극적인 경제적 이익을 얻을 수 없기 때문에 유용성이 없는 것이 아닌가 하는 것이 문제된다. 부정적 정보도 약효가 있는 화합물을 발견하는 것이기 때문에 불가결의 과정을 형성하는 데이터이고, 취득자가 실패가능성을 회피할 수 있는 것이기에 경비의 절약으로 경제상 중요한 가치를 지닌 정보라고 말할 수 있으며 영업비밀로서 영업비밀보호법에 의한 보호를 받을 수 있는 것으로 생각된다. 그렇지만 부정적 정보가 영업비밀이라고 해석되는 경우에도 유용성의 의미나 피해자의 '영업상의 이익을 해하는 가능성'의 개념을 음미해야 한다. 또한 당해 정보의 이용금지에 관련해서도 금지의 내용을 특정하기가 곤란하여 손해배상청구의 경우에 손해액의 입증상 곤란한 문제가 있을 수 있다. 반사회적 정보에 대하여는 영업비밀보호법상 명문의 규정이 없는데, 법문상 '사업활동에 유용성'이라는 것은 정당한 사업활동에 의하여 객관적인 '경제적 가치'가 인정되는 것을 의미한다. 독일의 부정경쟁방지법에서도 이 점에 대하여 명문의 규정을 결여하고 있다. 그렇지만 독일의 학설 · 판례는 보다 명확히 권리자가 비밀유지에 대하여 정당한 이익을 가지는 것을 보호의 요건으로 인정하고 있다.

한편, 영업비밀이 비공지성, 비밀관리, 경제성의 3개 요건을 만족하는 재산적 정보에 해당하여도 공해의 유발이나 탈세에 관한 정보 등 사회정의에 반하는 내용의 정보인 경우에는 이것을 내부고발할 수 있고 또한 취재하여 보도하는 행위는 금지의 대상에서 제외하는 것이 적당하다고 판단되고, 이 경우 '정당한 이익'의 요건도 더하여진다. 그렇지만 입법화와 관련해서는 '정당한 이익'의 요건을 필요로 한다. 일본에서도 이 요건과 관련해서 (ⅰ) 공해, 탈세 등의 공서양속에 반하는 내용의 정보가 '사업활동에 유용한 기술상 또는 영업상의 정보'에 해당하지 아니할 것, (ⅱ) 보호되는 보유자의 영업상 이익은 법률상 보호할 가치있는 정당한 이익으로 해석될 것, (ⅲ) 민사법상의 대원칙에 해당하는 권리남용, 공서양속의 법리가 영업비밀보호법에서도 당연 적용이 될 것, (ⅳ) 민사법규에 있어서 '정당한 이익'을 규정한 입법례가 없었다고 하여도 어떤 명문 규정을 둘 필요는 없지만 이것은 요건의 하나에 해당되고 실제의 재판에서 사실상 제4의 요건으로서 당연히 고려에 포함된다고 한다.

이와 같은 관점에서 반사회성과 유용성을 모두 포함하는 정보가 영업비밀에 해당되는가가 문제된다. 예컨대, 개인의 비리에 관한 정보와 의약품의 부작용에 관한 정보의 2개 사례를 들 수 있다. 비리정보에 관하여는 그것을 취재한 주간지 업자 등에 있어서 사업활동상의 경제적 가치가 있는 것으로 경업자가 이것을 부정하게 취득하고 전제하는 행위에 대하여 영업비밀보호법에 의한 금지청구를 인정하는 견해가 있다. 그러나 이와 같은 개인정보는 표현의 자유와 국민의 알 권리 등과 관련되어 있어서 일정의 한도에서 그 공개가 법적으로 허용되고, 당해 정보의 공개를 법적으로 허용하는 범위 내의 것에 한정되면 사업활동에 유용한 정보로 볼 수 없다. 다음으로, 약의 부작용정보에 대하여는 인체에 주는 영향을 비밀에 해당하는 경우는 반사회성이 있지만 동시에 타제품의 부작용방지 등에도 응용될 수 있는 때에는 그에 한정하여 유용성이 있다. 그러나 본래 반사회적 정보는 법적 보호에 가치가 없기 때문에 유용성이 없다. 예컨대, 경제적 가치를 가지고 있다고 하여도 법적 보호가치가 없는 경쟁상의 이익이라고 말하여지기 때문에 기본적으로는 유용성이 없다. 다만, 실질적으로 당해 정보의 반사회성 및 경제적 가치의 정도에 의해서는 판단에 차이가 발생할 여지가 있고, 이 경우에는 양자를 비교형량하여 판단한다. 또한 영업비밀의 객체의 요건과 행위태양은 관련되어 있기에 영업비밀보호법의 적용이 있는 경우에는 행위태양이나 행위목적도 고려할 필요가 있다.

Ⅱ. 영업비밀의 보호기간

영업비밀은 저작권이나 특허권과 달리 그 보호기간이 특정되어 있지 아니하다. 다시 말해서 영업비밀은 유용성, 비밀성 및 비공개성이 유지되는 한 무제한적으로 보호된다. 이와 관련해서 우리나라의 대법원은 "영업비밀이 보호되는 시간적 범위는 당사자 사이에 영업비밀이 비밀로서 존속하는 기간이므로 그 기간의 경과로 영업비밀은 당연히 소멸하여 더 이상 비밀이 아닌 것으로 된다고 보아야 하는바, 그 기간은 퇴직 후 부정한 목적의 영업비밀 침해행위가 없는 평온 · 공연한 기간만을 가리킨다거나, 그 기산점은 퇴직 후의 새로운 약정이 있는 때 또는 영업비밀 침해행위가 마지막으로 이루어진 때라거나, 나아가 영업비밀 침해금지 기간 중에 영업비밀을 침해하는 행위를 한 경우에는 침해기간만큼 금지기간이 연장되어야 한다고는 볼 수 없다"고 보았다.[19] 유사하게 우리나라의 다른 판례에서도 "영업비밀 침해행위의 금지는 공정하고 자유로운 경쟁의 보장 및 인적 신뢰관계의 보호 등의 목적을 달성함에 필요한 시간적 범위 내로 제한되어야

---

19) 대판 1998.2.13. 97다24528.

하고, 그 범위를 정함에 있어서는 영업비밀인 기술정보의 내용과 난이도, 영업비밀 보유자의 기술정보 취득에 소요된 기간과 비용, 영업비밀의 유지에 기울인 노력과 방법, 침해자들이나 다른 공정한 경쟁자가 독자적인 개발이나 역설계와 같은 합법적인 방법에 의하여 그 기술정보를 취득하는 데 필요한 시간, 침해자가 종업원(퇴직한 경우 포함)인 경우에는 사용자와의 관계에서 그에 종속하여 근무하였던 기간, 담당 업무나 직책, 영업비밀에의 접근 정도, 영업비밀보호에 관한 내규나 약정, 종업원이었던 자의 생계 활동 및 직업선택의 자유와 영업활동의 자유, 지식재산권의 일종으로서 존속기간이 정해져 있는 특허권 등의 보호기간과의 비교, 기타 변론에 나타난 당사자의 인적 · 물적 시설 등을 고려하여 합리적으로 결정하여야 한다"고 보았다.[20]

>>> **사례 보호기간**

(1) 영업비밀 침해행위를 금지시키는 것은 침해행위자가 그러한 침해행위에 의하여 공정한 경쟁자보다 '유리한 출발(headstart)' 내지 '시간절약(lead time)'이라는 우월한 위치에서 부당하게 이익을 취하지 못하도록 하고, 영업비밀 보유자로 하여금 그러한 침해가 없었더라면 원래 있었을 위치로 되돌아갈 수 있게 하는 데에 그 목적이 있다 할 것이므로, 영업비밀 침해행위의 금지는 이러한 목적을 달성함에 필요한 시간적 범위 내에서 기술의 급속한 발달상황 및 변론에 나타난 침해행위자의 인적 · 물적 시설 등을 고려하여 침해행위자나 다른 공정한 경쟁자가 독자적인 개발이나 역설계와 같은 합법적인 방법에 의하여 그 영업비밀을 취득하는 데 필요한 시간에 상당한 기간 동안으로 제한하여야 하고, 영구적인 금지는 제재적인 성격을 가지게 될 뿐만 아니라 자유로운 경쟁을 조장하고 종업원들이 그들의 지식과 능력을 발휘할 수 있게 하려는 공공의 이익과 상치되어 허용될 수 없다(대판 1996.12.23. 96다16605).

20) 대판 1998.2.13. 97다24528.

제5절 영업비밀의 취득과 양도 등

Ⅰ. 취 득

영업비밀의 취득은 사실, 물건, 방법 등의 발견이나 발명에 의하여 생성되고, 특허권이나 상표권 등과 달리 등록을 요건으로 하지 아니한다. 이 점에서는 저작권과 유사하다. 그렇지만 영업비밀의 경우에는 그 비밀성이 보호의 기본적인 요건이므로 그 비밀성이 존속하는 한 영구적으로 보호된다는 점에서 저작권과 차이가 있다. 영업비밀의 취득과 관련해서 문제가 되는 것은 당해 영업비밀이 사내발생된 경우이다. 이 경우에는 특허권과 유사하게 다루어져야 할 것으로 생각된다. 즉 영업비밀의 사내발명과 관련해서 발명에 준해서 생각하되, 영업비밀의 특수성도 감안해야 한다는 견해가 있다.[21] 이 견해에 의하면 다음과 같이 해결된다. 즉, 첫째, 피용자가 개발을 위하여 고용되었고 발견물이 업무영역에 속하는 경우는 당해 아이디어는 사용자에게 속한다. 둘째, 피용자가 개발을 위하여 고용되지도 않았고 발견물도 직무범위 밖이나 개발을 위하여 사용자가 제조의 설비, 재료를 사용토록 하였고 피용자가 근무시간을 이용하여 개발한 경우에 미국에서는 사용자에게 커먼로상 인정되고 있는 Shop right원칙에 의해 사용자는 당해 영업비밀을 무상으로 사용할 수 있는 권리가 인정된다. 셋째, 피용자가 사용자의 시간이나 자료 등을 전혀 사용하지 않았고 발견물이 고용계약의 범위 밖인 경우는 당해 영업비밀은 피용자에게 배타적으로 귀속된다. 그러나 이것은 피용자가 사용자에게 속하는 어떠한 영업비밀이나 그 밖의 사용자가 가지고 있는 정보를 전혀 이용하지 않고서 개발하였다는 것을 전제로 한 것이다. 즉, 사용자의 무체재산이나 유체재산을 전혀 이용하지 않고서 독자적으로 개발하였어야 한다.

---

21) 송영식 · 이상정 · 황종환, 위의 책, 446-447면 참조.

>>> **사례 영업비밀의 취득**

부정경쟁방지 및 영업비밀에 관한 법률 제18조 제2항은, 부정한 이익을 얻거나 기업에 손해를 가할 목적으로 그 기업에 유용한 영업비밀을 취득 · 사용하거나 제3자에게 누설한 자를 처벌하고 있는데, 여기서 영업비밀의 취득이란 사회 통념상 영업비밀을 자신의 것으로 만들어 이를 사용할 수 있는 상태에 이른 경우를 말하는바, 기업의 직원으로서 영업비밀을 인지하여 이를 사용할 수 있는 자는 이미 당해 영업비밀을 취득하였다고 보아야 하므로 그러한 자가 당해 영업비밀을 단순히 기업의 외부로 무단 반출한 행위는 업무상 배임죄에 해당할 수 있음은 별론으로 하고, 위 조항 소정의 영업비밀의 취득에는 해당하지 않는다고 봄이 상당하다(대판 2008.4.10. 2008도679).

Ⅱ. 양 도

영업비밀은 특허권, 저작권, 상표권 등과 마찬가지로 양도할 수 있음은 물론이다. 문제는 영업비밀의 양도계약에서 특별한 약정이 없는 경우에 발생한다. 이 경우에 특허권이나 저작권 등의 양도와 유사하게 양도인이 더 이상 당해 영업비밀을 사용하지 아니하며, 제3자에게도 공개하지 않는다는 약속에 묵시적으로 동의한 것으로 해석할 수 있다.[22]

그렇지만 재직중 지득한 영업비밀이 아닌 일반적인 지식이나 경험을 퇴직 후(계약종료후) 이용하는 것을 제한하는 것은 피용자의 권리를 부당하게 제한하는 규정으로 당연 무효이며 또한 퇴직 후 5년 이내에 지득하거나 취득한 기술이나 정보 등을 원고에게 제공해야 한다는 규정도 피용자가 습득한 일반적인 기술이나 지식의 사회에의 환원이라는 차원에서 보면 공공의 이익에도 반하므로 역시 당연 무효에 해당된다.[23]

22) 송영식 · 이상정 · 황종환, 위의 책, 447-448면 참조.
23) 상공회의소, 위의 책, 33-38면 참조.

Ⅲ. 라이선스

1. 라이선스계약

영업비밀보호법에서는 영업비밀의 라이선스에 관하여는 아무런 조항을 마련하지 않았다. 그렇다고 하여도 영업비밀의 실시계약은 라이선스계약에 해당함은 명백하고, 다른 지식재산권법의 라이선스계약에 관한 조항을 유추 적용하여 영업비밀의 라이선스를 해석할 수 있다. 따라서 영업비밀의 라이선스는 비배타적 라이선스와 배타적 라이선스로 나누어지고, 비배타적 라이선스는 설정행위에서 정한 범위에서 이용할 수 있으며, 영업비밀보유자의 허락없이는 제3자에게 재라이선스를 할 수 없다.

영업비밀의 라이선스계약은 통상 영업비밀보유자와 사업자 사이에 체결되어 왔고, 일반인보다는 양당사자가 합리적이고 이성적인 지위에 있는 자들이므로 현행 영업비밀보호법에서는 당사자의 자치에 따라 자유롭게 계약을 설정할 수 있게 하였다. 즉 영업비밀의 라이선스 당사자는 라이선스의 유형과 그 이용범위를 사항적, 장소적 및 시간적으로 정할 수 있다. 예컨대, 배타적 라이선스를 할 것인가, 비배타적 라이선스를 할 것인가를 선택할 수 있고, 더 나아가서 라이선스에서는 영업비밀을 이용하여 제작한 상품의 이용장소와 시간 등을 제한할 것인가를 정할 수 있다.

2. 라이선스의 기간

당사자가 영업비밀의 라이선스 기간을 약정한 경우 그 기간 동안에 라이선스는 존속한다. 당사자가 라이선스의 기간을 정하지 아니한 경우 라이선스된 객체와 상거래의 상황을 고려하여 합리적인 기간 동안에 존속한다고 해석할 수밖에 없다.[24] 여기서 합리적인 기간을 판단함에는 관련된 권리를 반영하여야 한다. 예컨대, 특허권의 라이선스는 특허권의 존속기간을 넘지 아니하는 범위에서 합리

24) Uniform Computer Information Transactions Act; UCITA §308(1) 참조.

적으로 추정하고, 저작권의 라이선스 경우에도 저작권의 존속기간을 넘어서 약정을 했다고 하여도 저작권의 존속기간 내에서 합리적인 기간으로 한정된다.[25] 영업비밀의 경우에는 이와 같은 권리의 존속기간이 없으므로 영구적으로 가능하다고 할 수 있지만 해당 영업비밀이 시장에서 가지는 합리적 존속기간 내에 한정된다.

25) UCITA §308 official comment 2.

제6절 산업기술의 침해행위와 법적 대응

Ⅰ. 침해행위

1. 개 요

영업비밀보호법에 있어서 영업비밀은 계약위반이나 절취 · 기망 · 협박 기타의 부정한 수단을 이용한 침해행위(부정취득행위, 부정이용행위, 부정공개행위)로부터의 보호를 목적으로 한다. 즉 영업비밀보호법은 경제적으로 유용한 타인의 비밀정보를 계약위반이나 절취 · 기망 등의 부정한 수단에 의한 취득행위 · 이용행위 또는 공개행위를 금지하는 공정한 경쟁을 도모하는 데 있다. 따라서 합법적인 수단으로 영업비밀을 취득한 자는 비밀준수의무가 있는 경우를 제외하고는 아무런 책임없이 정보를 자유롭게 이용 또는 공개할 수 있다. 즉 영업비밀은 독자적으로 알아낸 자에 대하여 원칙적으로 소송을 제기할 수 없다. 마찬가지로 영업비밀이 상품에 이용된 경우 그 상품을 누구나 분석할 자유가 있고, 소위 'reverse engineering'과 같은 방법으로 취득한 정보는 정당하게 이용할 수 있다. 정당한 취득에 속하는 행위로는 ① 독립적으로 재발견한 취득, ② 역설계, ③ 영업비밀 보유자의 허가를 얻은 취득, ④ 공개사용 또는 전시물에 대한 관찰을 통한 취득, ⑤ 공개된 출판물을 통한 영업비밀의 취득행위를 들 수 있다.

한편, 영업비밀의 법적 보호기초와 관련해서는 우선적으로 당사자 사이의 명시적인 계약을 통한 채무불이행책임으로 보호받을 여지가 있다. 다음으로 영업비밀의 침해행위가 선량한 사회질서에 반하여 민법 제750조의 불법행위를 구성하느냐의 여부를 통하여 보호받을 수 있었다. 영업비밀은 민법이나 영업비밀보호법에 의하여 부정경쟁방지라는 차원에서 보호된다. 따라서 영업비밀보호법은 계약위반행위나 절취 · 기망 · 협박 기타의 부정한 수단을 이용한 침해행위(부정취득행위, 부정이용행위, 부정공개행위)로부터의 보호를 목적으로 한다. 그러므로 영업비밀의 정당한 보유자가 이를 공개한 영업비밀을 정당하게 취득한 자이며 취득한 영업비밀을 이용할 수 있다. 여기서 "영업비밀을 정당하게 취득한 자"라 함은 영업비밀을 취득할 당시에 그 영업비밀이 부정하게 공개된 사실 또는 영업비밀의 부정취득행위나 부정공개행위가 개입된 사실을 중대한 과실없이 알지 못하고 그 영업비밀을 취득한 자를 말한다(영업비밀보호법 제13조 제2항 참조).

2. 계약위반행위

영업비밀은 영업비밀보호법이 제정되기 전까지는 당사자 사이에 계약을 통한 보호와 민법 제750조에 의한 보호가 문제되었다. 여기서 계약에 기초한 영업비밀의 유지의무와 관련해서 우리나라의 판례는 "'계약관계 등에 의하여 영업비밀을 비밀로서 유지할 의무'라 함은 계약관계 존속 중은 물론 종료 후라도 또한 반드시 명시적으로 계약에 의하여 비밀유지의무를 부담하기로 약정한 경우뿐만 아니라 인적 신뢰관계의 특성 등에 비추어 신의칙상 또는 묵시적으로 그러한 의무를 부담하기로 약정하였다고 보아야 할 경우를 포함한다"[26]고 판단하여 비밀유지의무를 명시적 계약 외에 신뢰관계 등에 의해서도 발생할 수 있다고 넓게 해석하여 왔다.

통상은 영업비밀보유자와 이를 이용하는 자 사이에 고용계약이나 라이선스계약에서 비밀준수의무를 명시하는 것으로 보호를 받을 수 있는데, 우리나라의 판례에 의하면 "필기구 제조업체의 연구실장으로서 영업비밀에 해당하는 기술정보를 습득한 자가 계약관계 및 신의성실의 원칙상 퇴사 후에도 상당 기간 동안 비밀유지의무를 부담함에도 불구하고 타 회사로부터 고액의 급여와 상위의 직위를 받는 등의 이익을 취하는 한편 타 회사로 하여금 잉크를 제조함에 있어서 그 기술정보를 이용하여 시간적·경제적인 면에서 이익을 얻게 하기 위하여 타 회사로 전직하여 타 회사에서 그 기술정보를 공개하고 이를 사용하여 잉크를 생산하거나 생산하려고 한 경우, 그러한 행위는 공정한 경쟁의 이념에 비추어 선량한

26) 대판 1996.12.23. 96다16605.

풍속 기타 사회질서에 반하는 부정한 이익을 얻을 목적에서 행하여진 것으로서 영업비밀보호법 제2조 제3호 (라)목 소정의 영업비밀 유지의무 위반행위에 해당한다"[27]라고 하여 계약에 의한 보호를 인정하고 있다. 영업비밀의 보호는 영업비밀보호법이 마련되기 전까지 주로 당사자 사이의 계약에 기초하여 보호받을 수 있었고 명시적인 계약이 없는 경우에는 민법 제750조에 기초한 선량한 풍속위반에 기초한 불법행위로 다루어져 보호를 받을 여지가 있었다. 즉, 당사자 사이의 영업비밀 준수의무에 대한 명시적인 약정이 없는 경우 당사자 사이의 신뢰보호에 기초해서도 보호를 받을 수 있는 여지를 판례가 개발하여 왔다. 그래서 대법원의 다른 판례에서도 "근로자가 전직한 회사에서 영업비밀과 관련된 업무에 종사하는 것을 금지하지 않고서는 회사의 영업비밀을 보호할 수 없다고 인정되는 경우에는 구체적인 전직금지약정이 없다고 하더라도 영업비밀보호법 제10조 제1항에 의한 침해행위의 금지 또는 예방 및 이를 위하여 필요한 조치 중의 한 가지로서 그 근로자로 하여금 전직한 회사에서 영업비밀과 관련된 업무에 종사하는 것을 금지하도록 하는 조치를 취할 수 있다"[28]고 보았다.[29]

3. 부정한 수단에 의한 침해행위

영업비밀에 대한 침해행위는 '부정한 수단'의 사용에 의한 부정사용이라는 불

27) 대판 1996.12.23. 96다16605.

28) 대판 2003.7.16. 2002마4380.

29) CMP사 대 더 우드씨 사건(1992. 5.4 미국 제7순회항소법원)에서 미국 미시간 주에 소재하는 컴포지트 머린 프로펠러스 인크사(Composite Marine Propellers, Inc. 「CMP」)는 금속과 프라스틱의 복합물로 선박용 특수프로펠러를 설계, 제조하는 회사이다. CMP는 자사에 기자재를 납품하는 인젝션 스트럭튜랄 프라스틱스(Injection Structural Plastics, Ltd 「ISPL」와 영업비밀준수 등의 계약을 체결한 바 있었다. 이 계약에서 ISPL사는 어떠한 경우에도 CMP사와 시장에서 경쟁하지 않을 것이며 또한 CMP사의 영업비밀을 사용하지 않을 것과 ISPL사의 종업원들에게서도 위와 같은 영업비밀 준수약속을 받아 내기로 하였다. 그러나 실제로 ISPL사는 자사의 종업원들로부터 위와 같은 영업비밀 준수약속을 받아내지 못하였으며 한편으로 CMP사도 ISPL사가 그들의 지식재산권을 어떻게 보호하고 있는지를 미처 확인하지도 않았었다. CMP사가 제작하는 선박용특수 프로펠러는 금속과 프라스틱의 복합재료를 사용하고 프로펠러의 날개의 방향을 특정하게 잡는 등 그 재료와 제조공법에 특징이 있어 이와 관련한 여러 가지 영업비밀을 보유하고 있었다. ISPL사에서 주요한 역할을 담당했던 종업원 여럿이서 회사를 퇴사한 후 새로운 회사를 설립하고 프라스틱제(CMP사의 프로펠러에 사용하는 금속제 허브를 쓰지 않고 프라스틱만 사용하여)선박용 프로펠러의 제조에 착수하였다. 새 회사를 함께 설립했던 여러 명의 전직 ISPL사 종업원 중에서 거브리그 반 더 우드씨는 프라스틱제로만 된 프로펠러를 포함하는 새로운 발명에 대해서 미국특허를 취득하였다. CMP사에서는 자사에 주요 기자재를 공급하던 ISPL사의 직원들이 퇴사를 하고 새 회사를 설립한 후 경쟁상품을 생산하자 이들을 상대로 영업비밀 준수의무 위반 등을 이유로 캔자스지구 연방지방법원에 제소하였다(상공회의소, 위의 책, 59면 참조).

법행위에 그 기초를 두고 있다. 여기서 '부정한 수단(improper means)'은 절취 · 기망 · 협박 등 형법상의 범죄를 구성하는 행위뿐만 아니라 비밀유지의무의 위반 또는 그 위반의 유인 등 건전한 거래질서의 유지 내지 공정한 경쟁의 이념에 비추어 열거된 행위에 준하는 선량한 풍속 기타 사회질서에 반하는 일체의 행위나 수단을 말한다.[30]

영업비밀의 보호는 그 침해방법 내지 침해행위에 대한 사회적 비난가능성에 중심을 두고서 법리구성이 이루어졌다. 즉, 부정한 취득행위, 부정한 이용행위 및 부정한 공개행위에 해당하는 경우에 위법성이 인정된다면, 구제수단으로 손해배상청구를 허용할 것인가를 검토하여 왔다. 영업비밀보호법에 영업비밀을 보호하는 조항이 삽입되는 초기의 단계에서도 이들 행위에 해당하는 경우 손해배상청구를 명시적으로 허용하였고 이들 행위의 구체적인 유형을 열거하는 수준에서 점차적으로 금지청구권을 수용하였으며 더 나아가서는 형사벌까지 인정하는 입법으로 발전되어 온 것이 각국에 있어서 공통된 영업비밀보호법의 연혁이라 할 수 있다.

(1) 부정취득행위

부정취득행위는 3가지의 경우로 나눌 수 있는데, 첫째 절취 · 기망 · 협박 기타 부정한 수단으로 영업비밀을 취득하는 행위, 둘째 영업비밀에 대하여 부정취득행위가 개입된 사실을 알거나 중대한 과실로 알지 못하고 그 영업비밀을 취득하는 행위, 셋째 영업비밀이 계약관계 등에 위반하여 공개된 사실 또는 그러한 공개행위가 개입된 사실을 알거나 중대한 과실로 알지 못하고 그 영업비밀을 취득하는 행위이다.

우리나라의 대법원은 "영업비밀의 '취득'은 문서, 도면, 사진, 녹음테이프, 필름, 전산정보처리조직에 의하여 처리할 수 있는 형태로 작성된 파일 등 유체물의 점유를 취득하는 형태로 이루어질 수도 있고, 유체물의 점유를 취득함이 없이 영업비밀 자체를 직접 인식하고 기억하는 형태로 이루어질 수도 있으며 또한 영업비밀을 알고 있는 사람을 고용하는 형태로 이루어질 수도 있는 바, 어느 경우에

30) 대판 1996.12.23. 96다16605.

나 사회통념상 영업비밀을 자신의 것으로 만들어 이를 사용할 수 있는 상태가 되었다면 영업비밀을 취득하였다고 보아야 하므로 회사가 다른 업체의 영업비밀에 해당하는 기술정보를 습득한 자를 스카우트하였다면 특별한 사정이 없는 한 그 회사는 그 영업비밀을 취득하였다고 보아야 한다"[31]고 보았다.

>>> 사례 계약관계 등에 의하여 영업비밀을 비밀로서 유지할 의무

부정경쟁방지법 제2조 제3호 (라)목에서 말하는 '계약관계 등에 의하여 영업비밀을 비밀로서 유지할 의무'라 함은 계약관계 존속 중은 물론 종료 후라도 또한 반드시 명시적으로 계약에 의하여 비밀유지의무를 부담하기로 약정한 경우뿐만 아니라 인적 신뢰관계의 특성 등에 비추어 신의칙상 또는 묵시적으로 그러한 의무를 부담하기로 약정하였다고 보아야 할 경우를 포함한다(대판 1996.12.23. 96다16605).

(2) 부정공개행위

부정공개행위는 4가지의 경우로 나눌 수 있는데, 첫째 절취 · 기망 · 협박 기타 부정한 수단으로 영업비밀을 공개하는 행위, 둘째 영업비밀에 대하여 부정취득행위가 개입된 사실을 알거나 중대한 과실로 알지 못하고 그 영업비밀을 공개하는 행위, 셋째 영업비밀이 계약관계 등에 의하여 영업비밀을 비밀로서 유지하여야 할 의무가 있는 자가 부정한 이익을 얻거나 그 영업비밀의 보유자에게 손해를 가할 목적으로 그 영업비밀을 사용하거나 공개하는 행위가 개입된 사실을 알거나 중대한 과실로 알지 못하고 그 영업비밀을 공개하는 행위, 넷째 영업비밀을 취득한 후에 그 영업비밀이 계약관계 등에 의하여 영업비밀을 비밀로서 유지하여야 할 의무가 있는 자가 부정한 이익을 얻거나 그 영업비밀의 보유자에게 손해를 가할 목적으로 그 영업비밀을 사용하거나 공개하는 행위가 개입된 사실을 알거나 중대한 과실로 알지 못하고 그 영업비밀을 공개하는 행위이다.

미국의 통일영업비밀보호법에 있어서 부정한 공개 또는 이용은 명시적 또는 묵시적인 동의가 없이 타인의 영업비밀의 공개 또는 이용하는 것으로 정의하고 있다. 예컨대, 공개 또는 이용 당시에 영업비밀이 부정한 수단에 의하여 얻은 자로부터 획득된 것을 알았거나 알 만한 이유가 있는 자 또는 비밀유지의무 내지는

31) 대판 1998.6.9. 98다1928.

사용·제한의무가 있는 상황에서 이를 위반하여 취득된 것을 알았거나 알 만한 이유가 있는 자가 정보를 공개 또는 이용하는 경우가 여기에 해당된다(미국의 통일 영업비밀법 제1조 제2항 참조).

(3) 부정이용행위

부정이용행위의 유형은 다음과 같다. 첫째 절취 · 기망 · 협박 기타 부정한 수단으로 취득한 영업비밀을 사용하는 행위, 둘째 영업비밀에 대하여 부정취득행위가 개입된 사실을 알거나 중대한 과실로 알지 못하고 그 영업비밀을 취득하는 행위 또는 그 취득한 영업비밀을 사용하는 행위, 셋째 영업비밀을 취득한 후에 그 영업비밀에 대하여 부정취득행위가 개입된 사실을 알거나 중대한 과실로 알지 못하고 그 영업비밀을 사용하는 행위, 넷째 계약관계 등에 의하여 영업비밀을 비밀로서 유지하여야 할 의무가 있는 자가 부정한 이익을 얻거나 그 영업비밀의 보유자에게 손해를 가할 목적으로 그 영업비밀을 사용하는 행위, 다섯째 영업비밀이 계약관계 등에 의하여 영업비밀을 비밀로서 유지하여야 할 의무가 있는 자가 부정한 이익을 얻거나 그 영업비밀의 보유자에게 손해를 가할 목적으로 그 영업비밀을 사용하거나 공개하는 행위가 개입된 사실을 알거나 중대한 과실로 알지 못하고 그 취득한 영업비밀을 사용하거나 공개하는 행위를 의미한다. 우리나라의 판례는 영업비밀의 사용이라는 개념과 관련해서 "영업비밀의 '사용'은 영업비밀 본래의 사용 목적에 따라 이를 상품의 생산 · 판매 등의 영업활동에 이용하거나 연구 · 개발사업 등에 활용하는 등으로 기업활동에 직접 또는 간접적으로 사용하는 행위로서 구체적으로 특정이 가능한 행위를 가리킨다고 할 수 있다"[32] 고 보았다.

(4) 침해행위 유형의 도식화

위에서 살펴본 영업비밀 침해행위에 대하여 도식화하면 다음과 같다.

① 절취, 기망, 협박 기타 부정한 수단으로 영업비밀을 취득하는 행위(이하 '부정취득행위'라 한다) 또는 그 취득한 영업비밀을 사용하거나 공개하는 행위(법 제2

32) 대판 1998.6.9. 98다1928.

조 제3호 가목)

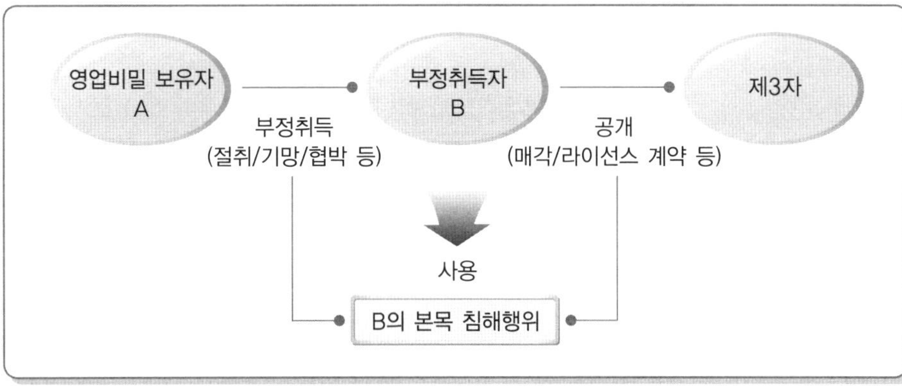

② 영업비밀에 대하여 부정취득행위가 개입된 사실을 알거나 중대한 과실로 알지 못하고 그 영업비밀을 취득하는 행위 또는 그 취득한 영업비밀을 사용하거나 공개하는 행위(법 제2조 제3호 나목)

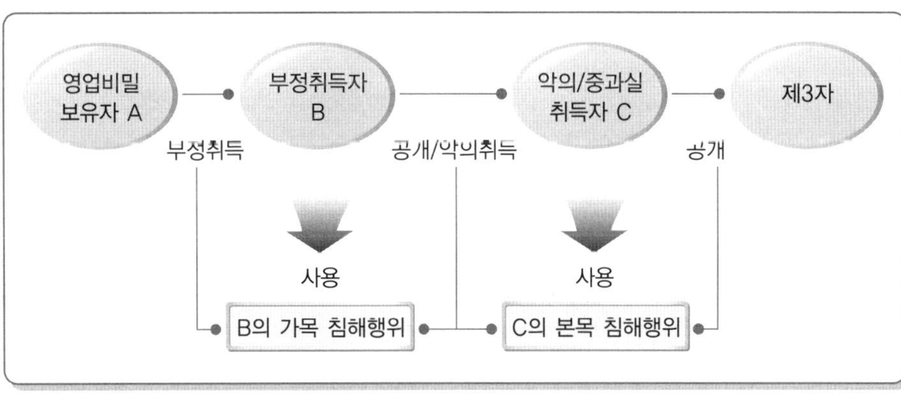

③ 영업비밀을 취득한 후 그 영업비밀에 대하여 부정취득행위가 개입된 사실을 알거나 중대한 과실로 알지 못하고 그 영업비밀을 사용하거나 공개하는 행위(법 제2조 제3호 다목)

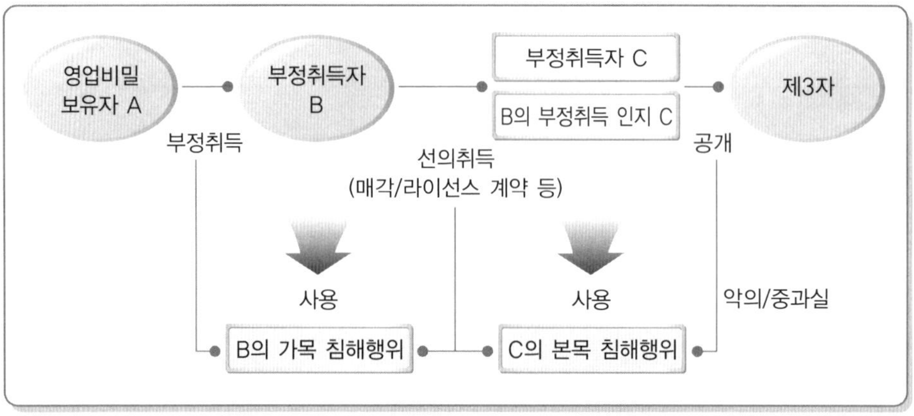

④ 계약관계 등에 의하여 영업비밀을 비밀로서 유지하여야 할 의무가 있는 자가 부정한 이익을 얻거나, 그 영업비밀의 보유자에게 손해를 가할 목적으로 그 영업비밀을 사용하거나 공개하는 행위(법 제2조 제3호 라목)

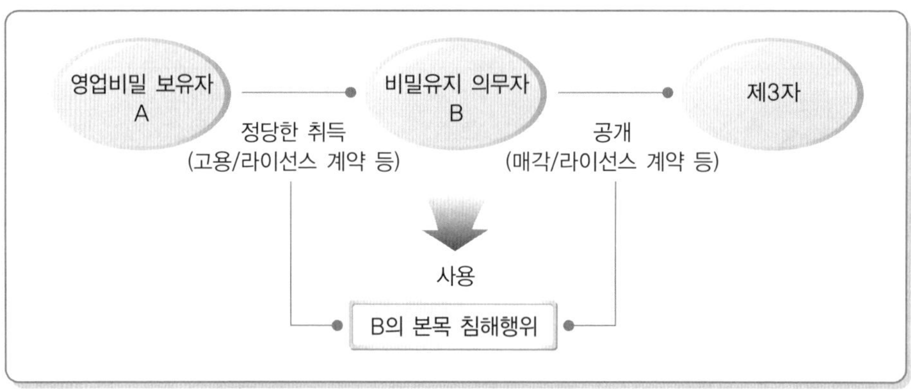

⑤ 영업비밀이 라목의 규정에 의하여 공개된 사실 또는 그러한 공개행위가 개입된 사실을 알거나 중대한 과실로 알지 못하고 그 영업비밀을 취득하는 행위 또는 취득한 영업비밀을 사용하거나 공개하는 행위(법 제2조 제3호 마목)

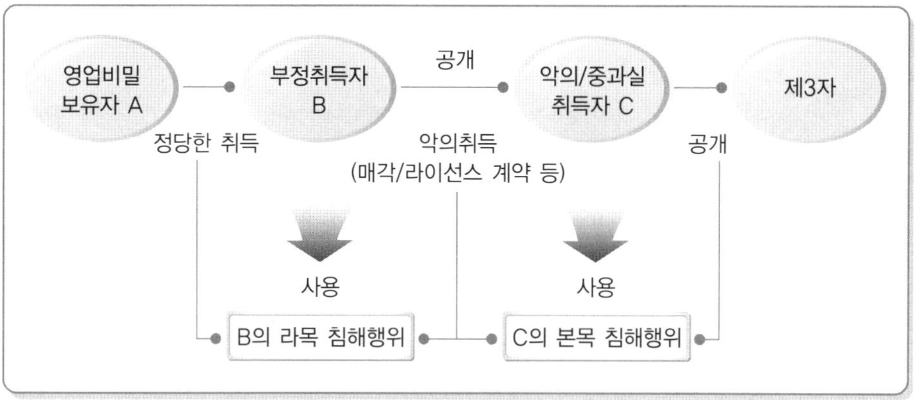

⑥ 영업비밀을 취득한 후 그 영업비밀이 라목의 규정에 의하여 공개된 사실 또는 그러한 공개행위가 개입된 사실을 알거나 중대한 과실로 알지 못하고 그 영업비밀을 사용하거나 공개하는 행위(법 제2조 제3호 바목)

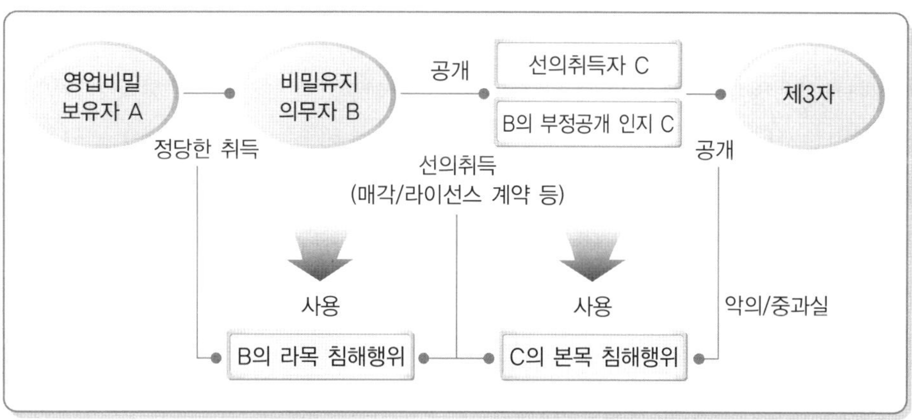

Ⅱ. 민사적 대응

개인의 정신적 창조물은 그 특성상 배타성이 없어 누구나 이용할 수 있다. 따라서 산업기술을 비롯한 개인의 정신적 창조물을 법제도를 통하여 보호하는 것이 중요한데, 영업비밀은 무형물이므로 그 침해가 용이하다는 점 · 침해로 받은 손해의 입증과 산정에 있어서 물건의 침해보다도 훨씬 어려움이 있다는 점 그리고 침해된 영업비밀과 관련된 정보나 증거가 물건의 침해와 달리 침해자에게 편중되어 있다는 점 등에서 민법전의 물건침해와 구별된다. 즉, 영업비밀의 무형적인 특성이나 시장에서의 독점적 지위에 대한 경제적 가치의 보호라는 측면에서 영업비밀의 침해는 일반민사사건과 동일하게 취급해서는 효과적으로 보호할 수 없고, 침해행위를 예방하는 기능도 발휘하기가 어렵다는 점이 문제된다. 이와 관련하여 영업비밀은 영업비밀보호법에서 강력한 구제수단을 통하여 보호되고 있다. 즉, 손해배상와 금지청구는 물론 벌칙을 마련하고 있어서 배타적 권리와 유사한 보호를 하고 있다.

1. 손해배상청구

(1) 손해의 개념 및 책임기초

(가) 손해의 개념

통상 손해란 재산, 권리 또는 사람에 대하여 야기한 손실로 정의된다.[33] 여기서 재산권의 침해에 대한 손해라 함은 만약 가해원인이 없었다고 한다면 있었어야 할 이익상태와 가해가 이미 발생하고 있는 현재의 이익상태 사이의 차이를 손해로 파악할 수 있다.[34] 즉 영업비밀의 침해로 인한 일실이익이란 장래에 얻을 수 있는 것으로 기대되었던 이익이 방해에 의하여 얻지 못하게 됨으로써 발생된 손해를 의미하고 이는 장래 이익획득의 가능성에 기초하여 침해의 원인이 없었다면 장래 얻을 수 있었을 이익의 상실로 파악할 수 있다. 미국의 특허침해소송에서 '권리침해가 없었더라면 얻을 수 있었던 권리자의 이득'이라는 사고방식과 공통된다. 이와 같은 손해배상의 원리는 미국의 *Panduit Corp. v. Stahlin Bros. Fibre Works* 사건[35] 이전부터 특허침해로 인한 손해배상의 산정에서 특허권자에 대한 적절한 보상이라는 법령상의 요건을 충족하게 하기 위하여 경제성 원칙의

33) Christian Von Bar, The Common European Law of Torts(Volume Two), Oxford University Press, 2000, pp. 6-8.

34) 이 주장은 차액설에 따른 결과이고 우리나라에서는 법익침해로 인하여 입은 구체적인 불이익을 손해라고 하는 구체적 손해설이 대립하여 왔다. 독일에서는 차액설 이외의 규범적 손해개념을 제창하는 학설이 주장되고 있고, 종래 우리나라에서 판례와 통설은 차액설을 따르고 있다.

35) Panduit Corp. v. Stahlin Bros. Fibre Works, 575 F.2d 1152, 1156 (6th Cir. 1978).

도입을 시도하였는데, *Aro Manufacturing Co. v. Convertible Top Replacement Co.* 사건에서 미연방대법원은 침해자가 침해로부터 유형적인 이익을 실현하는데 실패했다고 하여도 특허권자는 적절한 배상을 청구할 권한이 있고, 사실상황과 관계없이 특허권자의 손해배상은 침해자가 실질적으로 얻은 이익 이상으로 "침해자의 침해가 없었더라면" 특허권자가 얻을 수 있었던 이익으로 산정해야 한다[36]는 원칙을 밝혔는데,[37] 이 또한 영업비밀 침해행위에 유추 적용할 수 있다.

(나) 책임의 기초

영업비밀은 부정사용이라는 불법행위에 기초를 두고 있어서 다음과 같은 요건이 요구된다. 즉 손해배상청구는 법익침해의 사실, 침해자의 고의 또는 과실이 있다는 것, 침해행위에 의하여 발생했다는 것(손해의 발생 및 인과관계) 그리고 손해의 액을 원고가 입증하는 것이 필요하고 손해의 대상은 침해와 상당인과관계에 있는 전 손해이다. 따라서 영업비밀보호법은 그 자체에서 고유한 손해배상제도를 가지고 있는 것이 아니다.[38]

(a) 민법 제750조에 의한 일실이익의 배상

민법 제750조의 불법행위에 의한 손해배상책임은 유책성 · 위법성 · 인과관계

---

36) Aro Manufacturing Co. v. Convertible Top Replacement Co., 377 U.S. 476 (1964).

37) 독일의 경우에는 민법 제247조「손해배상의무를 부담하는 것은 배상의무를 발생시킨 사정이 없었다면 존재하였을 상태로 회복하는 것을 요한다」고 하고 있는데, 이와 같은 입법과는 대비적으로 독일의 연방대법원은 특허권침해의 경우에 있어서 일실이익 배상액의 결정에 대하여 피해자의 선택에 따라 다음의 3가지 산정방법을 인정하고 있나. 즉, (i) 일실이익을 포함한 구체적 손해의 배상, (ii) 적정한 실시료의 지불 및 (iii) 특허침해로 침해자가 받은 이익의 양도이다. 이들 중 실무에서 압도적으로 우세한 것이 두 번째의 방법인데, 적정한 실시료에 의한 산정방법의 경우에 있어서는 "침해자는 원칙적으로 계약에 의한 실시권자보다 불리하지도 유리하지도 아니한 지위에 있다"라는 제국법원의 판례에 기초를 둔 원칙이다(GRUR, 1962, 509, 513.). 이 원칙은 그 이후 비판의 대상이 되었고, 1972년 3월 10일의 소위 '2배요금사건'에 대한 연방대법원 판결에서 재검토되었다. 이 판결에서는 감리에 관련하여 음악이 무단으로 연주된 것으로 서독의 음악저작권 감리단체인 GEMA가 이것에 대하여 보상 및 손해배상을 청구한 사건이고, 다음과 같은 관점에서 포괄적으로 소정의 보상요율의 2배를 인정하였다. "만약 권리침해시에 요율의 할증을 인정하지 아니한다면 막대한 감시비용은 모두 제작자가 부담하여야 하고, 그렇지 않다면 통상요율이 높아져야 한다. 이 때문에 법규에 충실한 이용권자는 만약 다른 이용자의 위법행위가 없었더라면 발생하지 않았을 비용을 부담해야 한다. 당연히 이것은 공정한 것이 아니다. 따라서 판례에 의하여 발전된 적정한 실시료에 의한 손해액의 산정에서 결정적으로 고려되는 것은 공정성의 배려이다"고 판시했다(GRUR, 1973, 381). 이 입장은 Tolbutamid사건의 판결에서 다시 확인되었다(이 사건에 대하여는 桑田三郎, 特許侵害事件における損害賠償額の算定に關する西トイツ聯邦裁判決(研究者の發明保護の諸問題(日本工業所有權學會), 有斐閣, 1981. 211頁 이하 참조).

38) 저작권의 손해배상에서 동일한 주장하는 견해로 濱野英夫, 著作權(人格權, 隣接權も含む)侵害による損害賠償請求の特殊性と問題點(知的所有權おめぐる損害賠償の實務(NBL no.33)), 商事法務硏究會, 1996. 69頁 참조.

및 손해의 발생이라는 4개의 성립요건을 갖추어야 하고, 영업비밀 침해행위를 민법 제750조에 기초하여 일실이익의 배상을 청구하는 경우 이들 요건을 갖추어야 한다.

첫째, 유책성과 관련해서는 고의 또는 과실에 대한 입증이 문제된다. 민법 제750조 불법행위의 손해배상청구에 대한 성립요건은 영업비밀보호법에서도 적용된다. 따라서 영업비밀의 침해에 대한 책임도 과실책임에 기초를 두고 있다. 예컨대, 영업비밀보호법 제11조 및 제14조의2가 여기에 해당된다.

둘째, 위법성은 배타적 권리를 침해한 경우 바로 위법성이 징표된다. 따라서 영업비밀보호법에 의하여 보호되는 영업비밀 침해행위에 해당하는 경우 즉시 위법성은 인정된다.[39]

셋째, 침해행위와 손해 사이의 인과관계가 요구된다. 영업비밀의 침해행위와 손해 사이의 인과관계는 민법의 불법행위와 비교하여 별다른 차이가 없이 법적인 인과관계가 요구된다. 즉, 영업비밀의 침해로 인한 손해배상으로 청구된 상실이익은 민법 제750조에 기초한 것으로 침해행위와 권리자의 손해와의 상당인과관계의 입증을 요한다.[40]

넷째, 침해행위로 인하여 실질적으로 손해가 발생해야 한다. 따라서 비록 영업비밀의 침해를 했다고 하여도 실질적으로 손해가 발생하지 않았거나 침해로 인하여 생산한 침해품을 판매하지 않았다면 아무런 손해가 발생하지 아니한 것이다. 더 나아가서 영업비밀의 침해로 발생한 손해에 대하여 비록 손해가 발생했다고 하여도 그 배상액을 산정하는 것이 곤란한 경우가 있다. 따라서 영업비밀보호법 제14조의2 제5항에서 손해상당액에 대한 배상을 허용하여 민법 제750조 손해의 발생이라는 요건을 완화하고 있다. 우리나라의 판례는 일반적으로 타인의 불법행위 등에 의하여 재산권이 침해된 경우 그 재산적 손해의 배상에 의하여 정

39) 여기서 '위법성'이라는 요건은 지식재산권법에 있어서 '권리침해'라는 것으로 구체화되는데, 지식재산권에 대한 침해행위는 직접적인 침해행위 외에도 간접적인 침해행위도 가능하다. 예컨대, 특허법 제27조 수입등의 행위, 실용신안법 제43조 수입등의 행위, 의장법 제63조 수입 등의 행위, 상표법 제66조 유사상표의 사용등의 행위, 저작권법 제92조 제1항의 수입행위 등을 들 수 있다. 지식재산권법은 침해행위에 대한 입증책임을 완화하고 있는 경우도 있는데, 예컨대 특허법 제129조 생산방법의 추정을 들 수 있다.

40) 松本重敏, 工業所有權侵害訴訟における損害賠償請求の現狀と問題點(知的所有權おめぐる損害賠償の實務(NBL no.33)), 商事法務硏究會, 1996. 3頁.

신적 고통도 회복된다고 보아야 할 것이므로, 영업비밀 침해행위로 인하여 영업 매출액이 감소한 결과 입게 된 정신적 고통을 위자할 의무가 있다고 하기 위하여는 재산적 손해의 배상에 의하여 회복할 수 없는 정신적 손해가 발생하였다는 특별한 사정이 있고 영업비밀 침해자가 그러한 사정을 알았거나 알 수 있었어야 한다고 보았다.[41]

(b) 영업비밀보호법에 의한 일실이익의 배상

영업비밀보호법의 손해배상책임 조항을 분석해보면, 그 내용은 주로 일실이익에 대한 배상책임의 성립기초와 일실이익액의 산정방법을 규정하고 있다. 즉 영업비밀보호법의 손해배상은 민법 제750조의 일실이익에 대한 손해배상제도와 전혀 다른 것은 아니고 지식재산권의 무형적인 특성으로 민법 제750조의 손해배상책임을 보완 내지는 보충하는 차원에서 일실이익 손해배상의 근거와 그 산정방법을 나름대로 개발하여 왔다.

>>> **사례 손해배상의 범위**

(1) 영업비밀을 취득함으로써 얻는 이익은 그 영업비밀이 가지는 재산가치 상당이고, 그 재산가치는 그 영업비밀을 가지고 경쟁사 등 다른 업체에서 제품을 만들 경우, 그 영업비밀로 인하여 기술개발에 소요되는 비용이 감소되는 경우의 그 감소분 상당과 나아가 그 영업비밀을 이용하여 제품생산에까지 발전시킬 경우 제품판매이익 중 그 영업비밀이 제공되지 않았을 경우의 차액 상당으로서 그러한 가치를 감안하여 시장경제원리에 의하여 형성될 시장교환가격이다(대판 1999.3.12. 98도4704).

(2) 배상범위와 산정기준

(가) 배상범위

민법 제763조는 불법행위로 인한 손해배상의 범위확정에 민법 제390조의 계약위반으로 인한 손해배상의 범위확정을 준용하고 있는데, 민법 제393조는 계약법에 한정되어 개발된 법리이고 불법행위에는 적용할 수 없다.[42] 따라서 영업비밀보호법의 일실이익에 대한 배상범위도 마찬가지이다. 결국 영업비밀의 침해로

41) 대판 1996.11.26. 96다31574.

42) 자세한 것은 현대호, 지적재산권법의 손해배상제도에 관한 개선방안연구(연구보고서), 한국법제연구원, 2002, 26-35면 참조.

인한 일실이익의 산정기준은 민법 제750조의 불법행위로 인한 손배배상의 산정기준 즉 인과관계와 합리적 확실성이 문제된다. 첫째, 인과관계와 관련하여 영업비밀 침해에 있어서 손해는 영업비밀 침해의 결과이고 손해액은 침해가 없었더라면 유지될 상태와 침해 후 상태의 차액 즉, 영업비밀로 인한 전보금액을 말한다. 이 경우 영업비밀보유자는 침해행위와 손해 사이에 상당한 인과관계를 입증함으로서 손해를 전보받을 수 있고, 법원은 영업비밀보유자와 침해자 이외의 다른 경쟁자가 없다는 점, 당해 물품에 대하여 경쟁 · 대체하는 물품이 없다는 점, 수요자가 공통이라는 점, 영업비밀보유자와 침해자 사이의 판매지역이 같다는 점, 영업비밀 물품에 대한 사회적 수요가 높았다는 점 등을 상당인과관계를 인정하는 기준으로 활용할 수 있다. 따라서 영업비밀 침해에 대한 손해배상의 범위를 정함에 있어서는 상당인과관계에 의한 규범적 판단과 영업비밀의 시장독점적 특성이 있는 경우 그 특수한 사정이 반영된다. 미국의 판례는 인과관계의 입증에 대하여 영업비밀보유자에게 요구되는 것은 침해가 없었더라면 영업비밀보유자가 일실이익을 얻었을 것이라는 합리적 개연성으로 충분하다는 입장이다.[43] 둘째, 합리적 확실성의 요건은 영업비밀의 일실이익 손해배상에도 요구된다.

앞에서 간략히 지적한 것처럼 영업비밀의 침해로 인하여 발생하는 손해는 재산손해이고 통상 그 배상범위는 침해행위가 없었다고 한다면 있었을 상태로 회복하는 데 필요한 금액으로 이해할 수 있다. 즉, 영업비밀의 침해로 인한 일실이익은 사물의 통상의 경과에 따라 또는 특별한 사정에 따라 이미 행하여진 설비나 준비에 따라 개연성을 가지고 기대할 수 있었던 이익이고, 침해행위가 없었더라면 권리자가 얻을 수 있었던 일종의 소극적 손해에 해당된다. 이 경우 상실이익의 산정에 있어서 중심적인 쟁점은 "침해자의 침해가 없었더라면 영업비밀보유자가 얻을 수 있었던 것이 얼마인가?"라는 문구로 간명하게 드러난다. 문제는 침해로 인하여 상실한 판매액과 영업비밀보유자가 판매상실로 얻을 수 있었던 이윤액을 특정하는 것이고, 통상 상실이익의 산정은 판매량, 판매가격 및 판매비용의 함수이다. 상실액 · 판매상실로 얻었을 수 없었던 금액 및 상실된 판매의 필요적 비용에 대한 특정은 상실이익의 산정에 중심적인 문제이다. 우리나라의 판례

43) Kaufmann. Co. v. Lantech, Inc., 17 USPQ 2d 1828(Fed. Cir. 1991).

에서도 "영업비밀을 취득함으로써 얻는 이익은 그 영업비밀이 가지는 재산가치 상당이고, 그 재산가치는 그 영업비밀을 가지고 경쟁사 등 다른 업체에서 제품을 만들 경우 그 영업비밀로 인하여 기술개발에 소요되는 비용이 감소되는 경우의 그 감소분 상당과 나아가 그 영업비밀을 이용하여 제품생산에까지 발전시킬 경우 제품판매이익 중 그 영업비밀이 제공되지 않았을 경우의 차액 상당으로서 그러한 가치를 감안하여 시장경제원리에 의하여 형성될 시장교환가격이다"[44]라고 보았다. 영업비밀은 무형적 법익의 일종으로 그 침해사실을 포착하기가 어렵고 침해에 대한 손해의 입증도 곤란하다. 따라서 영업비밀보호법은 일실이익의 손해배상에 관련해서는 그 손해배상의 책임성립과 구체적인 손해산정의 방법을 입법화하였다. 그 이유는 영업비밀이 무형재산으로 그 침해에 대하여 손해배상을 산정함에 있어서 그 재산의 가치평가와 시장의 특성 등을 고려하지 않을 수 없고, 특히 단순히 판매량·판매가격 및 판매비용이라는 순수한 일실이익액의 산정방법만으로는 영업비밀의 침해로 인한 손해배상의 산정이 불가능하거나 곤란한 경우가 발생한다.

(나) 손해배상의 산정과 그 기준

영업비밀보호법상 영업비밀 침해행위의 손해배상책임조항은 손해배상액의 산정방법으로 '순수한 일실이익액에 의한 산정방법'·'통상의 일실이익액에 의한 산정방법'·'일실이익 상당액에 의한 산정방법'·'일실이익액 추정에 의한 산정방법'을 도입하였다.

ⓐ 순수한 일실이익액

영업비밀보호법은 제11조에서 「고의 또는 과실에 의한 영업비밀 침해행위로 영업비밀보유자의 영업상 이익을 침해하여 손해를 가한 자는 그 손해를 배상할 책임을 진다」라고 하고 있는데, 민법 제750조의 불법행위보다도 광범위하고 명시적으로 과실에 의한 침해의 경우에도 법적 보호를 허용하고 있다. 영업비밀보호법은 제11조에서 「고의 또는 과실에 의한 영업비밀 침해행위로 영업비밀보유자의 영업상 이익을 침해하여 손해를 가한 자는 그 손해를 배상할 책임을 진다」

44) 대판 1999.3.12. 98도4704.

라고 하고, 제14조의2 제1항에서 「영업비밀 침해행위로 인하여 영업상의 이익을 침해당한 자가 제5조 또는 제11조의 규정에 의한 손해배상을 청구하는 경우 영업상의 이익을 침해한 자가 영업비밀 침해행위를 하게 한 물건을 양도한 때에는 그 물건의 양도수량에 영업상의 이익을 침해당한 자가 당해 영업비밀 침해행위가 없었다면 판매할 수 있었던 물건의 단위수량당 이익액을 곱한 금액을 영업상의 이익을 침해당한 자의 손해액으로 할 수 있다. 이 경우 손해액은 영업상의 이익을 침해당한 자가 생산할 수 있었던 물건의 수량에서 실제 판매한 물건의 수량을 뺀 수량에 단위수량당 이익액을 곱한 금액을 한도로 한다. 다만, 영업상의 이익을 침해당한 자가 영업비밀 침해행위 외의 사유로 판매할 수 없었던 사정이 있는 때에는 당해 영업비밀 침해행위 외의 사유로 판매할 수 없었던 수량에 따른 금액을 빼야 한다」고 규정하고 있다.[45] 이 조항은 예컨대, 甲의 영업비밀을 무단으로 이용하여 제조한 실시품을 일반인에게 판매한 경우 甲의 잠재적 생산능력은 100개(1개당 100만원)를 생산할 수 있는데, 乙의 침해기간 중에 실제로 제조하여 판매한 것은 50개에 불과하고 이 기간 동안에 乙은 40개의 실시품을 제조 판매하였다면 甲은 50개(잠재적 생산능력)×30만원(1개당 이익액)=1,500만원을 넘지 아니하는 한도에서 40개(침해품)×30만원=1,200만원을 청구할 수 있다는 것을 의미한다.

(b) 통상실시료

영업비밀보호법은 제14조의2 제3항에서 「영업비밀 침해행위로 인하여 영업상의 이익을 침해당한 자는 제5조 또는 제11조의 규정에 의한 손해배상을 청구하는 경우 영업비밀 침해행위의 대상이 된 영업비밀의 사용에 대하여 통상 받을 수 있는 금액에 상당하는 액을 자기가 받은 손해의 액으로 하여 손해배상을 청구할 수 있다」고 하고 있다. 다만, 제14조의2 제4항에서 「영업비밀 침해행위로 인하여 받은 손해의 액이 제3항의 규정에 의한 금액을 초과하는 경우에는 그 초과액에 대하여도 손해배상을 청구할 수 있다. 이 경우 그 영업상의 이익을 침해한 자에게 고의 또는 중대한 과실이 없는 때에는 법원은 손해배상의 액을 산정함에

45) 계산방법은 다음과 같다.
- 매상감소액×원고의 이익률(감소한 판매수량×원고제품의 가격×원고의 이익률)
- 감소한 판매수량×원고제품의 1개당 이익액

있어서 이를 참작할 수 있다」고 규정하고 있다. 영업비밀보유자가 당해 영업비밀에 대하여 과거에 실제 동일한 실시료율로 다수자에 대하여 라이선스를 행한 경우 그 실시료율에 기초하여 손해배상의 산정을 하는 것이 가능하고, 이와 같은 실시료를 '확립된 실시료(established license)'라고 한다. 확립된 실시료가 존재한다는 것 즉, 영업비밀보유자가 당해 영업비밀을 확립된 실시료율로 라이선스한 사실이 있는 때에는 일실이익의 배상은 청구할 수 없다. 그렇지만 영업비밀 보유자는 확립된 실시료가 합리적인 실시료보다 낮은 것을 주장하여 보다 높은 합리적인 실시료율을 청구하는 것은 가능하다. 예컨대, 영업비밀의 가치가 제대로 반영되지 아니한 상태에서 실시가 이루어진 경우 합리적인 실시료율을 청구할 수 있다.

이 조항에 의하여 통상실시료액의 손해배상을 청구하기 위하여 영업비밀보유자는 유책성, 권리침해 및 실시료상당액(손해액)의 주장 · 입증을 해야 한다. 여기서 실시료상당액이라 함은 실시계약체결을 가상적으로 전제하여 양당사자가 합의하였을 것으로 판단된 손해배상액을 의미한다. 일반적으로 실시료상당액에 의해 전보되는 손해배상액은 앞에서 살펴본 영업비밀보호법 제14조의2 제1항의 일실이익에 의한 배상액보다 높지 않다. 이는 가상적 실시계약을 유추하여 얻어진 실시료의 저정액이므로 통상적인 실시계약에 따른 실시료와 크게 다르지 않다. 실시료상당액을 손해배상으로 청구하는 것은 다음의 세 가지 경우에 행하여진다. 첫째, 일실이익에 대한 입증에 있어서 침해로부터 발생한 구체적인 경제적 손실이 얼마인지를 밝혀내지 못하는 경우에 영업비밀의 불법사용에 의한 경제적 수익 등을 입증할 수 없거나 입증이 곤란한 경우 등이다. 둘째, 영업비밀보유자가 영업비밀을 실시하지 않았거나 영업비밀 상품을 생산하지 않은 경우에 청구할 수 있다. 일실이익에 관하여 충분한 입증이 이루어졌다면 실시료상당액보다 많은 손해배상액을 청구할 수 있었음에 반하여, 영업비밀을 실시하지 않은 원고의 손해배상청구는 이 실시료상당액에 한정된다. 그러나 실시료상당액이 일실이익을 초과하는 경우에도 이를 주장할 수 있다. 이는 이용권의 객관적 가치로 산정되기 때문에 특정한 경우 개별적으로 고려되어야 할 사항에 영향을 받을 수 있다. 셋째, 위의 두 가지 경우 이외에도 영업비밀보유권자의 생산능력이 수요에 미치지 못하는 경우에도 영업비밀보유자는 실시료상당액의 산정방법에 따라 손해배상을 청구할 수 있다.[46] 이를 위하여 영업비밀보유자의 마케팅활동과 실제 거래량 및 영업비밀 물품의 배포과정이 수요를 충족시켰는지의 여부와 영업비밀 보유자의 생산시설 · 기술 등이 함께 고려된다. 또한 침해의 일부에 대해서 일실이익의 손해가 입증된 경우 잔여부분의 실시료에 기초하여 손해배상액을 확정하게 된다. 그 밖에도 실제 일실이익이 실시료상당액보다 적은 경우 실시료에 기초하여 손해배상을 청구할 수 있다.

한편, 영업비밀보호법은 제14조의2 제4항에서 「영업비밀 침해행위로 인하여 받은 손해의 액이 제3항의 규정에 의한 금액을 초과하는 경우에는 그 초과액에 대하여도 손해배상을 청구할 수 있다. 이 경우 그 영업상의 이익을 침해한 자에게 고의 또는 중대한 과실이 없는 때에는 법원은 손해배상의 액을 산정함에 있어서 이를 참작할 수 있다」고 규정하고 있다. 이 규정의 전단은 영업비밀보호법 제14조의2 제3항에서 규정한 실시료상당액 이상의 손해배상청구를 방해하지 않음을 밝히고 있는 것이고, 후단은 침해자의 경과실로 인하여 손해가 발생한 경우에는 손해배상액의 산정에 있어서 법원의 재량권을 인정한 것이다.

(c) 손해상당액

영업비밀보호법은 제14조의2 제5항에서 「법원은 영업비밀 침해행위에 관한 소송에 있어서 손해가 발생된 것은 인정되나 그 손해액을 입증하기 위하여 필요한 사실을 입증하는 것이 해당 사실의 성질상 극히 곤란한 경우에는 제1항 내지 제4항의 규정에 불구하고 변론전체의 취지와 증거조사의 결과에 기초하여 상당한 손해액을 인정할 수 있다」고 규정하고 있다. 일실이익액의 증명이나 확립된 실시료가 없는 경우 합리적 실시료에 도달하게 된다. 즉 손해의 입증을 할 수 없는 경우에도 침해자가 영업비밀을 사용하는 것에 대하여 합리적 실시료(reasonable royalty)는 최저한의 보상으로 영업비밀 보유자에게 인정된다. 합리적 실시료와 관련해서는 미국의 특허침해 손해배상소송에서 자세히 다루고 있는데 영업비밀에도 적용된다. 즉, 영업비밀보유자와 침해자가 침해행위개시 당시에 실시권 허락교섭을 한 것이라는 가상적 전제하에 당해 사안의 사실관계에서 합

46) 현대호, 위의 보고서, 72-77면 참조.

리적으로 인정되는 실시료이고(미국의 특허법은 제284조에서 특허권자에게 최저한의 손해배상액으로서 침해자에 의한 발명의 사용에 대하여 합리적 실시료의 회복을 담보하고 있다), 영업비밀보유자가 실제의 손해액(일실이익 또는 확립된 실시료율)을 입증하는 것이 가능하여도 법원은 합리적 실시료를 산출하지 않으면 안 된다. 합리적 실시료는 판례법상 형성된 개념으로 영업비밀보유자와 침해자가 침해행위개시 당시에 영업비밀 실시허락의 교섭을 하였을 것이라는 전제에 기초하여 그 결과로 산정된 실시료이다. 실제로 침해자는 실시허락을 받지 않았고 영업비밀보유자도 허락을 하지 않았지만, 양당사자가 적극적으로 허락교섭을 하였다고 전제하고서 당해 사안의 여러 사정을 고려하여 일정한 실시료를 합의한 것으로 고안하는 것이다. 이 경우 영업비밀은 유효하다는 것을 전제하고, 또한 현실적으로 침해행위개시 후에 일어나는 당해 사안의 제사실도 가상적 교섭의 결과를 추측하는 자료로 고려된다.

위와 같은 전제에서 합리적 실시료는 형성된 것이지만, 그 판단에 있어서 실제로는 침해자가 침해행위소송에서 다툼에 패한 자라는 사실이 고려되고, 임의로 실시허락계약을 체결한 자와 동일하게 취급할 수는 없다라는 것이 고려된다. 여기서 합리적 실시료의 개념은 정의와 형평을 실현하는 수단이고, 결국 당해 사안에 따라 당사자의 형평을 고려하여 합리적 실시료가 산출된다.[47] 따라서 합리적 실시료를 산정함에는 여러 요소가 고려될 수 있고, 그 대표적인 것으로 다음이 고려된다. 첫째, 침해자의 예상이익이 고려된다.[48] 그러나 합리적 실시료를 산정하는 경우 침해자가 침해행위개시 당시 침해행위로부터 얻은 것을 예상한 예상이익이나 비용삭감에 중요한 요소로 고려하는 경우가 많이 있다. 이 경우 예상이익을 인정하기 위해서 간접적 사실로서 실제 침해행위에 의하여 침해자가 얻은 이익이 고려되는 경우가 많이 있다. 합리적 실시료의 산정을 위해서 침해자의 예상이익을 고려하는 것은 가상적 교섭에 있어서 침해자가 합리적 실시료를

47) 尾崎英男, 米國特許訴訟における損害賠償, 知的所有權おめぐる損害賠償の實務(知的所有權おめぐる損害賠償の實務(NBL no.33)), 商事法務硏究會, 1996. 134頁.

48) 미국의 특허법에서는 1946년 이전에 특허권자는 침해자가 침해행위에 의해서 얻은 이익을 손해로 청구하는 것이 형평법상의 구제로 인정되었다. 이 제도는 동년 입법에 의하여 폐지되어 현행법에서는 존재하지 아니한다.

영업비밀보유자에게 지불하여도 그 위에 합리적인 이익을 올리고 게다가 영업비밀보유자가 받을 실시료에 합의했을 것이라는 사고에 기초를 두고 있다. 즉, 침해자의 예상이익을 영업비밀보유자와 침해자로 나누어서 합치는 것과 같은 실시료에 합의된 것으로 본다. 그렇지만 침해자의 예상이익을 모두 영업비밀보유자에 지불하는 것과 같은 합리적 실시료의 산정은 원칙적으로 잘못된 것이다.[49] 둘째, 동일 영업비밀의 기존 라이선스가 고려된다. 이것은 위에서 살펴본 확립된 실시료에 대한 것이다. 동일 영업비밀에 관해서 기존의 라이선스가 존재하는 경우 법원은 합리적 실시료를 산정함에 있어서 기존의 라이선스의 실시료를 고려한다. 이것은 기존의 라이선스의 실시료가 당해 영업비밀의 가치를 반영한 것이기 때문이다. 그러나 기존의 라이선스가 반드시 영업비밀의 유효성이나 저촉성을 인정한 위에 성립된 것은 아니고, 또한 다른 침해자가 존재하는 경우 등 반드시 영업비밀보유자를 충분히 만족시키는 조건으로 성립한 것에 한정되지 아니한다. 여하튼 합리적 실시료는 영업비밀이 유효하게 존중되는 것을 전제로 교섭된 것이고, 실제의 사례에서는 합리적 실시료가 기존의 라이선스의 실시료보다 낮은 경우는 없으며 통상보다 높게 인정된다. 기존의 라이선스 이외의 요소가 중시되는 사례는 기존의 라이선스의 실시료와 분리하여 합리적 실시료가 인정된 경우가 있다.[50] 셋째, 영업비밀보유자와 침해자의 관계(영업비밀보유자의 라이선스정책)가 고려된다. 영업비밀보유자와 침해자는 경쟁자이고, 영업비밀보유자가 경쟁자에게 라이선스를 공여하지 아니한다는 정책을 가지고 있는 사례에서는 가상적 교섭에 의해서 영업비밀보유자의 입장은 보다 강력하며, 합리적 실시료가 경쟁관계에 없는 사례에 비하여 높을 수 있다. 넷째, 영업비밀 실시품의 판매에 수반하여 판매된 비영업비밀 실시품이 고려된다. 영업비밀을 실시한 제품이 판매되고 그에 수반하여 영업비밀과 직접적 관계가 없는 부품이나 소모품이 판매된 경우 침해자는 침해품의 판매에 의해서만 아니라 이들 소모품 등의 판매에 의하

49) Hughes Tool Co. v. Dresser Industries Inc. 2 USPQ 2d 1396(Fed. Cir. 1987).

50) 예컨대, 업계의 표준적 실시요율이 3-10%인 때에 합리적 실시료율로 33%를 인정한 사례(Bio-Rad Laboratries, Inc. v. Nicolet Instrument Corp., 222USPQ 654 (Fed. Cir. 1984))나 특허권자가 소송전에 피고에 대하여 실시료율 1%의 신청을 한 것에 관계없이 15%의 합리적 실시료율을 인정한 사례(Deere & Co. v. International Harrester Co. 218 USPQ 481(Fed. Cir. 1983))이다.

여 이익을 받는 것이 가능하다. 합리적 실시료의 산정에 있어서는 이와 같은 소모품 등의 판매에 의한 이익도 고려된다. 다섯째, 영업비밀의 제품전체에 대한 기여도가 고려된다. 제품전체에 대하여 영업비밀의 특징이 경제적으로 기여하는 정도가 적지 아니한 경우 영업비밀의 제품전체에 대한 기여도도 합리적 실시료의 산정에 있어서 고려된다. 여섯째, 영업비밀의 상업적 완성도가 고려된다. 합리적 실시료를 산출함에 있어서 영업비밀이 상업적으로 완성된 수준에 달하는 것인가, 영업비밀이 상업화하는 투자를 필요로 하는 것인가가 고려된다.

(d) 일실이익의 추정

영업비밀보호법은 제14조의2 제2항에서「영업비밀 침해행위로 인하여 영업상의 이익을 침해당한 자가 제5조 또는 제11조의 규정에 의한 손해배상을 청구하는 경우 영업상의 이익을 침해한 자가 그 침해행위에 의하여 이익을 받은 것이 있는 때에는 그 이익의 액을 영업상의 이익을 침해당한 자가 받은 손해의 액으로 추정한다」고 규정하고 있다. 이 조항은 일본법을 모방한 것인데, 일본의 부정경쟁방지법은 개정작업시 종래의 손해배상방법 이외에 침해자의 수익을 영업비밀보유자에게 반환시킴으로써 영업비밀 보호를 강화할 수 있다고 판단하여 독일민법의 규정인 준사무관리에 기한 이익반환법리의 도입을 시도하였다고 한다.[51]

현행 영업비밀보호법 제14조의2 제2항의 입법취지는 민법 제750조 이하의 불법행위에 기초한 손해배상청구권의 손해액에 관한 특칙으로서 의미를 가지는 규정이고, 피고의 얻은 이익을 모두 반환하게 하려는 제재적인 성질을 가진 규정은 아니다.[52] 또한 이 조항은 침해자의 이익액을 '영업비밀보유자의 상실한 손해액'으로 추정하는 것인데, 이 추정규정은 손해가 발생한 경우에 '침해자의 얻은 이익'을 '침해행위와 인과관계가 있는 영업비밀보유자의 손해액'으로 추정하는 것이고 손해의 발생까지 추정하는 것은 아니다.[53] 영업비밀보호법 제14조의2 제2

51) 준사무관리를 적용하는 경우에 특허권자는 사무관리규정의 일부를 적용하고 있는 독일민법 제687조 제2항에 의하여 침해자 수익을 반환받을 수 있다(일본 특허법의 개정과 관련한 자세한 것은 배대헌, 특허권침해와 손해배상, 세창출판사, 1997, 83-86면 참조).

52) 青柳昤子, 特許法一○二條一項(損害額の推定)について(知的所有權おめぐる損害賠償の實務(NBL no.33)), 商事法務硏究會, 1996. 10頁.

53) 野上邦五郎, 特許法一○二條一項における被告の主張(知的所有權おめぐる損害賠償の實務(NBL no.33)), 商事法務硏究會, 1996. 18頁 참조.

항은 그 법문의 내용상 새로운 손해배상의 산정방법을 도입한 것으로 판단된다.

>>> **사례 손해액의 추정**

(1) 부정경쟁방지 및 영업비밀보호에 관한 법률 제14조의2 제2항은 영업비밀 침해행위로 인하여 영업상의 이익을 침해당한 자가 침해자를 상대로 손해배상을 청구하는 경우 '영업상의 이익을 침해한 자가 그 침해행위에 의하여 이익을 받은 것이 있는 때에는 그 이익액을 영업상의 이익을 침해당한 자가 받은 손해액으로 추정한다'고 규정하고 있는데, 이때 '영업상의 이익을 침해한 자가 그 침해행위에 의하여 받은 이익'이란 침해자의 영업비밀 침해행위로 인한 매출금액에서 제품의 판매를 위하여 추가로 지출하였을 것으로 보이는 필요한 변동경비 등을 공제한 금액(한계이익)이다(의정부지법 2011.9.8. 2009가합7325).

(2) 상표권자가 상표법 제67조 제1항에 의하여 상표권을 침해한 자에 대하여 손해배상을 청구하는 경우에, 침해자가 받은 이익의 액은 침해 제품의 총 판매액에 그 순이익률을 곱하거나 또는 그 제조판매수량에 그 제품 1개당 순이익액을 곱하는 등의 방법으로 산출함이 원칙이지만, 통상 상표권의 침해에 있어서 침해자는 상표권자와 동종의 영업을 영위하면서 한편으로 그 상표에 화체된 상표권자의 신용에 무상으로 편승하는 입장이어서, 위와 같은 신용을 획득하기 위하여 상표권자가 투여한 자본과 노력 등을 고려할 때, 특별한 사정이 없는 한 침해자의 위 순이익률은 상표권자의 해당 상표품 판매에 있어서의 순이익률보다는 작지 않다고 추인할 수 있으므로, 침해자의 판매액에 상표권자의 위 순이익률을 곱하는 방법으로도 침해자가 받은 이익의 액을 산출할 수 있고, 위와 같이 산출된 이익의 액은 침해자의 순이익액으로서, 그 중 상품의 품질, 기술, 의장, 상표 이외의 신용, 판매정책, 선전 등으로 인하여 상표의 사용과 무관하게 얻은 이익이 있다는 특별한 사정이 없는 이상 그것이 상표권자가 상표권 침해로 인하여 입은 손해액으로 추정된다고 보아야 한다(대판 1997.9.12. 96다43119).

2. 금지청구

금지청구의 대상으로 되는 영업비밀의 침해행위는 부정취득행위, 부정사용행위, 부정공개행위이다. 침해행위의 금지청구는 이들 행위의 금지를 구하는 것이며 법률적으로는 부작위채무의 이행을 청구하는 것이다. 부정사용행위는 일반적으로 영업비밀의 사용이 계속되고 있는 경우가 많을 것이므로 그 금지청구는 유효한 구제수단이다.

(1) 예방청구

(가) 영업비밀의 공개 및 이용을 상대로 한 금지청구

침해행위의 예방청구는 현실적으로 침해행위가 행하여지고 있는 것은 아니나 장래 발생할 가능성이 상당히 있는 경우 즉, 실행행위의 착수가 가능한 객관적 상황하에서 실행에 관한 주관적 결의가 되어 있는 경우에 인정된다. 예방청구의 경우는 현실적으로 침해행위가 발생하고 있는 것은 아니므로 이를 안이하게 인정하면 경제계에 혼란을 가져올 우려가 있다. 따라서 주관적으로도 객관적으로도 개연성이 높은 경우에만 이를 인정하여야 하며 예방청구를 하는 자가 이를 입증하여야 한다. 다만, 부정공개행위의 경우에는 금지됨으로 인한 불이익에 비해서 공개로 인한 피해가 극히 크다는 점에 비추어 그 입증의 정도를 완화하여야 할 것이다. 예방청구는 장래 발생할 우려가 있는 행위의 금지를 청구하는 것이며, 통상의 경우에는 이미 부정 취득당한 영업비밀의 사용이나 공개 전에 영업비밀을 사용하거나 공개하지 못하도록 청구하는 경우가 많을 것이다. 우리나라의 판례에서는「영업비밀침해금지를 명하기 위해서는 그 영업비밀이 특정되어야 할 것이지만, 상당한 정도의 기술력과 영업비밀을 가지고 경쟁사로 전직하여 종전의 업무와 동일 · 유사한 업무에 종사하는 근로자를 상대로 영업비밀침해금지를 구하는 경우 사용자가 주장하는 영업비밀이 영업비밀로서의 요건을 갖추었는지의 여부 및 영업비밀로서 특정이 되었는지 등을 판단함에 있어서는 사용자가 주장하는 영업비밀 자체의 내용뿐만 아니라 근로자의 근무기간, 담당업무, 직책, 영업비밀에의 접근가능성, 전직한 회사에서 담당하는 업무의 내용과 성격, 사용자와 근로자가 전직한 회사와의 관계 등 여러 사정을 고려하여야 한다」고 하였다.[54] 또한 다른 대법원의 판례에서도 "근로자가 회사에서 퇴직하지는 않았지만 전직을 준비하고 있는 등으로 영업비밀을 침해할 우려가 있어서 이를 방지하기 위한 예방적 조치로서 미리 영업비밀 침해금지 및 전직금지를 구하는 경우에는 근로자가 회사에서 퇴직하지 않았다고 하더라도 실제로 그 영업비밀을 취급하던 업무에서 이탈한 시점을 기준으로 영업비밀 침해금지기간 및 전직금지기간을 산

54) 대판 2003.7.16. 2002마4380.

정할 수 있을 것이지만 근로자가 회사에서 퇴직한 이후 전직금지를 신청하는 경우에는, 전직금지는 기본적으로 근로자가 사용자와 경쟁관계에 있는 업체에 취업하는 것을 제한하는 것이므로, 근로자가 영업비밀을 취급하지 않는 부서로 옮긴 이후 퇴직할 당시까지의 제반 상황에서 사용자가 근로자가 퇴직하기 전에 미리 전직금지를 신청할 수 있었다고 볼 특별한 사정이 인정되지 아니하는 이상 근로자가 퇴직한 시점을 기준으로 산정하여야 한다"고 보았다.[55)]

(나) 경업금지청구

경업금지계약이란 근로자가 사용자와 경쟁관계에 있는 업체에 취업하거나 스스로 경쟁업체를 설립, 운영하는 등의 경쟁행위를 하지 아니할 것을 내용으로 하는 약정을 의미한다.[56)]

퇴직사원의 영업비밀 침해행위에 대하여 회사와의 사이에 침해행위 중지 및 위반시의 손해배상약정금을 정한 합의가 이루어진 경우, 그 합의서의 해석상 퇴직사원에 대한 경업금지의무를 인정한 것이 직업선택의 자유를 보장한 헌법규정에 위반되지 않는다. 영업비밀이 보호되는 시간적 범위는 당사자 사이에 영업비밀이 비밀로서 존속하는 기간이므로 그 기간의 경과로 영업비밀은 당연히 소멸하여 더 이상 비밀이 아닌 것으로 된다고 보아야 하는바, 그 기간은 퇴직 후 부정한 목적의 영업비밀 침해행위가 없는 평온 · 공연한 기간만을 가리킨다거나, 그 기산점은 퇴직 후의 새로운 약정이 있는 때 또는 영업비밀 침해행위가 마지막으로 이루어진 때라거나, 나아가 영업비밀 침해금지 기간 중에 영업비밀을 침해하는 행위를 한 경우에는 침해기간만큼 금지기간이 연장되어야 한다고는 볼 수 없다.[57)]

55) 대판 2003.7.16. 2002마4380.

56) 경업금지약정은 근로자가 사용자와 경쟁관계에 있는 업체에 취업하거나 스스로 경쟁업체를 설립, 운영하는 등의 경쟁행위를 하지 아니할 것을 내용으로 하므로 직업선택의 자유를 직접적으로 제한할 뿐만 아니라, 자유로운 경쟁을 저해하여 일반 소비자의 이익을 해칠 우려도 적지 아니하고, 특히 퇴직 후의 경쟁업체로의 전직금지약정은 근로자의 생계와도 직접적인 연관이 있으므로 사용자와 근로자 사이에 전직금지약정이 있는지에 관하여는 이를 엄격하게 판단하여야 할 것이다(대판 2003.7.16. 2002마4380).

57) 대판 1998.2.13. 97다24528.

>>> 사례 **전직금지**

(1) 근로자가 전직한 회사에서 영업비밀과 관련된 업무에 종사하는 것을 금지하지 않고서는 회사의 영업비밀을 보호할 수 없다고 인정되는 경우에는 구체적인 전직금지 약정이 없다고 하더라도 부정경쟁방지및영업비밀보호에관한법률 제10조 제1항에 의한 침해행위의 금지 또는 예방 및 이를 위하여 필요한 조치 중의 한 가지로서 그 근로자로 하여금 전직한 회사에서 영업비밀과 관련된 업무에 종사하는 것을 금지하도록 하는 조치를 취할 수 있다(대판 2003.7.16. 2002마4380).

(2) 근로자의 퇴직 후의 영업비밀유지기간을 지나치게 장기간으로 정할 경우 경제적 약자인 근로자의 직업선택 및 영업의 자유를 제한하고 경쟁의 제한에 의한 부당한 독점상태를 초래할 가능성도 있으므로, 영업비밀의 보호기간은 근로자의 퇴직시점을 기준으로 1년으로 정함이 상당하다(인천지법 2004.11.19. 2001가합2507).

(3) 회사가 다이아몬드공구의 제조공정에 있어서 일반적 지식 또는 기능이라고 할 수 없는 특수한 기술상의 비밀정보를 가지고 있고 이러한 비밀정보는 일종의 객관화된 지식재산이므로, 퇴직사원의 영업비밀 침해행위에 대하여 회사와의 사이에 침해행위 중지 및 위반시 손해배상약정금을 정한 합의가 이루어진 경우, 그 합의서의 내용을 회사의 영업비밀을 지득하는 입장에 있었던 사원들에게 퇴직 후 비밀유지의무 내지 경업금지의무를 인정하는 것으로 해석하는 것이 직업선택의 자유에 관한 헌법규정에 반하지 않는다(대판 1997.6.13. 97다8229).

(2) 폐기, 제거청구

영업비밀을 침해한 자 등의 수중에 침해행위를 조성한 물건이나 침해행위에 제공된 설비를 그대로 두면 재차 침해행위를 할 우려가 있으므로 장래의 침해행위 금지를 명하는 것만으로는 영업비밀보유자의 이익보호에 불충분하다고 보고, 금지 및 예방청구와 더불어 폐기 · 제거청구를 인정한 것이다. 이러한 폐기 및 제거청구의 대상으로 되는 침해행위를 조성한 물건으로는 예컨대, 부정취득한 영업비밀이 화체된 시방서, 실험데이터, 고객명단이나 부정취득한 영업비밀을 이용하여 만들어진 제품 등을 들 수 있으며, 침해행위에 제공된 설비로는 부정취득행위에 제공된 도청기, 부정사용행위에만 제공된 제조기계, 종업원 교육용 매뉴얼 등을 들 수 있다. 일반적으로 다른 용도에도 사용가능한 설비의 폐기, 제거청구는 과잉청구로 지적되고 있다. 그 밖에 기타 필요한 조치로는 장래에 영업비밀에 대한 침해를 하지 않는다는 것을 보장하기 위하여 담보의 제공을 시킨다든지 공탁을 시키는 것 등을 생각할 수 있다.

현행 영업비밀보호법 제4조의 금지청구와 관련해서 구체적인 허용여부를 판단함에 있어서는 미국의 부정경쟁방지법에 관한 리스테이터먼트를 참고할 수 있을 것으로 사료된다. 즉, 미국의 '부정경쟁방지법에 관한 세 번째의 리스테이터먼트' 제44조 제2항에서는 금지명령와 관련하여 그 적절성와 범위에 대하여 ① 보호받는 이익의 특성, ② 이용의 특성과 정도, ③ 원고에 의한 금지명령과 기타 권리구제의 충분성 비교, ④ 금지명령이 부여된 경우에 초래되는 피고의 정당한 이익과 금지명령이 거절되었을 경우에 초래되는 원고의 정당한 이익 간의 손해비교, ⑤ 제3자와 공중의 이익, ⑥ 원고가 소송제기 또는 기타의 방법으로 자기의 권리를 주장하는 것에 있어서 부당한 지체, ⑦ 원고 측과 관련된 부정행위, 그리고 ⑧ 금지명령의 확정과 집행의 현실성과 같은 요소들을 비교 형량하여 판단하도록 하고 있으며, 동조 제3항에서 금지구제의 존속기간은 원고의 이용으로 야기된 손해로부터 보호하고 피고로부터 이용으로 야기된 경제적 이익을 제거하는 것에 필요한 시간으로 한정하도록 하고 있다.

››› 사례 금지청구의 대상

(1) 영업비밀의 '침해행위를 조성한 물건'에 대한 폐기는 그 현존 여부를 밝힌 다음 그 소유자나 처분권한이 있는 자에게 명하여야 한다(대판 1996.12.23. 96다16605).

금지청구의 대상으로 되는 영업비밀의 침해행위는 부정취득행위, 부정사용행위, 부정공개행위이다. 침해행위의 금지청구는 이들 행위의 금지를 구하는 것이며 법률적으로는 부작위채무의 이행을 청구하는 것이다. 부정사용행위는 일반적으로 영업비밀의 사용이 계속되고 있는 경우가 많을 것이므로 그 금지청구는 유효한 구제수단이다. 다만, 부정취득행위 및 부정공개행위는 일반적으로 계속적 행위가 아니고 1회로 끝나버리는 경우가 많을 것이므로 금지청구가 유효한 경우는 많지 않을 수도 있다.

3. 비밀유지청구

우리나라의 경우 2007년 10월 25일에 상정되어 있었던 영업비밀보호법에서는 비밀유지명령제도와 관련하여 개정안[58]이 제출되었다가 2011년 12월 일부개정에 비밀유지명령제도가 도입되었다. 즉 영업비밀보호법 제14조의4 제1항에서 법원은 영업비밀 침해행위로 인한 영업상 이익의 침해에 관한 소송에서 그 당사자가 보유한 영업비밀에 대하여 ① 이미 제출하였거나 제출하여야 할 준비서면 또는 이미 조사하였거나 조사하여야 할 증거에 영업비밀이 포함되어 있다는 것, ② 이 경우 영업비밀이 해당 소송 수행 외의 목적으로 사용되거나 공개되면 당사자의 영업에 지장을 줄 우려가 있어 이를 방지하기 위하여 영업비밀의 사용 또는 공개를 제한할 필요가 있다는 것이라는 사유를 모두 소명한 경우에는 그 당사자의 신청에 따라 결정으로 다른 당사자(법인인 경우에는 그 대표자), 당사자를 위하여 소송을 대리하는 자, 그 밖에 해당 소송으로 인하여 영업비밀을 알게 된 자에게 그 영업비밀을 해당 소송의 계속적인 수행 외의 목적으로 사용하거나 그 영업비밀에 관계된 이 항에 따른 명령을 받은 자 외의 자에게 공개하지 아니할 것을 명할 수 있다. 다만, 그 신청 시점까지 다른 당사자(법인인 경우에는 그 대표자), 당

---

58) 제14조의4 (비밀유지명령) ① 법원은 부정경쟁행위, 제3조의2제1항이나 제2항을 위반한 행위 또는 영업비밀 침해행위로 인한 영업상 이익의 침해에 관한 소송에서 그 당사자가 보유한 영업비밀에 대하여 다음 각 호의 사유를 모두 소명한 경우에는 그 당사자의 신청에 따라 결정으로 다른 당사자(법인인 경우에는 그 대표자), 당사자를 위하여 소송을 대리하는 자, 그 밖에 해당 소송으로 인하여 영업비밀을 알게 된 자에게 그 영업비밀을 해당 소송의 계속적인 수행 외의 목적으로 사용하거나 그 영업비밀에 관계된 이 항에 따른 명령을 받은 자 외의 자에게 공개하지 아니할 것을 명할 수 있다. 다만, 그 신청 시점까지 다른 당사자(법인인 경우에는 그 대표자), 당사자를 위하여 소송을 대리하는 자, 그 밖에 해당 소송으로 인하여 영업비밀을 알게 된 자가 제1호에 규정된 준비서면의 열람이나 증거 조사 외의 방법으로 그 영업비밀을 이미 취득하고 있는 경우에는 그러하지 아니하다.
1. 이미 제출하였거나 제출하여야 할 준비서면 또는 이미 조사하였거나 조사하여야 할 증거에 영업비밀이 포함되어 있다는 것
2. 제1호의 영업비밀이 해당 소송 수행 외의 목적으로 사용되거나 공개되면 당사자의 영업에 지장을 줄 우려가 있어 이를 방지하기 위하여 영업비밀의 사용 또는 공개를 제한할 필요가 있다는 것
② 제1항에 따른 명령(이하 "비밀유지명령"이라 한다)의 신청은 다음 각 호의 사항을 적은 서면으로 하여야 한다.
1. 비밀유지명령을 받을 자
2. 비밀유지명령의 대상이 될 영업비밀을 특정하기에 충분한 사실
3. 제1항 각 호의 사유에 해당하는 사실
③ 법원은 비밀유지명령이 결정된 경우에는 그 결정서를 비밀유지명령을 받은 자에게 송달하여야 한다.
④ 비밀유지명령은 제3항의 결정서가 비밀유지명령을 받은 자에게 송달된 때부터 효력이 발생한다.
⑤ 비밀유지명령의 신청을 기각 또는 각하한 재판에 대하여는 즉시항고를 할 수 있다.

사자를 위하여 소송을 대리하는 자, 그 밖에 해당 소송으로 인하여 영업비밀을 알게 된 자가 준비서면의 열람이나 증거 조사 외의 방법으로 그 영업비밀을 이미 취득하고 있는 경우에는 그러하지 아니하다. 또한 영업비밀보호법 제14조의5[59]에서 비밀유지명령을 신청한 자 또는 비밀유지명령을 받은 자는 위와 같은 요건을 갖추지 못하였거나 갖추지 못하게 된 경우 소송기록을 보관하고 있는 법원(소송기록을 보관하고 있는 법원이 없는 경우에는 비밀유지명령을 내린 법원)에 비밀유지명령의 취소를 신청할 수 있도록 하였다. 영업비밀보호법 제18조의4[60]에서 국내외에서 정당한 사유 없이 비밀유지명령을 위반한 자는 5년 이하의 징역 또는 5천만원 이하의 벌금에 처하도록 하였고 이 경우 비밀유지명령을 신청한 자의 고소가 없으면 공소를 제기할 수 없도록 하였다.

일본의 경우에도 영업비밀의 침해가 일단 소송으로 쟁송되는 경우에는 헌법상 재판공개의 원칙에 따라 일반인이 재판을 방청하거나 소송기록의 열람을 청구할 수 있기 때문에 타인이 인지한 순간부터 더 이상 영업비밀일 수 없다는 모순을 포함하게 된다. 이러한 경우 부정경쟁으로서 영업비밀을 위치지어 그 보호를 꾀하려 하는 법의 취지에 반하는 것이 된다. 이점에서 일본의 부정경쟁방지법은 영업비밀이 문제되는 소송에 있어서는 비공개심리나 비밀유지를 위한 일련의 절차규정을 신설하고 있는데, 비밀유지명령(일본의 부정경쟁방지법 제10조), 비밀유지명령의 취소(일본의 부정경쟁방지법 제11조) 등이 그것이다. 따라서 비밀유지명령제도는 법원이 영업비밀이 기재된 서면을 소송당사자에게 공개할 경우에 결정으로 타인에게 공개하지 못하도록 명령할 수 있는 제도로 영업비밀의 특성을

59) 제14조의5 (비밀유지명령의 취소) ① 비밀유지명령을 신청한 자 또는 비밀유지명령을 받은 자는 제14조의4제1항에 따른 요건을 갖추지 못하였거나 갖추지 못하게 된 경우 소송기록을 보관하고 있는 법원(소송기록을 보관하고 있는 법원이 없는 경우에는 비밀유지명령을 내린 법원)에 비밀유지명령의 취소를 신청할 수 있다.
② 비밀유지명령의 취소 신청에 대한 재판이 있는 경우에는 그 결정서를 그 신청을 한 자 및 상대방에게 송달하여야 한다.
③ 비밀유지명령의 취소 신청에 대한 재판에 대하여는 즉시항고를 할 수 있다.
④ 비밀유지명령을 취소하는 재판은 확정되어야 그 효력이 발생한다.
⑤ 비밀유지명령을 취소하는 재판을 한 법원은 비밀유지명령의 취소 신청을 한 자 또는 상대방 외에 해당 영업비밀에 관한 비밀유지명령을 받은 자가 있는 경우에는 그 자에게 즉시 비밀유지명령의 취소 재판을 한 사실을 알려야 한다.

60) 제18조의4 (비밀유지명령 위반죄) ① 국내외에서 정당한 사유 없이 제14조의4제1항에 따른 비밀유지명령을 위반한 자는 5년 이하의 징역 또는 5천만원 이하의 벌금에 처한다.
② 제1항의 죄는 비밀유지명령을 신청한 자의 고소가 없으면 공소를 제기할 수 없다.

배려한 사법적 정책이라 할 수 있다.

영업비밀보유자가 자신 소유의 영업비밀을 보호(피해보상)받을 수 있는 기간은 오로지 경쟁자가 합법적인 방법에 따른 노력에 의해서 비밀정보를 취득하는데 소요된 기간만큼 보호를 받을 수 있다. 즉 비밀유지가 생명인 영업비밀 보호에 있어서 영업비밀은 한 번 누설되면 이를 다시 주워담을 수 없거니와 일단 공개되어 비밀성이 훼손된 영업비밀은 다시 원상태로 복구할 수 없는 것이다. 물론 사후구제절차에 의하여 손해배상 등 금전적 보상을 받을 수는 있으나 완벽한 영업비밀보호는 불가능한 것이다. 그러나 예견된 개연성있는 타인의 영업비밀 침해행위를 사전에 차단시킬 수 있는 길이 있다. 즉 영업비밀이 침해되어 공개되기 전에라도 영업비밀을 누설하지 못하도록 하는 영구적인 영업비밀 공개금지명령을 구할 수도 있다. 예컨대, 미국의 경우 튜블라 트레이딩사 대 스캔들리아토사 사건(1983. 미국 루이지애나 주 항소법원)에서 유전용 파이프 핸들링시스템(Pipe Handlimg System)을 운용하고 있는 미국 루이지애나 주 소재 튜블라 트레딩사(Tubular Threading Inc.)는 스스로 개발한 파이프핸들링 시스템을 이용하여 외부의 스캔들리아토사(Scandaliato Inc.)에 유전용 파이프 시스템의 제작을 의뢰발주하여 완성품을 납품받아 사용해 오고 있었다. 그러던 중 튜블라 트레딩사 측에서 자사에만 납품해야 하는 스캔들리아토사가 제3의 회사에게도 납품하려하는 시도가 있다고 판단한 나머지 자사가 제공한 영업비밀의 누설과 부정사용을 막기 위한 영업비밀 사용금지 청구소송을 루이지애나 주 지방법원에 제기하였다. 항소법원은 다음과 같은 이유로 원고 일부 승소판결을 내렸다. 첫째, 튜블라 트레이딩사의 공장은 2m가 넘는 철조망으로 둘러싸여 있는 약 2ha의 넓은 공장부지의 가운데에 위치하여 외부인의 접근이 불가능하였다. 둘째, 파이프핸들링시스템의 주요 부분은 외부로부터 차폐된 건물 내에 설치되어 있었다. 셋째, 몇몇 외부인이 공장 내에 들어와서 시스템의 작동현황을 보고 갔으나 이들은 구매자나 잠재고객들과 시스템의 장비와 부품들을 설치한 근로자들뿐이었다. 그러나 항소법원은 영업비밀의 존재는 인정하나 금지명령을 발하는 것이 과하다는 근거로서 다음을 지적하였다. 첫째, 금지명령을 발하는 것은 엄격한 구제수단으로서 원고가 향후 입게 될 치명적인 피해를 고려하여 사후 손해를 회복하기 어렵다고 판단될 때에만 예외적으로 적용되는 것이다. 둘째, 원고가 피고의 영업비밀 침해행위로 현실적인 위험에 처해 있어야 한다. 셋째, 장래의 불확실한 침해 개연성만을 이유로 하여 금지명령을 내리는 것은 이유가 충분치 않다고 보았다.[61]

4. 신용회복청구

영업비밀보호법은 제12조에서 영업비밀 보유자의 신용회복에 관하여 규정하고 있다. 즉 법원은 고의 또는 과실에 의한 영업비밀 침해행위로 영업비밀 보유자의 영업상의 신용을 실추시킨 자에게는 영업비밀 보유자의 청구에 의하여 제11조에 따른 손해배상을 갈음하거나 손해배상과 함께 영업상의 신용을 회복하는 데에 필요한 조치를 명할 수 있도록 하였다. 이와 관련된 유사한 판례에 따르면, 신용회복을 위해 필요한 조치를 명하기 위하여는 상표권 또는 전용사용권의 침해행위나 상품주체혼동행위가 있었다는 것 외에 그와 같은 행위에 의하여 상표권자 또는 전용사용권자나 상품주체의 영업상의 신용이 실추되었음이 인정되어야 한다는 입장이다.

〉〉〉 **사례**

(1) 상표권 또는 전용사용권의 침해행위나 구 부정경쟁방지법(2004. 1. 20. 법률 제7095호로 개정되기 전의 것) 제2조 제1호 (가)목에서 정하는 상품주체의 혼동행위가 있었다고 하여도 그것만으로 상표권자 또는 전용사용권자나 상품주체의 영업상의 신용이 당연히 침해되었다고 단언하기 어려우므로, 그와 같은 경우 상표법 제69조 또는 구 부정경쟁방지 및 영업비밀보호에 관한 법률(2007. 12. 21. 법률 제8767호로 개정되기 전의 것) 제6조에 정한 신용회복을 위해 필요한 조치를 명하기 위하여는 상표권 또는 전용사용권의 침해행위나 상품주체혼동행위가 있었다는 것 외에 그와 같은 행위에 의하여 상표권자 또는 전용사용권자나 상품주체의 영업상의 신용이 실추되었음이 인정되어야 한다(대판 2008.11.13. 2006다22722).

5. 선의자에 관한 특례

영업비밀은 부정경쟁방지라는 차원에서 보호되므로 영업비밀을 그 보유자와

61) 대한상공회의소, 위의 책, 33-34면 참조.

계약을 통하여 취득하거나 보유할 권한이 있는 자가 스스로 공개한 경우 이를 취득한 자는 영업비밀을 사용할 수 있다. 즉, 영업비밀을 선의로 취득한 자는 보호된다. 이와 관련하여 부정경쟁방지법은 제13조 제1항에서 「거래에 의하여 영업비밀을 정당하게 취득한 자가 그 거래에 의하여 허용된 범위 안에서 그 영업비밀을 사용하거나 공개하는 행위에 대하여는 제10조 내지 제12조의 규정을 적용하지 아니한다」고 규정하고 있다. 여기서 '영업비밀을 정당하게 취득한 자'란 영업비밀을 취득할 당시에 그 영업비밀이 부정하게 공개된 사실 또는 영업비밀의 부정취득행위나 부정공개행위가 개입된 사실을 중대한 과실없이 알지 못하고 그 영업비밀을 취득한 자를 말한다(부정경쟁방지법 제13조 제2항 참조).

6. 시 효

영업비밀 침해행위의 금지 또는 예방을 청구할 수 있는 권리는 영업비밀 침해행위가 계속되는 경우에 영업비밀보유자가 그 침해행위에 의하여 영업상의 이익이 침해되거나 침해될 우려가 있는 사실 및 침해행위자를 안 날부터 3년간 이를 행사하지 아니하면 시효로 인하여 소멸한다. 그 침해행위가 시작된 날부터 10년을 경과한 때에도 또한 같다(부정경쟁방지법 제14조). 우리나라의 판례는 부정경쟁방지법 제14조의 해석과 관련해서 "민법 제166조 제2항의 규정에 의하면 부작위를 목적으로 하는 채권의 소멸시효는 위반행위를 한 때로부터 진행한다는 점 및 부정경쟁방지법 제14조의 규정 내용 등에 비추어 보면, 부정경쟁방지법 제10조 제1항이 정한 영업비밀 침해행위의 금지 또는 예방을 청구할 수 있는 권리의 경우, 그 소멸시효가 진행하기 위하여는 일단 침해행위가 개시되어야 하고, 나아가 영업비밀 보유자가 그 침해행위에 의하여 자기의 영업상의 이익이 침해되거나 또는 침해될 우려가 있는 사실 및 침해행위자를 알아야 한다"고 보았다.[62)]

>>> 사례 소멸시효제도

(1) 민법 제166조 제2항의 규정에 의하면 부작위를 목적으로 하는 채권의 소멸시효는 위반행위를 한 때로부터 진행한다는 점 및 부정경쟁방지법 제14조의 규정 내용 등에

62) 대판 1996.2.13. 95마594.

비추어 보면, 부정경쟁방지법 제10조 제1항이 정한 영업비밀 침해행위의 금지 또는 예방을 청구할 수 있는 권리의 경우, 그 소멸시효가 진행하기 위하여는 일단 침해행위가 개시되어야 하고, 나아가 영업비밀 보유자가 그 침해행위에 의하여 자기의 영업상의 이익이 침해되거나 또는 침해될 우려가 있는 사실 및 침해행위자를 알아야 한다(대판 1996.2.13. 95마594).

영업비밀이 보호되는 시간적 범위는 당사자 사이에 영업비밀이 비밀로서 존속하는 기간이므로 그 기간의 경과로 영업비밀은 당연히 소멸하여 더 이상 비밀이 아닌 것으로 된다고 보아야 한다. 그 기간은 퇴직 후 부정한 목적의 영업비밀 침해행위가 없는 평온·공연한 기간만을 가리킨다거나, 그 기산점은 퇴직 후의 새로운 약정이 있는 때 또는 영업비밀 침해행위가 마지막으로 이루어진 때라거나, 나아가 영업비밀 침해금지 기간 중에 영업비밀을 침해하는 행위를 한 경우에는 침해기간만큼 금지기간이 연장되어야 한다고는 볼 수 없다.

>>> 사례 **금지청구의 존속기간**

(1) 영업비밀 침해행위를 금지시키는 것은 침해행위자가 침해행위에 의하여 공정한 경쟁자보다 유리한 출발 내지 시간절약이라는 우월한 위치에서 부당하게 이익을 취하지 못하도록 하고, 영업비밀 보유자로 하여금 그러한 침해가 없었더라면 원래 있었을 위치로 되돌아갈 수 있게 하는 데에 그 목적이 있으므로 영업비밀 침해행위의 금지는 공정하고 자유로운 경쟁의 보장 및 인적 신뢰관계의 보호 등의 목적을 달성함에 필요한 시간적 범위 내로 제한되어야 하고, 그 범위를 정함에 있어서는 영업비밀인 기술정보의 내용과 난이도, 영업비밀 보유자의 기술정보 취득에 소요된 기간과 비용, 영업비밀의 유지에 기울인 노력과 방법, 침해자들이나 다른 공정한 경쟁자가 독자적인 개발이나 역설계와 같은 합법적인 방법에 의하여 그 기술정보를 취득하는 데 필요한 시간, 침해자가 종업원(퇴직한 경우 포함)인 경우에는 사용자와의 관계에서 그에 종속하여 근무하였던 기간, 담당 업무나 직책, 영업비밀에의 접근 정도, 영업비밀보호에 관한 내규나 약정, 종업원이었던 자의 생계 활동 및 직업선택의 자유와 영업활동의 자유, 지식재산권의 일종으로서 존속기간이 정해져 있는 특허권 등의 보호기간과의 비교, 기타 변론에 나타난 당사자의 인적·물적 시설 등을 고려하여 합리적으로 결정하여야 한다(대판 1998.2.13. 97다24528).

Ⅲ. 형사적 대응

영업비밀은 민사적 구제수단만으로는 영업비밀을 보호하기에 충분하지 않다. 따라서 각국의 입법례에서도 형사벌을 발견할 수 있는데, 형사벌과 관련해서 독특한 점은 외국에서 사용하거나 사용될 것임을 알고서 침해하는 경우에 가중하여 처벌하고 있다는 것이 두드러진다. 미국의 경우 연방경제스파이법에서 볼 수 있듯이 형사적 처벌을 통한 영업비밀의 효과적인 보호가 중요한 사회적 문제로 제기되었고, 우리나라에서도 영업비밀보호법 제18조에서 영업비밀에 대한 형사벌 조항을 마련하였다. 영업비밀보호법은 제18조 제1항에서 「누구든지 부정한 이익을 얻거나 기업에 손해를 가할 목적으로 그 기업에 유용한 영업비밀을 외국에서 사용하거나 외국에서 사용될 것임을 알고 제3자에게 누설한 자는 10년 이하의 징역 또는 그 재산상 이득액의 2배 이상 10배 이하에 상당하는 벌금에 처한다」고 규정하고 있으며, 동법 제18조 제2항에서 「누구든지 부정한 이익을 얻거나 기업에 손해를 가할 목적으로 그 기업에 유용한 영업비밀을 취득 · 사용하거나 제3자에게 누설한 자는 5년 이하의 징역 또는 그 재산상 이득액의 2배 이상 10배 이하에 상당하는 벌금에 처한다」고 규정하고 있다. 이들 벌칙에 해당하는 경우에 그 미수범도 처벌하고 예비 또는 음모한 자도 처벌한다(영업비밀보호법 제18조의2). 또한 법인의 대표자 또는 법인이나 개인의 대리인 · 사용인 그 밖의 종업원이 그 법인 또는 개인의 업무에 관하여 위반행위를 한 때에는 행위자를 벌하는 외에 그 법인 또는 개인에 대하여도 벌금형을 과한다(영업비밀보호법 제19조).

제7절 영업비밀보호법 관련 판례 분석

Ⅰ. 판결의 경향

최근 영업비밀침해사건 판례를 수집 · 분석한 연구성과[63]에 따르면 2007-2010년간 영업비밀침해 1심사건 116건에 대한 판결의 형량을 분석한 결과 유죄판결을 받은 비율은 전체의 79.3%인 92건이었으며, 이중 징역형이 78건(유죄판결 건수의 84.4%), 벌금형이 14건이었다. 징역형의 형량은 1년 미만이 57.7%, 1년 이상 2년 미만이 35.9%, 2년 이상의 형은 6.4%이었으며, 이중 집행유예건수는 61건으로 징역형 중 78.2%에 달하였다. 판결의 형량에서 볼 수 있는 특징은 징역형 중 집행유예의 비율이 높은 비중을 차지하고 있다는 점과 기술유출 범죄가 기본적으로 경제범임에도 벌금형의 비중이 전체 유죄판결의 15.2%인 14건에 그치고 있다는 점이다. 이로써 기술유출범죄에 대한 법원의 처벌이 관대하다는 점 및 벌금형의 규정의 추상성으로 인해 실제 벌금형 선고가 어려워 범죄예방이나 처벌의 실효성이 떨어진다는 지적이 재판 결과를 통해 확인되었다.

위 판결들에서는 영업비밀 침해로 인한 회사의 막대한 손해 또는 손해가능성을 인정하면서도 피고인이 동종의 범죄전과가 없는 초범이며 범죄를 뉘우치고 있다는 점과 피해회사의 처벌불원의 의사표시 등을 양형사유로 들고 있으며, 이러한 사유가 없는 경우에도 특별한 이유 없이 집행유예를 선고한 경우가 많았다. 이것은 기술유출범죄에 대한 우리 사회전반의 인식이 아직 온정적 수준에 머물러 있고 피해의 심각성과 침해 범죄의 가벌성에 대한 사회적 합의가 미흡하다는 점을 보여주고 있는 것이다. 이러한 온정주의적 판례의 태도는 최근의 지방법원의 판례에서도 엿볼 수 있다.

---

63) 신승균, 판례분석에 기반한 산업기술 유출방지 법제 연구, 숭실대학교 대학원 박사학위논문, 77-78면 참조.

> "젊음과 건강을 희생하며 성실하게 근무한 임직원들이 퇴직 후 어느 정도까지는 자신의 지식과 능력을 발휘할 수 있어야 한다는 현실적인 고려를 하지 않을 수 없고, 특히 이 사건 영업비밀 자료는 피고인들이 업무 수행과정에서 직접 수집 · 취득하거나 그 개발에 어느 정도 기여했던 것으로 보이며, ... " 64)

또 같은 시기 상고심판결에서는 총 18건의 상고사건 중 18%에 해당하는 4건이 파기환송되었으며, 이중 3건이 무죄취지의 파기환송이어서 온정주의적 판결태도는 대법원에까지 이어지고 있음을 알 수 있다. 또한 상고사유를 볼 때 전체 상고사건의 83.3%인 15건이 유출정보가 영업비밀에 해당하는지 여부에 대한 다툼이어서 영업비밀의 개념을 둘러싼 법리 공방이 영업비밀침해 범죄의 입증에 중요한 관건이 되고 있음을 알 수 있다. 부정 취득 · 사용여부를 다툰 사건은 3건이었다.

한편 1심 사건 116건 중 무죄판결을 받은 사건은 24건으로 전체의 20.7%를 차지해 2010년 사법연감 기준 전체 형사사건의 무죄판결 비율인 7.7%보다 현저히 높은 것으로 나타났다. 이것은 전문적 지식을 필요로 하는 기술관련 범죄의 특성상 유죄 입증이나 사실관계 판단이 쉽지 않았기 때문이라고 판단된다. 유사한 현상은 특허법 위반 판례의 경우에도 나타나는데, 여기서도 유죄판결비율은 23.1%였다.

무죄사유별로 보면 전체 24건 중 75%인 18건이 '영업비밀의 요건'을 입증하는 데 실패한 경우이며 이중에서도 '비밀관리성 즉 상당한 노력에 의해 비밀이 유지 · 관리되었는지'를 입증하지 못한 경우였다. 이것은 영업비밀의 개념 요건이 추상적이고 포괄적이기 때문에 실무상 적용과정에서 영업비밀 여부를 판단하는 것이 상당히 어려움을 보여주고 있다.

이러한 기술유출범죄에 대한 처벌의 관대함은 외국의 입법례와 크게 비교된다. 예컨대 미국의 경우 1996년 경제스파이법에서 영법비밀을 침해하는 행위를 처벌하고 있는데, 이중 제1831조는 외국정부나 기타 외국의 기관을 이롭게 할 목적으로 영업비밀을 침해한 경우 15년 이하의 자유형 또는 50만 달러 이하의 벌금

64) 대구지법 2011.2.10. 2010고단1877.

에 처할 수 있고, 또 이를 병과할 수도 있다. 또, 제1832조에서 규정한 단순 영업비밀침해의 경우에는 10년 이하의 자유형 또는 동법에 의한 벌금에 처하며 이를 병과할 수 있도록 하고 있다.

Ⅱ. 기술 유출의 주체

전체 116건 중 88.8%인 103건이 해당 기술에 관한 접근 권한을 가진 현직 임직원이 기술을 유출한 사건이었다. 그 뒤를 이어 계약이나 업무제휴를 통해 해당 기술에 대한 접근권한을 가지게 된 자가 계약 내용에 위배하여 부정하게 기술을 취득하거나 사용 · 누설한 경우(6건)였으며, 무단으로 회사전산망에 침투한 경우(3건)는 소수에 불과하였다. 이 점에서 기술자료에 대한 보안관리가 엄격해지면서 외부 침입에 의한 접근은 어려워져 산업스파이 행위 등에 대한 침입은 많지 않고 내부 직원에 대한 매수 또는 회유의 방법이 동원되고 있음을 알 수 있다. 이러한 현상은 기본적으로 산업기술에 접근할 수 있는 핵심인력에 대한 완전한 보안조치는 어렵고, 직원 스스로는 자신이 개발한 기술에 대한 소유의식 때문에 이것을 반출하는 것에 대한 죄의식이 적고, 회사 입장에서도 같이 생활한 동료의 불법행위에 대한 법적 대응이 엄격하지 못하였기 때문에[65] 전반적으로 온정주의가 강하고 불법행위자의 범죄의식도 높지 않았기 때문이다. 따라서 기술유출방지를 위해서는 보유기술에 접근하거나 이를 이용할 수 있는 핵심인력에 대한 보안관리를 강화하는 것과 동시에 이들에 대한 신분의 안정을 확보해주고 기술개발 성과와 해당 연구원의 기여에 대한 적절한 보상과 근무환경의 개선 등 인력관리가 중요함을 알 수 있다.

Ⅲ. 기술 유출의 동기

기술 유출의 동기별로 보면 총 116건 중 창업목적으로 산업기술을 취득하여 반출 · 사용하거나 제3자에 누설한 경우가 39건, 산업스파이에 해당하는 사건은

65) 박성필, "기술유출 방지를 위한 핵심인력의 보상체계", 산업보안연구논총 제5호, 2009, 168면.

총 66건으로 이중 기술 보유 인력을 유출시켜 기술을 확보하고자 한 행위가 44건, 금전 매수를 통해 기술만 확보한 경우가 19건, 외부에서 내부와 연계 없이 전산망에 침입하여 기술을 절취하거나 인수합병 등 합법적 수단을 통해 기술을 확보한 경우가 3건 등이다. 기타 특정한 목적 없이 단순히 자료를 개인 컴퓨터 등에 보관하거나 인터넷을 통해 공개하는 등의 행위는 11건으로 나타났다.

기술유출 동기별 형량을 살펴보면 법원이 동기별 행위에 대해 어떻게 판단하고 있는지 알 수 있다. 흥미로운 것은 창업목적인 경우나, 기술 인력유출이나 금전매수를 통해 기술 유출을 하는 스파이 행위의 경우나 모두 가장 경미한 1년 미만의 징역형이 가장 많다는 점이다. 구체적으로 살펴보면 창업목적의 기술 유출의 경우 총 39건 중 13건이 1년 미만의 징역형을 받았으며, 산업스파이형 기술유출의 경우 총 66건 중 28건이 1년 미만의 징역형을 받았다. 산업스파이형 기술유출의 경우 일반적으로 악의적인 높은 인센티브를 받게 됨에도 불구하고 직원들의 생계형 기술유출보다 상대적으로 낮은 형벌을 받고 있는 점은 타당하지 않다. 또 생계형 기술유출의 경우 직업 선택의 자유와도 충돌될 수 있어 고려의 여지가 더욱 많다.

Ⅳ. 영업비밀침해의 양태

영업비밀침해의 양태별로 보면 총 116건 중 ① 단순히 기술을 유출하여 개인이 보관한 경우 15건, ② 기술을 유출하여 이를 자신이 사업자로서 스스로 혹은 제3자와 동업하여 이 기술을 사용한 경우 34건, ③ 기술을 반출하여 이직하여 사용하거나 경쟁업체에 제공한 경우 21건, ④ 본인은 기술보유 기업에 계속 근무하거나 퇴직해 있으면서 단지 기술만 외부로 유출한 경우 46건(이중 국내유출 30건, 해외유출 16건)이었다. 해외유출의 경우 중국이 11건으로 가장 많았고, 미국, 캐나다, 사우디아라비아, 독일, 대만 등이 각 1건이었다.

영업비밀보호의 목적이 침해행위자가 침해행위에 의해 공정한 경쟁자보다 유리한 출발 내지 시간절약이라는 우월한 위치에서 부당하게 이익을 취하지 못하도록 하고, 영업비밀 보유자로 하여금 그러한 침해가 없었더라면 원래 있었을 위치로 되돌아갈 수 있게 하는 데 그 목적이 있으므로 단순한 산업기술의 취득 보관행위보다는 유출한 기술을 직접 혹은 경쟁업체에서 사용하게 하는 행위를 더욱 엄하게 벌하여야 한다.[66)]

V. 영업비밀침해와 여타 법률 위반 경합

영업비밀의 부정 유출행위가 영업비밀보호법뿐만 아니라 다른 법률과 경합하여 적용되는 경우로는 형법상 업무상배임죄, 정보통신망 이용 촉진 및 정보보호 등에 관한 법률위반(8건)과 (구)컴퓨터프로그램보호법(현행 저작권법)위반(3건) 등이 있다. 기술 정보가 회사 내 전산망이나 데이터베이스 등에 대한 무단 침입을 통해 이루어지는 경우가 많으므로 정보통신망침해죄나 정보통신망상의 비밀침해죄를 구성하게 되며, 또 회사 내 전산망을 통해 복사한 기술자료가 컴퓨터프로그램 형식인 경우 컴퓨터프로그램저작권의 무단복제금지 조항 위반이 되기 때문이다.

66) 대판 1998.2.13. 97다24528 참조.

제8절 향후 입법과제

Ⅰ. 개념정의

위에서 살펴보았듯이 산업기술의 보호와 관련하여 현행 영업비밀보호법은 그 개념정의가 현실과 부합하지 아니한다. 따라서 영업비밀의 개념정의를 변경하여 실무와 합치하도록 하여야 한다. 즉 새로운 영업비밀의 개념정의로 "생산방법 · 판매방법 기타 영업활동에 유용한 기술상 또는 경영상의 비밀정보를 말한다"로 정의할 수 있으며, 이에 따라서 영업비밀의 보호요건은 '유용성'과 '비밀성'으로 한정될 수 있다. 또한 영업비밀 침해행위에 대한 형사처벌 조항(영업비밀보호법 제18조 제1항)의 벌금액을 산정하는 막연하고 모호한 내용은 오히려 역효과를 가져오고 있는 것으로 판단되며, 산업기술유출방지법처럼 명확히 벌금의 범위를 명문화하는 것이 바람직하다.

Ⅱ. 징벌적 손해배상

어떠한 권리가 침해된 경우 원상회복의 차원에서 실질적인 피해액에 대한 손해배상을 인정하는 것이 전통적인 손해배상제도이다. 이러한 손해배상제도는 민사적 정의의 실현이라는 측면에서 보면, 가해자의 고의나 과실을 구별함이 없이 동일하게 취급한다는 점에서 부당하다고 볼 수 있다.[67] 그렇지만 민사의 손해배상제도는 원래부터 응징적인 차원에서 도입된 것이 아니라 피해의 원상회복이라

67) 우리 민법에서는 가해자의 주관적 요소를 완전히 배제하고 있는 것은 아니다. 즉 민법 제765조 제1항에서 「본장의 규정에 의한 배상의무자는 그 손해가 고의 또는 중대한 과실에 의한 것이 아니고 그 배상으로 인하여 배상자의 생계에 중대한 영향을 미치게 될 경우에는 법원에 그 배상액의 경감을 청구할 수 있다」라고 하고, 제2항에서 「법원은 전항의 청구가 있는 때에는 채권자 및 채무자의 경제상태와 손해의 원인 등을 참작하여 배상액을 경감할 수 있다」고 규정하여 불법행위에 의한 손해배상책임에서 가해자의 주관적 요소를 고려하고 있다.

는 측면에서 운용되어 왔다. 따라서 전통적인 손해배상제도에 있어서 실질적 손해액을 벗어나 침해자의 주관적 요소(고의 또는 중과실)에 착안하여 과실에 의한 침해행위보다 가중하여 손해배상액을 인정하는 것은 물론 침해자를 징벌하는 차원에서 실질적인 피해액과는 별개로 소위 징벌적 손해배상을 허용해야 하는지는 거의 문제되지 않았다. 이러한 차원에서 우리나라의 손해배상제도는 징벌적 손해배상을 도입하지 않았고 영업비밀보호법에서도 이를 도입하지 않았다. 다만, (구)저작권법 제94조의 부정복제물의 부수추정이 징벌적 손해배상을 도입한 것으로 볼 수 있는 여지가 있었는데, 엄격하게 말하면 이 조항은 새로운 손해배상제도를 도입한 것이고 입증곤란을 완화하기 위한 단순한 손해추정의 규정에 불과하다(한미FTA협정으로 일종의 법정손해배상제도가 저작권법 제125조의2에서 부활하였다).

최근 지식재산권의 침해행위와 불공정행위 등과 같이 경제성의 원칙이 강조되는 영역에서 법익의 보호와 효율적인 구제를 위하여 징벌적 손해배상의 도입이 문제되고 있는데, 미국의 영업비밀 침해소송과 우리나라의 영업비밀 침해소송 사이의 가장 커다란 차이는 바로 징벌적 손해배상제도에서 나타난다. 미국의 민사소송은 당사자간 분쟁의 해결이라는 민사법으로서의 역할 이외에 사회질서의 유지에 대한 역할도 부담한다는 것이다. 이것은 입법정책의 문제이고 우리 민사소송에 기대되는 역할의 차이이고 입법정책의 차이이기도 하다.[68] 미국법에서 징벌적 손해배상제도는 일반민사소송뿐만 아니라 지식재산권의 침해소송에까지 널리 도입되고 있다. 미국의 커먼로에서 징벌적 배상의 유무 및 액은 배심의 평결의 대상이 되고, 그 금액에 특별한 제한이 존재하지 아니하기에 일반민사소송에 거액의 징벌적 배상이 명하여지고 있다. 특허법, 저작권법, 연방상표법 등에 의하여 징벌적 손해배상은 실질적 손해배상액의 3배(또는 2배)로 배상범위를 제한하고 있다는 것이 독특하다.

68) 松本重敏, 工業所有權侵害訴訟における損害賠償請求の現狀と問題點(知的所有權おめぐる損害賠償の實務(NBL no.33)), 商事法務硏究會, 1996. 5頁.

Ⅲ. 손해의 입증

1. 증거개시절차

소송에 있어서 권리를 주장하는 자는 그 성립의 사실을, 권리의 소멸을 주장하는 자는 그 소멸의 사실을 주장 및 입증할 책임이 있다. 따라서 영업비밀 침해소송에 있어서도 그 권리의 침해를 주장하는 자는 그 권리의 유효성과 침해사실 및 손해액에 대하여 주장 및 입증할 책임을 부담한다. 이러한 민사소송의 원칙은 오늘날 모든 소송에서 엄격하게 고수하기가 곤란한 영역이 나타나고 있는데, 그 대표적인 것이 제조물책임소송, 환경오염책임소송, 의료과실책임소송 등이다. 영업비밀 침해소송과 관련해서도 침해자에게 증거의 편중현상과 입증의 곤란성으로 침해에 대한 모든 주장 및 입증책임을 영업비밀보유자에게 부담시키는 것은 구제를 사실상 포기하는 것과 차이가 없다. 따라서 영업비밀보호법은 제14조의3에서 「법원은 영업비밀 침해행위로 인한 영업상 이익의 침해에 관한 소송에 있어서 당사자의 신청에 의하여 상대방 당사자에 대하여 당해 침해행위로 인한 손해의 액을 산정하는 데에 필요한 자료의 제출을 명할 수 있다. 다만, 그 자료의 소지자가 자료의 제출을 거절할 정당한 이유가 있는 때에는 그러하지 아니하다」고 규정하고 있다. 마찬가지로 특허법 제132조, 의장법 제67조, 실용신안법 제46조 및 상표법 제70조 등에서도 거의 동일한 조항을 두고 있다. 이들 조항은 서류제출의 책임만을 두고 있는데, 미국법에서처럼 이를 보다 확대하여 미국의 증거개시절차와 유사하게 운용될 수 있도록 하여 소송당사자의 실질적 형평을 달성함이 타당하다.

미국의 영업비밀 침해소송에 있어서 고액의 손해배상이 인정되는 것이 주된 특징인데, 그 제도적 기반은 증거개시절차에 의하여 상대방 또는 제3자가 소지하는 증거를 강제적으로 입수하는 것이 가능하다는 데에 있다.[69] 증거개시절차

69) 또한 미국은 1982년에 특허침해사건의 항소심에 대하여 전속관할을 가진 연방순회항소법원(Court of Appeals for the Federal Circuit)이 창설된 이래 특허권의 보호에 중요한 판례가 집적되고 있는데, 손해배상의 문제에 대하여서는 일실이익의 입증에 요구되는 수준을 완화하고 합리적 실시료(reasonable royalty)의 산정에 대하여 제1심 법원의 재량을 광범위하게 인정하여 이전에 비하여 고액의 손해배상이 인정되는 법

의 수단으로는 상대방당사자에 대하여 질문 및 문서 등의 제출을 요구하거나, 상대방이나 제3자에 대하여 증언녹취를 할 수 있고 제3자에 대한 증언녹취에 관계된 문서등 증거를 지참하는 것을 요구하는 것도 가능하다는 것이다. 제3자가 임의로 응하지 아니하는 경우 법원이 필요하다고 판단되면 명령에 의하여 소환장이 발하여지고, 이것에 응하지 아니하면 법정모욕죄의 제재를 받는다. 영업비밀보유자는 침해문제에 관한 증거개시절차에서 침해자에 대하여 피고의 과거 모든 제품에 관한 정보의 개시를 요구할 수 있다. 따라서 영업비밀 보유자는 피고제품에 대하여 영업비밀 침해의 입증이 가능하며 피고가 과거에 제조, 판매한 모든 침해품의 종류를 파악하는 것이 가능하다. 우리나라의 소송절차에서는 피고제품을 조사하고 소장에 있어서 손해배상의 청구대상이 되는 제품을 특정하여 구체적 손해액을 주장하지 않으면 안 된다. 이에 비하여 미국의 소송절차제도에 있어서 소장은 침해된 것을 주장하는 영업비밀을 특정하기보다 증거개시절차에 의하여 얻은 정보, 증거에 기초하여 침해품의 구성이나 손해액을 심리시까지 특정하면 된다. 즉 손해문제에 관한 증거개시절차에서 영업비밀 보유자는 피고로부터 대상이 되는 피고제품에 관한 모든 판매, 경리기록을 입수하는 것이 가능하다. 또한 피고로부터 제품을 구입한 제3자로부터도 필요한 증거서류를 입수할 수 있다. 거듭 피고의 판매담당자, 경리담당자의 증언녹취에 의하여 입수된 서류에 대하여 세부적인 설명을 요구할 수 있다. 이와 같이 이들 서류 등으로부터 과거의 판매수량, 가격 등에 대하여 정보를 파악하는 것이 가능하고, 법원은 침해자가 판매기록 등의 서류를 파악할 수 없는 경우 그 불이익은 침해자에 귀속시킬 수 있다라는 태도이다. 또한 일실이익의 인과관계를 입증하기 위한 증거 또는 합리적 실시료의 주장을 근거하기 위한 증거도 이들의 서류 이외에 피고의 경영자, 담당직원의 증언녹취 등에 의하여 입수할 수 있다.

률적 근거를 마련하였다. 즉 미국의 특허침해소송에 있어서 고액의 손해배상이 인정되는 배경으로 특허권자를 구제하고자 하는 법원의 자세가 궁극적으로 중요한 계기가 되고 있다. 특허의 유효성 · 침해성이 인정되는 이상, 침해자의 위법행위에 의해서 침해를 받은 특허권자의 지위를 적절하게 입증하는 한도에서 침해행위가 없었더라면 얻을 수 있었던 상태를 금전으로 회복하게 하는 것이 법원의 역할이라고 인정되고 있다(尾崎英男, 前揭論文, 128-129頁).

2. 입증의 방법

민사소송법은 제202조에서 「법원은 변론 전체의 취지와 증거조사의 결과를 참작하여 자유로운 심증으로 사회정의와 형평의 이념에 입각하여 논리와 경험칙의 법칙에 따라 사실주장이 진실한가 아닌가를 판단한다」라고 하여 자유심증주의를 도입하고 있는데, 손해배상액의 입증은 일실이익액에 대한 사실의 입증을 통한 방법과 일실이익액에 대한 증인의 사실증언 또는 전문가의 감정에 의한 증언을 통한 방법이 있다. 먼저, 전자와 관련해서 증거개시절차에 의하여 피고제품의 판매수량이나 가격 등에 대하여 객관적으로 확정되었다면 그 일실이익액에 의한 손해액이 특정되고 이에 대한 입증을 못하였다면 일실이익액의 추정, 통상의 일실이익액 또는 손해상당액에 의하는 방법으로 입증한다. 후자와 관련해서 증인은 자기의 견문한 사실에 대한 사실증인과 사실에 기초한 의견을 증언하는 감정증인으로 구별되는데, 손해액의 산정에 대한 증거는 감정증인의 증언의 형식으로 법정에서 현출된다. 감정증인에는 증언의 대상이 되는 사항에 대한 경리회계의 전문가, 당해제품의 시장분석의 전문가, 당해 기술분야의 라이선스실무의 전문가 등이 이용될 수 있다.

Ⅳ. 강제적 라이선스의 도입

영업비밀과 관련하여 강제적 라이선스가 문제되는데, 특허권과 저작권의 배타직 특싱에 의하여 이들 재산권자의 라이선스 여부에서도 독점적 시위의 특성이 나타나고 그 결과 이들 재산권를 이용하지 못하게 하는 상황이 나타날 수 있어서 특허법과 저작권법은 강제적 라이선스를 도입하고 있다. 영업비밀의 경우에는 특허권이나 저작권과 유사한 정도로 보호됨에도 불구하고 강제적 라이선스를 할 수 있는 조항을 마련하지 않았다.

이와 관련해서 영업비밀의 경우에는 해당 영업비밀이 사회에 공개되지 아니하여서 특허권이나 저작권 등에 비하여 공공적 제약을 적게 받고 특허권이나 저작권처럼 강력한 보호를 하고 있으며 영업비밀의 존속시간에 있어서도 사회적 제약을 거의 받지 아니한다. 이러한 이유로 미국의 통일영업비밀보호법은 제2조 (b)에서「법원은 장래의 이용을 금지하는 것이 불합리적인 경우에 금지되었던 사용기간을 넘지 아니하는 동안 합리적인 로열티를 지불하는 조건으로 장래 이용을 명령할 수 있다」라는 조항을 마련하였다. 우리나라의 영업비밀보호법에서도 영업비밀이 사회에 미치는 영향을 고려한다면, 강제적 라이선스도 고려할 수 있을 것으로 사료된다. 즉 "법원은 영업비밀의 이용을 금지하는 것이 현저히 부당한 경우에 상당한 금액을 지급할 것을 조건으로 이를 허락할 수 있다"라는 조항을 마련하는 것도 고려할 수 있다.

V. 소송기록의 열람등 제한

영업비밀보호법 제14조의6 제1항에서 "비밀유지명령이 내려진 소송(모든 비밀유지명령이 취소된 소송은 제외한다)에 관한 소송기록에 대하여 민사소송법 제163조 제1항의 결정이 있었던 경우, 당사자가 같은 항에서 규정하는 비밀 기재 부분의 열람 등의 청구를 하였으나 그 청구절차를 해당 소송에서 비밀유지명령을 받지 아니한 자가 밟은 경우에는 법원서기관, 법원사무관, 법원주사 또는 법원주사보(이하 이 조에서 '법원사무관등'이라 한다)는 민사소송법 제163조 제1항의 신청을 한 당사자(그 열람 등의 청구를 한 자는 제외한다. 이하 제3항에서 같다)에게 그 청구 직후에 그 열람 등의 청구가 있었다는 사실을 알려야 한다"고 규정하였다.[70)]

일본의 경우 소송기록 중에 당사자가 보유하는 영업비밀 등이 있다는 소명이 이루어진 경우에 법원은 당해 당사자의 신청에 의해 결정으로 비밀기재부분의

70) 제14조의6 (소송기록 열람 등의 청구 통지 등) ① 비밀유지명령이 내려진 소송(모든 비밀유지명령이 취소된 소송은 제외한다)에 관한 소송기록에 대하여「민사소송법」제163조 제1항의 결정이 있었던 경우, 당사자가 같은 항에서 규정하는 비밀 기재 부분의 열람 등의 청구를 하였으나 그 청구절차를 해당 소송에서 비밀유지명령을 받지 아니한 자가 밟은 경우에는 법원서기관, 법원사무관, 법원주사 또는 법원주사보(이하 이 조에서 "법원사무관등"이라 한다)는「민사소송법」제163조 제1항의 신청을 한 당사자(그 열람 등의 청구를 한 자는 제외한다. 이하 제3항에서 같다)에게 그 청구 직후에 그 열람 등의 청구가 있었다는 사실을 알려야 한다.
② 제1항의 경우에 법원사무관등은 제1항의 청구가 있었던 날부터 2주일이 지날 때까지(그 청구절차를 행한 자에 대한 비밀유지명령신청이 그 기간 내에 행하여진 경우에는 그 신청에 대한 재판이 확정되는 시점까지) 그 청구절차를 행한 자에게 제1항의 비밀 기재 부분의 열람 등을 하게 하여서는 아니 된다.
③ 제2항은 제1항의 열람 등의 청구를 한 자에게 제1항의 비밀 기재 부분의 열람 등을 하게 하는 것에 대하여「민사소송법」제163조 제1항의 신청을 한 당사자 모두의 동의가 있는 경우에는 적용되지 아니한다.

열람 등의 청구를 할 수 있는 자를 당사자로 한정할 수 있다. 이로써 소송기록의 열람이나 복사라는 형태로 유출되는 것을 방지할 수 있다. 그런데, 일본의 민사소송법 제92조 제1항은 당사자 이외의 자에 대하여 열람 등을 제한하는 것으로, 당사자로부터 위임을 받아 당사자로서 열람 등을 청구하는 자에 대하여 제한하는 규정은 아니다. 예컨대, 당사자인 회사의 대표자만이 비밀유지명령을 받은 상태라 할지라도 그 회사의 종업원이 비밀유지명령을 받지 않은 경우에는 영업비밀의 열람 등을 청구할 수 있다. 그러나 이러한 상태로는 의미가 없기 때문에 일본의 부정경쟁방지법 제12조에서는 위와 같은 경우에는 비밀유지명령의 신청자에 대해서 법원서기관이 통지하고 이로써 비밀유지명령을 신청할 수 있는 기회를 부여하려는 것이다. 이를 위한 시간적 여유를 부여하기 위해서 법원서기관은 청구일로부터 2주간을 경과할 때까지 청구자에게 비밀기재부분의 열람 등을 시킬 수 없다(동법 제92조 제2항). 다만, 그 열람 등을 시키는 것에 대하여 일본의 민사소송법 제92조 제1항의 신청을 한 당사자의 동의가 있는 때에는 이들 규정은 적용되지 아니 한다.[71)]

Ⅵ. 당사자 심문 등의 공개 정지

일본의 경우 영업상 이익의 침해에 관한 소송에 있어서 영업비밀에 해당하는 것에 대하여 당사자 등이 심문을 반을 경우에는 당해 사항의 심문을 비공개로 진행할 수 있다. 다만, 법원은 당해 영업비밀이 당사자의 사업활동에 현저한 지장을 초래할 것이 명확하기 때문에 당해 사항에 관해서 충분한 진술을 할 수가 없고, 당해 진술을 제외하고 다른 증거만으로는 당해 사항을 판단의 기초로 삼아야 하는 부정경쟁에 의한 영업상 이익침해의 유무에 관해서 적정한 재판을 할 수 없다고 인정되는 경우에 법관 전원일치에 의해 당사자심문을 공개하지 않을 수 있다는 제도로서 헌법상 재판공개원칙(제82조)의 예외규정이다.[72)]

이 규정은 입법당시 헌법상 재판공개원칙에 위배된다는 논란이 있었으나 영

71) 山本庸辛, 要說不正競爭防止法[第4版], 社團法人發明協會, 2006, 335面.
72) 山本庸辛, 要說不正競爭防止法[第4版], 社團法人發明協會, 2006, 337面.

업비밀의 비공개가 헌법 제82조 제2항에 규정되어 있는 공개제한규정, 즉 공공의 질서 또는 선량한 풍속을 해할 우려가 있는 경우에 해당된다고 이해하고 있다. 결국 재판을 통한 영업비밀의 공개가 오히려 적정한 재판을 훼손한다고 하는 극한적인 경우까지 헌법이 재판의 공개를 요구하고 있다고는 해석할 수 없다는 견해가 지배적이어서 법관 전원일치의 요건을 전제로 당사자심문의 비공개규정을 2004년도 개정시 신설한 것이다.[73] 우리나라의 경우 영업비밀보호법의 개정안에서는 관련조항을 두고 있지 아니한데, 이를 도입하는 것을 검토할 수 있다.

Ⅶ. 형사소송에서 금지명령의 신설

미국의 연방경제스파이법 제1835조 형사절차에서도 비밀유지를 위한 명령을 도입하고 있다. 즉 법원은 영업비밀 침해행위와 관련한 모든 기소 또는 기타 절차에서 연방형사 및 민사소송법, 연방증거법 및 기타 적용법의 요건과 일치하는 범위에서 영업비밀의 비밀성을 유지하기 위하여 필요하고 적절한 명령을 발하거나 기타 조치를 취해야 한다. 연방정부의 중간적 항소(an interlocutory appeal by the United States)는 영업비밀의 공개를 허가하거나 지시하는 지방법원의 결정이나 명령을 그 대상으로 해야 한다고 규정하고 있다.

Ⅷ. 형사벌의 개정

최근 헌법재판소에서는 부정경쟁방지법 제18조 제2항의 위헌 여부가 문제되었다. 이 사건에서 다수의견은 "이 사건과 같은 이욕범죄의 경우에는 영업비밀을 유출하게 되는 동기가 대부분 부당한 부를 추구하고자 함에 있고, 영업비밀의 유출행위로 인하여 행위자가 취득하게 되는 재산상 이득액이 상당히 고액일 가능성이 있다는 점을 고려하면, 고액의 벌금형을 선고하는 것이 집행유예 등과 같은 단기의 자유형을 선고하는 것보다 행위자에게는 더 큰 형벌이 될 수 있다. 행위와 관련된 이익이 커질수록 행위자는 이익을 보유하는 대가로 징역형을 감수하

73) 백영준, 앞의 논문, 51면.

려고 할 가능성이 크기 때문이다. 따라서 징역형과 벌금형의 경중을 비교함에 있어서 단지 징역형이 벌금형보다 중하다는 단순한 비교방법은 이 사건에 있어서는 적절하지 아니하다. 나아가 재산상 이득액을 얻지 아니한 행위자에 대하여는 징역형의 부과만 가능하지만, 재산상 이득액을 얻은 행위자에 대하여는 징역형과 벌금형을 병과할 수 있도록 하고 있으므로 행위와 관련된 이득액이 클 경우 벌금형만 부과하여야 하는 것이 아니라 징역형도 병과할 수 있고, 이 경우에는 재산상 이득액이 없는 행위자보다 명백히 중한 형을 부과할 수 있는 것이다. 또한 법관의 양형으로 불법과 책임을 일치시킬 수 있으면 법정형이 내포하고 있는 약간의 위헌성은 극복될 수 있는 것이므로, 만약 구체적인 사건에서 영업비밀의 유출행위로 인하여 재산상 이득액을 얻은 행위자와 재산상 이득액을 얻지 아니한 행위자에 대한 법정형을 달리 정한 결과 형량에 있어 불합리성이 나타난다면, 이는 법관의 양형을 통하여 시정하면 된다"고 보았다. 즉 이 사건에서 다수의견에 따르면, 해당 법률조항은 형벌체계상의 균형을 상실하여 입법재량의 범위를 벗어난 자의적인 입법이라고 할 수 없고, 그 차별에 합리적인 이유도 있으므로 헌법상 평등원칙에 위배되지 아니한다고 보았다.

한편, 소수의견에 따르면, 이 사건 법률조항은 영업비밀의 유출행위로 인하여 재산상 이득을 얻은 경우와 그렇지 아니한 경우의 법정형의 상한을 모두 5년 이하의 징역으로 동일하게 규정하고 있으면서, 선택형으로 재산상 이득액의 2배 이상 10배 이하에 상당하는 벌금형을 규정하고 있다. 그런데 형법 제41조 제2호, 제6호 및 제50조 제1항이 징역형을 벌금형보다 중한 형으로 규정하고 있는 점 및 징역형은 신체의 자유를 박탈하는 형벌인 반면 벌금형은 재산권을 박탈하는 형벌이라는 형벌의 성격을 고려할 때, 양 범죄의 징역형의 상한이 동일한 경우에는 벌금형을 선택형으로 두고 있는 법정형이 징역형만을 규정하고 있는 법정형보다 가벼운 것이 명백하다. 그럼에도 불구하고, 이 사건 법률조항은 선택형인 벌금형을 '재산상 이득액의 2배 이상 10배 이하에 상당하는 벌금'으로 규정함으로써, 결과적으로 재산상 이득을 얻지 않은 범죄행위자에 대하여는 벌금형을 선택할 수 있는 가능성을 원천적으로 배제한 반면 비난가능성이 더 크고 불법의 정도 또한 심한 재산상 이득을 얻은 범죄행위자에 대하여는 벌금형을 선택할 수 있도록 규정함으로써, 재산상 이득을 얻지 않은 행위자를 부당하게 차별하고 있다. 따라서 이 사건 법률조항은 헌법상 평등원칙에 위배된다고 보았다. 다만, 이 사건 법률조항에 대하여는 단순위헌의 판단을 하기보다는 헌법불합치결정을 하되 입법자가 새로운 입법에 의하여 위헌성을 제거할 때까지 법원 기타 국가기관 및 지방자치단체는 위 법률조항의 적용을 중지하도록 선언하여야 한다고 보았다.[74)]

위에서 알 수 있듯이 다수의견은 부정경쟁방지법 제18조 제2항은 입법형식상 위헌성이 있지만, 적용과정에서 징역형의 집행을 면하는 방법으로 실질적으로 낮은 형사벌의 가능성이 있어서 위헌이 아니라는 입장이다. 소수의견은 부정경쟁방지법 제18조 제2항이 헌법에 불합치하는 것으로 관련 법조항의 개정이 필요하다는 입장이다. 따라서 부정경쟁방지법 제18조 제2항은 위헌성이 내포되어 있는 것으로 보이며 실무상으로도 재산상 이득액을 기준으로 형벌을 가하는 것은 검사가 모두 입증해야 하므로 그 입증의 어려움이 지적되어 왔고, 이와 같은 형사처벌은 본래 형사벌의 기능이 아니라는 주장도 설득력이 있다.

영업비밀보호법 제18조 제1항에서 '10년 이하의 징역 또는 그 재산상 이득액의 2배 이상 10배 이하에 상당하는 벌금에 처한다'라는 문구가 실무상 적절하게 운용(적용)되고 있는지가 문제된다. 왜냐하면 산업기술유출방지법 제36조 제1항에서는 입법상으로 형량의 범위(10년 이하의 징역 또는 10억 원 이하의 벌금)을 명확히 하였는데, 영업비밀보호법은 벌금의 산정을 '재산상 이득액'을 기준으로 하고 있어서 재산상 이득액에 대한 입증책임을 검사가 부담한다. 따라서 영업비밀보호법 제18조 제1항의 법문은 영업비밀을 강력히 보호하고자 하는 의도가 있다고 보이지만 벌금액의 산정과 관련해서는 다소 막연하고 그 금액의 산정도 모호하다. 결국 영업비밀보호법 제18조 제1항의 벌금산정 방식은 삭제되는 것이 적절한 것으로 사료된다(산업기술유출방지법 제36조 제1항의 방식에 따른 것이 더 적합하다).

74) 헌재 2011.11.24. 2010헌가42.

제5장

산업기술유출방지법에 의한 산업기술의 보호

제1절 개 요

영업비밀보호법상 영업비밀의 보호는 부정한 방법으로 타인의 영업비밀을 알아내거나 이를 이용하는 것으로부터의 보호를 목적으로 한다. 그 동안 영업비밀이 차지하는 경제적 중요성이 높아짐에 따라 독자적인 형사벌이 신설되는 등 소송절차상으로도 영업비밀의 실질적인 보호를 위한 각종의 제도가 마련되어 왔다. 실체법적으로도 손해배상청구의 실질적 보장을 위한 각종 손해산정방법 등이 신설되어 물건의 침해에 따른 손해배상청구보다 용이하게 보호받을 수 있도록 하였으며, 특히 영업비밀의 침해행위가 외국정부나 외국기관 등에 의하거나 해외로 유출하는 것에 대하여는 국익적 차원에서 강력한 형사벌을 도입하여 왔다. 그럼에도 불구하고 산업기술을 중심으로 한 영업비밀의 해외유출 사례가 해마다 증가하고 있고 그 피해도 기하급수적으로 늘어만 가고 있다. 그 원인은 앞에서도 지적했듯이 영업비밀보호법상의 관련조항의 흠결이나 미흡도 작용하고 있고 또한 사법당국이 영업비밀침해죄에 대한 법집행상 안일한 대응은 물론 개개의 사건에서 범죄자의 동기 등에 중심을 두고서 법집행을 한 것도 이유가 되고 있다. 이렇다 보니 법원에서 영업비밀침해죄에 대한 형량을 정함에 있어서 피해금액보다는 연구개발비 등에 중심을 두고서 형량을 정하는 등 부과되는 형량은 상당히 낮은 것이 현실이다. 민사적으로도 우리나라의 손해배상제도는 실질적 손해만을 보상하는 제도로 운용되고 있고 미국의 경우처럼 경제범죄에 대한 징벌적 손해배상을 부과하는 것과도 대조적 현상을 보이고 있다. 결국 우리나라 영업비밀보호법상 산업기술의 보호는 법조항의 내용상으로는 물론 법원실무에 있어서도 실질적인 권리보호를 하기가 어려운 법제도를 가지고 운영하고 있다. 근본적으로는 산업기술의 침해범죄와 전통적인 범죄(물건이나 신체 등 침해범죄)와 동일시 내지는 유사하게 취급하는 것에서 원인을 찾을 수 있다.

그렇다면 위와 같이 산업기술을 언제까지나 개인이나 기업 등의 책임하에 맡겨두고서 스스로 보호방안을 강구하도록 국가가 방관할 것인가? 이 질문은 다시 말해서 산업기술이 국가안보나 국민경제를 근본적으로 위협하는 상황을 언제까지나 기업의 책임으로만 남겨두고 국가는 방임자적인 지위에 있을 것인가이다. 우리나라의 현상황을 고려할 때 이미 첨단산업기술이나 국가핵심기술이 중국이나 대만 등은 물론 미국 및 일본 등의 국가의 산업스파이 대상이 되고 있는 시점에서 국민경제에 중대한 위협으로 작용하고 있다. 따라서 정부는 기존의 영업비밀보호법상 영업비밀에 의한 산업기술의 보호만으로는 그 한계를 인식하여 1996년에 산업기술유출방지법을 제정하게 되었다. 산업기술유출방지법은 아래에서 자세히 살펴보겠지만 첨단산업기술을 합법적인 유출이든 불법적인 유출이든 간에 국가의 일정한 관여를 허용하는 법률이다. 즉 국가차원에서 관계중앙행정기관이 지정 등을 통한 산업기술과 국가핵심기술을 구분하여 국가차원에서 보호시책을 마련하고 유출방지 및 관리방안 등을 마련하며 각종의 지원시책 등을 마련한 법률에 해당된다.

제2절 산업기술유출방지법의 연혁

Ⅰ. 개 요

1. 제정 경위

핵심기술유출에는 인력이동, 기술거래, 인수합병, 산업스파이 등 합법적 · 불법적 수단이 총동원되고 있는 실정이다. 따라서 정부는 각종 법률에 산재해 있는 기술유출방지관련 규정을 통일적으로 정비하고, 범정부적 대응체제 구축 등 미비사항을 대폭 보완하기 위해 2004년 9월 경제장관간담회에서 기술유출방지 대책의 일환으로 첨단산업기술유출방지에 대한 입법필요성에 대하여 논의하다가 동년 10월 산업자원부가 총 8장 43개 조문으로 구성된 '첨단산업기술의유출방지및보호에관한법률안'(지식경제부공고 제2004-216호)을 제정하여 입법예고한 바 있었으나, 그러나 이 법률안은 부처 간 이견으로 입법화되지 못했다. 한편 국회에서도 의원입법(대표발의 이광재 의원) 형식으로 '산업기술의유출방지및보호지원에관한법률안'의 제출되었다(2004년 11월 9일). 이 의원입법안은 국회의 입법논의과정을 거치면서 그 제명이 현재의 법률명으로 바뀌었고, 세부 내용 및 체계에 있어서도 일정부분 정비되는 등 원안의 수정안(제안자: 산업자원위원장)이 마련되었다.

2. 법 제정의 의의

산업기술유출방지법의 제정은 산업기술의 불법 해외유출이 심각한 수준에 있으나 부정경쟁방지 및 영업비밀보호에 관한 법률에 따른 처벌대상이 민간 기업비밀 누설의 경우로 한정되어 있고, 각종 법률에 산재하여 있는 관련 규정으로는 산업기술유출 방지 및 근절에 큰 효과를 내지 못함에 따라 동법을 제정하여 국내 핵심기술 보호 및 산업기술의 부정한 유출을 방지하고, 산업기술을 보호함으로써 국내산업의 경쟁력을 강화하며, 국가의 안전과 국민경제의 안정을 보장하는 것을 의도하고 있다.

◈ **산업기술유출방지법의 목적**

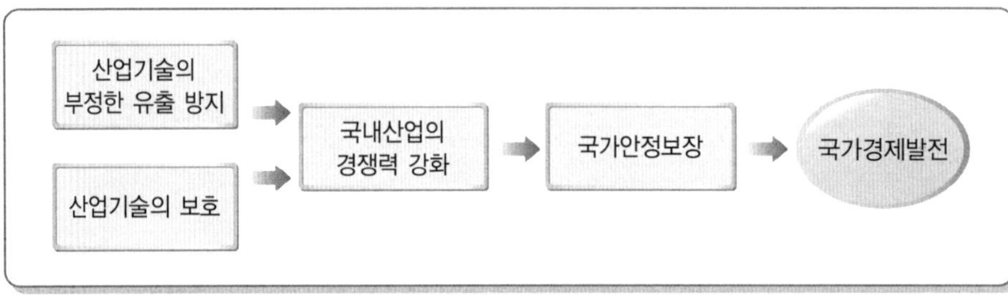

이 법은 기존의 영업비밀보호법의 보호대상이 민간기업의 영업비밀에 한정되고 있어서 국가적 · 사회적으로 커다란 영향을 초래할 기술유출행위에 대한 처벌범위 확대가 필요하다는 의미에서 산업기술유출행위 및 처벌범위를 확대 강화하였다는 점, 국내기업 등이 재정여건 악화 등의 이유로 주요 핵심산업기술이 경쟁국으로 매각 또는 이전되는 방법으로 수출되더라도 이를 통제할 법적 근거를 마련함으로써 국가의 중요한 핵심기술의 해외이전에 대한 적절한 규제조치를 마련하였다는 점, 그리고 산업기술보호활동을 지원하기 위한 체계 및 관련 제도를 규정함으로써 정부의 체계적이고 통합적인 산업기술유출방지활동의 수행근거를 제시한 점 등을 들 수 있다.

산업기술유출방지법의 평가를 둘러싸고 산업기술유출규제에 대한 독자성을 인정하는 입장에서는 동법이 국내 산업 기술유출행위를 기존의 부정경쟁차원에서 나아가 국익차원에서 접근하고 있다는 점에서 국내 산업기술유출규제에 관한 법제의 진일보를 이루었다는 평가를 내리고 있지만, 이 법의 기술유출규제에 대한 독자적 의미를 축소하는 입장에서는 동법이 전체적으로 산업기술의 육성 · 보호를 지원하는 법률로서의 성격이 강한 법률임을 지적하고 있다.[1] 그래서 '산업기술보호를 위한 종합지원법'이라고 평가하고 있다.

1) 황철, 핵심기술유출의 현황 및 대응, 지식재산권연구센터 포럼자료, 2005.12.14, 13면.

Ⅱ. 산업기술유출방지법의 제정 및 개정

1. 제정이유 및 주요 내용

산업기술유출방지법은 산업기술유출 방지 및 국내 핵심기술을 보호하고, 국가산업경쟁력을 강화하며, 국가의 안전과 국민경제의 안정을 보장할 수 있도록 하려는 것을 목적으로 한다. 이와 같은 판단에 따라 국가안보에 직접적인 영향을 미치는 국가핵심기술의 해외유출을 규제하고, 산업기술의 부정한 유출을 방지하기 위한 보안의식 확산 및 제도적 기반의 구축을 통해 국내 핵심기술을 보호하고 과학 · 산업 기술인 및 연구개발자를 보호지원하여 국가산업경쟁력을 강화하고 국가의 안전과 국민경제의 안정을 보장하기 위한 것이다. 이 법의 주요내용은 다음과 같다.

첫째, 산업기술의 유출방지 및 보호에 관한 기본계획 및 시행계획의 수립 · 시행(안 제5조 및 제6조)하였다. 즉 산업통상자원부장관은 관계중앙행정기관의 장과 협의한 후 산업기술보호위원회의 심의를 거쳐 산업기술의 유출방지 및 보호에 관한 기본계획을 수립 · 시행하도록 하고, 관계중앙행정기관의 장은 그 기본계획에 따라 세부계획을 수립 · 시행하도록 하였다.

둘째, 산업기술보호위원회를 설치(안 제7조)하였다. 즉 국무총리 소속하에 국무총리를 위원장으로, 교육과학기술부장관을 부위원장으로, 산업통상자원부장관을 간사위원으로 하는 산업기술보호위원회를 설치하여 산업기술의 유출방지 및 보호에 관한 기본계획 및 시행계획의 수립 · 시행, 국가핵심기술의 지정 · 변경 및 해제, 국가핵심기술의 수출, 국가연구개발사업의 보호실태조사 등에 관한 사항을 심의하도록 하였다.

셋째, 보호지침을 제정 · 보급(안 제8조)하였다. 즉 산업통상자원부장관은 산업기술을 보유한 기업 · 연구기관 · 전문기관 · 대학 등이 활용할 수 있도록 하기 위하여 산업기술의 유출 및 보호를 위하여 필요한 사항을 관계중앙행정기관의 장과 협의한 후 산업기술보호위원회의 심의를 거쳐 보호지침으로 제정하도록 하였다.

넷째, 국가핵심기술의 지정 등(안 제9조)을 하였다. 즉 산업통상자원부장관은 관계 중앙행정기관의 장으로부터 그 소관의 국가핵심기술 지정 대상기술을 통보받아 산업기술보호위원회의 심의를 거쳐 필요최소한의 범위에서 국가핵심기술로 지정할 수 있도록 하되, 이해관계인에게는 의견진술의 기회를 부여하도록 하였다.

다섯째, 국가핵심기술의 해외매각 등에 대한 승인(안 제11조 제1항 내지 제3항 및 제7항)을 하였다. 즉 기업 · 연구기관 · 전문기관 · 대학 등이 보유하고 있는, 국가로부터 연구개발비를 지원받아 개발한 국가핵심기술을 해외 매각 · 기술이전 등을 하는 경우 산업통상자원부장관의 승인을 얻도록 하고, 산업통상자원부장관은 승인을 얻지 아니하거나 부정한 방법으로 승인을 얻어 국가핵심기술을 수출한 경우에는 그 국가핵심기술의 수출중지 · 금지 · 원상회복 등의 조치를 명할 수 있도록 하였다.

여섯째, 국가핵심기술의 해외매각 등에 대한 신고 등(안 제11조 제4항 내지 제7항)을 하였다. 기업 · 연구기관 · 전문기관 · 대학 등이 보유 · 관리하고 있는 승인대상이 아닌 국가핵심기술을 해외 매각 · 기술이전 등을 하는 경우에는 사전에 산업통상자원부장관에게 신고하도록 하되, 그 국가핵심기술이 국가안보와 관련되는지 여부에 대하여 산업통상자원부장관에게 사전검토를 신청할 수 있도록 하고, 산업통상자원부장관은 신고대상인 국가핵심기술의 수출이 국가안보에 심각한 영향을 줄 수 있는 경우 또는 신고하지 아니하거나 허위로 신고하고 국가핵심기술을 수출한 경우에는 그 국가핵심기술의 수출중지 · 금지 · 원상복귀 등의 조치를 취할 수 있도록 하였다.

일곱째, 산업기술 유출행위 등의 금지 및 신고의무(안 제14조 및 제15조)를 부과하였다. 즉 부정한 방법으로 타인의 산업기술을 취득 · 사용 · 공개하는 행위를 금지하고, 산업기술에 대한 비밀유지의무가 있는 자가 그 산업기술을 유출 · 사용 · 공개하거나 제3자가 사용하게 하는 행위를 금지하며, 국가핵심기술 및 국가연구개발사업으로 개발한 산업기술에 대한 유출행위 등이 발생하거나 발생할 우려가 있는 때에는 즉시 그 사실을 산업통상자원부장관 및 정보수사기관의 장에게 신고하도록 하였다.

여덟째, 산업기술분쟁조정위원회를 설치(안 제23조)하였다. 즉 산업기술의 유출에 대한 분쟁을 신속하게 조정하기 위하여 산업통상자원부장관 소속하에 산업기술분쟁조정위원회를 설치하도록 하였다.

아홉째, 비밀유지의무 등(안 제34조 및 제36조 제5항)을 신설하였다. 즉 산업기술을 보유한 기업 · 연구기관 · 전문기관 · 대학 등의 임직원 및 이 법에 따른 지정 · 사전검토 · 조사 · 접수 · 상담 · 연구개발 및 분쟁조정 등의 업무를 수행하는 자에 대한 비밀유지의무를 명시하고, 이를 위반한 자에 대하여 5년 이하의 징역이나 10년 이하의 자격정지 또는 5천만원 이하의 벌금에 처하도록 하였다.

열 번째, 산업기술의 유출행위 등에 대한 벌칙(안 제36조 및 제37조)을 신설하였다. 즉 산업기술을 부정한 방법으로 유출한 자에 대해서, 해외유출의 경우 7년 이하의 징역 또는 7억원 이하의 벌금에 처하도록 하고, 국내유출의 경우에는 5년 이하의 징역 또는 5억원 이하의 벌금에 처하도록 하되, 징역형과 벌금형을 병과할 수 있도록 하며, 미수범과 예비 · 음모한 자의 경우에도 처벌하도록 하였다.

2. 종전의 개정이유 및 주요 내용

(1) 2008년 3월 14일의 개정이유와 주요내용

2008년 개정의 이유에 따르면, 최근 세계 최초 차세대 인터넷 통신기술인 와이브로 원천기술과 자동차생산 핵심기술의 산업스파이 사건에서 알 수 있듯이 국가산업의 핵심기술을 외국으로 유출하려다 적발되는 사례가 매년 큰 폭으로 증가하고 있으며, 유출 방법 또한 지능화 · 내형화되고 있는 실정이다. 그러나 현행 법률에서는 산업기술을 외국으로 유출하는 자에 대한 벌칙이 최고 7년 이하의 징역 또는 7억 원 이하의 벌금에 그치고 있어 산업기술의 불법 유출방지를 위한 실효성 있는 대응에는 미흡한 형량이라는 주장이 제기된다. 이에 국가경쟁력을 떨어뜨려 국가적으로 큰 손실을 가져올 수 있는 산업기술 해외유출사범에 대한 처벌 수위를 최고 10년 이하의 징역 또는 10억 원 이하의 벌금에 처할 수 있도록 상향 조정하였다. 즉 산업기술을 외국에서 사용하게 하거나 사용되게 할 목적으로 유출 등의 행위를 한 자에 대한 벌칙을 현행 '7년 이하의 징역 또는 7억 원

이하의 벌금'에서 '10년 이하의 징역 또는 10억 원 이하의 벌금'으로 상향 조정하였다.

(2) 2008년 12월 26일 개정이유와 주요내용

이 개정안에서는 현행 양벌규정이 문언상 영업주가 종업원 등에 대한 관리 · 감독상 주의의무를 다하였는지 여부에 관계없이 영업주를 처벌하도록 하고 있어 책임주의 원칙에 위배될 소지가 있으므로, 영업주가 종업원 등에 대한 관리 · 감독상 주의의무를 다한 경우에는 처벌을 면하게 함으로써 양벌규정에도 책임주의 원칙이 관철되도록 하였다.

(3) 2009년 1월 30일의 개정이유와 주요내용

이달곤의원 대표발의의 산업기술유출방지법 개정안에서는 2가지의 입법사항을 담고 있다. 첫째, 산업기술유출방지법 제10조에서는 국가핵심기술을 보유 · 관리하고 있는 대상기관의 장에게 보호구역의 설정 · 출입허가 또는 출입시 휴대품 검사 등 국가핵심기술의 유출을 방지하기 위한 조치를 취하도록 하고 있지만 대상기관이 이러한 조치를 거부하거나 방해 또는 기피한 자에 대해 제재규정이 없다. 따라서 이를 보완하여 국가핵심기술 유출 방지를 위한 조치에 적극적인 협력을 하도록 할 필요가 있음을 인식하여 또한 국가핵심기술의 보호를 위한 보호구역의 설정 · 출입허가 또는 출입시 휴대품 검사 등의 조치를 거부 · 방해 또는 기피한 자에게 과태료를 부과하되, 과태료 처분 절차를 삭제하여 관련 규정을 정비하고자 하였다. 이는 과태료에 관한 기본법인 「질서위반행위규제법」이 제정됨에 따라 질서위반 행위의 성립요건이 일반화되고 부과 · 징수, 재판 등의 과태료 처분 절차가 통일된 것에 따라 이를 반영하였다.

둘째, 산업기술유출방지법 제21조에서 정부는 산업기술의 유출방지 및 보호에 기여한 공이 큰 자 또는 동법의 규정을 위반하여 산업기술을 해외로 유출한 사실을 신고한 자 등에 대하여 포상 및 포상금을 지급할 수 있도록 하고 있으나 포상 및 포상금에 관한 사항은 국가예산지출에 관한 것으로 일정 경우 포상금을 지급할 수 없는 상황에 대비하여 예산의 범위에서 지급될 수 있도록 규정하였고 이는 다른 입법례와 유사한 것으로 예산범위 내에서 포상금 지급이 가능하도록 하는 것에 있다.

3. 2011년의 개정경과 및 주요 내용

(1) 박근혜의원 대표발의안

2011년 박근혜의원 대표발의된 산업기술의 유출방지 및 보호에 관한 법률 일부개정법률안에서는 종래 산업기술유출방지법에 관련하여 실무상 문제되어 온 입법사항에 대하여 망라하고 있다. 즉 박근혜의원 대표발의안에서는 "그간 이 법은 산업기술의 부정한 유출을 방지하고 산업기술을 보호함으로써 국내산업의 경쟁력을 강화 및 국가안전보장과 국민경제발전에 이바지하였으며 산업기술보호 기반구축에 필요한 제도적 근간으로서의 역할을 수행하여 왔음. 그러나 현행법은 산업기술의 정의 등 불명확한 규정이 존재하고, 위원회의 기능 조정 등 운영체계를 정비할 필요성이 발생함. 또한 인수 · 합병 등을 통한 국가핵심기술의 유출방지 곤란 등 현행 법률에 나타난 미비점에 대해 개선 · 보완하려는 것임"이라고 개정이유를 밝히고 있다. 그 주요개정 사항은 다음과 같다.

첫째, 산업기술의 정의 명확화 및 국가핵심기술의 지정대상 범위 확대 방안을 제시하고 있다(안 제2조 제1호 및 제2호). 즉 현행 법률상 산업기술의 개념이 모호하여 그 대상범위를 특정할 수 없어 법집행 단계에서 실효성을 저하시키는 요인으로 작용하고 있어서 적용대상을 명확하게 하기 위하여 산업기술을 지정 · 고시 · 공고한 기술로 한정(각목 내용은 삭제)하여 산업기술 정의의 불명확성 해소 및 산업기술 침해행위에 대한 법 적용의 실효성을 확보할 수 있도록 하였다. 국가핵심기술의 지정시 지정 · 고시 · 공고한 산업기술뿐만 아니라 그 밖의 중요한 기술 중에서도 선정할 수 있도록 확대하는 것이 필요하여 실무상 문제된 논의를 포함시켰다.[2)]

---

2) 정부는 2007년 8월 국무총리 주재로 제1차 산업기술보호위원회를 개최하여 산업기술의 유출방지 및 보호를 위한 중장기 기본계획(2008년-2012년), 산업기술 보호지침 및 국가핵심기술 지정 등을 심의 · 확정하였다. 동 위원회는 국가안보 및 국민경제적 효과가 큰 기술 중 기업들의 글로벌 경영을 저해하지 않는 필요 최소한의 범위 내에서 국가핵심기술을 선정하였으며 전기 · 전자분야 4개 기술, 자동차분야 8개 기술, 철강분야 6개 기술, 조선분야 7개 기술, 원자력분야 4개 기술, 정보통신분야 6개 기술, 우주분야 5개 기술 등 총 40개 기술을 분야별로 신정하였다. 이후 2009년 12월 제2차 산업기술보호위원회를 개최하여 전기 · 전자 · 조선분야 기준변경과 정보통신분야 추가지정 및 생명공학분야 신규지정 등 8개 분야 총 49개 기술로 국가핵심

둘째, 종합계획의 수립 · 시행(안 제5조)하는 것을 개정하는 방안을 제시하고 있다. 산업기술유출방지법에서는 기본계획을 매 5년, 시행계획을 매년 수립하도록 되어 있으나 시행계획을 매년 수립할 정도로 정책 환경이 급변하는 것은 아니므로 시행계획은 관련 중앙행정 부처별로 자체적으로 수립토록 하고, 기본계획은 3년 단위의 종합계획으로 변경하는 개정안을 제시하였다.

셋째, 산업기술보호위원회의 기능 및 권한 범위 조정(안 제7조)방안을 제시하고 있다. 즉 산업기술유출방지법은 산업기술보호위원회, 실무위원회 및 전문위원회를 설치하고 있으나, 각 위원회의 기능과 권한 범위가 중첩적이어서 비효율성이 문제되어 왔다. 따라서 산업기술보호위원회는 종합계획의 수립, 국가핵심기술의 지정 등 중요 안건만을 대상으로 하고, 그 밖의 일반사안은 제외하도록 개선하였다.

넷째, 국가핵심기술을 보유하는 대상기관의 해외인수 · 합병 등(안 제11조의2 신설)에 대한 규제를 신설하였다. 즉 국가핵심기술의 유출은 불법적인 방법 외에도 국가핵심기술을 보유한 국내기업의 해외인수 · 합병, 합작투자 등으로 인하여 발생할 수 있으나 이를 규제할 방안이 국내에는 마련되어 있지 않아 대책 마련이 필요함에 따라 외국인투자를 위축시키지 않는 범위에서 국가핵심기술의 해외유출을 목적으로 한 외국인투자를 사전에 방지 · 차단할 수 있는 최소한의 법적 장치를 마련하였다. 또 해외투자 위축을 최소화하기 위하여 신고대상을 국가의 안전보장에 중대한 영향을 줄 수 있는 국가핵심기술 중에서 국가로부터 연구개발비를 지원받아 개발한 국가핵심기술을 보유한 대상기관으로 한정하였다. 그리고 국가로부터 연구개발비를 지원받아 개발한 국가핵심기술을 보유한 대상기관이 해외인수 · 합병 등을 하고자 하는 경우 산업통상자원부장관에게 사전 신고하도록 하되 해당 해외인수 · 합병 등이 국가안보 등과 관련되어 있는지 여부를 사전 검토 받을 수 있도록 규정하였다. 산업통상자원부장관은 해외인수 · 합병 등에 따른 국가핵심기술의 유출이 국가안보 등에 심각한 영향을 줄 수 있다고 판단하

기술을 재조정한 이후, 지난 2011년 2월 23일 지식경제부고시 제2011-33호에 의거하여 자동차분야 고속열차 제어방식 일부 변경과 정보통신분야 UWB 시스템에서 중단 없이 신호 간섭회피를 위한 DAA(Detection And Avoid) 기술 1개를 추가 지정하여 8개 분야 총 50개 기술로 확정하였다. 2012년 1월 지식경제부고시 제2012-13호에서는 총58개의 국가핵심기술을 선정하였다.

는 경우에는 관계 중앙행정기관의 장과 협의한 후 산업기술보호위원회의 심의를 거쳐 해외인수 · 합병 등에 대하여 중지 · 금지 · 원상회복 등의 조치를 명할 수 있도록 하였다.[3)]

다섯째, 산업기술 침해행위에 대한 금지청구권 등(안 제14조의2 신설)을 신설하였다. 즉 산업기술 침해행위를 하거나 하려는 자에 대하여 그 행위에 의하여 영업상의 이익이 침해되거나 침해될 우려가 있는 경우에는 법원에 그 행위의 금지 또는 예방을 청구할 수 있도록 하였다.

여섯째, 자율적인 산업기술 보호 · 관리(안 제16조의2 및 제18조의2 신설)방안을 제시하였다. 현행 법률에서는 시장에서 자율적으로 산업기술을 보호 · 관리할 수 있는 제도적 장치가 미흡하므로 산업보안관리사제도 및 산업보안관리체계 인증 도입을 통해, 업체들이 필요로 하는 산업보안전문가 양성 및 자율적인 산업기술 보호 기반을 구축하였다.

(2) 박민식의원 대표발의안

박민식의원 대표발의의 산업기술의 유출방지 및 보호에 관한 법률 일부개정법률안에서는 국가핵심기술의 침해행위에 대하여 기업의 요청이 없다고 하여도 수사기관이 직권으로 조사할 수 있도록 근거를 마련하는 것을 내용으로 하고 있다. 즉 이 개정안에서는 국가핵심기술을 특정 기업의 재산권의 측면에서만 볼 것이 아니라 국가에 미치는 파급효과를 고려하여 금지행위는 기술 해외 유출의 예비 단계 행위로 될 가능성이 많은 행위 유형들이므로 실제로 발생한 경우에는 기

3) 2007년 개정안에서도 유사한 내용의 박근혜의원 대표발의가 있었다. 즉 이 대표발의 개정안에 따르면, 국가핵심기술은 국가의 안보와 국민경제에 큰 영향을 주기 때문에, 국가핵심기술의 확보는 국가의 경쟁력을 좌우하게 된다. 우리나라의 첨단 기술력이 세계적인 수준으로 성장하면서, 최근 후진국뿐만 아니라 선진국의 경쟁업체들이 인력스카웃, 위장합작 등 각종 수단을 동원하여 국내기업이나 연구소의 첨단기술과 경영전략의 유출을 시도하는 사례가 해마다 속출하고, 산업기술의 해외유출 피해액이 수 조원에 이르는 등 그 피해가 심각한 수준에 있다. 또한 국가핵심기술을 보유한 국내기업의 해외인수 · 합병, 합작투자 등으로 인하여 국가핵심기술의 유출이 크게 우려되는 바, 이에 대한 근본적인 대책 마련이 절실히 요청된다. 이에 국가핵심기술의 해외유출을 사전에 방지 · 차단함으로써 국내 산업기술을 보호하고 국가산업경쟁력 강화 및 국민경제 안정에 기여하려는 것이다. 첫째, 국가핵심기술을 보유 · 관리하고 있는 대상기관의 해외인수 · 합병, 외국기업과의 합작투자 등의 행위로 인해 국가핵심기술의 유출이 우려될 경우에는 산업자원부장관에게 사전에 신고하도록 하였다(안 제11조 제4항 신설 및 제5항). 둘째, 국가핵심기술의 보유 · 관리기관의 해외인수 · 합병, 외국기업과의 합작투자 등으로 인한 국가핵심기술의 유출이 국가안보 또는 국민경제에 심각한 영향을 줄 수 있다고 판단하는 경우에는 산업자원부장관은 해당 행위에 대하여 중지 · 금지 · 원상회복 등의 조치를 명할 수 있도록 하였다(안 제11조 제6항).

업의 요청이 없더라도 산업통상자원부장관 및 정보수사기관의 장의 직권으로 기술유출 방지에 필요한 최소한의 방어적 긴급 조치를 할 수 있도록 하려는 것을 내용으로 한다.

(3) 지식경제위원장의 대안(2011년 6월 30일 개정법률)

2011년 6월 28일까지 국회에 제출된 산업기술유출방지법안을 통합하여 지식경제위원장은 대안을 마련하여 국회 본회의에서 심의 의결하였다. 즉 2009년 6월 16일 박근혜의원 등 15인, 2011년 1월 27일 박민식의원 등 10인 및 2011년 2월 11일 박근혜의원 등 24인이 각각 발의한 「산업기술의 유출방지 및 보호에 관한 법률 일부개정법률안」을 위원회 대안으로 통합하였다. 그 입법이유로 최근 국가핵심기술의 유출이 불법적인 방법 외에도 국가핵심기술을 보유한 국내기업의 해외인수 · 합병등을 통해 국가핵심기술을 간접적으로 이전 받으려는 시도가 빈번히 발생하는 등 산업기술을 둘러싼 보호환경이 변화함에 따라 관련 국가핵심기술의 유출을 효과적으로 방지 · 차단할 수 있는 법적 수단을 강구하고, 변화된 환경에 맞추어 산업기술보호를 위한 새로운 관리체계를 강화하는 한편 산업기술의 정의를 명확히 하는 등 그동안 제도 운용상의 미비점 등을 개선 · 보완하려는 것임을 밝히고 있다.

그 주요내용은 첫째, 산업기술의 적용대상을 명확하게 하기 위하여 산업기술을 법률 또는 해당 법률에서 위임한 명령에 따라 지정 · 고시 · 공고 · 인증한 기술로 한정하고, 국가핵심기술을 현행 법령에서 지정 · 고시 · 공고 · 인증한 산업기술뿐만 아니라 그 밖의 중요한 기술 중에서도 선정할 수 있도록 하여 그 지정 범위를 확대하였다(산업기술유출방지법 제2조 제1호 및 제2호).

둘째, 현행 산업기술보호위원회의 심의대상 중 시행계획의 수립 · 시행, 산업기술 보호지침의 제정 등 일반안건을 제외함으로써 위원회가 종합계획의 수립, 국가핵심기술의 지정 등 산업기술보호에 관한 중요정책 심의에 집중하도록 그 기능 및 권한 범위를 조정하였다(산업기술유출방지법 제7조).

셋째, 국가핵심기술의 해외유출을 목적으로 한 외국인투자를 사전에 방지 · 차단할 수 있는 최소한의 법적 장치를 마련하기 위하여 국가로부터 연구개발비를 지원받아 개발한 국가핵심기술을 보유한 대상기관이 해외인수 · 합병등을 하고자 하는 경우 산업통상자원부장관에게 사전 신고하도록 하였다(산업기술유출방지법 제11조의2 신설).

넷째, 산업기술의 침해행위를 하거나 하려는 자에 대하여 그 행위에 의하여 영업상의 이익이 침해되거나 침해될 우려가 있는 경우에는 법원에 그 행위의 금지 또는 예방을 청구할 수 있도록 하였다(산업기술유출방지법 제14조의2 신설). 이 대표발의안은 박근혜의원 대표발의안과 달리 제14조의2 제3항을 신설하여 "산업기술 침해행위의 금지 또는 예방을 청구할 수 있는 권리는 산업기술 침해행위가 계속되는 경우에 대상기관이 그 침해행위에 의하여 영업상의 이익이 침해되거나 침해될 우려가 있다는 사실 및 침해행위자를 안 날부터 3년간 행사하지 아니하면 시효의 완성으로 소멸한다. 그 침해행위가 시작된 날부터 10년이 지난 때에도 또한 같다."라고 규정하였다.

다섯째, 산업기술의 유출 및 침해행위가 발생한 경우 기업 등의 요청이 없더라도 산업통상자원부장관 및 정보수사기관의 장의 직권으로 기술유출 방지에 필요한 조치를 할 수 있도록 하였다(산업기술유출방지법 제15조 제2항).

제3절 산업기술의 유출방지 및 보호정책의 수립 · 추진

Ⅰ. 산업기술의 보호에 대한 정부의 역할

1. 국가 등의 책무

국가는 산업기술의 유출방지와 보호에 필요한 종합적인 시책을 수립 · 추진하여야 하고, 국가 · 기업 · 연구기관 및 대학 등 산업기술의 개발 · 보급 및 활용에 관련된 모든 기관은 이 법의 적용에 있어 산업기술의 연구개발자 등 관련 종사자들이 부당한 처우와 선의의 피해를 받지 아니하도록 하고, 산업기술 및 지식의 확산과 활용이 제약되지 아니하도록 노력하여야 한다. 또한 모든 국민은 산업기술의 유출방지에 대한 관심과 인식을 높이고, 각자의 직업윤리의식을 배양하기 위하여 노력하여야 한다(산업기술유출방지법 제3조).

산업기술을 보유한 기업 · 연구기관 · 전문기관 · 대학 등 대상기관의 장은 산업기술과 관련된 국가연구개발사업을 수행하는 과정에서 개발성과물이 외부로 유출되지 아니하도록 필요한 대책을 수립 · 시행하여야 한다(산업기술유출방지법 제12조).

2. 산업기술의 유출방지 및 보호 정책의 수립 · 추진

산업기술유출방지법에서 규율하고 있는 주요내용은 산업기술의 유출방지 및 보호정책의 수립 · 추진, 산업기술의 유출방지 및 관리, 산업기술보호의 기반구축 및 산업보안기술의 개발 · 지원등, 산업기술분쟁조정위원회, 벌칙 등으로 구성되어 있다. 산업기술유출방지법은 그 규율하고 있는 내용이나 목적에 비추어 근본적으로 산업기술의 보안을 위한 기반구축과 정부의 지원시책 등이 주된 내용을 이루고 있으며 차후의 개정에서도 민간기업 등이 자율적으로 산업기술의 보안을 강화할 수 있도록 하는 기반조성에 역점을 두고서 국민경제의 발전에 이바지하도록 하는 법률로 변화되어 가는 것이 필요하다.

(1) 종합계획의 수립 · 시행

산업통상자원부장관은 산업기술의 유출방지 및 보호에 관한 종합계획을 수립 · 시행하여야 한다. 산업통상자원부장관은 종합계획을 수립함에 있어서 미리 관계중앙행정기관의 장과 협의한 후 산업기술보호위원회의 심의를 거쳐야 한다(산업기술유출방지법 제5조 제1항 및 제2항). 종합계획에는 다음 사항이 포함되어야 한다.

① 산업기술의 유출방지 및 보호에 관한 기본목표와 추진방향
② 산업기술의 유출방지 및 보호에 관한 단계별 목표와 추진방안
③ 산업기술의 유출방지 및 보호에 대한 홍보와 교육에 관한 사항
④ 산업기술의 유출방지 및 보호의 기반구축에 관한 사항
⑤ 산업기술의 유출방지 및 보호를 위한 기술의 연구개발에 관한 사항
⑥ 산업기술의 유출방지 및 보호에 관한 정보의 수집 · 분석 · 가공과 보급에 관한 사항
⑦ 산업기술의 유출방지 및 보호를 위한 국제협력에 관한 사항
⑧ 그 밖에 산업기술의 유출방지 및 보호를 위하여 필요한 사항

산업통상자원부장관은 종합계획의 수립을 위하여 관계중앙행정기관의 장 및 산업기술을 보유한 기업 · 연구기관 · 전문기관 · 대학 등(이하 '대상기관'이라 한다)의 장에게 필요한 자료의 제출을 요청할 수 있다. 이 경우 자료제출을 요청받은 기관의 장은 특별한 사유가 없는 한 이에 협조하여야 한다(산업기술유출방지법 제5조 제4항).

(2) 시행계획의 수립 · 시행

관계중앙행정기관의 장은 종합계획에 따라 매년 산업기술의 유출방지 및 보호에 관한 시행계획을 수립 · 시행하여야 한다(산업기술유출방지법 제6조 제1항).

Ⅱ. 국가핵심기술의 보호

산업보안은 종래 산업기술을 중심으로 산업상의 기술정보에 중점을 두어 왔으며 경영상 정보도 산업보안의 대상으로 인식되고 있다. 이들은 산업기술유출방지법과 영업비밀보호법 등에 따라 보호되고, 산업보안의 방법은 기술적 보안(IT보안), 물리적 보안(시설보안) 및 인적 보안으로 구분되며, 법제도적 차원의 산업보안은 당사자의 계약과 법률의 규제에 의한 방법이 있다. 즉 산업기술의 법적 보호는 민법의 계약위반이나 불법행위에 근거하여 제한적으로 민사책임을 인정하여 왔는데, 손해배상청구와 금지청구만으로는 영업비밀을 적절하게 보호하기가 어렵다는 문제가 드러남에 따라 부정경쟁방지법을 개정하여 새롭게 영업비밀을 보호할 수 있도록 하였다. 우리나라에서 부정경쟁방지법을 개정하여 영업비밀 보호를 신설한 것은 산업상 기술정보와 경영상 정보에 대한 획기적인 변화를 가져왔고, 그 주된 내용은 금지청구, 형사책임 및 손해산정 등에 관한 새로운 조항을 신설하는 것이었다. 그럼에도 불구하고 근래에 산업상 기술정보를 중심으로 한 영업비밀 침해행위가 증가하고 있고 그 피해액도 급증하여 왔다. 따라서 영업비밀보호법처럼 국가의 역할을 사후적 관리에만 중점을 두기가 어렵게 되었고, 사전예방 차원에서 산업기술을 보호하기 위하여 산업기술유출방지법이 제정되었다. 산업기술유출방지법은 국내 핵심기술을 보호하여 국가산업경쟁력을 강화하고, 국가의 안전과 국민경제의 안정을 보장하는 것을 목표로 한다. 특히, 산업기술유출방지법은 국가안보에 직접적인 영향을 미치는 국가핵심기술의 해외유출을 규제하고 산업기술의 부정한 유출을 방지하기 위한 보안의식 확산 및 제도적 기반의 구축을 통해 국내 핵심기술을 보호한다.

1. 국가핵심기술의 지정 · 고시

관계 중앙행정기관의 장으로부터 지정대상 기술을 통보 받은 후 전문위원회의 검토와 산업기술보호위원회 심의를 거쳐 산업통상자원부장관이 지정 · 고시한다.

◆ 국가핵심기술의 지정 및 운영 절차

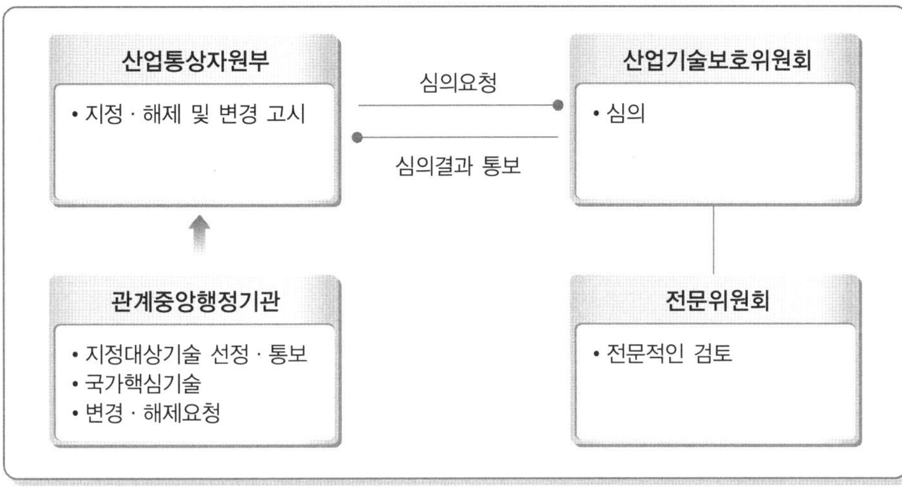

2. 국가핵심기술의 범위, 내용의 변경 및 지정의 해제

산업통상자원부장관은 관계 중앙행정기관의 장으로부터 그 소관의 국가핵심기술의 범위 또는 내용의 변경이나 지정의 해제를 요청 받은 경우에는 위원회의 심의를 거쳐 변경 또는 해제한다. 즉 산업통상자원부장관은 관계중앙행정기관의 장으로부터 그 소관의 국가핵심기술로 지정되어야 할 대상기술을 통보받아 위원회의 심의를 거쳐 국가핵심기술로 지정할 수 있다(산업기술유출방지법 제9조 제1항). 이 경우 관계중앙행정기관의 장은 지정대상기술을 선정함에 있어서 해당기술이 국가안보 및 국민경제에 미치는 파급효과, 관련 제품의 국내외 시장점유율, 해당 분야의 연구동향 및 기술 확산과의 조화 등을 종합적으로 고려하여 필요최소한의 범위 안에서 선정하여야 하며, 산업통상자원부장관은 관계중앙행정기관의 장으로부터 그 소관의 국가핵심기술의 범위 또는 내용의 변경이나 지정의 해제를 요청받은 경우에는 위원회의 심의를 거쳐 변경 또는 해제할 수 있다. 산업통상자원부장관은 국가핵심기술을 지정하거나 국가핵심기술의 범위 또는 내용을 변경 또는 지정을 해제한 경우에는 이를 고시하여야 하고, 동 위원회는 국가핵심기술의 지정 · 변경 또는 해제에 대한 심의를 함에 있어서 지정대상기술을 보유 · 관리하는 기업 등 이해관계인의 요청이 있는 경우에는 의견을 진술할 기회를 주어야 한다(산업기술유출방지법 제9조 참조).

국가 핵심기술의 보호조치 절차

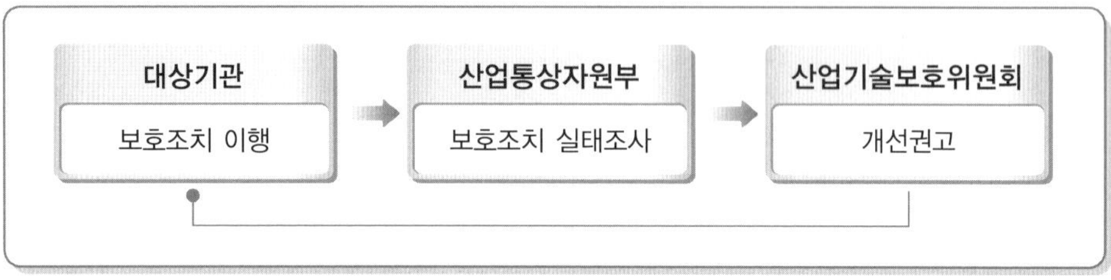

3. 국가핵심기술의 보호체계

(1) 국가핵심기술 보호체계

국가핵심기술의 보호는 산업기술보호위원회의 심의를 통하여 국가핵심기술의 지정, 변경 또는 심의 등이 이루어진다. 산업기술보호위원회에 앞서서 실무위원회와 전문위원회에서 사전적인 검토를 받아야 한다. 한편, 산업기술의 보호는 이들 위원회 이외의 집행기관으로서 산업통상자원부를 중심으로 관계중앙행정기관이 협의회를 구성하여 정책조정을 한다.

국가핵심기술 보호체계

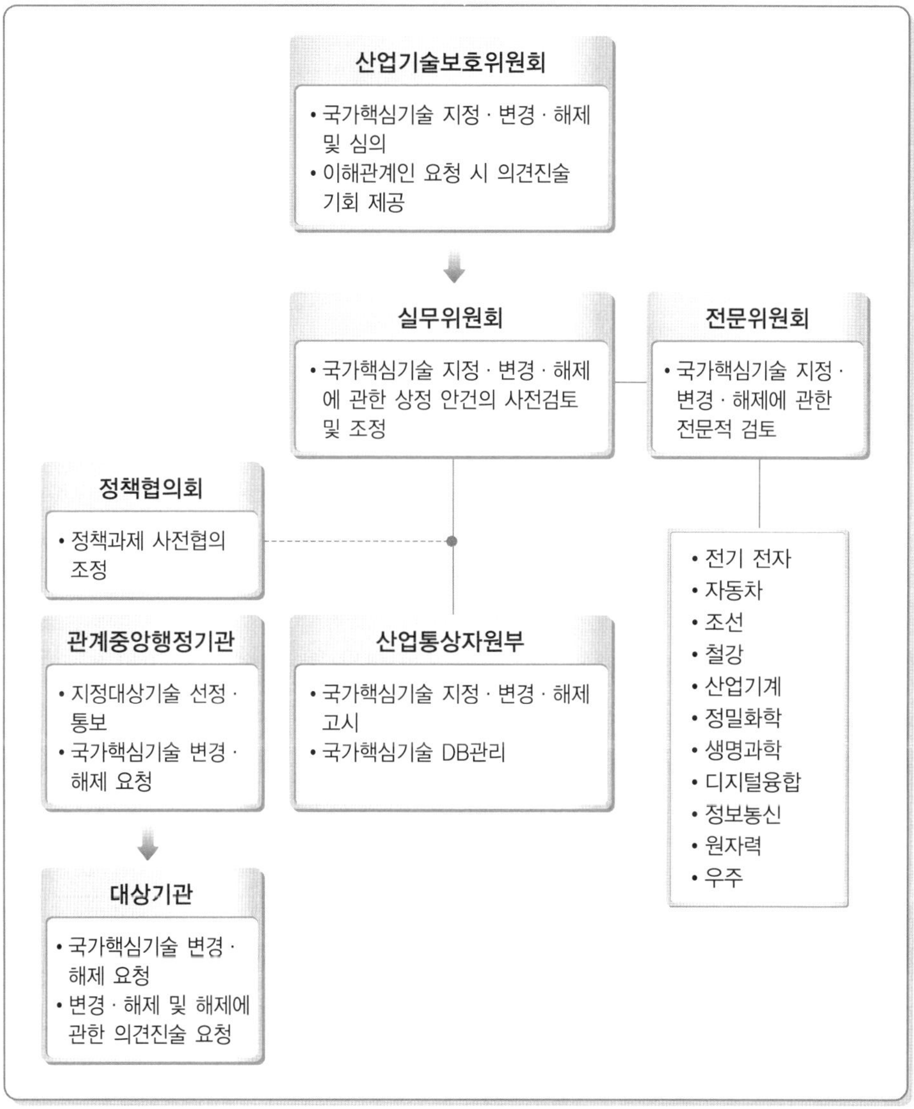

(2) 필요한 보호조치

국가핵심기술을 보유 · 관리하고 있는 대상기관의 장은 보호구역의 설정 · 출입허가 또는 출입시 휴대품 검사 등 국가핵심기술을 방지하기 위한 기반구축에 필요한 조치를 취해야 한다. ① 국가핵심기술에 대한 보호등급 부여 및 보안관리

규정 제정, ② 국가핵심기술 관리책임자 및 보호구역 지정, ③ 국가핵심기술 보호구역의 통신시설과 통신수단에 대한 보안, ④ 국가핵심기술 관련정보의 처리 과정 및 결과에 관한 자료 보호, ⑤ 국가핵심기술의 연구개발 인력에 대한 보안 교육 조치를 하여야 한다. 즉 국가핵심기술을 보유 · 관리하고 있는 대상기관의 장은 보호구역의 설정 · 출입허가 또는 출입시 휴대품 검사 등 국가핵심기술의 유출을 방지하기 위한 기반구축에 필요한 조치를 하여야 한다(산업기술유출방지법 제10조 제1항). 그렇지만 이와 같은 조치의무는 권고사항이고 산업기술유출방지법상으로는 어떠한 불이익도 주지 아니한다.

4. 국가핵심기술의 수출 등

통상적인 승인대상 외의 국가핵심기술을 보유 · 관리하고 있는 대상기관이 국가핵심기술의 수출을 하고자 하는 경우에는 산업통상자원부장관에게 사전에 신고를 하여야 한다(산업기술유출방지법 제11조 제4항). 산업통상자원부장관은 신고대상인 국가핵심기술의 수출이 국가안보에 심각한 영향을 줄 수 있다고 판단하는 경우에는 관계중앙행정기관의 장과 협의한 후 위원회의 심의를 거쳐 국가핵심기술의 수출중지 · 수출금지 · 원상회복 등의 조치를 명할 수 있다(산업기술유출방지법 제11조 제7항). 신고대상 국가핵심기술의 수출을 하고자 하는 자는 해당 국가핵심기술이 국가안보와 관련되는지 여부에 대하여 산업통상자원부장관에게 사전검토를 신청할 수 있다(산업기술유출방지법 제11조 제6항).

국가핵심기술 중에서 국가로부터 연구개발비를 지원받아 개발한 국가핵심기술을 보유한 대상기관이 해당 국가핵심기술을 외국기업 등에 매각 또는 이전 등의 방법으로 수출하고자 하는 경우에는 산업통상자원부장관의 승인을 얻어야 한다(산업기술유출방지법 제11조 제1항). 이 경우 산업통상자원부장관은 승인신청에 대하여 국가핵심기술의 수출에 따른 국가안보 및 국민경제적 파급효과 등을 검토하여 관계중앙행정기관의 장과 협의한 후 위원회의 심의를 거쳐 승인할 수 있다(산업기술유출방지법 제11조 제2항). 승인을 얻은 국가핵심기술이 기술개발촉진법 제2조 제4호의 전략기술인 경우에는 동법에 따라 승인을 얻은 것으로 보고,

산업통상자원부장관은 사전에 관계중앙행정기관의 장과 협의를 하여야 한다(산업기술유출방지법 제11조 제3항).

산업통상자원부장관은 국가핵심기술을 보유한 대상기관이 승인을 얻지 아니하거나 부정한 방법으로 승인을 얻어 국가핵심기술의 수출을 한 경우 또는 신고대상 국가핵심기술을 신고하지 아니하거나 허위로 신고하고 국가핵심기술의 수출을 한 경우에는 정보수사기관의 장에게 조사를 의뢰하고, 조사결과를 위원회에 보고한 후 위원회의 심의를 거쳐 해당국가핵심기술의 수출중지 · 수출금지 · 원상회복 등의 조치를 명령할 수 있다(산업기술유출방지법 제11조 제7항).

(1) 승인여부 판단

기업이나 연구소가 보유한 기술 가운데 국가핵심기술이 있다고 판정되어 법률에 따른 절차를 거쳐 지정된 경우라도 그것이 승인대상인지 아니면 사전신고대상인지는 관련 법령에 따라 검토가 필요하다. 산업기술유출방지법에 의하면 국가로부터 연구개발비 등을 지원받아 국가핵심기술로 지정된 경우 승인대상이 된다. 즉, 해당 기술이 국가로부터의 연구개발비를 지원받아 개발한 국가핵심기술을 보유한 경우에는 산업통상자원부장관의 승인대상에 해당한다.

◈ 국가핵심기술의 수출승인 대상 선정

정부관련 부처 공통사항	산업통상자원부 관련 사항
국가핵심기술로 지정될 대상기술 선정	국가핵심기술의 수출에 대한 규제 요건 적용
국가안보 · 국민경제에 미치는 파급효과, 세품의 국내외 시장점유율, 해당 분야 연구동향 · 기술 확산과의 조화 등을 종합. 필요최소한의 범위내 선정	국가안보 · 국민경제에 미치는 파급효과, 세품의 국내외 시장점유율, 해당 분야 연구동향 · 기술 확산과의 조화 등을 종합. 필요최소한의 범위내 선정

(2) 승인과 재량권 행사 여부

산업기술유출방지법 제11조와 같이 허가요건이 추상적 · 다의적으로 되어 있는 경우에는 행정기관이 허가요건에 적합한지 여부를 판단할 필요가 있게 되고, 이 범위 안에서 행정기관은 재량을 행사할 여지가 있게 된다. 또한 허가요건 그 내용이 전문적이어서 행정기관의 전문적인 판단을 거치지 아니하고는 허가기준을 구비하였는지 여부를 확인하기 곤란한 경우 행정기관은 전문가 의견을 거쳐 재량권을 행사할 수 있게 된다.

강학상 특허로 보는 경우 신청인이 요건을 갖춘 때에도 공익상의 필요 등을 이유로 특허를 하지 아니할 수 있다. 따라서 제11조의 경우 헌법 제37조 제2항의 '국가안전보장, 공공복리, 질서유지'의 헌법적 의미를 토대로 외국 기업 등에 대한 매각이나 이전을 '승인'을 하지 않을 수 있다.

또한, 법 이론적으로는 만약 신청이 경합되는 경우에는 신청순서에 관계없이 공익상 가장 유익하다고 인정되는 신청인에게 특허를 할 수도 있다.

◈ 수출규제 방법의 차이

요 건	방 법	기 준	효 과
국가의 연구개발비 지원 있음	승인	국가안보 · 국민경제적 파급효과 등	승인여부 판단
국가의 연구개발비 지원 없음	(사전)신고	국가안보에의 심각한 영향 유무	수출중지 · 금지 · 원상회복 등 판단

(3) 사전신고

수리를 요하는 신고는 수리되어야 신고의 대상이 되는 행위에 대한 금지가 해제되고, 신고의 요건을 갖춘 신고가 있었다 하더라도 수리되지 않으면 신고가 되지 않은 것이 된다. 이 때 수리거부는 거부처분에 해당하며 항고소송의 대상이 될 수 있으며, 산업기술유출방지법 제11조 제4항의 사전신고는 수리를 요하는 신고에 해당한다. 이러한 사전신고의 법적 성격과 관련하여 수리를 요하는 신고의 경우에는 권한행정청에 의해 그 신고가 수리하는 절차가 이행되어야만 신고의 법적 절차는 완료되고, 금지해제의 효과가 발생하며, 이론상 이러한 경우의 신고는 행정요건적인 사인의 공법행위로서의 신고에 해당한다.

사전신고의 법적 효과를 보면, 사전신고는 사실상 기업의 활동 등을 규제하는 기능을 갖는 신고에 해당하는 것으로 볼 수 있을 것이다. 따라서 신고를 하지 않고 신고의 대상이 되는 행위를 한 경우에 당해 행위는 법질서에 반하는 위법행위가 된다. 이 경우 그에 대하여 형벌이 가해지고 위법행위에 대한 시정명령이 발령되며, 산업기술유출방지법상 제14조(산업기술의 유출 및 침해행위 금지), 제36조(벌칙)의 규정이 전형적인 예에 해당한다.

◈ 사전신고의 대상 및 요건

대 상	해석 및 기준
사전신고	- 외국기업이 인수한 국내기업이 보유한 산업기술이 국가핵심기술로 지정(인수 후 지정 포함)되어 있고, 이를 매각 · 이전의 방법으로 수출하는 경우, 산업기술유출방지법의 규제 대상. 다만 국내기업이 보유한 국가핵심기술이 국가연구개발비를 지원받지 않은 경우 산업통상자원부에 사전신고 후 수출 가능 - 이 경우 국가핵심기술의 수출이 국가안보에 심각한 영향을 미치는지 여부를 고려하여 수출중지 · 금지 · 원상회복 등 조치 가능

(4) 수출승인 · 신고절차의 도식화 등

국가핵심기술에 관한 승인 또는 신고절차를 도식화하면, 아래와 같다. 국가핵심기술 수출 승인 · 신고 신청시에 제출하는 서류는 다음과 같다. ① 국가핵심기술 매입자 또는 이전 받으려는 자에 관한 자료, ② 국가핵심기술의 용도와 성능을 표시하는 기술자료, ③ 국가핵심기술의 제공 조건과 방법에 관한 자료, ④ 국가핵심기술을 사용한 관련제품의 시장규모와 경쟁력 수준에 관한 자료, ⑤ 국가로부터 지원받은 연구개발비에 관한 자료(수출 승인시에만 제출)이다.

◈ 국가 핵심기술의 수출승인 및 신고절차

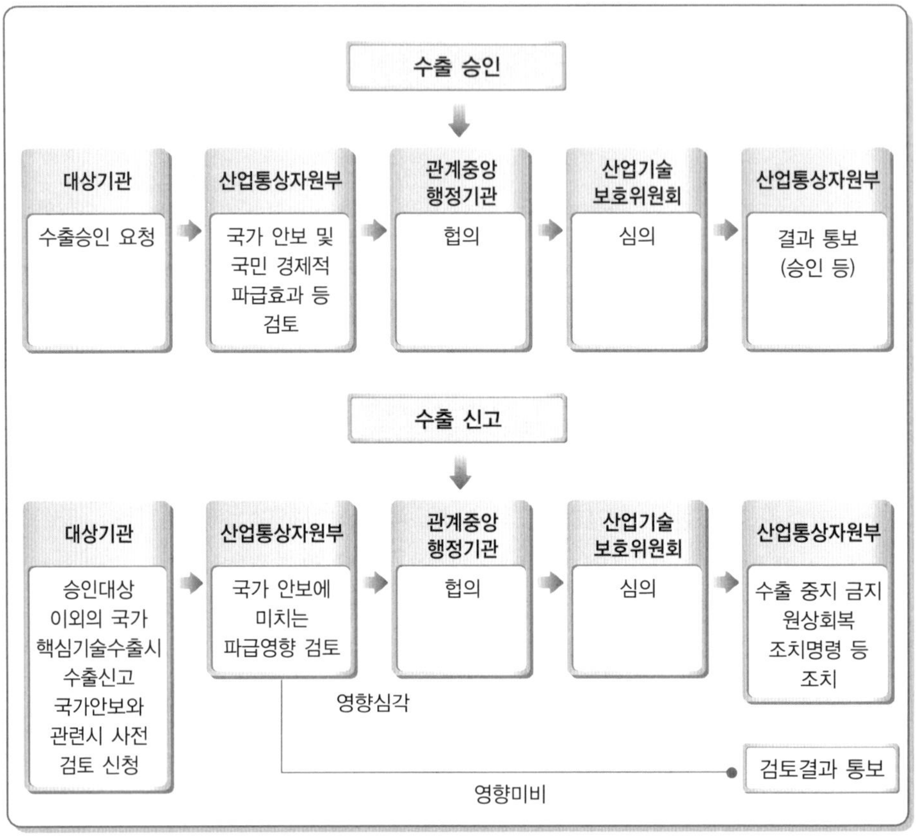

(5) 국가핵심기술의 지정 · 변경 및 해제절차 등

국가핵심기술은 지정 · 변경 및 해제에 있어서 해당 기업의 이익과 직접적으로 연계되는 경우가 대부분이다. 그렇다 보니 해당 기업에서는 국가핵심기술로 지정되는 경우에 기술이전에 국가의 간섭을 받아야 하므로 소극적으로 대응하는 경우도 나타날 수도 있으며 일류기업의 경우에는 오히려 적극적인 태도를 보이고 있기도 한다. 이와 같이 국가핵심기술의 지정 · 변경 · 해제는 기업들의 이해관계에 긴밀한 관련성을 가지고 있는 것이 사실이다. 따라서 산업기술보호위원회는 산업계의 수요와 기술발달 등에 따라 신축적이고 적극적으로 운영되어 기업의 경쟁력을 퇴보시키는 일이 없도록 해야 한다. 그렇지만 이와 같은 기업의 수요와 달리 국가핵심기술이 다른 외국과의 관계에 있어서 우리나라의 국가경제나 경제안보에 심각한 영향을 미치거나 국민경제의 지속적인 발달에 중대한 악영향을 미치는 경우에는 엄격한 기준을 적용하는 것도 필요하다.

산업통상자원부장관은 관계중앙행정기관의 장으로부터 그 소관의 국가핵심기술로 지정되어야 할 대상기술을 통보받아 산업기술보호위원회의 심의를 거쳐 국가핵심기술로 지정할 수 있다(산업기술유출방지법 제9조 제1항). 이 경우 관계중앙행정기관의 장은 지정대상기술을 선정함에 있어서 해당기술이 국가안보 및 국민경제에 미치는 파급효과, 관련 제품의 국내외 시장점유율, 해당 분야의 연구동향 및 기술 확산과의 조화 등을 종합적으로 고려하여 필요최소한의 범위 안에서 선정하여야 하며, 산업통상자원부장관은 관계중앙행정기관의 장으로부터 그 소관의 국가핵심기술의 범위 또는 내용의 변경이나 지정의 해제를 요청받은 경우에는 산업기술보호위원회 심의를 거쳐 변경 또는 해제할 수 있다. 산업통상자원부장관은 국가핵심기술을 지정하거나 국가핵심기술의 범위 또는 내용을 변경 또는 지정을 해제한 경우에는 이를 고시하여야 하고, 동 위원회는 국가핵심기술의 지정 · 변경 또는 해제에 대한 심의를 함에 있어서 지정대상기술을 보유 · 관리하는 기업 등 이해관계인의 요청이 있는 경우에는 의견을 진술할 기회를 주어야 한다(산업기술유출방지법 제9조 참조).

(6) 국가핵심기술을 보유하는 대상기관의 해외인수 · 합병 등

국가핵심기술을 보유한 대상기관에 대한 외국인의 인수 또는 합병 등으로 인하여 국가핵심기술을 취득하는 경우에 산업기술의 유출에 해당된다. 종래 외국인투자촉진법령에서 해외기업이 국내기업을 인수 또는 합병 등을 하는 경우 국가안보 차원에서 규제가 있었지만[4] 산업기술유출방지법에서 국가핵심기술을 가

---

4) 우리나라의 외국인투자촉진법 시행령은 2008.2.22에 개정되었는데, 이 시행령은 산업기술의 합법적인 유출을 할 수 있는 M&A에 대하여 규제하는 내용을 담고 있다. 그 개정이유로 "외국인의 직접투자는 선진 기술 및 경영기법 도입 등 산업발전과 경제성장에 크게 기여하여 왔으나, 최근 신흥 경제국들의 해외투자 및 국부(國富)펀드의 증가 등 세계 투자환경 변화로 외국인 투자의 국가안보 관련성에 대한 국제적인 관심이 증대되는 등 국가안보와 관련된 외국인투자 제한 제도의 보완 필요성이 커짐에 따라, 국가안보에 부정적인 영향을 줄 수 있는 외국인투자의 제한에 대한 구체적인 기준과 심의절차 등을 마련함으로써 외국인투자로 인한 국가안보위해를 사전에 방지하려는 것임"이라고 밝히고 있다. 주요내용은 다음과 같다. 첫째, 국가안보위해와 관련된 외국인투자를 제한(영 제5조 제1항 제2호)하였다. 즉 산업통상자원부장관이 주무부장관과 협의하여 고시하고 있는 28종의 외국인투자 제한 업종 외에 투자 사안별로 심사를 거쳐 국가안보와 관련한 외국인투자를 제한하는 제도를 추가함으로써 국가의 안보에 부정적 영향을 초래할 수 있는 외국인투자를 사전에 방

진 국내기업의 해외인수 · 합병 등에 대한 사전에 승인을 얻도록 규제를 신설하였다. 구체적으로 살펴보면, 다음과 같다.

국가로부터 연구개발비를 지원받아 개발한 국가핵심기술을 보유한 대상기관이 해외 인수 · 합병, 합작투자 등 외국인투자를 진행하려는 경우에는 산업통상자원부장관에게 미리 신고하여야 한다(제11조의2 제1항). 대상기관은 외국인에 의하여 해외인수 · 합병등이 진행되는 것을 알게 된 경우 지체 없이 산업통상자원부장관에게 신고하여야 하고, 산업통상자원부장관은 국가핵심기술의 유출이 국가안보에 심각한 영향을 줄 수 있다고 판단하는 경우에는 관계 중앙행정기관의 장과 협의한 후 위원회의 심의를 거쳐 해외인수 · 합병등에 대하여 중지 · 금지 · 원상회복 등의 조치를 명할 수 있다(제11조의2 제2항 및 제3항). 해외인수 · 합병등을 진행하려는 자는 해당 해외인수 · 합병등과 관련하여 다음의 사항에 관하여 의문이 있는 때에는 산업통상자원부장관에게 미리 검토하여 줄 것을 신청할 수 있다(제11조의2 제4항).

① 해당 국가핵심기술이 국가안보와 관련되는지 여부

② 해당 해외인수 · 합병 등이 신고대상인지 여부

지할 필요가 있다. 또한 외국인이 주식 등의 취득을 통하여 국내기업의 경영권을 실질적으로 취득하려는 경우로서 방위산업물자의 생산에 지장을 초래할 우려가 있는 등 국가안보위해의 우려가 있는 경우에는 주무부장관의 요청에 의하여 산업통상자원부장관이 외국인투자위원회의 심의에 따라 국가안보위해 해당 여부를 결정하여 해당 외국인투자를 제한할 수 있도록 하였다. 둘째, 주무부장관의 검토 요청 및 외국인투자가의 사전 확인을 요청(영 제5조 제5항 및 제6항 신설)하였다. 즉 외국인투자 제한 심의의 전제가 되는 주무부장관의 검토요청 및 외국인투자가의 사전 확인 요청의 기한과 방법 등을 구체적으로 정함으로써 외국인투자의 법적 안정성을 보장할 필요가 있다. 또한 주무부장관은 해당 외국인투자의 신고일로부터 30일이 지난 후에는 산업통상자원부장관에게 국가안보위해 해당 여부에 대한 검토를 요청할 수 없으며, 해당 외국인은 투자신고 이전에 주무부장관 또는 산업통상자원부장관에게 해당 외국인투자가 검토 요청 대상인지 여부를 확인요청할 수 있도록 하였다. 셋째, 국가안보위해 결정 · 통보 및 공표(영 제5조 제7항 및 제8항 신설)를 하였다. 즉 외국인투자에 대한 국가안보 관련 규제는 외국인의 입장에서 불확실성과 절차적 부담을 초래할 우려가 있으므로, 그 결정절차와 방법 등을 구체적으로 정하고 그 결과는 지체 없이 공표하도록 함으로써, 투명성을 제고하고 거래당사자의 법적 상태를 조기에 확정할 필요가 있다. 산업통상자원부장관은 주무부장관의 검토요청이 있은 날부터 90일 이내에 위원회의 심의에 따라 해당 외국인투자의 국가안보위해 해당 여부를 결정하여야 하고, 국가안보위해 결정을 한 경우에는 이를 해당 외국인에게 지체 없이 통보하여야 하며, 국가기밀을 제외한 결정 내용과 사유 등을 공표하여야 한다. 넷째, 국가안보위해 결정에 따른 주식 등의 양도(영 제5조 제9항 신설)를 제한하였다. 즉 위원회 심의 결과 국가안보위해로 결정한 경우, 해당 외국인이 이미 취득한 주식 등을 처분하도록 함으로써 국가안보위해 상태를 빠른 시일 내에 제거할 필요가 있다. 산업통상자원부장관이 해당 외국인투자를 국가안보위해로 결정하거나 조건부로 허용된 외국인투자에 대하여 해당 조건의 위반 사실을 안 경우에는 해당 외국인은 취득한 주식 등을 6개월 이내에 대한민국국민, 대한민국법인 또는 국가안보위해 우려가 없는 외국인에게 양도하여야 한다.

③ 그 밖에 해당 해외인수 · 합병등과 관련하여 의문이 있는 사항

산업통상자원부장관은 국가핵심기술을 보유한 대상기관이 신고를 하지 아니하거나 거짓이나 그 밖의 부정한 방법으로 신고를 하고서 해외인수 · 합병등을 한 경우에는 정보수사기관의 장에게 조사를 의뢰하고, 조사결과를 위원회에 보고한 후 위원회의 심의를 거쳐 해당 해외인수 · 합병등에 대하여 중지 · 금지 등 필요한 조치를 명할 수 있다(제11조의2 제5항). 위원회는 다음에 해당하는 경우에는 대상기관의 의견을 청취할 수 있다.

① 신고에 대한 심의

② 국가안보에 심각한 영향을 주는 해외인수 · 합병등에 대한 중지 · 금지 · 원상회복 등 심의

③ 대상기관의 손해에 대한 심의

④ 미신고 또는 거짓신고 등에 대한 해외인수 · 합병등의 중지 · 금지 · 원상회복 등 심의

산업통상자원부장관은 신고와 관련하여 분야별 전문위원회로 하여금 검토하게 할 수 있으며 관계 중앙행정기관의 장 또는 대상기관의 장에게 자료제출 등의 필요한 협조를 요청할 수 있다. 이 경우 관계 중앙행정기관의 장 및 대상기관의 장은 특별한 사유가 없는 한 이에 협조하여야 한다(제11조의2 제7항).

Ⅲ. 산업기술보호위원회의 설치 등

산업기술의 유출방지 및 보호에 관한 ① 종합계획의 수립 및 시행에 관한 사항, ② 국가핵심기술의 지정 · 변경 및 해제에 관한 사항, ③ 국가핵심기술의 수출 등에 관한 사항, ④ 국가핵심기술을 보유하는 대상기관의 해외인수 · 합병등에 관한 사항, ⑤ 종합계획의 중요 내용 변경에 관한 사항을 심의하기 위하여 국무총리 소속하에 산업기술보호위원회를 둔다(산업기술유출방지법 제7조 제1항 및 동법 시행령 제4조 참조).

Ⅳ. 산업기술의 유출방지 및 관리

1. 보호지침의 제정 등

산업통상자원부장관은 산업기술의 유출을 방지하고 산업기술을 보호하기 위하여 필요한 방법 · 절차 등에 관한 지침을 관계 중앙행정기관의 장과 협의하여 제정하고 이를 대상기관이 활용할 수 있도록 하여야 한다(산업기술유출방지법 제8조 제1항). 이 경우 산업통상자원부장관은 산업기술의 발전추세 및 국내외 시장환경 등을 감안하여 관계 중앙행정기관의 장과 협의하여 보호지침을 수정 또는 보완할 수 있다(동조 제2항).

2. 개선권고

위원회는 국가핵심기술의 보호조치 및 국가연구개발사업의 보호관리와 관련하여 필요하다고 인정되는 경우 관계중앙행정기관의 장 및 대상기관의 장에 대하여 개선을 권고할 수 있다(산업기술유출방지법 제13조 제1항). 이 경우 개선권고를 받은 관계중앙행정기관의 장 및 대상기관의 장은 개선대책을 수립 · 시행하고 그 결과를 산업통상자원부장관에게 통보하여야 한다(산업기술유출방지법 제13조 제2항).

3. 산업기술의 유출 및 침해행위 금지

산업기술유출방지법 제14조에서 열거하고 있는 금지행위를 살펴보면, 다음과 같다. 즉 산업기술유출방지법은 누구든지 다음의 어느 하나에 해당하는 행위를 하여서는 아니 된다고 규정하고 있다.

① 절취 · 기망 · 협박 그 밖의 부정한 방법으로 대상기관의 산업기술을 취득하는 행위 또는 그 취득한 산업기술을 사용하거나 공개(비밀을 유지하면서 특정인에게 알리는 것을 포함한다. 이하 같다)하는 행위

② 제34조의 규정 또는 대상기관과의 계약 등에 따라 산업기술에 대한 비밀유

지의무가 있는 자가 부정한 이익을 얻거나 그 대상기관에게 손해를 가할 목적으로 유출하거나 그 유출한 산업기술을 사용 또는 공개하거나 제3자가 사용하게 하는 행위

③ 제1호 또는 제2호의 규정에 해당하는 행위가 개입된 사실을 알고 그 산업기술을 취득 · 사용 및 공개하거나 산업기술을 취득한 후에 그 산업기술에 대하여 제1호 또는 제2호의 규정에 해당하는 행위가 개입된 사실을 알고 그 산업기술을 사용하거나 공개하는 행위

④ 제1호 또는 제2호의 규정에 해당하는 행위가 개입된 사실을 중대한 과실로 알지 못하고 그 산업기술을 취득 · 사용 및 공개하거나 산업기술을 취득한 후에 그 산업기술에 대하여 제1호 또는 제2호의 규정에 해당하는 행위가 개입된 사실을 중대한 과실로 알지 못하고 그 산업기술을 사용하거나 공개하는 행위

⑤ 제11조 제1항의 규정에 따른 승인을 얻지 아니하거나 부정한 방법으로 승인을 얻어 국가핵심기술을 수출하는 행위

⑥ 국가핵심기술을 외국에서 사용하거나 사용되게 할 목적으로 제11조의2 제1항 및 제2항에 따른 신고를 하지 아니하거나 거짓이나 그 밖의 부정한 방법으로 신고를 하고서 해외인수 · 합병등을 하는 행위

⑦ 제11조 제5항 · 제7항 및 제11조의2 제3항 · 제5항에 따른 산업통상자원부장관의 명령을 이행하지 아니하는 행위

4. 금지청구권 등

대상기관은 산업기술 침해행위를 하거나 하려는 자에 대하여 그 행위에 의하여 영업상의 이익이 침해되거나 침해될 우려가 있는 경우에는 법원에 그 행위의 금지 또는 예방을 청구할 수 있다(산업기술유출방지법 제14조의2 제1항). 이 경우 대상기관이 이 청구를 할 때에는 침해행위를 조성한 물건의 폐기, 침해행위에 제공된 설비의 제거, 그 밖에 침해행위의 금지 또는 예방을 위하여 필요한 조치를 함께 청구할 수 있다(동조 제2항).

산업기술 침해행위의 금지 또는 예방을 청구할 수 있는 권리는 산업기술 침해

행위가 계속되는 경우에 대상기관이 그 침해행위에 의하여 영업상의 이익이 침해되거나 침해될 우려가 있다는 사실 및 침해행위자를 안 날부터 3년간 행사하지 아니하면 시효의 완성으로 소멸한다. 그 침해행위가 시작된 날부터 10년이 지난 때에도 또한 같다(동조 제3항).

5. 산업기술 침해신고 등

국가핵심기술 및 국가연구개발사업으로 개발한 산업기술을 보유한 대상기관의 장은 금지행위 중 어느 하나에 해당하는 행위가 발생할 우려가 있거나 발생한 때에는 즉시 산업통상자원부장관 및 정보수사기관의 장에게 그 사실을 신고하여야 하고, 필요한 조치를 요청할 수 있다(산업기술유출방지법 제15조 제1항). 산업통상자원부장관 및 정보수사기관의 장은 이 요청을 받은 경우에는 그 필요한 조치를 하여야 한다(산업기술유출방지법 제15조 제2항).

V. 산업기술보호의 기반구축 및 산업보안기술의 개발 · 지원 등

1. 산업기술보호협회의 설립 등

대상기관은 산업기술의 유출방지 및 보호에 관한 시책을 효율적으로 추진하기 위하여 산업통상자원부장관의 인가를 받아 산업기술보호협회를 설립할 수 있다(산업기술유출방지법 제16조 제1항). 이 경우 협회는 ① 산업기술보호를 위한 정책의 개발 및 협력, ② 산업기술의 해외유출 관련 정보 전파, ③ 산업기술의 유출방지를 위한 상담 · 홍보 · 교육 · 실태조사, ④ 국내외 산업기술보호 관련 자료 수집 · 분석 및 발간, ⑤ 산업기술의 보호를 위한 지원업무, ⑥ 산업기술분쟁조정위원회의 업무지원, ⑦ 그 밖에 산업통상자원부장관이 필요하다고 인정하여 위탁하거나 협회의 정관이 정한 사업을 행한다(산업기술유출방지법 제16조 제4항). 정부는 대상기관의 산업기술의 보호를 위하여 필요한 경우에는 예산의 범위 안에서 협회의 사업수행에 필요한 자금을 지원할 수 있다(산업기술유출방지법 제16조 제5항).

2. 산업기술보호를 위한 실태조사

산업통상자원부장관은 필요한 경우 대상기관의 산업기술의 보호 및 관리 현황에 대한 실태조사를 실시할 수 있다(산업기술유출방지법 제17조 제1항). 산업통상자원부장관은 실태조사를 위하여 산업기술을 보유하고 있는 대상기관 및 관련 단체에 대하여 관련 자료의 제출이나 조사업무의 수행에 필요한 협조를 요청할 수 있다. 이 경우 그 요청을 받은 자는 특별한 사유가 없는 한 이에 응하여야 한다(산업기술유출방지법 제17조 제2항).

3. 국제협력

정부는 산업기술의 보호에 관한 국제협력을 촉진하기 위하여 관련 산업보안기술 및 전문인력의 국제교류, 산업보안기술의 국제표준화 및 국제공동연구개발 등에 관하여 필요한 국제협력사업을 추진할 수 있다(산업기술유출방지법 제18조 제1항).

정부는 ① 산업보안기술 및 보안산업의 국제적 차원의 조사 · 연구, ② 산업보안기술 및 보안산업에 관한 국제적 차원의 인력 · 정보의 교류, ③ 산업보안기술 및 보안산업에 관한 국제적 전시회 · 학술회의 등의 개최, ④ 그 밖에 국제적 차원의 대책을 수립하고 추진하기 위하여 필요하다고 인정하여 대통령령이 정하는 사업을 지원할 수 있다(산업기술유출방지법 제18조 제2항).

4. 산업기술보호교육

산업통상자원부장관은 산업기술의 유출방지 및 보호를 위하여 대상기관의 임 · 직원을 대상으로 교육을 실시할 수 있다(산업기술유출방지법 제19조 제1항). 산업통상자원부장관은 대상기관의 임직원을 대상으로 ① 산업기술의 유출방지 및 보호에 관한 법규와 보호지침, ② 산업기술의 유출방지 및 보호와 관련된 기술유출 현황과 대응방안을 포함한 교육을 연 2회 이상 실시하여야 한다(같은 법 시행령 제24조).

5. 산업보안기술의 개발지원 등

정부는 산업기술을 보호하기 위하여 산업보안기술의 개발 및 전문인력의 양성에 관한 시책을 수립하여 추진할 수 있고(산업기술유출방지법 제20조 제1항), 산업기술보호에 필요한 기술개발을 효율적으로 추진하기 위하여 대상기관으로 하여금 산업보안기술의 개발 등을 실시하게 할 수 있으며(산업기술유출방지법 제20조 제2항), 산업보안기술 개발사업 등을 실시하는 자에게 그 사업에 소요되는 비용을 출연 또는 보조할 수 있다(산업기술유출방지법 제20조 제3항).

6. 산업기술보호 포상 및 보호지원 등

정부는 산업보안기술의 개발 등 산업기술의 유출방지 및 보호에 기여한 공이 큰 자 또는 이 법의 규정을 위반하여 산업기술을 해외로 유출한 사실을 신고한 자 등에 대하여 예산의 범위 내에서 포상 및 포상금을 지급할 수 있다(산업기술유출방지법 제21조 제1항). 또한 정부는 이 법의 규정을 위반하여 산업기술을 해외로 유출한 사실을 신고한 자로부터 요청이 있는 경우 그에 대하여 신변보호 등 필요한 조치를 취하여야 한다(산업기술유출방지법 제21조 제2항). 그리고 정부는 산업보안기술의 개발 등 산업기술의 유출방지 및 보호에 기여한 공이 큰 외국인에 대하여 국내정착 및 국적취득을 지원할 수 있다(산업기술유출방지법 제21조 제3항).

정부는 산업기술의 보호를 촉진하기 위하여 필요하다고 인정하면 ① 산업기술 보안에 대한 자문, ② 산업기술의 보안시설을 설치 · 운영하는 기술지원, ③ 산업기술보호를 위한 교육 및 인력양성을 위한 지원, ④ 그 밖에 산업기술보호를 위하여 필요한 사항을 대상기관 등에게 지원할 수 있다(산업기술유출방지법 제22조 제1항).

7. 기 타

(1) 산업기술분쟁조정위원회

산업기술의 유출에 대한 분쟁을 신속하게 조정하기 위하여 산업통상자원부장관 소속하에 산업기술분쟁조정위원회를 둔다(산업기술유출방지법 제23조 제1항).

이 경우 조정위원회는 조정안을 작성한 때에는 지체 없이 이를 각 당사자에게 제시하여야 하며, 조정안을 제시받은 당사자는 그 제시를 받은 날부터 15일 이내에 그 수락 여부를 조정위원회에 통보하여야 한다. 당사자가 조정안을 수락한 때에는 조정위원회는 즉시 조정조서를 작성하여야 하며, 위원장 및 각 당사자는 이에 기명날인하여야 한다. 당사자가 조정안을 수락하고 기명날인한 경우에는 해당조정조서는 재판상 화해와 동일한 효력을 갖는다(산업기술유출방지법 제28조).

(2) 비밀유지의무

산업기술유출방지법은 산업기술에 관련된 자에 대하여 비밀유지의무를 명문화하여 개별기업 내에서 계약관계 등에 상관없이 일정한 보호방안을 마련하였다. 구체적으로 ① 대상기관의 임 · 직원, ② 국가핵심기술의 지정 · 변경 및 해제 업무를 수행하는 자, ③ 국가핵심기술의 수출 등에 관한 승인을 검토하거나 사전검토, 조사업무를 수행하는 자, ④ 침해행위의 접수 및 방지 등의 업무를 수행하는 자, ⑤ 상담업무 또는 실태조사에 종사하는 자, ⑥ 산업기술의 보호 및 관리 현황에 대한 실태조사업무를 수행하는 자, ⑦ 산업보안기술 개발사업자에게 고용되어 산업보안기술 연구개발업무를 수행하는 자, ⑧ 산업기술 분쟁조정업무를 수행하는 자, ⑨ 산업통상자원부장관의 권한의 일부를 위임 · 위탁받아 업무를 수행하는 자에 해당하거나 해당하였던 자는 그 직무상 알게 된 비밀을 누설하거나 도용하여서는 아니 된다(산업기술유출방지법 제34조 제1항).

Ⅵ. 과태료 및 형사처벌

1. 과태료

산업기술유출방지법은 ① 국가핵심기술의 보호조치를 거부 · 방해 또는 기피한 자, ② 산업기술 침해신고를 하지 아니한 자, ③ 관련 자료를 제출하지 아니하거나 허위로 제출한 자에 대하여 1천만원 이하의 과태료에 처한다(동법 제39조 제1항). 이와 같은 행정처분은 산업기술로 지정된 첨단산업기술을 국가차원에서 관리하고 필요시 재지정, 변경 및 해제를 가능하도록 하는 최소한의 강제적 수단을 둔 것이다.

특히, 국가핵심기술 및 국가연구개발사업으로 개발한 산업기술은 이를 신고하여야 하며, 이를 위반한 경우에는 아래와 같은 과태료 처분을 받는다.

◈ 신고의무가 있는 경우

구 분	주요 내용
신고의무자	국가핵심기술 및 국가연구개발사업으로 개발한 산업기술을 보유한 대상기관의 장
신고의무 사항	- 유출 및 침해의 우려가 있는 경우 - 유출 및 침해사고가 발생한 경우
신고방법	산업통상자원부 및 국정원 등 정보수사기관에 산업기술침해신고서 제출
조치요청 사항	대상기관의 장은 산업통상자원부장관 및 국정원 등 정보수사기관의 장에게 필요한 조치를 요청할 수 있음
신고의무 불이행	1천만 원 이하의 과태료

2. 형사벌

산업기술의 침해에 대한 형사처벌은 다음과 같다.

첫째, 산업기술을 외국에서 사용하거나 사용되게 할 목적으로 ① 절취 · 기망 · 협박 그 밖의 부정한 방법으로 대상기관의 산업기술을 취득하는 행위 또는 그 취득한 산업기술을 사용하거나 공개(비밀을 유지하면서 특정인에게 알리는 것을 포함한다. 이하 같다)하는 행위, ② 대상기관과의 계약 등에 따라 산업기술에 대한 비밀유지의무가 있는 자가 부정한 이익을 얻거나 그 대상기관에게 손해를 가할 목적으로 유출하거나 그 유출한 산업기술을 사용 또는 공개하거나 제3자가 사용하게 하는 행위, ③ 산업기술 침해행위가 개입된 사실을 알고 그 산업기술을 취득 · 사용 및 공개하거나 산업기술을 취득한 후에 그 산업기술에 대하여 산업기술 침해행위가 개입된 사실을 알고 그 산업기술을 사용하거나 공개하는 행위, ④ 승인을 얻지 아니하거나 부정한 방법으로 승인을 얻어 국가핵심기술을 수출하는 행위, ⑤ 국가핵심기술을 외국에서 사용하거나 사용되게 할 목적으로 신고를 하지 아니하거나 거짓이나 그 밖의 부정한 방법으로 신고를 하고서 해외인수 · 합병등을 하는 행위, ⑥ 산업통상자원부장관의 명령을 이행하지 아니하는 행위를 한 자는 10년 이하의 징역 또는 10억 원 이하의 벌금에 처한다(산업기술유출방지법 제36조 제1항). 이들 범죄를 범할 목적으로 예비 또는 음모한 자는 3년 이하의 징역 또는 3천만 원 이하의 벌금에 처한다(산업기술유출방지법 제36조 제1항).

둘째, 산업기술을 국내에서 사용하거나 사용되게 할 목적으로 위의 침해행위에 해당하는 행위를 한 자는 5년 이하의 징역 또는 5억 원 이하의 벌금에 처한다(산업기술유출방지법 제36조 제2항). 이들 범죄를 범할 목적으로 예비 또는 음모한 자는 2년 이하의 징역 또는 2천만 원 이하의 벌금에 처한다(산업기술유출방지법 제37조 제2항).

셋째, 산업기술 침해행위가 개입된 사실을 중대한 과실로 알지 못하고 그 산업기술을 취득 · 사용 및 공개하거나 산업기술을 취득한 후에 그 산업기술에 대하여 산업기술 침해행위가 개입된 사실을 중대한 과실로 알지 못하고 그 산업기술을 사용하거나 공개하는 행위에 해당하는 행위를 한 자는 3년 이하의 징역 또는 3억원 이하의 벌금에 처한다(산업기술유출방지법 제36조 제3항).

넷째, 산업기술 유출범죄를 범한 자가 그 범죄행위로 인하여 얻은 재산은 이를 몰수한다. 다만, 그 전부 또는 일부를 몰수할 수 없는 때에는 그 가액을 추징한다(산업기술유출방지법 제36조 제4항).

다섯째, 산업기술 비밀준수의무자 있는 자(① 대상기관의 임 · 직원(교수 · 연구원 · 학생을 포함한다), ② 국가핵심기술의 지정 · 변경 및 해제 업무를 수행하는 자, ③ 국가핵심기술의 수출 및 해외인수 · 합병등에 관한 사항을 검토하거나 사전검토, 조사업무를 수행하는 자, ④ 침해행위의 접수 및 방지 등의 업무를 수행하는 자, ⑤ 상담업무 또는 실태조사에 종사하는 자, ⑥ 산업기술의 보호 및 관리 현황에 대한 실태조사업무를 수행하는 자, ⑦ 산업보안기술 개발사업자에게 고용되어 산업보안기술 연구개발업무를 수행하는 자, ⑧ 산업기술 분쟁조정업무를 수행하는 자, ⑨ 산업통상자원부장관의 권한의 일부를 위임 · 위탁받아 업무를 수행하는 자)가 이를 위반하여 비밀을 누설한 자는 5년 이하의 징역이나 10년 이하의 자격정지 또는 5천만원 이하의 벌금에 처한다(산업기술유출방지법 제36조 제5항).

여섯째, 외국 또는 국내에서 산업기술 유출범죄에 관한 미수범도 벌한다(산업기술유출방지법 第36조 第6항).

일곱째, 외국 또는 국내에서 산업기술 유출범죄 및 중과실 범죄에 대하여 징역형과 벌금형은 이를 병과할 수 있다(산업기술유출방지법 第36조 第7항).

여덟째, 법인의 대표자나 법인 또는 개인의 대리인, 사용인, 그 밖의 종업원이 그 법인 또는 개인의 업무에 관하여 외국 또는 국내에서 산업기술 유출범죄 및 중과실 산업기술 유출범죄에 해당하는 위반행위를 하면 그 행위자를 벌하는 외에 그 법인 또는 개인에게도 해당 조문의 벌금형을 과(科)한다. 다만, 법인 또는 개인이 그 위반행위를 방지하기 위하여 해당 업무에 관하여 상당한 주의와 감독을 게을리하지 아니한 경우에는 그러하지 아니하다(산업기술유출방지법 第38조).

산업기술의 유출 및 침해행위에 대한 벌칙

위반행위	처벌행위
산업기술을 외국에서 사용하거나 사용되게 할 목적으로 유출 또는 침해한 경우	10년 이하의 징역 또는 10억원 이하의 벌금(예비·음보한 자는 3년이하 3천만원 이하의 벌금)
산업기술을 외국에서 사용하거나 사용되게 할 목적없이 유출 및 침해한 경우	5년 이하의 징역 또는 5억원 이하의 벌금(예비·음모한 자는 2년 이하 2천만원 이하의 벌금)
부정취득행위 또는 부정유출행위가 개입된 사실을 중대한 과실로 알지 못하고 그 산업기술을 취득·사용 및 공개한 경우	3년 이하의 징역 또는 3억원 이하의 벌금
비밀유지의무가 있는 자가 비밀을 누설한 경우	5년 이하의 징역이나 10년 이하의 자격정지 또는 5천만원 이하의 벌금

3. 산업기술보호 포상 및 보호 등

정부는 산업보안기술의 개발 등 산업기술의 유출방지 및 보호에 기여한 공이 큰 자 또는 이 법의 규정을 위반하여 산업기술을 해외로 유출한 사실을 신고한 자 등에 대하여 예산의 범위 내에서 포상 및 포상금을 지급할 수 있다(산업기술유출방지법 第21조 第1항). 정부는 이 법의 규정을 위반하여 산업기술을 해외로 유출한 사실을 신고한 자로부터 요청이 있는 경우 그에 대하여 신변보호 등 필요한 조치를 취하여야 하고(산업기술유출방지법 제21조 제2항), 산업보안기술의 개발 등 산업기술의 유출방지 및 보호에 기여한 공이 큰 외국인에 대하여 국내정착 및 국적취득을 지원할 수 있다(산업기술유출방지법 제21조 제3항).

산업기술 보호 및 신고포상

포상 및 지원대상	포상금액 및 지원내용
산업기술유출방지법 제14조 각호(제4호 제외)의 어느 하나에 해당하는 행위를 한 자로서 해당 산업기술을 해외로 유출한 자를 신고한 경우	1억 원 이하의 포상금
산업기술유출방지법 제14조제4호에 해당하는 행위를 한자로서 해당 산업기술을 해외로 유출한 자를 신고한 경우	3천만 원 이하의 포상금
산업보안기술의 개발 등 산업기술의 유출방지 및 보호에 기여한 공이 큰 외국인	500만 원 이하 포상금, 국내정착 및 국적취득 지원

제4절 산업기술유출방지법 관련 판례 분석

Ⅰ. 판결의 경향

산업기술유출방지법은 산업기술 유출 범죄의 급격한 증가에도 불구하고 영업비밀보호법과 같은 기존의 기술유출방지법제만으로는 효과적인 통제에 제한이 있다는 판단에 따라 제정된 법률로서 2007년 4월부터 시행되었기 때문에 판례 자체가 많지 않다. 2010년까지 기술유출방지법 위반 사건은 총 11건이며, 이중 1심 사건이 7건, 2심과 3심사건이 4건이었다.[5] 이 정도의 사건 수로는 정확한 판례의 경향을 살피기에는 어려움이 있으나, 부족하나마 시사점은 얻을 수 있을 것으로 사료된다.

◈ **산업기술유출방지법 위반 판결 현황**[6]

	계(건)	징역 1년미만	징역 1년-2년 미만	징역 2년 이상	무 죄	징역형 중 집행유예
계	7	1	3	2	1	3/6
산업기술	3	1	1	0	1	2/2
국가핵심기술	4	0	2	2	0	1/4

* 무죄 사유: 중소기업청의 "국가선도형 과제"로 지정 · 고시되었으나, 산업기술의 지정 · 고시로 보기 어려움.
* 1건은 영업비밀보호법 위반과 상상적 경합, 선고에서는 형량이 중한 영업비밀보호법위반(부정 취득 · 사용)이 적용됨.

위의 표에서 보는 바와 같이 1년 이상의 중형 선고비율이 5건으로 71.4%로 영업비밀침해의 경우 42.3%였던 점에 비교해 보면 상당히 높다. 집행유예비율도

5) 신승균, 앞의 논문, 77면.
6) 신승균, 앞의 논문, 78면.

50%로 영업비밀침해의 78.2%보다 현저히 낮다. 특히 국가핵심기술침해에 대해서는 4건 모두 징역 1년 이상의 중형이 선고되었음을 알 수 있다.

산업기술유출방지법의 시행기간이 아직 짧기는 하나 급속히 증가하고 있는 기술유출사례에 비추어볼 때 이 법에 따른 적용 사례가 많지 않은 것은 법 적용 대상의 제한 및 영업비밀보호법과의 중복 문제 때문이라고 판단된다. 특히 산업기술유출방지법의 보호대상인 산업기술의 개념 확정이 어려운 데다가 법령에 규정한 바에 따라 지정 · 고시되는 기술에 한정되므로 검찰의 입장에서 굳이 새로운 개념인 산업기술유출방지법을 적용하기보다는 보호대상과 법정형이 유사한 영업비밀보호법을 적용하기 때문이다.[7]

Ⅱ. 산업기술 개념의 불명확성

위 표에서 볼 수 있는 바와 같이 무죄 판결을 받은 사례가 1건 있는데, 이것은 산업기술의 범위의 모호성에서 비롯된 것이었다. 즉, 해당 기술이 중소기업청에 의해 국가선도형과제로 지정 · 고시되었으나, 이를 산업기술로 지정 · 고시된 것으로 볼 수 없다는 것이 대법원의 최종 판단이었다.[8]

또한 판결 중에는 산업기술 개념의 불명확성으로 인해 형법상 명확성 원칙에 위반한다는 위헌제청요구도 있었다. 여기서는 "산업기술보호법 규정상 산업기술의 개념이 지나치게 모호하고 추상적이며, 산업기술 해당 여부가 각 법령이 정한 바에 따라 지정 · 고시되어 있어 형사처벌 규정의 명확성 원칙과 위임입법의 한계를 벗어나 위헌"이라고 주장하였다. 이에 대해 법원은 "산업기술의 개념이 다소 불명확한 점은 있으나, 엄격한 해석을 통해 자의적인 해석이나 적용 배제가 가능하여 명확성의 원칙에 위배되지 아니하며, 산업기술의 개념은 전문적 · 기술적이고 종류가 다양한데다 기술의 발전에 따라 그 내용이 수시로 변동되는 점 등을 감안할 때 고시 · 공고에 위임하는 것이 불가피하므로 헌법에 위배되지 않는

7) 사례를 살펴보면 러시아 자동차회사 국내법인에 국가핵심기술로 지정된 자동차 설계도면을 제공한 사건에 있어 법원은 양 법률 위반의 상상적 경합으로 보아 영업비밀보호법상의 국내유출 위반(제18조 제2항)을 적용한 바 있다(서울남부지법 2010.10.8. 2009고단3184).

8) 대판 2009.12.10. 2009도11232.

다"고 결정한 바 있다.[9]

이와 같이 산업기술 및 국가핵심기술의 개념에 대한 명확하고 구체적인 정의가 필요하다는 지적을 반영하여 2011년 7월 개정법에서는 산업기술의 개념을 보다 단순화하였다. 즉 종전 법에서는 산업기술을 지정·고시하고 있는 법률이 명시되어 있지 아니하여 어느 법령이 여기에 해당하는지 명확하지 않았으나, 개정법에서는 산업기술을 지정·고시하는 법률의 명칭을 명문으로 적시하는 한편, 종전 법에 있었던 '국내에서 개발된 독창적인 기술로서 선진국 수준과 동등 또는 우수하고...' 등과 같은 추상적이고 불명확한 표현을 삭제함으로써 산업기술의 개념과 대상범위를 명확히 하고자 하였다.

Ⅲ. 산업기술 유출의 유형에 따른 판례

1. 해외유출과 국내유출

아래 표에서 보는 바와 같이 해외유출의 경우 5건 중 3건이 중형에 해당하는 1년 이상의 징역형 선고를 받았다. 산업기술유출방지법의 근본적인 목적이 국내 핵심기술의 해외 유출을 방지하여 국부를 보존하고 국제적 경쟁력을 강화시키고자 하는 것이라고 한다면 이 입법취지가 잘 준수되고 있는 것으로 보인다. 해외유출 시도 5건도 모두 유출 전에 적발되어 실질적인 유출은 없었으므로 입법의 효용성이 인정된다고 하겠다. 한편, 국가핵심기술의 해외유출은 연구개발비 및 세계시장 잠식 등 직접적인 피해에다 국가경쟁력에 미치는 보이지 않는 손실까지 감안할 때 피해 규모가 막대하고, 일단 유출시 회수가 불가능하다는 점 등을 감안할 때 미수범은 물론 예비·음모까지도 엄벌에 처함으로써 유출시도 자체를 억제할 필요가 있다.

---

9) 부산지법 2011.1.13. 2009노108.

◈ 해외유출과 국내유출의 구분에 따른 판결 현황[10)]

	계(건)	징역 1년미만	징역 1년-2년 미만	징역 2년 이상	무 죄	징역형 중 집행유예
계	7	1	3	2	1	3/6
해외유출	5	1	3	1	0	3/5
국내유출	2	0	0	1	1	0/1

2. 산업기술의 부정취득과 부정유출

산업기술유출방지법에서 금지하는 산업기술의 유출 및 침해행위는 크게 두 가지로 구분된다. 첫째는 산업기술의 부정취득에 관한 것으로 법 제14조 제1호에서는 "절취 · 기망 · 협박 그 밖의 부정한 방법으로 대상기관의 산업기술을 취득하는 행위 또는 그 취득한 산업기술을 사용하거나 공개(비밀을 유지하면서 특정인에게 알리는 것을 포함한다. 이하 같다)하는 행위"를 금지하고 있다. 둘째는 산업기술의 부정사용에 관한 것으로 같은 조 제2호에서는 "제34조의 규정 또는 대상기관과의 계약 등에 따라 산업기술에 대한 비밀유지의무가 있는 자가 부정한 이익을 얻거나 그 대상기관에게 손해를 가할 목적으로 유출하거나 그 유출한 산업기술을 사용 또는 공개하거나 제3자가 사용하게 하는 행위"를 금지하고 있다.

정리하면 법 제14조 제1호는 산업기술에 대한 '접근 권한이 없는' 자의 부정취득 · 사용 · 공개행위를 금지하는 규정이고, 같은 조 제2호는 '접근 권한이 있는' 자가 비밀유지의무가 있음에도 불구하고 부정유출 및 사용 · 공개하는 행위를 금지하는 규정이다. 산업기술에 대한 접근권한이 있는 자는 이미 이를 인지하여 사용할 수 있는 상태에 있으므로 취득은 이미 이루어진 것으로 본다. 판례도 같은 입장이다.[11)]

10) 신승균, 앞의 논문, 81면.
11) 대판 2009.10.15. 2008도9433.

부정취득과 부정유출의 구분에 따른 판결 현황[12)]

	계(건)	징역 1년미만	징역 1년-2년 미만	징역 2년 이상	무 죄	징역형 중 집행유예
계	7	1	3	2	1	3/6
부정취득 (법 제14조 제1호)	5	0	2	2	1	1/4
부정유출 (법 제14조 제2호)	2	1	1	0	0	2/2

위 표에서 보는 바와 같이 접근 권한이 없는 자의 부정취득이 중하게 처벌받았으며, 집행유예의 비율도 낮다.

12) 신승균, 앞의 논문, 83면.

제5절 향후 입법과제

Ⅰ. 개 요

우리나라의 경우 산업기술의 보호는 정부규제가 중심적인 지위를 차지하고 있어서 대한민국을 대표하는 글로벌기업에게는 새로운 산업기술의 개발 의욕을 저해한다는 주장이 있었다. 특히, 2011년 국회에 제출되어 있는 "부정경쟁방지 및 영업비밀보호에 관한 법률 일부개정법률안(정부안)"과 현행 산업기술의 유출방지 및 보호에 관한 법률 간에 불일치가 발생하고 있으며, 산업기술유출방지법에 의한 규제에 대한 비판이 제기되고 있다.[13] 또한, 산업기술의 보호를 위한 지나친 규제는 산업기술 연구자가 전직 혹은 이직하는 것을 제한하는 등 직업의 자유를 제한할 수 있어 규제일변도의 법정책은 적정하지 않을 수 있다. 따라서 산업기술을 보호함에 있어서는 기술유출의 방지와 기술자의 권리 침해 및 산업의 자유로운 발전이라는 다양한 가치를 고려하지 않을 수 없다.

산업기술유출방지법은 산업기술보호위원회를 설치하여 국가핵심기술의 보호 등을 수행하고, 산업기술보호협회와 산업기술분쟁조정위원회를 설립하여 산업기술의 보호 및 분쟁 조정 등에 관한 각종 지원을 하고 있으며, 또한 산업기술의 불법적인 유출 및 침해행위 금지를 위반한 경우에 형사처벌을 한다. 이들 새로운

13) 미국은 2007년 7월에 「액슨-플로리오 법(Exon-Florio Act)」을 개정한 「외국인투자 및 국가안보에 관한 법률(Foreign Investment and National Security Act of 2007」을 제정하였다. 외국인투자 및 국가안보에 관한 법률은 「엑슨-플로리오법(Exon-Florio Act)」상의 '외국투자심의위원회(Committee on Foreign Investment in the United States)'의 심사범위를 확대하고 그 조사절차를 명확히 함으로써 국가핵심기술의 유출을 보다 강력하게 통제하게 되었다. 미국의 이러한 움직임에 영향을 받은 세계 각국도 자국의 핵심기술의 유출을 방지하기 위한 노력을 하고 있다. 최근 중국, 캐나다, 독일 등은 미국의 외국투자심의위원회의 절차와 유사한 절차를 도입할 계획을 수립하였으며, 러시아 및 유럽 국가들도 외국인 투자에 대해 제한적 입장을 표명하고 있다(See George Stephanov Georgiev, The Reformed CFIUS Regulatory Framework: Mediating Between Continued Openness to Foreign Investment and National Security, 25 Yale J. on Reg. 125, 130-31 (2008)).

보호장치의 마련은 영업비밀보호법에 의한 산업기술 보호의 한계를 극복하는 데에 나름대로 의미있는 것은 분명하나, 시장의 자율적인 차원에서 산업기술을 보호하고 관리할 수 있는 제도적 장치를 마련하는 데에는 미흡하다고 볼 수 있다. 즉 산업기술의 보호라는 차원에서 공공분야(출연연구소 등)와 민간분야에서 자체적으로 자율적인 관리시스템을 운영할 수 있는 제도적 장치, 즉 산업기술보안 인증관리체계와 산업기술보안 전문가자격제도가 결여되어 있다. 특히, 산업기술유출방지법에서 '산업기술보안인증관리체계'와 '산업기술보안자격제도'에 대한 법적 기반을 마련하여 기업 등이 자율적으로 이들 제도를 활용하여 산업기술의 보안을 자체적으로 검증하도록 하는 것이 필요할 수 있다. 왜냐하면 산업기술은 그 자체가 유형적인 정보형태로 존재하므로 사전에 외부에 공개되지 아니하도록 예방하는 것이 중요하고 실질적으로 가장 효과적이기 때문이다.

Ⅱ. 산업보안인증체계

1. 정보보호시스템의 인증제도와 비교

미래창조과학부는 정보보호에 관련하여 정보보호시스템의 인증제도와 정보보호관리체계(ISMS:Information Security Management System)의 인증제도를 두고 있다.

먼저, 정보보호시스템의 인증제도는 정보보호시스템의 성능과 신뢰도를 높이기 위하여 정보보호시스템의 제조나 수입에 있어서 미래창조과학부장관이 정하여 고시하는 기준에 적합할 것이 요구되고 이 기준에 미치지 못하는 경우 정보보호시스템의 보완 등을 하도록 권고할 수 있다(국가정보화 기본법 제38조 참조).

다음으로, 정보보호관리체계의 인증제도는 최근 다양하고 복잡한 사이버 위협 등에 대응하기 위한 종합적인 정보보호관리체계의 수립 필요성이 점차 증대되고 있어 정보통신망의 안전성 및 신뢰성을 확보하여 이용자가 안전하게 서비스를 이용할 수 있도록 종래 정보통신부가 2002년에 도입 · 시행하고 있다(정보통신망 이용촉진 및 정보보호 등에 관한 법률 제47조). 즉 정보통신망의 안정성 및 신뢰성 확보를 위하여 기술적 · 물리적 보호조치를 포함한 종합적 관리체계를 수립 ·

운영하고 있는 자는 정보보호관리체계가 미래창조과학부장관이 고시한 기준에 적합한지에 관하여 한국인터넷진흥원 또는 미래창조과학부장관이 지정하는 기관으로부터 인증을 받을 수 있다(정보통신망 이용촉진 및 정보보호 등에 관한 법률 제47조 제1항). 정보보호관리체계 인증을 취득한 기관은 아래의 도표와 같은 혜택을 받을 수 있다.[14)]

2. 산업기술보안인증체계의 도입 필요성

산업기술은 무엇보다도 기업 등이 자율적으로 보호하는 것이 효율적이고 실효성을 가지는데, 산업기술유출방지법에서는 '산업기술보안인증체계'와 '산업기술보안자격제도'를 마련하여 기업이 자율적으로 산업기술을 보호하도록 하는 것을 간과하고 있다. 제정당시 산업기술유출방지법은 산업기술의 보호수단으로 제정안에 '산업보안관리체계에 대한 인증'[15)]과 '산업보안관리사 자격제도'[16)]를 두

14) 〈정보보호관리체계 인증 취득에 따른 혜택〉

구 분	시행기관	세부혜택 내용
요금 할인	보험사	인증취득 기업이 정보보호관련 보험(배상책임보험 등) 가입시 할인 혜택 부여
가산점 부여	한국인터넷진흥원	과제선정, 입찰시 ISMS 인증 취득 기업에 가점 부여
	교육과학기술부	원격대학 평가시 가점부여
	신용평가기관	신용평가정보 등의 경우 기업신용평가시 가점부여
	기술보증기금	중소기업의 기술평가 보증시 가점부여
	민간기업	IT아웃소싱 업체 선정시 인증취득 업체에 대해 가점 부여 등(기업별 자체 시행)
	국가 · 공공기관	국가 · 공공기관 용역사업 선정시 평가 항목인 문서 · 시설 · 장비 등 보안관리 계획 평가 우대(기관별 자체 시행)
면 제	미래창조과학부	인증을 받은 당해 연도 안전진단 면제
권 고	국토교통부	유비쿼터스 도시의 건설 등에 관한 법률에 ISMS 인증 권고

15) 산업기술유출방지법의 제정안 제16조 (산업보안 관리체계에 대한 인증) ① 기업 및 보호대상기관은 산업기술의 효율적인 보안관리를 위하여 산업기술의 보안관리체계에 대한 인증(이하 "산업보안인증"이라 한다)을 받을 수 있다.
② 산업자원부장관은 국가정보원장과 협의하여 산업보안인증 기준을 정하고, 이를 고시한다.
③ 중앙행정기관의 장은 국가연구개발사업의 주관연구기관, 전문기관, 연구과제 수행기관 등을 선정하는 경우 제1항의 규정에 따라 산업보안인증을 받은 기업 또는 보호대상기관을 우선 선정할 수 있다.
④ 정부는 제1항의 규정에 따라 산업보안인증을 받은 기업 또는 보호대상기관에 대하여 대통령령이 정하는 바에 따라 우대조치를 할 수 있다.
⑤ 산업보안인증의 업무절차 · 유효기간 · 운영 등에 관하여 그 밖에 필요한 사항은 대통령령으로 정한다.

고 있었으나, 기업에 지나친 부담을 주는 불필요한 규제로 작용할 우려가 있고 또한 당시 시행중인 (구)정보통신부의 '정보보안 관리체계 인증제도' 및 '정보보안관리사 자격제도'와 중복될 우려 등이 있다는 비판이 제기되어 삭제되었다. 그렇다면 과연 '산업기술보안인증체계' 또는 '산업기술보안자격제도'가 종래 (구)정보통신부의 정보보안관리체계 또는 자격제도와 중복성이 문제되는지, 그리고 이들 제도를 도입할 필요성이 없는 것인지가 문제된다.

여기서 소개하고자 하는 산업기술보안인증제도는 산업기술보안이라는 인적보안 · 시설보안 · 정보보안 등을 포함하는 산업기술의 보안에 대한 일정한 기준이나 매뉴얼 등을 마련하여 이를 충실히 준수한 기업 등에 대한 인증을 하는 것으로 시장자율에 그 기반을 두고 있다. 즉 산업기술보안체계의 인증은 (구)정보통신부의 정보보안관리체계 인증과는 그 포섭대상이나 포함하는 내용에 있어서 차이가 있다. 또한 산업기술보안인증체계의 도입이 기업에 부담이 된다는 주장이 있었는데, 여기서 다루는 산업기술보안인증체계는 시장의 자율적인 선택에 따라 도입여부가 결정되고 국가는 오직 산업기술 보호를 위한 제도적 기반을 조성하는 것에 그 목적이 있다.

Ⅲ. 산업보안기사자격제도

1. 정보보호 관련 자격제도와 비교

한편, 산업보안기사제도의 도입도 산업기술보안체계인증과 유사한 이유로 법안에서 삭제되었다. 이와 관련해서 국내에서 시행하는 정보보호 분야의 대표적인 자격증은 정보보호전문가자격(Certified Information Systems Security Professional)과 정보시스템감리사자격(Certified Information Systems Auditor)이다. 이들 중에서 주요한 것을 살펴보면, 다음과 같다.

---

16) 산업기술유출방지법 제정안 제20조 (산업보안관리사 자격제도) ① 산업자원부장관은 산업기술의 유출방지 및 보호지원을 위하여 대통령령이 정하는 바에 따라 산업보안관리사 제도를 실시한다.
② 산업자원부장관이 산업보안관리사 자격시험을 실시하고, 그 자격 · 과목 그 밖에 시험에 관하여 필요한 사항은 대통령령으로 정한다.
③ 산업자원부장관은 제2항의 규정에 따른 보안협회의 업무에 대하여 지도 및 감독할 수 있다.

첫째, 정보보호전문가 자격제도는 민간자격에 해당되고 그 설치근거는 정보통신망법 제11조 제2항[17]이다. 정보보호전문가 자격제도는 한국인터넷진흥원이 주관하고 있다.

둘째, 정보시스템 감리사자격은 전자정부법 제60조에 의하여 도입된 국가자격제도이다. 이 자격제도는 최근 급증하고 있는 감리수요의 충족과 민간부문의 감리 활성화를 위하여 한국인터넷진흥원에서는 1997년부터 정보시스템 감리인 양성교육을 실시하였으며, 2001년부터 국가공인 정보시스템감리사 자격검정으로 매년 1회 실시하고 있다. 자격을 부여하기 위한 조건으로 정보시스템 감리를 위하여 필요한 보안지식도 요구한다는 점에서 정보보호 관련 자격프로그램의 하나로 분류하였다.

셋째, 인터넷보안전문가 자격제도는 순수한 민간자격으로 한국정보통신자격협회에서 시행하고 있다. 인터넷보안전문가 자격시험은 1급과 2급으로 구분하여 보안설정, 보안분석, 해킹방지, 서버복구 등을 통하여 서버를 보호하고 서버에 대한 해킹에 효과적으로 대처하기 위한 인터넷 보안 관련 기술력을 검정하며, 정보보호개론, 운영체제, 네트워크, 보안 등으로 구성된 필기시험과 시스템 보안관리, 침해분석, 방화벽구축, 침해사례분석 등의 실기시험으로 구성된다.

넷째, 정보보안관리사도 순수한 민간자격으로 한국정보통신자격협회에서 시행하고 있다. 정보보안관리사(ISM)란 통신망에서 발생하는 각종 정보누출, 도청, 그리고 정보변조 등의 공격과 위협을 예방, 대처하게 된다. 또한 시스템에 가해지는 해킹 및 바이러스 기술 등의 다양한 전자적 침해를 대비하며, 인터넷과 전자상거래상에서 개인 및 거래정보의 안전하고 신뢰성 있는 전달을 담보하는 정

---

17) 제11조 (정보통신망 응용서비스의 개발 촉진 등) ② 정부는 민간부문에 의한 정보통신망 응용서비스의 개발을 촉진하기 위하여 재정 및 기술 등 필요한 지원을 할 수 있으며, 정보통신망 응용서비스의 개발에 필요한 기술인력을 양성하기 위하여 다음 각 호의 시책을 마련하여야 한다.
1. 각급 학교나 그 밖의 교육기관에서 시행하는 인터넷 교육에 대한 지원
2. 국민에 대한 인터넷 교육의 확대
3. 정보통신망 기술인력 양성사업에 대한 지원
4. 정보통신망 전문기술인력 양성기관의 설립 · 지원
5. 정보통신망 이용 교육프로그램의 개발 및 보급 지원
6. 정보통신망 관련 기술자격제도의 정착 및 전문기술인력 수급 지원
7. 그 밖에 정보통신망 관련 기술인력의 양성에 필요한 사항

보보안 전문가를 말한다. 정보보안관리사는 암호학에 바탕을 두고 운영체제, 시스템, 네트워크상의 해킹 및 바이러스 대응뿐만 아니라 DB, 전자상거래보안기술을 습득하여 산업계 현장에서 구현하는 것을 그 직무범위로 한다. 정보보안관리사는 한 기업 및 단체의 보안정책의 수립과 시행, 컨설팅까지도 담당할 수 있다고 하나, 정보시스템 보호전문가자격은 한계를 가지고 있어서 산업기술보안에 대한 전 영역을 포섭함에는 미흡하다.

이상에서 정보보호 자격제도에 대하여 살펴보았는데, 이들 제도는 그 운영에 따라서 기업 등에게 강행적으로 도입하도록 하는 경우(법령에서 명문화하고 있음)도 있으나 근본적으로는 기업 등이 자율적으로 이들 제도를 활용하여 정보보안을 강화하도록 하는 제도들이다. 아래의 도표에서는 국내외의 정보보호 관련 자격증을 도식화하면, 다음과 같다.

◆ **국내외의 정보보호 관련 자격증**

	명 칭	구 분	주관기관
국 내	정보보호전문가(SIS)	1급, 2급	한국인터넷진흥원
	정보시스템감리사	수석감리원, 감리원	한국인터넷진흥원
	정보보안관리사(ISM)	1급, 2급	정보통신컴퓨터 자격관리협회
국 외 (미국)	인터넷보안전문가		한국정보통신 자격협회
	공인정보시스템감리사(CISA) 공인정보시스템관리자(CISM)		ISACA
	공인정보시스템보안전문가 (CISSP)		ISC

이들 제도 중에서 순수한 민간단체에서 시행하고 있는 자격제도(인터넷보안전문가, 정보보안관리사)를 제외하면, (구)정보통신부가 주관하여 산하기관이 관리 · 운영하는 제도들이다. 이들 제도들의 특징은 모두 정보보호에 대한 효율적인 관리 · 감독을 가능하도록 국가차원에서 법제도적인 기반을 조성하여 이를 민간분야와 공공분야에서 활용하도록 하는 데에 있다. 다시 말해서 정보보호에 있어서

는 해당 기관의 자율적인 참여를 지원하는 것을 우선시한다는 것이다. 그런데 (구)정보통신부가 주관하고 있는 이들 자격제도는 정보시스템으로 처리되는 정보보호에 한정하여 주로 기술적 차원의 보안에 중심을 두고 있다. 따라서 기업이나 연구소 등에서 보유하고 있는 산업기술의 보안에 있어서는 이들 자격제도를 가진 전문가가 그 역할을 하기에는 충분하지 않다. 다시 말해서 산업기술의 보안은 국가안보에 중대한 영향을 미칠 수 있고, 관련된 산업기술의 유출은 실무적인 경험을 가진 자의 신속하고 효과적인 대응조치가 요구되며, 아울러 정보시스템 외에 물리적 · 인적 보안 그리고 수사기법 · 위험대처 능력 등 일정한 실무교육을 이수한 자가 요구되기 때문이다.[18]

2. 산업기술보안 자격제도의 도입과 산업기술유출방지법의 개정

산업기술은 기업이나 연구소 등이 자율적으로 보안대책을 마련하여 시행하는 것이 중요하다. 따라서 정부의 역할도 이를 지원하는 제도적 기반을 조성하는 역할이 강조된다. 이와 관련 산업기술보안에 필요한 전문지식과 실무경험 등을 가진 자를 양성하는 자격제도를 도입하여 기업 등이 자율적으로 자격증소지자를 활용하도록 하는 것이 필요하다. 여기서 도입하고자 하는 산업기술보안기사란 기업 · 연구소 등이 보유한 산업기술 등 정보자산을 효과적으로 보호하고 정보유출 방지시스템을 적절하게 활용, 침해사고에 대응할 수 있는 능력에 대한 자격인증제도를 말한다. 미국의 경우 산업보안협회(ASIS)는 산업보안관리사(CPP)제도를 활용, 보안교육, 지식재산권 보호, 핵심인력 관리, 보안시설 · 방문자 관리 등 물리적 보안과 위기관리 등 다양한 업무를 수행하고 있다. 따라서 위에서 간략히 살펴본 것처럼 미래창조과학부의 정보보호전문가 자격제도와 달리 산업기술의 효율적인 보호에 기여할 수 있는 전문가 양성이 필요하다.

18) 미국은 정보보호와 관련해서 대표적인 민간자격으로 공인정보시스템감리사(CISA)와 공인정보시스템관리자(CISM)를 두고 있다. CISA자격은 1978년 ISACA (Information Systems Audit and Control Association)에 의하여 관리되고 있으며, 현재 전 세계적으로 약 44,000명의 자격증 소지자를 배출하였다.

(1) 도입방안

자격제도는 2가지로 나누어서 살펴볼 수 있다.

첫째, 민간자격으로 도입하는 방안을 고려할 수 있다. 우리나라에서 산업기술의 보안에 관한 자격제도는 아직까지 공인된 민간자격이 없다. 우리나라의 경우 국가연구개발사업 수행기관 및 첨단산업기술 보유 기업 대부분은 산업기술 보호에 대한 인식 미흡과 관리능력 부족 등으로 자발적 기밀유출 방지노력을 기대하기가 곤란하다. 현재 연구소 · 기업 등의 보안업무도 총무부서 또는 비상기획관실의 부수적 업무로 인식하고 있어 기술보호의 전문성이 결여되어 있다. 따라서 산업기술보호협회 등에서 민간자격으로 산업기술보안기사제도를 도입할 수 있는 여지가 있다. 그렇지만 민간자격에 대한 신뢰성이 낮은 것이 현실이고, 효율적으로 운영된다고 하여도 법률에 기초한 국가자격이 가지는 사회적 파급효과와는 차이가 있다. 또한 우리나라 자격제도의 운영실태나 산업의 필요성 등을 고려한다면, 민간자격이 산업기술보안자격으로 원활히 역할을 하는 것을 기대하기가 어렵고 그 실효성도 떨어질 수밖에 없다. 무엇보다도 산업기술보안이 순수한 민간자격으로만 맡겨두기에는 부적합한 분야에 해당되며, 시기적으로도 국가자격으로 하여 산업기술보안의 유출에 따른 피해를 최소화하는 기반강화가 필요하다.

둘째, 산업기술보안은 그 중대성과 국가안보 등에 미치는 영향을 고려한다면, 순수한 민간자격제도로는 한계가 있어서(순수한 민간자격으로 한다면, 자격기본법 제11조 제1항에 의하여 공인을 받기도 용이하지 않다) 국가자격제도로 도입하는 방안을 고려할 수 있다. 따라서 산업기술에 대한 체계적이고 전문적인 보안과 산업기술보호를 위한 기반조성이 미흡한 현상황을 고려한다면, 산업기술유출방지법을 개정하여 국가자격증으로 도입하는 것이 바람직하다.

(2) 국가자격으로의 도입과 산업기술유출방지법의 개정

2006년에 제정된 산업기술유출방지법은 영업비밀보호법과 비교하여 사전적 예방수단과 사후적 예방수단이 강화되었다. 그럼에도 불구하고 산업기술유출방지법은 기업 등이 자율적으로 운영할 수 있는 보안시스템을 보유할 수 있는 법적 기반(여기서는 산업기술보안자격제도를 말한다)을 구축하는 데에는 미흡하다. 따라서 산업기술유출방지법을 개정하여 산업기술보안자격제도를 도입하는 방안을 고려할 수 있다.

(가) 산업기술보안기사 자격의 설치 근거

여기서 도입하고자 하는 산업기술보안기사자격제도는 기업 등이 자율적인 판단에 따라 해당 자격증을 취득한 자를 채용하거나 계약을 통하여 보안관리를 할 수 있도록 하는 법적인 기반을 조성하기 위한 자격제도이고 또한 산업기술보안 전문인력을 양성하기 위한 것을 의미한다. 다시 말해서 산업기술보안기사자격증은 기업 등에게 채용 부담을 주지 아니하는 산업기술보안 전문가양성을 위한 제도를 고려하고 있으며, 산업기술보안기사자격증을 가진 자를 기업 등이 활용하느냐는 기업 등의 자율에 맡겨두는 것이 바람직할 수 있다. 따라서 산업기술유출방지법의 개정에서는 산업기술보안기사자격증을 도입하는 근거와 일정한 자격을 갖춘 자에 대하여 자격시험에 합격하면 해당 자격증을 교부하도록 하는 조항이 필요하다(국가기술자격법 제13조). 또한 산업통상자원부장관이 산업기술보안기사자격증을 관리 · 감독하도록 하는 조항과 산업보안협회에 동 자격증의 운영을 위탁하는 조항도 필요하다. 그리고 산업기술유출방지법에서 산업기술보안기사자격증을 다른 사람에게 대여하여서는 안 된다는 조항의 신설이 필요하다(국가기술자격법 제16조 제1항 참조).

(나) 산업기술보안자격기준의 마련

산업기술보안전문가자격은 1급과 2급으로 구분하여 운영하는 방안도 고려할 수 있고, 해당 자격의 전문성에 맞게 검정방법을 다양화할 수 있다. 예컨대, 1급의 경우에는 고도의 전문성(숙련성)과 기업경영 등에 대한 검정이 필요할 수 있다. 따라서 1급의 경우 상당한 실무경험에 기반을 둔 상태에서 수사기법이나 관련법령 및 기업경영 등에 대한 전문지식을 가진 자를 요건으로 할 수 있다.

(다) 산업기술보안자격의 취소 등

산업기술보안기사자격증의 관리 · 감독은 산업통상자원부장관이 하는 것이 정부의 업무구분에 적합하다. 따라서 산업통상자원부장관은 산업기술보안기사자격증과 관련하여 자격취소나 자격정지에 대한 권한도 가진다. 예컨대, 산업통상자원부령의 개정에서는 ① 거짓 그 밖의 부정한 방법으로 산업기술기사자격증을 교부받은 때, ② 산업기술보안기사자격증을 다른 사람에게 빌려주거나 양도한 때, ③ 산업기술보안기사가 만 18세 미만인 자 · 금치산자 · 한정치산자, 파산선고를 받고 복권되지 아니한 자, 금고 이상의 실형의 선고를 받고 그 집행이 종료(집행이 종료된 것으로 보는 경우를 포함한다)되거나 집행이 면제된 날부터 5년이 지나지 아니한 자, 금고 이상의 형의 집행유예선고를 받고 그 유예기간중에 있는 자에 해당하는 경우에 그 자격을 취소하도록 해야 한다. 또한 산업기술보안기사가 행정적 금지규정을 위반한 경우에 그 자격정지할 수 있도록 하는 조항의 신설이 필요하다(국가기술자격법 제16조 참조).

(라) 산업기술보호협회의 업무조정

산업기술보호협회는 산업기술유출방지법 제16조 제1항에 의하여 설립되어 ① 산업기술보호를 위한 정책의 개발 및 협력, ② 산업기술의 해외유출 관련 정보 전파, ③ 산업기술의 유출방지를 위한 상담 · 홍보 · 교육 · 실태조사, ④ 국내외 산업기술보호 관련 자료 수집 · 분석 및 발간, ⑤ 산업기술의 보호를 위한 지원업무, ⑥ 산업기술분쟁조정위원회의 업무지원, ⑦ 그 밖에 산업통상자원부장관이 필요하다고 인정하여 위탁하거나 협회의 정관이 정한 사업 등을 체계적으로 수행하기 위한 전문성을 갖춘 민간기구이다. 따라서 산업기술보안전문가자격제도를 도입하는 경우에 산업보안협회가 이 자격제도를 운영하는 것이 적절하고 이를 할 수 있도록 하는 근거조항의 신설도 필요하다.

제6장

산업기술보호에 관한 관계법령

제1절 개 요

산업기술 침해에 대한 법적 대응은 민사적 대응, 형사적 대응 및 행정적 대응으로 구분할 수 있다.

먼저, 민사적 대응을 요약하면 다음과 같다. 첫째, 침해행위에 대한 금지 · 예방청구권(영업비밀보호법 제10조 제1항)이 있다. 영업비밀의 보유자는 영업비밀 침해행위를 하거나 하고자 하는 자에 대하여 그 행위에 의하여 영업상 이익이 침해되거나 침해될 우려가 있는 때에는 법원에 그 행위의 금지 또는 예방을 청구할 수 있다. 둘째, 손해배상청구권(영업비밀보호법 제11조)이 있다. 즉 고의 또는 과실에 의한 영업비밀 침해행위로 영업비밀 보유자의 영업상 이익을 침해하여 손해를 가한 자는 그 손해를 배상할 책임을 진다. 셋째, 신용회복청구권(영업비밀보호법 제12조)이 있다. 즉 법원은 고의 또는 과실에 의한 영업비밀 침해행위로 영업비밀 보유자의 영업상의 신용을 실추하게 한 자에 대하여는 영업비밀 보유자의 청구에 의하여 손해배상을 명하거나, 손해배상과 함께 영업상의 신용회복을 위하여 필요한 조치를 명할 수 있다. 넷째, 기타 전업금지가처분신청, 유인채용금지가처분신청, 영업비밀 침해 금지가처분신정 능을 할 수 있다. 다만, 시효제도가 도입되어 있어서 영업비밀 보유자가 영업상의 이익이 침해되거나 침해될 우려가 있는 사실 및 침해행위자를 안 날로부터 3년, 침해행위가 시작된 날로부터 10년 이내에 제기하여야 한다.

◈ 민사구제의 도식화

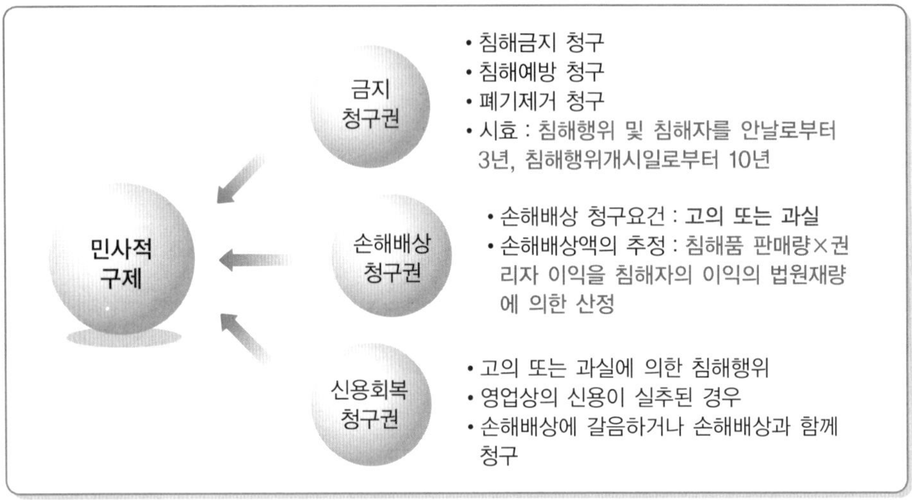

다음으로, 형사적 대응을 살펴보면 다음과 같다. 첫째, 영업비밀 침해죄가 있다(영업비밀보호법 제18조). 즉 누구든지 부정한 이익을 얻거나 기업에 손해를 가할 목적으로 그 기업에 유용한 영업비밀을 취득/사용하거나 제3자에게 누설한 경우에 5년 이하의 징역 또는 그 재산상 이득액의 2배 이상 10배 이하의 벌금을 부과할 수 있다. 외국에서 사용하거나 외국에서 사용될 것임을 알았다면 가중처벌(10년 이하의 징역)을 할 수 있다. 둘째, 산업기술침해죄(산업기술유출방지법 제36조)가 있다. ① 절취/기망/협박 그 밖에 부정한 방법으로 대상기관의 산업기술을 취득 또는 그 취득한 산업기술을 사용하거나 공개한 경우, ② 대상기관과의 계약에 따라 산업기술에 대한 비밀유지의무가 있는 자가 그 산업기술을 절취/기망/협박 그 밖에 부정한 방법으로 유출한 경우 또는 그 유출한 산업기술을 사용하거나 공개하거나 제3자가 사용한 경우, ③ 국가핵심기술을 산업통상자원부장관의 승인을 얻지 않거나 부정한 방법으로 승인을 얻어 수출을 추진한 경우에 5년 이하의 징역 또는 5억 원 이하의 벌금을 부과할 수 있다. 외국에서 사용하거나 사용되게 할 목적이면 10년 이하의 징역 또는 10억 원의 형사처벌이 가능하다. 셋째, 업무상 비밀누설죄(형법 제317조)가 있다. 즉 의사, 변호사, 변리사 등 특정 직업을 가진 사람이 업무처리 중 알게 된 비밀을 누설할 때에 3년 이하 징역에 처할 수 있으며, 친고죄에 해당된다. 넷째, 공무상 비밀누설죄(형법 제127조)가 있다. 즉 전 · 현직 공무원이 직무상 비밀을 누설할 경우에 2년 이하 징역에 처할 수 있다. 판례에 의하면 비밀로 분류된 것에 한하지 않고 일반적으로 알려지지 않은 것에 상당히 이익이 있는 것이 요구된다. 다섯째, 횡령, 업무상 횡령죄(형법 제355, 제356조)가 있다. 타인의 재물을 보관한 자가 횡령 또는 반환을 거부하는 경우에 5년 이하 징역에 처할 수 있다. 다만, 횡령의 대상은 재물이고, 재산상 이익은 아니다. 여섯째, 배임, 업무상배임죄(형법 제355,356조) 또는 특별배임죄(상법 제622조)가 있다. 타인의 사무를 처리하는 자가(업무상) 임무에 위배하여 재산상 이익을 취하거나 제3자로 하여금 취득케 하여 손해를 가한 때에 기업의 임직원이 영업비밀을 누설할 경우 대부분이 이에 해당된다. 특별배임죄는 발기인, 이사, 감사 등이 임무에 위배한 행위시 타인의 사무 처리여부, 임무에 반하는 행위여부, 본인 또는 타인의 경제적 이익여부, 손해여부 등 검토가 필요하다. 일곱째, 비밀침해, 공무상비밀침해죄(형법 제316, 140조)가 있다. 봉함 기타 비밀장치한 문서 등을 개봉했을 때에 3년 이하 징역에 처할 수 있다. 자연인, 법인의 비밀은 물론 국가기밀까지 포함되며, 친고죄에 해당한다. 여덟째, 공무원이 비밀 장치한 문서 등을 개봉할 경우 공무상비밀침해, 5년 이상 징역이 가능하다. 아홉째, 주거침입죄(형법 제319조)가 있다. 사람이 주거, 관리하는 건조물, 선박, 항공기 등에 침입시 3년 이하 징역에 처할 수 있으며, 침입은 주거권자 의사에 반하여 들어가는 것이 필요하고, 미수범도 처벌할 수 있다. 열 번째, 절도, 특수절도죄(형법 제329조~331조)가 있다. 영업비밀이 화체된 문서, 디스켓 등 절취한 경우 재물로 인정되고, 폐기 대상 문서도 재물로 인정된다. 영업비밀이 화체된 문서를 현장에서 복사 · 촬영한 경우 절도의 대상은 재물이므로 절도죄 적용이 불가능하다. 영업비밀이 화체된 문서를 외부로 가져가 복사 · 촬영하고 제자리에 갖다가 놓은 경우에 불법 영득의사가 존재하여야 절도죄 성립하고, 단순 사용절도도 가능하다.

마지막으로, 행정적 대응은 산업기술유출방지법에서 사전적 또는 사후적으로 국가에 의한 행정적 대응조치로 규율하고 있으며, 그 대표적인 것으로 과태료 부과와 포상금 지급 및 각종의 지원조치 등이 있다.

제2절 민사에 관련한 법령

Ⅰ. 민법 제390조 및 제750조

산업기술은 민법에서 계약에 의한 보호와 불법행위에 의한 보호도 가능하다. 먼저 계약에 의한 보호는 다시 2가지, 즉 명시적 계약 위반의 경우와 묵시적 계약 위반의 경우로 나눌 수 있다. 영업비밀 소유자와 정당한 보유자 사이에 비밀준수의무를 지우는 직접적인 계약을 체결하고 그 책임의 범위와 내용도 계약으로 정할 수 있다. 이러한 계약은 유효하고 그 보호는 계약당사자 이외의 제3자에 대하여 미치지 못하는 상대적 보호에 그치지만, 계약당사자 사이에는 마치 배타적 권리와 같은 효력을 발생시킬 수 있다. 따라서 민법 제750조의 불법행위에 의한 보호가 중요한 역할을 할 수 있다.

민법 제750조의 손해배상책임은 유책성 · 위법성 · 인과관계 및 손해의 발생이라는 4개의 성립요건을 갖추어야 하고, 영업비밀 침해행위를 민법 제750조에 기초하여 일실이익의 배상을 청구하는 경우 이들 요건을 갖추어야 한다. 첫째, 유책성과 관련해서는 고의 또는 과실에 대한 입증이 문제된다. 민법 제750조 불법행위의 손해배상청구에 대한 성립요건은 영업비밀보호법에서도 적용된다. 따라서 영업비밀의 침해에 대한 책임도 과실책임에 기초를 두고 있다. 예컨대, 영업비밀보호법 제11조 및 제14조의2가 여기에 해당된다. 둘째, 위법성은 배타적 권리를 침해한 경우 바로 위법성이 징표된다. 즉 영업비밀보호법에 의하여 보호되는 영업비밀 침해행위에 해당하는 경우 즉시 위법성은 인정된다.[1] 셋째, 침해

1) 여기서 '위법성'이라는 요건은 지식재산 관련법에 있어서 '권리침해'라는 것으로 구체화되는데, 지식재산권에 대한 침해행위는 직접적인 침해행위 외에도 간접적인 침해행위도 가능하다. 예컨대, 특허법 제27조 수입등의 행위, 실용신안법 제43조 수입등의 행위, 디자인보호법 제63조 수입 등의 행위, 상표법 제66조 유사상표의 사용 등의 행위, 저작권법 제92조 제1항의 수입행위 등을 들 수 있다. 지식재산 관련법은 침해행위에 대한 입증책임을 완화하고 있는 경우도 있는데, 예컨대 특허법 제129조 생산방법의 추정 등을 들 수 있다.

행위와 손해 사이의 인과관계가 요구된다. 영업비밀의 침해행위와 손해 사이의 인과관계는 민법의 불법행위와 비교하여 별다른 차이가 없이 법적인 인과관계가 요구된다. 즉, 영업비밀의 침해로 인한 손해배상으로 청구된 상실이익은 민법 제750조에 기초한 것으로 침해행위와 권리자의 손해와의 상당인과관계의 입증을 요한다.[2] 넷째, 침해행위로 인하여 실질적으로 손해가 발생해야 한다. 따라서 비록 영업비밀의 침해를 했다고 하여도 실질적으로 손해가 발생하지 않았거나 침해로 인하여 생산한 침해품을 판매하지 않았다면 아무런 손해가 발생하지 아니한 것이다. 영업비밀의 침해로 발생한 손해에 대하여 비록 손해가 발생했다고 하여도 그 배상액을 산정하는 것이 곤란한 경우가 있다. 따라서 영업비밀보호법 제14조의2 제5항에서 손해상당액에 대한 배상을 허용하여 민법 제750조 손해의 발생이라는 요건을 완화하고 있다.

Ⅱ. 영업비밀보호법

개인의 정신적 창조물은 그 특성상 배타성이 없어 누구나 이용할 수 있다. 따라서 산업기술을 비롯한 개인의 정신적 창조물에 대한 보호에서 법제도가 중요한 역할을 한다. 예컨대, 영업비밀은 무형물이므로 그 침해가 용이하다는 점, 침해로 받은 손해의 입증과 산정에 있어서 물건의 침해보다도 훨씬 어려움이 있다는 점, 그리고 침해된 영업비밀과 관련된 정보나 증거가 물건의 침해와 달리 침해자에게 편중되어 있다는 점 등에서 민법의 물건침해에서와 구별된다. 이와 같이 영업비밀의 무형적인 특성이나 시장에서의 독점적 지위에 대한 경제적 가치의 보호라는 측면에서 영업비밀 형태의 산업기술은 유형적인 물건침해의 사건과 동일하게 취급해서는 효과적으로 보호할 수는 없다. 따라서 영업비밀보호법에서는 손해배상과 금지청구는 물론 벌칙을 마련하고 있어서 영업비밀을 배타적 권리와 유사하게 보호한다.

따라서 종전까지 산업기술의 침해행위에 대한 민사책임은 주로 영업비밀보호

2) 松本重敏, 工業所有權侵害訴訟における損害賠償請求の現狀と問題點(知的所有權おめぐる損害賠償の實務(NBL no.33)), 商事法務硏究會, 1996, 3頁.

법상의 영업비밀 침해에 대한 손해배상청구와 금지청구가 적용되어 왔다.

Ⅲ. 산업기술유출방지법

산업기술유출방지법은 2011년 개정에서 산업기술 침해행위에 대한 금지청구권을 도입하였다. 즉 대상기관은 산업기술 침해행위를 하거나 하려는 자에 대하여 그 행위에 의하여 영업상의 이익이 침해되거나 침해될 우려가 있는 경우에는 법원에 그 행위의 금지 또는 예방을 청구할 수 있다. 산업기술 침해행위의 금지 또는 예방을 청구할 수 있는 권리는 산업기술 침해행위가 계속되는 경우에 대상기관이 그 침해행위에 의하여 영업상의 이익이 침해되거나 침해될 우려가 있다는 사실 및 침해행위자를 안 날부터 3년간 행사하지 아니하면 시효의 완성으로 소멸한다. 그 침해행위가 시작된 날부터 10년이 지난 때에도 또한 같다(산업기술유출방지법 제14조의2 제1항 및 제3항). 이 경우 청구를 할 때에 대상기관은 침해행위를 조성한 물건의 폐기, 침해행위에 제공된 설비의 제거, 그 밖에 침해행위의 금지 또는 예방을 위하여 필요한 조치를 함께 청구할 수 있다(산업기술유출방지법 제14조의2 제2항).

제3절 형사에 관련한 법령

Ⅰ. 영업비밀보호법

영업비밀보호법에 따르면, 부정한 이익을 얻거나 기업에 손해를 입힐 목적으로 그 기업에 유용한 영업비밀을 외국에서 사용하거나 외국에서 사용될 것임을 알면서 취득·사용 또는 제3자에게 누설한 자는 10년 이하의 징역 또는 그 재산상 이득액의 2배 이상 10배 이하에 상당하는 벌금에 처하고(영업비밀보호법 제18조 제1항), 이 범죄를 행하기 위하여 예비 또는 음모한 자는 3년 이하의 징역 또는 2천만 원 이하의 벌금에 처하며(영업비밀보호법 제18조의3 제1항), 미수범도 처벌한다(영업비밀보호법 제18조의2).

부정한 이익을 얻거나 기업에 손해를 입힐 목적으로 그 기업에 유용한 영업비밀을 취득·사용하거나 제3자에게 누설한 자는 5년 이하의 징역 또는 그 재산상 이득액의 2배 이상 10배 이하에 상당하는 벌금에 처하고(동법 제18조 제2항)[3], 이 죄를 범할 목적으로 예비 또는 음모한 자는 2년 이하의 징역 또는 1천만 원 이하의 벌금에 처하며(영업비밀보호법 제18조의3 제2항), 미수범도 처벌한다(영업비밀보호법 제18조의2).

Ⅱ. 산업기술유출방지법

산업기술유출방지법은 산업기술을 외국에서 사용하거나 사용되게 할 목적으

3) 영업비밀보호법 제18조 제2항은 선택형인 벌금형을 '재산상 이득액의 2배 이상 10배 이하에 상당하는 벌금'으로 규정함으로써, 결과적으로 재산상 이득을 얻지 않은 범죄행위자에 대하여는 벌금형을 선택할 수 있는 가능성을 원천적으로 배제한 반면 비난가능성이 더 크고 불법의 정도 또한 심한 재산상 이득을 얻은 범죄행위자에 대하여는 벌금형을 선택할 수 있도록 규정함으로써, 재산상 이득을 얻지 않은 행위자를 부당하게 차별하고 있다고 본 소수의견도 있다(헌재 2011.11.24. 2010헌가42).

로 ① 절취 · 기망 · 협박 그 밖의 부정한 방법으로 대상기관의 산업기술을 취득하는 행위 또는 그 취득한 산업기술을 사용하거나 공개하는 행위, ② 비밀유지의무 또는 대상기관과의 계약에 따라 산업기술에 대한 비밀유지의무가 있는 자가 그 산업기술을 절취 · 기망 · 협박 그 밖의 부정한 방법으로 유출하는 행위 또는 그 유출한 산업기술을 사용하거나 공개하거나 제3자가 사용하게 하는 행위, ③ 이들 행위가 개입된 사실을 알고 그 산업기술을 취득 · 사용 및 공개하거나 산업기술을 취득한 후에 그 산업기술에 대하여 이들 행위가 개입된 사실을 알고 그 산업기술을 사용하거나 공개하는 행위, ④ 이들 행위가 개입된 사실을 중대한 과실로 알지 못하고 그 산업기술을 취득 · 사용 및 공개하거나 산업기술을 취득한 후에 그 산업기술에 대하여 이들 행위가 개입된 사실을 중대한 과실로 알지 못하고 그 산업기술을 사용하거나 공개하는 행위, ⑤ 승인을 얻지 아니하거나 부정한 방법으로 승인을 얻어 국가핵심기술의 수출을 추진하는 행위, ⑥ 국가핵심기술의 수출중지 · 수출금지 · 원상회복 등의 조치 명령을 이행하지 아니하는 행위에 해당하는 행위를 한 자는 처벌을 한다. 이들 범죄를 범한 자가 그 범죄행위로 인하여 얻은 재산은 몰수되며, 미수범과 예비 · 음모에 대하여도 처벌한다. 아울러 범죄행위자를 처벌하는 동시에 주의의무와 감독의무를 다하지 못한 법인 또는 개인도 함께 처벌한다. 산업기술유출방지법상의 범죄행위와 형량은 다음과 같다.

◈ 산업기술의 유출 및 침해행위에 대한 벌칙

위반행위	처벌행위
산업기술을 외국에서 사용하거나 사용되게 할 목적 없이 유출 및 침해한 경우	5년이하의 징역 또는 5억 원 이하의 벌금(예비 · 음모한 자는 2년 이하 2천만 원 이하의 벌금)
산업기술을 외국에서 사용하거나 사용되게 할 목적으로 유출 또는 침해한 경우	10년 이하의 징역 또는 10억 원 이하의 벌금(예비 · 음모한 자는 3년 이하 3천만원 이하의 벌금)
부정취득행위 또는 부정유출행위가 개입된 사실을 중대한 과실로 알지 못하고 그 산업기술을 취득 · 사용 및 공개한 경우	3년 이하의 징역 또는 3억 원 이하의 벌금
비밀유지의무가 있는 자가 비밀을 누설한 경우	5년 이하의 징역이나 10년 이하의 자격정지 또는 5천만 원 이하의 벌금

Ⅲ. 형 법

1. 업무상 비밀누설(형법 제317조)

산업기술이 특별한 직업에 종사하는 사람에게 비밀준수를 약정하고 공개된 경우 업무상 비밀누설죄로 처벌될 수 있다. 즉 변호사, 변리사, 공증인 등 특정한 직업을 가진 사람이 그 업무처리중 알게 된 비밀을 누설한 때에는 3년 이하의 징역이나 금고, 10년 이하의 자격정지 또는 700만 원 이하의 벌금에 처한다. 여기서 업무상 비밀누설죄는 친고죄로 고소가 있어야 공소를 제기할 수 있으며 범인을 알게 된 날로부터 6월이 경과하면 고소하지 못한다.

2. 공무상 비밀누설(형법 제127조)

업무상 비밀누설의 경우와 유사하게 산업기술이 공무상 업무를 처리하는 자에 의하여 공개된 경우 비밀준수의무에 따라 공무상 비밀누설죄가 적용될 수 있다. 즉 공무원 또는 공무원이었던 자가 법령에 의한 직무상 비밀을 누설한 때에는 2년 이하의 징역이나 금고 또는 5년 이하의 자격정지에 처한다. 여기서 "법령에 의한 직무상의 비밀"이란 법령에 의하여 비밀로 분류된 사항에 한하지 않고 객관적, 일반적으로 외부에 알려지지 않은 것에 상당한 이익이 있는 사항을 포함한다.[4] 공무원이 직무상 취득하게 된 기업체의 영업비밀, 특히 산업상 영업비밀을 제3자에게 누설하거나 부정사용하는 경우에 공무상 비밀에 해당될 수 있다.[5]

3. 횡령(형법 제355조 제1항), 업무상 횡령(형법 제356조)

회사 외부에 회사의 산업기술이 포함된 비밀문서를 위탁 보관하고 있는 경우에 해당 직원이 이 비밀서류를 경쟁회사에 돈을 받고 넘겨주었다면, 횡령죄가 성립할 수 있다. 횡령이나 업무상 횡령을 통하여 얻은 이득액이 5억 원 이상 50억

4) 대판 1982.6.22. 80도2822.
5) 사법연수원, 신종범죄론, 1999, 263면.

원 이하면 특정경제범죄 가중 처벌법에 의해 3년 이상의 유기징역, 이득액이 50억 원 이상일 경우에는 무기 또는 5년 이상의 징역 및 이득액에 상당한 벌금을 병과할 수 있다. 다만, 회사 내에 보관하던 자신의 업무관련 비밀서류를 무단 반출시에는 절도죄가 성립한다. 왜냐하면 동 비밀서류는 소유권이 회사에 있고 점유는 행위자와 회사의 공동 점유상태에 있기 때문이다.

한편, 비밀문서를 위탁받은 직원이 문서자체를 횡령하지 않고 그 내용만을 복사하거나 구두로 경쟁사에 알려주고 문서는 그대로 보관하는 경우에는 배신행위를 통하여 재물을 영득하지 않았기 때문에 횡령죄가 아니고 재산상의 이익을 취했으므로 아래의 배임죄가 성립할 수 있다.

4. 배임죄(형법 제355조 제2항), 업무상 배임(형법 제356조), 상법상 특별 배임(상법 제622조 제1항), 특가법상 가중처벌(특가법 제3조 제1항)

영업비밀 형태의 산업기술 침해행위를 사법처리에 일반적으로 적용할 수 있는 법률이 형법상 배임죄이다. 검찰이나 경찰 등 수사기관에서 영업비밀 유출사건, 즉 산업스파이 사건 발생시 다툼의 소지를 최소화하고 소송과정에서도 특별한 이론 없이 공소유지가 가능한 점을 고려, 첫 번째의 적용법률이 영업비밀보호법이고, 두 번째의 적용법률이 형법상 배임죄가 되는 것이 통상이다. 여기서 배임죄란 타인의 사무를 처리하는 자가 그 임무에 위배하는 행위로서 재산상의 이익을 취득하거나 제3자로 하여금 이를 취득하게 하여 본인에게 손해를 가한 경우에 성립하며 5년 이하의 징역 또는 1,500만 원 이하의 벌금에 처한다. 배임죄의 주체로서 '타인의 사무를 처리하는 자'란 타인과의 대내관계에서 신의성실의 원칙에 비추어 그 사무를 처리할 신임관계가 존재한다고 인정되는 사람을 말하고, 반드시 제3자에 대한 대외관계에서 그 사무에 관한 권한이 존재할 필요는 없으며, 업무상배임죄에 있어서의 업무의 근거는 법령, 계약, 관습의 어느 것에 의하든 상관없고 사실상의 것도 포함된다.[6]

업무상 배임죄는 업무상 임무에 위배하여 배임죄를 범한 경우 10년 이하의 징

6) 대판 2003.1.10. 2002도758.

역 또는 3천만 원 이하의 벌금으로 가중 처벌한다. 예컨대, 기업의 영업비밀을 사외로 유출하지 않을 것을 서약한 회사의 직원이 경제적인 대가를 얻기 위하여 경쟁업체에 영업비밀을 유출하는 행위는 피해자와의 신의관계를 저버리는 행위로서 업무상 배임죄를 구성한다. 업무상 배임죄와 배임죄는 미수범도 처벌한다(형법 제359조).[7] 업무상배임죄는 업무상 타인의 사무를 처리하는 자가 그 임무에 위배하는 행위로써 재산상의 이익을 취득하거나 제3자로 하여금 이를 취득하게 하여 본인에게 손해를 가한 때에 성립하는 것이고, 여기에서 본인에게 "재산상의 손해를 가한 때"라 함은 현실적인 손해를 가한 경우뿐만 아니라 재산상 손해 발생의 위험을 초래한 경우도 포함된다.[8] 이와 같이 영업비밀 누설행위가 배임죄에 해당하기 위해서는 첫째 타인의 사무를 처리하는 자의 지위에 있는가, 둘째 임무에 반하는 행위가 있는가, 셋째 행위자 또는 제3자에게 경제적 이익이 있는가, 넷째 타인에게 손해가 있는가 등을 면밀히 검토하여야 한다.

>>> 사례 **타인의 사무를 처리하는 자**

(1) 상상적 경합관계에 있는 업무상배임죄와 영업비밀 국외누설로 인한 구 부정경쟁방지 및 영업비밀보호에 관한 법률(2007. 12. 21. 법률 제8767호로 개정되기 전의 것) 위반죄에 대하여 형이 더 무거운 업무상배임죄에 정한 형으로 처벌하기로 하면서, 징역형과 벌금형을 병과할 수 있도록 규정한 위 특별법에 의하여 벌금형을 병과할 수 있다(대판 2008.12.24. 2008도9169).

(2) 회사 직원이 경쟁업체 또는 스스로의 이익을 위하여 이용할 의사로 무단으로 자료를 반출한 경우에 업무상배임죄가 성립하기 위하여는, 그 자료가 영업비밀에 해당할 필요까지는 없다고 하더라도 적어도 그 자료가 불특정 다수인에게 공개되어 있지 않아 보유자를 통하지 아니하고는 이를 통상 입수할 수 없고, 그 자료의 보유자가 자료의 취득이나 개발을 위해 상당한 시간, 노력 및 비용을 들인 것으로 그 자료의 사용을 통해 경쟁자에 대하여 경쟁상의 이익을 얻을 수 있는 정도의 영업상 주요한 자산에 해당하는 것이어야 한다(대판 2011.7.14. 2010도3043).

7) 미수범은 범죄의 실행에 착수하여 행위를 종료하지 못하였거나 결과가 발생하지 아니한 때에 성립하며 미수범의 형량은 기수범보다 감량된다.

8) 대판 2003.10.30. 2003도4382.

상법상 특별배임죄는 회사의 발기인, 업무집행사원, 이사, 감사, 지배인 기타 회사 영업에 관한 어느 종류 또는 특정한 사항의 위임을 받은 사용인이 그 임무에 위배한 행위로서 재산상의 이익을 취득하거나 제3자로 하여금 이를 취득하게 하여 회사에 손해를 가한 때에는 본죄가 성립되어 10년 이하의 징역 또는 3천만 원 이하의 벌금에 처한다. 특가법상의 가중처벌은 배임, 업무상 배임 등을 통하여 얻은 이득액이 5억 원 이상 50억 원 이하인 경우 3년 이상의 유기징역, 50억 원 이상일 때에는 무기 또는 5년 이상의 징역에 처할 수 있으며 이득액에 상당한 벌금을 병과할 수 있다.

>>> **사례 업무상 배임죄**

(1) 배임죄는 타인의 사무를 처리하는 자가 그 임무에 위배하는 행위로써 재산상 이익을 취득하거나 제3자로 하여금 이를 취득하게 하여 본인에게 손해를 가함으로써 성립하는바, 이 경우 그 임무에 위배하는 행위라 함은 사무의 내용, 성질 등 구체적 상황에 비추어 법률의 규정, 계약의 내용 혹은 신의칙상 당연히 할 것으로 기대되는 행위를 하지 않거나 당연히 하지 않아야 할 것으로 기대되는 행위를 함으로써 본인과 사이의 신임관계를 저버리는 일체의 행위를 포함하는 것이므로, 기업의 영업비밀을 사외로 유출하지 않을 것을 서약한 회사의 직원이 경제적인 대가를 얻기 위하여 경쟁업체에 영업비밀을 유출하는 행위는 피해자와의 신임관계를 저버리는 행위로서 업무상배임죄를 구성한다(대판 1999.3.12. 98도4704).

5. 비밀침해(형법 제316조), 공무상 비밀침해(형법 제140조 제2항 및 제3항)

영업비밀 침해행위자가 비밀번호로 권한 없는 자의 접근을 방지하고 있는 컴퓨터 데이터의 내용을 비밀번호 해킹프로그램 등을 이용하여 탐지한 경우나 잠겨진 책상서랍에 있는 비밀서류의 내용을 알아내기 위하여 서랍 등을 파손하고 알아내거나 기타 기술적인 방법을 통하여 영업비밀을 알아낸 경우에는 비밀침해죄에 해당된다. 즉 봉함 기타 비밀장치한 사람의 편지, 문서, 도화를 개봉한 자는 3년 이하의 징역이나 금고 또는 500만 원 이하의 벌금에 처해지며 봉함 기타 비밀장치한 사람의 편지, 문서, 도화 또는 전자기록 등 특수매체기록을 기술적 수단을 이용하여 그 내용을 알아낸 자도 같은 형에 처한다.

공무원이 보관하고 있는 영업비밀을 침해한 경우에는 단순비밀침해죄보다 그 형이 가중되는 공무상 비밀침해죄가 적용된다. 즉 공무원이 그 직무에 관하여 봉함 기타 비밀장치한 문서 또는 도화를 개봉한 때에는 5년 이하의 징역 또는 700만 원 이하의 벌금에 처하며 공무원이 그 직무에 관하여 봉함 기타 비밀장치한 문서, 도화 또는 전자기록 등 특수매체기록을 기술적 수단을 이용하여 그 내용을 알아낸 자도 같은 형에 처한다.

6. 주거침입(형법 제319조 제1항)

산업스파이가 영업비밀 형태의 산업기술을 절취하거나 알아내기 위하여 관리인, 경비원 등이 지키고 있는 회사, 연구소, 사무실 등에 들어간 경우에 주거침입죄가 적용될 수 있다. 즉 주거침입죄는 사람의 주거, 관리하는 건조물, 선박이나 항공기 또는 점유하는 방실에 침입한 때에는 3년 이하의 징역 또는 500만 원 이하의 벌금에 처한다.

7. 절도(형법 제329조), 야간주거침입절도(형법 제330조), 특수절도(형법 제331조)

영업비밀 침해행위자가 영업비밀의 침해와 함께 재물을 절취한 경우 6년 이하의 징역 또는 1천만 원 이하의 벌금에 처하며 절도의 미수범도 처벌된다. 또한 회사, 공장 등을 야간에 침입하여 비밀서류, 디스켓 능을 절취한 경우에는 야간주거침입 절도죄가 성립하여 10년 이하의 징역에 처할 수 있고 절도를 함에 있어서 야간에 문호 또는 장벽, 기타 건조물의 일부를 손괴하고 회사, 공장 등을 침입하거나 흉기를 휴대 또는 2인 이상이 합동하여 타인의 재물을 절취한 때에는 특수절도로 1년 이상 10년 이하의 징역에 처하게 된다.

타인의 재물을 절취하는 경우 6년 이하의 징역 또는 1,000만 원 이하의 벌금에 처하며 미수범도 처벌한다(형법 제329조). 산업스파이가 기업체의 영업비밀을 절취하였다고 볼 수 있을 만한 사례는 (i) 영업비밀이 화체된 문서, 디스켓 등을 절취한 경우, (ii) 영업비밀이 화체된 문서를 현장에서 복사, 촬영하여 그 내용을 파악해 간 경우, (iii) 영업비밀이 화체된 문서 등을 가지고 나가 복사, 촬영 등을 하고 제자리에 갖다 놓은 경우가 있다.

>>> 사례 **절도죄와 영업비밀침해죄의 경합**

(1) 피고인들이 근무하던 회사에서 개발한 제품의 제조설비 및 생산공정에 관한 기술자료 등을 복사한 CD를 가지고 있다가 퇴사하면서 위 CD를 가지고 나와 새로운 회사의 설립에 사용한 경우, 이는 절도에 해당할 뿐만 아니라 구 부정경쟁방지및영업비밀보호에관한법률(2004. 1. 20. 법률 제7095호로 개정되기 전의 것)에 정한 기술상의 영업비밀 침해행위에 해당한다(인천지법 2005.2.4. 2001고단709).

(2) 절도죄의 객체는 관리가능한 동력을 포함한 '재물'에 한한다 할 것이고, 또 절도죄가 성립하기 위해서는 그 재물의 소유자 기타 점유자의 점유 내지 이용가능성을 배제하고 이를 자신의 점유하에 배타적으로 이전하는 행위가 있어야만 할 것인바, 컴퓨터에 저장되어 있는 '정보' 그 자체는 유체물이라고 볼 수도 없고, 물질성을 가진 동력도 아니므로 재물이 될 수 없다 할 것이며, 또 이를 복사하거나 출력하였다 할지라도 그 정보 자체가 감소하거나 피해자의 점유 및 이용가능성을 감소시키는 것이 아니므로 그 복사나 출력 행위를 가지고 절도죄를 구성한다고 볼 수도 없다(대판 2002.7.12. 2002도745).

Ⅳ. 그 밖의 관련 법령

1. 산업기술혁신 촉진법

산업통상자원부장관 또는 교육부장관이 신제품 인증, 인증 및 지원, 산업기술환경예측의 실시에 관한 업무, 산업기술혁신 통계의 작성에 관한 업무, 국가연구개발사업의 참여제한에 관한 업무 및 출연한 사업비의 전부 또는 일부의 환수에 관한 업무에 종사하는 기술진흥원 · 평가관리원 · 세라믹기술원 및 전략기획단 · 한국공학한림원 · 시험원 등의 임직원은 업무 수행과정에서 알게 된 비밀을 누설하여서는 아니 된다. 즉 업무 수행과정에서 알게 된 비밀을 누설한 사람에 대하여는 3년 이하의 징역 또는 3천만 원 이하의 벌금에 처한다(산업기술혁신 촉진법 제46조 및 제47조 제1항).

2. 정부출연기관 등의 설립 · 운영 및 육성에 관한 법률

연구기관과 연구회의 임원이나 직원 또는 그 직(職)에 있었던 사람, 회계감사를 수행하는 공인회계사, 연구기관 및 연구회의 위탁을 받아 그 업무를 수행하는 자는 직무상 알게 된 비밀을 누설하거나 다른 용도로 사용하여서는 아니 된다(정부출연기관 등의 설립 · 운영 및 육성에 관한 법률 제31조). 이를 위반한 자는 2년 이하의 징역 또는 500만 원 이하의 벌금에 처한다(정부출연기관 등의 설립 · 운영 및 육성에 관한 법률 제36조).

3. 정보통신기반보호법

주요정보통신기반시설에 대한 취약점 분석 · 평가업무를 하는 기관, 침해사고의 통지 접수 및 복구조치와 관련한 업무를 하는 관계기관 등, 정보공유 · 분석센터에 해당하는 기관에 종사하는 자 또는 종사하였던 자는 그 직무상 알게 된 비밀을 누설하여서는 아니 된다. 이를 위반하여 비밀을 누설한 자는 5년 이하의 징역, 10년 이하의 자격정지 또는 5천만 원 이하의 벌금에 처한다(정보통신기반보호법 제29조).

4. 정보통신망 이용촉진 및 정보보호에 관한 법률

해킹[9]을 통한 영입비밀 형태의 산업기술 유출행위는 형법상 비밀침해죄에 우선하여 이 법을 적용할 수 있는데, 누구든지 정보통신망에 의하여 처리 · 보관 또는 전송되는 타인의 정보를 훼손하거나 타인의 비밀을 침해 · 도용 또는 누설하여서는 아니 되며(정보통신망 이용촉진 및 정보보호에 관한 법률 제22조), 이에 위반한 자는 5년 이하의 징역 또는 5천만 원 이하의 벌금에 처한다(정보통신망 이용촉진 및 정보보호에 관한 법률 제28조).

정보통신망에 의하여 처리 · 보관 또는 전송되는 타인의 정보를 훼손하거나 타인의 비밀을 침해 · 도용 또는 누설한 자는 5년 이하의 징역 또는 5천만 원 이

9) 해킹이란 타인의 컴퓨터시스템에 무단으로 침입하여 데이터를 훼손, 파괴, 변경하거나 정보를 탐지하는 행위를 말한다.

하의 벌금에 처한다(정보통신망 이용촉진 및 정보보호에 관한 법률 제49조, 제62조).

5. 저작권법(제97조의5, 제136조)

저작물 형태의 산업기술은 저작권법에 따른 저작물로 보호받을 수 있다. 즉 저작권법에서 보호하고 있는 저작물에는 제4조에서 열거된 건축물 · 건축을 위한 모형 및 설계도서를 포함하는 건축저작물(제5호)과 지도 · 도표 · 설계도 · 약도 · 모형 그 밖의 도형저작물(제8호), 컴퓨터프로그램 저작물(제9호)로 규정하고 있어 침해행위시 적용할 수 있다. 이 법에서는 저작재산권 그 밖에 이 법에 의하여 보호되는 재산적 권리를 복제, 공연, 방송, 전시, 전송, 배포, 2차적 저작물 작성의 방법으로 침해한 자는 5년 이하의 징역 또는 5천만 원 이하의 벌금에 처하거나 이를 병과할 수 있다.

누구든지 정당한 권원 없이 다른 사람의 프로그램저작물을 복제, 개작, 번역, 배포, 발행 및 전송의 방법으로 침해하거나 다른 사람의 프로그램 배타적 발행권 등을 복제, 배포 및 전송의 방법으로 침해하여서는 안 되며 이를 위반한 때에는 3년 이하의 징역 또는 5천만 원 이하의 벌금에 처하거나 이를 병과할 수 있다.

6. 통신비밀보호법

통신의 내용을 도청하는 행위 등으로 산업기술을 알아내는 행위를 통신비밀보호법 위반으로 처벌할 수 있다. 즉 전기통신 · 우편 · 대화 등을 통하여 송 · 수신되는 영업비밀을 감청 · 녹음하거나 또는 그 취득한 내용을 공개 · 누설하는 경우 10년 이하의 징역과 5년 이하의 자격정지에 처한다(통신비밀보호법 제3조, 제16조).

7. 반도체집적회로의 배치설계에 관한 법률

배치설계의 등록사무에 종사하는 공무원 또는 그 직에 있었던 자 등이 직무상 알게 된 비밀을 다른 사람에게 누설하였을 때에는 2년 이하의 징역 또는 500만 원 이하의 벌금에 처한다(반도체집적회로의 배치설계에 관한 법률 제48조).

8. 대외무역법

산업통상자원부장관은 우리나라가 체결한 무역에 관한 조약의 이행을 위하여 필요한 때에는 관련 공공기관, 기업 및 단체 등으로부터 필요한 자료의 제출을 요구할 수 있으며, 무역에 관한 조약의 이행을 위하여 필요한 자료를 직무상 습득한 자는 자료 제공자의 동의 없이 그 습득한 자료 중 기업의 영업비밀 등 비밀 유지가 필요하다고 인정되는 기업정보를 타인에게 제공 또는 누설(漏泄)하거나 사용 목적 외의 용도로 사용하여서는 아니 된다(대외무역법 제9조 제1항 및 제2항). 이를 위반하여 직무상 습득한 기업정보를 타인에게 제공 또는 누설하거나 사용 목적 외의 용도로 사용한 자는 3년 이하의 징역 또는 3천만 원 이하의 벌금에 처한다(대외무역법 제54조).

9. 방위사업법

방위사업청에 소속된 공무원과 방위사업추진위원회 · 분과위원회의 위원 및 그 직에 있었던 자, 옴부즈만으로 위촉된 자, 국방기술품질원 · 방산업체 · 일반업체 · 전문연구기관 또는 일반연구기관의 대표, 임 · 직원 및 그 직에 있었던 자, 국방기술품질원 · 방산업체 · 일반업체 · 전문연구기관 또는 일반연구기관에서 방산물자의 생산 및 연구에 종사하거나 종사하였던 자는 방위사업과 관련하여 그 업무수행 중 알게 된 비밀을 누설하거나 도용하여서는 아니 된다(방위사업법 제50조). 이를 위반하여 그 업무수행 중 알게 된 비밀을 누설하거나 도용한 자는 5년 이하의 징역이나 금고 또는 3천만 원 이하의 벌금에 처한다(방위사업법 제62조 제3항).

10. 출입국관리법

법무부장관은 범죄 수사를 위하여 출국이 적당하지 아니하다고 인정되는 사람, 형사재판에 계속(係屬) 중인 사람, 징역형이나 금고형의 집행이 끝나지 아니한 사람 등에 대하여는 기간을 정하여 출국을 금지할 수 있다(출입국관리법 제4조).

11. 외국인투자 촉진법

산업통상자원부장관 및 주무부장관은 외국인투자 및 기술도입과 관련하여 필요하다고 인정되는 사항에 관하여 외국투자가, 외국인투자기업, 기술도입자, 대한무역투자진흥공사의 장, 관계 금융기관의 장, 그 밖의 이해관계인으로 하여금 보고를 하게 할 수 있다(외국인투자 촉진법 제28조 제1항). 산업통상자원부장관은 이 법에 따라 허가받거나 신고한 사항을 이행하지 아니하거나 그 이행이 위법 또는 부당한 경우에는 외국인이 투자한 자금 및 자본재를 도입하거나 사용하는 자, 기술도입자, 그 밖의 이해관계인에게 그 시정을 명하거나 그 밖에 필요한 조치를 할 수 있으며, 시정명령 등의 조치를 이행하지 아니한 자는 1년 이하의 징역 또는 1천만 원 이하의 벌금에 처한다(외국인투자 촉진법 제35조).

12. 신용정보의 이용 및 보호에 관한 법률

신용정보업자가 업무범위를 넘어 타인의 산업기술을 알아내는 행위는 신용정보의 이용 및 보호에 관한 법률을 위반하는 것에 해당된다. 즉 신용정보업자 등은 국가의 안보 및 기밀에 관한 정보, 기업의 영업비밀 또는 독창적인 연구개발 정보, 개인의 정치적 사상, 종교적 신념 기타 신용정보와 무관한 사생활에 관한 정보, 불확실한 개인신용정보 등을 수집, 조사하여서는 안 되며 이에 위반한 자는 3년 이하의 징역 또는 3천만 원 이하의 벌금에 처한다(신용정보의 이용 및 보호에 관한 법률 제32조).

13. 특허법

산업기술의 특허출원 과정에서 특허청직원 · 특허심판원직원 또는 그 직에 있었던 자가 그 직무상 지득한 특허출원중의 발명에 대하여 비밀을 누설하거나 도용한 때에는 2년 이하의 징역 또는 300만 원 이하의 벌금에 처한다. 또한 전문조사기관 또는 특허문서 전자화기관의 임직원 또는 그 직에 있었던 자도 특허청 직원 또는 그 직에 있었던 자로 간주되고 직무상 알게 된 특허출원중의 발명에 관하여 비밀을 누설하거나 도용한 때에는 2년 이하의 징역 또는 300만 원 이하의 벌금에 처한다(특허법 제229조, 제229조의2).

14. 디자인보호법

산업기술의 디자인출원 과정에서 특허청직원 · 특허심판원직원 또는 그 직에 있었던 자가 디자인등록출원중인 디자인 또는 비밀로 할 것을 청구한 디자인에 관하여 직무상 지득한 비밀을 누설하거나 도용한 때에는 2년 이하의 징역 또는 300만 원 이하의 벌금에 처한다(디자인보호법 제86조).

15. 실용신안법

산업기술의 실용신안출원 과정에서 특허청직원 · 특허심판원직원 또는 그 직에 있었던 자가 그 직무상 알게 된 실용실안 등록출원중의 고안에 관하여 비밀을 누설하거나 도용한 때에는 2년 이하의 징역 또는 300만 원 이하의 벌금에 처한다(실용신안법 제82조).

16. 과학기술분야 정부출연연구기관 등의 설립 · 운영 및 육성에 관한 법률(제36조)

정부출연연구기관 등에서 개발하여 보유하고 있는 산업기술의 경우 연구기관과 연구회 임원이나 직원 또는 그 직에 있었던 자가 직무상 알게 된 비밀을 누설하거나 다른 용도로 사용할 경우 2년 이하의 징역 또는 500만 원 이하의 벌금에 처한다.[10]

17. 개인정보 보호법

산업기술에 관련하여 개인정보를 침해하는 사례가 발생한 경우에는 개인정보보호법의 적용을 받을 수 있다. 즉 거짓이나 그 밖의 부정한 수단이나 방법으로

10) 2003년 4월 정부출연 연구기관 출신 연구원이 중국업체와 공모, 국가연구개발사업의 성과물인 IMT-2000 비동기식 무선모뎀기술을 유출하여 중국에서 사업화하려다 사전에 적발된 사건이 있었는데 당시 해당 연구소측에서는 유출된 기술의 소유권을 적극적으로 주장하기보다는 기관의 이미지와 기관 평가시 저평가 요인으로 작용될 것을 우려, 소극적으로 대응하였을 뿐만 아니라 검찰에서는 피해자측의 적극적인 입증의사가 없고 유출행위가 기수에 이르지 않았다는 이유로 불기소 저분(서울중앙지검)을 하였는데, 이 사건을 계기로 2003년 12월 영업비밀보호법 개정이 이루어졌다(미수범처벌과 친고죄 폐지).

개인정보를 취득하거나 개인정보 처리에 관한 동의를 받는 행위를 한 자 및 그 사정을 알면서도 영리 또는 부정한 목적으로 개인정보를 제공받은 자는 3년 이하의 징역 또는 3천만 원 이하의 벌금에 처한다(개인정보 보호법 제72조). 업무상 알게 된 개인정보를 누설하거나 권한 없이 다른 사람이 이용하도록 제공한 자 및 그 사정을 알면서도 영리 또는 부정한 목적으로 개인정보를 제공받은 자 또는 다른 사람의 개인정보를 훼손, 멸실, 변경, 위조 또는 유출한 자는 5년 이하의 징역 또는 5천만 원 이하의 벌금에 처한다(개인정보 보호법 제71조).

영상정보처리기기를 사용하여 산업기술을 관리하거나 종업원을 감시하는 경우에 제한을 받는다. 즉 영상정보처리기기의 설치 목적과 다른 목적으로 영상정보처리기기를 임의로 조작하거나 다른 곳을 비추는 자 또는 녹음기능을 사용한 자는 3년 이하의 징역 또는 3천만 원 이하의 벌금에 처한다(개인정보 보호법 제72조).

제4절 행정처분에 관련한 법령

산업기술유출방지법은 업무상 일정한 관계에 있는 자에 대하여 당사자의 계약 여부와 상관없이 비밀유지의무를 규정하고 있다. 즉 ① 대상기관의 임 · 직원, ② 국가핵심기술의 지정 · 변경 및 해제 업무를 수행하는 자, ③ 국가핵심기술의 수출 등에 관한 승인을 검토하거나 사전검토, 조사업무를 수행하는 자, ④ 침해행위의 접수 및 방지 등의 업무를 수행하는 자, ⑤ 상담업무 또는 실태조사에 종사하는 자, ⑥ 산업기술의 보호 및 관리 현황에 대한 실태조사업무를 수행하는 자, ⑦ 산업보안기술 개발사업자에게 고용되어 산업보안기술 연구개발업무를 수행하는 자, ⑧ 산업기술 분쟁조정업무를 수행하는 자, ⑨ 산업통상자원부장관의 권한의 일부를 위임 · 위탁받아 업무를 수행하는 자에 해당하거나 해당하였던 자는 그 직무상 알게 된 비밀을 누설하거나 도용하여서는 아니 된다(산업기술유출방지법 제34조 제1항). 국가핵심기술 및 국가연구개발사업으로 개발한 산업기술은 이를 신고하여야 하며 이를 위반한 경우에는 과태료 처분을 받는다.

◈ 신고의무가 있는 경우

구 분	주요내용
신고의무자	국가핵심기술 및 국가연구개발사업으로 개발한 산업기술을 보유한 대상기관의 장
신고의무 사항	- 유출 및 침해의 우려가 있는 경우 - 유출 및 침해사고가 발생한 경우
신고방법	산업자원부 및 국정원 등 정보수사기관에 산업기술침해신고서 제출
조치요청 사항	대상기관의 장은 지식경제부장관 및 국정원 등 정보수사기관의 장에게 필요한 조치를 요청할 수 있음
신고의무 불이행	1천만 원 이하의 과태료

산업기술유출방지법은 산업기술 침해신고를 하지 아니한 자 또는 관련 자료를 제출하지 아니하거나 허위로 제출한 자도 1천만 원 이하의 과태료에 처한다(동법 제39조 제1항). 이와 같은 행정처분은 산업기술로 지정된 첨단산업기술을 국가차원에서 관리하고 필요시 재지정, 변경 및 해제를 가능하도록 하는 최소한의 강제적 수단을 둔 것이다.

한편, 산업기술유출방지법은 산업기술의 불법적인 유출을 방지하기 위하여 산업스파이에 대한 신고제도를 두고 있는데, 해당 산업기술을 불법적으로 유출한 것을 신고한 경우 아래와 같은 포상금이 지급된다.

산업기술 보호 및 신고포상

포상 및 지원대상	포상금액 및 지원내용
산업기술유출방지법 제14조 각호(제4호 제외)의 어느 하나에 해당하는 행위를 한 자로서 해당 산업기술을 해외로 유출한 자를 신고한 경우	1억원 이하의 포상금
산업기술유출방지법 제14조제4호에 해당하는 행위를 한자로서 해당 산업기술을 해외로 유출한 자를 신고한 경우	3천만원 이하의 포상금
산업보안기술의 개발 등 산업기술의 유출방지 및 보호에 기여한 공이 큰 외국인	500만원 이하 포상금, 국내정착 및 국적취득 지원

제7장

산업보안에 관한 관계법령

제1절 개 요

서론에서도 지적했듯이 산업기술의 경제적 가치는 기업의 경제활동에 있어 가장 중요한 원동력이 되고 있으며 국가경쟁에 중대한 영향을 미치고 있다. 따라서 산업기술의 부정유출은 기업의 경쟁력을 저해하고 그 피해는 국민경제에 지대한 영향을 미치는 상황에 도달하였다. 따라서 각국은 산업기술의 보호에 대한 국가차원의 대책을 적극 모색하고 있으며, 첨단산업기술을 확보하려는 경쟁이 치열해지고 있다. 여기서 산업보안이란 "국가산업 발전에 유용한 기술이나 경영상에 필요한 정보 및 지식재산을 각종 침해행위로부터 안전하게 보호·관리하기 위한 소극적 또는 적극적인 대책과 활동"을 의미한다. 다시 말하면 산업보안이란 첨단기술뿐만 아니라 산업보안활동에 유용한 기술상, 경영상의 모든 정보와 인원·시설·자재 등을 산업스파이나 경쟁기업은 물론이고 지식재산이 무관계자에게 누설 또는 침해당하지 않도록 보호·관리하기 위한 대책이나 활동을 뜻한다. 따라서 산업보안의 목적은 국가적 차원에서 보면 첨단기술 등의 해외유출을 차단하여 국가경쟁력 약화를 방지하는 데 있고 기업차원에서는 외부로 누설될 경우 기업이익에 손실을 초래할 우려가 있는 기술·경영상 정보 등을 보호하는 데 있다. 이와 같이 산업보안의 대상은 기업경영 및 생산·연구활동 과정에서 산출되는 기술상, 경영상의 각종 유익한 정보로서 외부에 공공연하게 알려지지 않아 기밀성을 유지하고 있고 경제적 가치를 보유하여 독립적 이윤을 창출할 수 있는 유무형의 정보를 포함하며, 아울러 지식재산의 침해행위로부터 보호를 포함하는 것으로 정의할 수 있다(광의의 산업보안 개념은 아래에서 별도로 정의한다).[1]

1) 우리나라의 경우 저작권, 특허권, 상표권, 실용신안권 등은 개별법령에서 권리형태로 보호하는 방식과 함께 국가차원에서 이들 지식재산을 보호 및 지원하는 업무를 추진하기 위하여 2011년에 지식재산기본법을 제정하였다. 이 법에 따라 정부는 지식재산권을 침해하는 행위에 대한 단속, 점검 등 집행 활동을 강화하기 위하여 ① 지식재산 불법 유출과 지식재산권 침해를 방지하기 위한 방안, ② 지식재산권 침해 물품을 제조·유통 또는 수출입하는 행위를 근절하기 위한 방안, ③ 지식재산권 침해를 방지하기 위한 관계 기관 간의 협력 방안, ④ 그 밖에 지식재산권 침해행위에 대응하기 위하여 필요한 사항을 포함하는 대응방안을 마련하여 추진하여야 하며, 이들 대응방안을 마련하기 위하여 정보수사기관의 장에게 필요한 정보나 자료의 수집·제공, 그 밖의 협조를 요청할 수 있다(지식재산기본법 제23조 제1항 및 제2항).

한편, 산업보안은 산업기술유출방지법, 영업비밀보호법, 민법, 형법 등 여러 법령의 적용을 받을 수 있다. 즉 산업보안 대상은 보호방법에 따라 적용법령이 차이가 있는데, 여기서는 산업기술을 중심으로 민사책임(손해배상 및 금지청구)과 형사책임(형벌) 및 행정처분(과태료 등)에 관련한 법령을 살펴볼 수 있다. 종래의 영업비밀보호법은 영업비밀 침해행위에 대하여 민사책임만을 규정하고 있었고 형사처벌의 대상으로 보지 않았다. 따라서 당시에는 영업비밀 침해과정에서 수반하는 다른 형사벌로 처벌하는 경우가 종종 있었다. 이와 같은 현상은 영업비밀 보호법에서 영업비밀 침해죄가 신설된 이후에도 형사실무에서 종종 발견할 수 있다. 예컨대, 절도죄, 주거침입죄, 업무상 비밀누설죄, 횡령죄, 배임죄, 비밀침해죄, 통신비밀침해죄, 저작권침해죄 등 다양한 범죄로 처벌하는 현상이 나타나고 있으며, 종래 영업비밀 형태의 산업기술 침해죄가 친고죄로 처벌되는 것도 이러한 관행과 관련이 있었다.

제2절 광의의 산업보안 관계법령

광의의 산업보안은 산업기술의 보호를 중심으로 한 협의의 산업보안을 포함한 공장, 사무실 등 영업장소의 안전까지 포함하는 개념으로 볼 수 있다(다만, 기업의 운영상 각종의 산업안전이나 근로자의 안전까지 포함하는 것으로 볼 수는 없다). 이와 관련하여 다음과 같은 대표적인 법률을 살펴보면, 아래와 같다.

Ⅰ. 개인정보 보호법

이 법은 개인정보의 수집 · 유출 · 오용 · 남용으로부터 사생활의 비밀 등을 보호함으로써 국민의 권리와 이익을 증진하고, 나아가 개인의 존엄과 가치를 구현하기 위하여 개인정보 처리에 관한 사항을 규정함을 목적으로 한다(개인정보 보호법 제1조). 이 법은 정보사회의 고도화와 개인정보의 경제적 가치 증대로 사회 모든 영역에 걸쳐 개인정보의 수집과 이용이 보편화되고 있으나, 국가사회 진반을 규율하는 개인정보 보호원칙과 개인정보 처리기준이 마련되지 못해 개인정보 보호의 사각지대가 발생할 뿐만 아니라, 최근 개인정보의 유출 · 오용 · 남용 등 개인정보 침해 사례가 지속적으로 발생함에 따라 국민의 프라이버시 침해는 물론 명의도용, 전화사기 등 정신적 · 금전적 피해를 초래하고 있는 바, 공공부문과 민간부문을 망라하여 국제 수준에 부합하는 개인정보 처리원칙 등을 규정하고, 개인정보 침해로 인한 국민의 피해 구제를 강화하여 국민의 사생활의 비밀을 보호하며, 개인정보에 대한 권리와 이익을 보장하려는 것을 의도하고 있다.

Ⅱ. 경비업법

이 법은 경비업의 육성 및 발전과 그 체계적 관리에 관하여 필요한 사항을 정함으로써 경비업의 건전한 운영에 이바지함을 목적으로 한다(경비업법 제1조). 여기서 경비업은 ① 시설경비업무: 경비를 필요로 하는 시설 및 장소에서의 도난·화재 그 밖의 혼잡 등으로 인한 위험발생을 방지하는 업무, ② 호송경비업무: 운반중에 있는 현금·유가증권·귀금속·상품 그 밖의 물건에 대하여 도난·화재 등 위험발생을 방지하는 업무, ③ 신변보호업무: 사람의 생명이나 신체에 대한 위해의 발생을 방지하고 그 신변을 보호하는 업무, ④ 기계경비업무: 경비대상시설에 설치한 기기에 의하여 감지·송신된 정보를 그 경비대상시설외의 장소에 설치한 관제시설의 기기로 수신하여 도난·화재 등 위험발생을 방지하는 업무, ⑤ 특수경비업무: 공항(항공기를 포함한다) 등 국가중요시설의 경비 및 도난·화재 그 밖의 위험발생을 방지하는 업무에 해당하는 경비업무의 전부 또는 일부를 도급받아 행하는 영업을 말한다(경비업법 제2조 제1호). 경비업은 법인이 아니면 이를 영위할 수 없으며, 경비업을 영위하고자 하는 법인은 도급받아 행하고자 하는 경비업무를 특정하여 그 법인의 주사무소의 소재지를 관할하는 지방경찰청장의 허가를 받아야 한다(경비업법 제3조 및 제4조 제1항 참조).

Ⅲ. 소방시설 설치·유지 및 안전관리에 관한 법률

이 법은 화재와 재난·재해, 그 밖의 위급한 상황으로부터 국민의 생명·신체 및 재산을 보호하기 위하여 소방시설 등의 설치·유지 및 소방대상물의 안전관리에 관하여 필요한 사항을 정함으로써 공공의 안전과 복리 증진에 이바지함을 목적으로 한다(소방시설 설치·유지 및 안전관리에 관한 법률 제1조). 이 법은 소방대상물에 대한 소방검사, 소방시설의 설치유지 및 안전관리, 소방용기계·기구의 형식승인 등에 관한 내용을 규율하여 소방수요에 원활하게 대처하고 소방행정의 효율성을 높이려는 것을 의도하고 있다.

Ⅳ. 다중이용업소의 안전관리에 관한 특별법

이 법은 화재 등 재난이나 그 밖의 위급한 상황으로부터 국민의 생명·신체 및 재산을 보호하기 위하여 다중이용업소의 소방시설 및 안전시설 등의 설치 · 유지 및 안전관리와 화재위험평가, 다중이용업주의 화재배상책임보험에 필요한 사항을 정함으로써 공공의 안전과 복리 증진에 이바지함을 목적으로 한다(다중이용업소의 안전관리에 관한 특별법 제1조). 여기서 다중이용업소란 불특정 다수인이 이용하는 영업 중 화재 등 재난 발생시 생명 · 신체 · 재산상의 피해가 발생할 우려가 높은 영업소를 말한다(동법 제2조 제1항 제1호). 이 법의 제정은 "최근 사회 · 경제의 발전으로 다양하고 새로운 종류의 다중이용업이 출현하고 대형화 및 밀집화된 다중이용업소가 등장하여 화재 등 재난의 발생시 대규모의 인명 및 재산피해가 예상됨에 따라, 화재 등 재난 그 밖의 위급한 상황으로부터 국민의 생명 · 신체 및 재산을 보호하기 위하여 다중이용업소의 소방시설 등의 설치 · 유지 및 안전관리와 화재위험평가에 관하여 필요한 사항을 정하도록 함으로써 공공의 안전과 복리증진에 기여하려는 것을 의도하고 있다.

Ⅴ. 정보통신망 이용촉진 및 정보보호 등에 관한 법률

이 법은 정보통신망의 이용을 촉진하고 정보통신서비스를 이용하는 자의 개인정보를 보호함과 아울러 정보통신망을 건전하고 안전하게 이용할 수 있는 환경을 조성하여 국민생활의 향상과 공공복리의 증진에 이바지함을 목적으로 한다(정보통신망 이용촉진 및 정보보호 등에 관한 법률 제1조). 이 법은 정보통신서비스 제공자등이 개인정보를 취급할 때에는 개인정보의 분실 · 도난 · 누출 · 변조 또는 훼손을 방지하기 위하여 기술적 · 관리적 조치를 하도록 규정하고 있으며(정보통신망 이용촉진 및 정보보호 등에 관한 법률 제28조 제1항), 정보통신망 침해행위 등을 금지하고 있다(정보통신망 이용촉진 및 정보보호 등에 관한 법률 제48조).

Ⅵ. 정보통신기반 보호법

이 법은 전자적 침해행위에 대비하여 주요정보통신기반시설의 보호에 관한 대책을 수립 · 시행함으로써 동 시설을 안정적으로 운용하도록 하여 국가의 안전과 국민생활의 안정을 보장하는 것을 목적으로 한다(정보통신기반 보호법 제1조). 이 법에서 "정보통신기반시설"이란 국가안전보장 · 행정 · 국방 · 치안 · 금융 · 통신 · 운송 · 에너지 등의 업무와 관련된 전자적 제어 · 관리시스템 및 정보통신망('전기통신설비를 이용하거나 전기통신설비와 컴퓨터 및 컴퓨터의 이용기술을 활용하여 정보를 수집 · 가공 · 저장 · 검색 · 송신 또는 수신하는 정보통신체제')을 의미하며(정보통신기반 보호법 제2조 제1호), 주요정보통신기반시설을 교란 · 마비 또는 파괴한 자는 10년 이하의 징역 또는 1억원 이하의 벌금에 처한다(정보통신기반 보호법 제28조 제1항).

Ⅶ. 국가사이버안전관리규정

이 훈령은 국가사이버안전에 관한 조직체계 및 운영에 대한 사항을 규정하고 사이버안전업무를 수행하는 기관간의 협력을 강화함으로써 국가안보를 위협하는 사이버공격으로부터 국가정보통신망을 보호함을 목적으로 한다(국가사이버안전관리규정 제1조). 이 훈령은 공공분야에서 국가안보를 위협하는 해킹 · 컴퓨터바이러스 등 사이버공격으로부터 국가정보통신망을 보호하기 위하여 사이버안전에 관한 조직 및 운영에 대한 사항을 체계적으로 정립하려는 것을 의도하고 있다. 이 훈령은 관계 중앙행정기관의 장에게 지방자치단체 및 공공기관 정보통신망의 안전성을 확보하기 위한 제반조치를 강구할 수 있도록 하고, 사이버공격에 대한 국가차원의 종합적이고도 체계적인 대응을 위하여 국가정보원장 소속하에 국가사이버안전센터를 설치하고, 국가사이버안전정책의 수립, 사이버위협 관련 정보의 수집 · 분석 · 전파 등의 업무를 수행하도록 하며, 중앙행정기관 · 지방자치단체 · 공공기관의 장이 국가정보통신망에 대한 사이버공격의 계획 또는 공격사실, 사이버안전에 위협을 초래할 수 있는 정보를 입수한 경우에는 지체없이 그 사실을 국가정보원장에게 통보하도록 하고 있다.

Ⅷ. 국가대테러활동지침

이 훈령은 국가의 대테러 업무수행을 위하여 필요한 사항을 규정함을 목적으로 한다(국가대테러활동지침 제1조). 이 훈령에서 "테러"란 국가안보 또는 공공의 안전을 위태롭게 할 목적으로 행하는 ①「국가 또는 국제기구를 대표하는 자 등의 살해 · 납치 등 외교관 등 국제적 보호인물에 대한 범죄의 방지 및 처벌에 관한 협약」 제2조에 규정된 행위, ②「국가 또는 국제기구 등에 대하여 작위 · 부작위를 강요할 목적의 인질억류 · 감금 등 인질억류 방지에 관한 국제협약」 제1조에 규정된 행위, ③「국가중요시설 또는 다중이 이용하는 시설 · 장비의 폭파 등 폭탄테러행위의 억제를 위한 국제협약」 제2조에 규정된 행위, ④「운항 중인 항공기의 납치 · 점거 등 항공기의 불법납치 억제를 위한 협약」 제1조에 규정된 행위, ⑤「운항 중인 항공기의 파괴, 운항 중인 항공기의 안전에 위해를 줄 수 있는 항공시설의 파괴 등「민간항공의 안전에 대한 불법적 행위의 억제를 위한 협약」 제1조에 규정된 행위, ⑥ 국제민간항공에 사용되는 공항 내에서의 인명살상 또는 시설의 파괴 등 1971년 9월 23일 몬트리올에서 채택된「민간항공의 안전에 대한 불법적 행위의 억제를 위한 협약을 보충하는 국제민간항공에 사용되는 공항에서의 불법적 폭력행위의 억제를 위한 의정서」 제2조에 규정된 행위, ⑦ 선박억류, 선박의 안전운항에 위해를 줄 수 있는 선박 또는 항해시설의 파괴 등「항해의 안전에 대한 불법적 행위의 억제를 위한 협약」 제3조에 규정된 행위, ⑧ 해저에 고정된 플랫폼의 파괴 등「대륙붕상에 소재한 고정플랫폼의 안전에 대한 불법적 행위의 억제를 위한 의정서」 제2조에 규정된 행위, ⑨ 핵물질을 이용한 인명살상 또는 핵물질의 절도 · 강탈 등「핵물질의 방호에 관한 협약」 제7조에 규정된 행위를 말한다(국가대테러활동지침 제2조).

제3절 국가연구개발사업 보안 관련 법령

Ⅰ. 과학기술기본법

1. 개 요

이 법은 과학기술발전을 위한 기반을 조성하여 과학기술을 혁신하고 국가경쟁력을 강화함으로써 국민경제의 발전을 도모하고 나아가 국민의 삶의 질 향상과 인류사회의 발전에 이바지함을 목적으로 한다. 이 법은 일부개정하여 2010년 2월 4일 시행에 시행하고 있는데, ① 국가연구개발 참여제한 근거를 법률로 승격, ② 국가연구개발사업의 관리 등에 관한 규정(대통령령)에 명시된 참여제한 근거를 명시, 국가연구개발 유관기관의 보안대책 수립 의무 신설, ③ 중앙행정기관의 장 및 연구기관의 장에게 국가연구개발를 수행하면서 연구정보 유출 방지를 위한 보안대책 수립 의무를 법률로써 규정하였다.

2. 주요 내용

이 법은 제11조의2에서 국가연구개발사업에 대한 참여제한 등을 규정하고 있다. 구체적으로 중앙행정기관의 장은 소관 국가연구개발사업에 참여한 연구책임자, 연구기관 · 참여기업 또는 실시기업에 대하여 다음에 해당하면 5년의 범위에서 소관 국가연구개발사업의 참여를 제한할 수 있으며, 이미 출연한 사업비의 전부 또는 일부를 환수할 수 있다(동조 제1항). ① 연구개발의 결과가 극히 불량하여 중앙행정기관이 실시하는 평가에 따라 실패한 사업으로 결정된 경우, ② 정당한 절차 없이 연구개발 내용을 국내외에 누설하거나 유출한 경우, ③ 정당한 사유 없이 연구개발과제의 수행을 포기한 경우, ④ 정당한 사유 없이 기술료를 납부하지 아니한 경우, ⑤ 연구개발비를 사용용도 외의 용도로 사용한 경우, ⑥ 정당한 사유 없이 연구개발결과물인 지식재산권을 연구책임자나 연구원의 명의로 출원하거나 등록한 경우, ⑦ 거짓이나 그 밖의 부정한 방법으로 연구개발을 수행한 경우, ⑧ 그 밖에 국가연구개발사업을 수행하기 부적합한 경우로서 협약의 규정을 위반한 경우 중앙행정기관의 장은 국가연구개발사업의 참여를 제한할 수 있으며, 제한하는 때에는 관계 중앙행정기관 및 관련 기관에 해당 참여제한 사항을 통보하고, 국가과학기술종합정보시스템에 해당 참여제한 사항을 등록 · 관리하여야 한다(동조 제2항). 참여제한 사항을 통보받은 관계 중앙행정기관의 장은 참여제한 조치를 받은 자에 대하여 국가연구개발사업에 대한 참여를 제한하여야 하며, 중앙행정기관의 장은 참여제한을 결정한 때에는 지체 없이 참여제한 조치를 받은 자와 그 소속 기관의 장 등에게 그 사실을 통지하여야 한다(동조 제3항 및 제4항).

Ⅱ. 국가연구개발사업의 관리 등에 관한 규정

1. 개 요

(1) 제 정

이 규정은 중앙행정기관별로 서로 다르게 운용되고 있는 국가연구개발사업이 효율적으로 이루어질 수 있도록 국가연구개발사업 추진시에 공통적으로 적용할 수 있는 기본원칙과 기준을 마련하기 위해서 제정되었다. 제정의 주요 골자를 살펴보면 다음과 같다.

첫째, 중앙행정기관의 장은 국가연구개발사업을 추진하기 전에 동 사업의 타당성을 검토하기 위하여 사전조사 또는 기획연구를 수행하도록 하고, 연구의 효율성을 높이기 위하여 국내외 연계협력을 강화하도록 하였다(영 제3조).

둘째, 중앙행정기관의 장이 연구개발과제를 선정하는 때에는 객관성 · 전문성 및 공정성을 유지하도록 하였다(영 제5조).

셋째, 중앙행정기관의 장이 주관연구기관의 장과 국가연구개발과제에 대하여 협약을 체결하는 경우 협약에 포함될 사항과 협약의 변경 및 해약에 관한 기본원칙을 정하였다(영 제7조 내지 제9조).

넷째, 중앙행정기관의 장이 지급하는 연구개발비의 비목, 계상기준 등 연구개발비의 지급 및 관리에 관한 사항을 정하였다(영 제10조, 별표 1 및 별표 2).

다섯째. 중앙행정기관의 장은 대외적으로 보호할 가치가 있는 연구결과에 대한 지원방안을 강구하고, 중요 연구개발결과의 무단유출 방지에 필요한 보안관리대책을 수립 · 시행하도록 하였다(영 제16조).

여섯째, 기술실시계약 체결에 필요한 기술료의 징수와 감면에 관한 사항을 정하고, 징수된 기술료의 사용용도를 정하였다(영 제18조 및 제19조).

일곱째, 중앙행정기관의 장은 국가연구개발사업에 참여한 자가 협약의 내용을 위반한 경우 국가연구개발사업에의 참여를 제한할 수 있도록 위반사항에 대한 제재기준을 정하였다(영 제20조).

(2) 2005년 3월 8일 일부개정

이 규정은 2005년 일부 개정에서 그 개정이유를 "국가연구개발사업의 효율성을 제고하기 위하여 사전 · 공동기획의 실시, 국가연구개발사업 종합관리정보망의 구축 및 연구개발과제의 선정 · 평가를 위한 평가위원후보단의 구성 등 국가연구개발사업의 기획 · 평가 및 관리제도를 개선하고, 연구개발과제에 참여한 연구원의 연구의욕을 고취하기 위하여 보상금을 증액하는 등 현행제도의 운영상 나타난 일부 미비점을 개선 · 보완하려는 것임"이라고 밝히고 있다. 주요내용은 다음과 같다.

첫째, 일정규모 이상 신규사업의 사전기획을 의무화(영 제3조 제5항)하였다. 즉 대형 국가연구개발사업을 신규로 추진하는 경우에 충분한 사업기획 기간을 확보하여, 사업 착수 전 기술개발의 필요성 및 달성 가능성을 검토하고 효율적 사업 추진체계를 설계할 필요성이 있으나, 현재는 예산을 먼저 확보한 후 단기간(2~3개월)에 사업을 기획하는 문제가 있다. 따라서 중앙행정기관의 장은 총 사업비가 100억 원 이상인 신규사업을 추진하고자 하는 때에는 예산편성 이전에 미리 구체적인 연구기획을 실시하여 국가과학기술위원회에 제출하도록 하고, 사전기획이 의무화됨에 따라 사업기획 기간이 확보되어 국가연구개발사업에 대한 충분한 기술적 · 경제적 타당성 검토가 이루어질 수 있을 것으로 기대된다.

둘째, 기술수요조사 실시를 정기화(영 제3조의2 신설)하였다. 연구개발투자의 효율성을 극대화하고 정확한 기술수요를 바탕으로 국가연구개발사업을 추진하기 위하여 기술수요조사를 정기적으로 실시할 필요가 있다. 따라서 중앙행정기관의 장은 정기적으로 기술수요조사를 실시하여 연구개발과제를 발굴하고, 그 결과를 관계부처가 공동으로 활용할 수 있게 조치하도록 하였다.

셋째, 기업의 국가연구개발사업 참여를 활성화(영 제10조 제1항)하였다. 즉 기초단계의 국가연구개발사업에 참여기업이 있는 경우 연구개발결과의 단기적인 활용가능성이 낮아 기업이 참여를 기피함에도 불구하고 다른 단계의 국가연구개발사업과 동일하게 연구개발비를 부담(대기업의 경우 총연구개발비의 50퍼센트 이상, 중소기업의 경우 총연구개발비의 25퍼센트 이상)하게 하는 문제점이 있다. 따라서 중앙행정기관의 장은 기초단계의 연구개발과제에 참여기업이 있는 경우 다른 연구개발과제에 대한 기준과 달리 연구개발비를 출연할 수 있도록 하였다.

넷째, 연구개발정보를 관리(영 제16조의2 신설)하도록 하였다. 즉 연구개발결과의 활용을 촉진하고 국가연구개발사업의 효율성을 높이기 위하여 각 부처 및 국가적 차원에서 연구개발 및 성과정보의 관리가 필요하다. 따라서 중앙행정기관의 장은 추진하고 있는 국가연구개발사업의 연구개발과제의 정보, 평가위원 및 평가결과, 연구개발성과 등에 관한 모든 연구개발정보를 관리하기 위한 과제관리시스템을 구축 · 운영하여야 하며, 미래창조과학부장관은 각 부처가 수행하고 있는 국가연구개발사업의 연구개발정보를 체계적으로 관리하기 위한 국가연구개발사업 연구개발정보관리계획을 수립하고 이를 효율적으로 시행할 수 있는 국가연구개발사업 종합관리정보망을 구축 · 운영하도록 하였다.

다섯째, 연구원의 사기진작을 위한 보상금 등 증액(영 제19조 및 별표 2)을 하였다. 연구개발과제에 참여하는 연구원의 사기를 진작시키고 연구개발결과에 대한 실질적인 보상을 위하여 연구개발과제에 참여한 연구원에 대한 보상금 및 연구활동비 등을 증액할 필요가 있다. 즉 종전에는 주관연구기관의 장이 징수한 기술료 중 정부출연금 상당액의 30퍼센트 이상을 전문기관에 납부하고 위 납부금액을 제외한 정부출연금 상당액 중 50퍼센트 이상을 연구개발과제에 참여한 연구원에 대한 보상금으로 사용하도록 하였으나, 징수한 기술료 중 정부출연금 지분의 50퍼센트 이상을 연구개발과제에 참여한 연구원에 대한 보상금으로 사용하도록 하며, 연구개발비 중 연구활동비를 인건비의 7퍼센트에서 15퍼센트의 범위 안에서로, 연구개발준비금을 내부인건비의 15퍼센트에서 30퍼센트로 각각 상향 조정하도록 하였다.

여섯째, 위반사항에 대한 제재를 강화(영 제20조)하였다. 즉 국가연구개발사업의 협약 위반정도에 따라 연구책임자, 연구기관 또는 참여기업의 국가연구개발사업에의 참여를 제한할 필요가 있다. 따라서 종전에는 연구개발의 결과가 극히 불량한 경우 및 출연금을 연구개발비의 사용용도 외에 사용한 경우에 연구책임자, 연구기관 또는 참여기업에 대하여 국가연구개발사업에의 참여를 2년간 제한하도록 하던 것을 앞으로는 3년간 제한하도록 하고, 둘 이상의 위반사항에 대하여 최대 5년간 사업참여를 제한할 수 있도록 하였다.

(3) 2007년 2월 8일 일부개정

2007년 2월 일부개정에서 개정이유로 "국가연구개발사업에 대한 신뢰성을 향상시키기 위하여 연구윤리지침을 마련하게 하는 등 연구부정행위의 방지를 위한 제도를 보완하고, 중복된 연구개발로 인한 예산낭비가 없도록 하기 위하여 중앙행정기관의 장은 국내외 특허동향 등을 고려하여 연구개발과제의 단계별로 계속적인 지원 여부를 판단하도록 하는 한편, 그 밖에 현행 제도의 운영상 나타난 일부 미비점을 개선 · 보완하려는 것임"이라고 밝히고 있다. 주요내용은 다음과 같다.

첫째, 국가연구개발사업에 대한 연구부정행위 방지를 위한 제도를 보완(영 제2조 제9호, 제19조의2 및 제19조의3 등 신설)하였다. 즉 연구성과에 대한 투명성과 신뢰성을 높이기 위해서는, 연구수행 과정에서 연구개발결과 등의 위조, 변조 또는 표절 등 연구부정행위를 방지하고 연구윤리를 확보하며, 연구부정행위 발생 시 이를 공정하게 검증할 수 있는 체계를 마련할 필요가 있다. 따라서 미래창조과학부장관은 연구윤리 확보를 위한 지침을 마련하고, 각 연구기관은 이에 따라 연구부정행위를 검증하기 위한 자체 규정을 마련하도록 하며, 중앙행정기관의 장은 연구부정행위가 밝혀진 경우 협약이 정하는 바에 따라 연구협약의 해약 등의 조치를 취할 수 있도록 하였다.

둘째, 연구개발과제의 평가제도 개선 및 중복된 연구개발의 중단 등 제도를 마련(영 제13조 제5항 및 제14조 제3항 신설)하였다. 즉 연구개발과제의 적합성과 계속적인 지원 필요성을 확인하기 위하여 해당 연구개발과제와 관련된 특허동향 및 기술동향 등의 정보를 활용할 필요가 있고, 이미 유사한 연구개발이 이루어진 경우 예산낭비를 방지하기 위한 제도 마련이 필요하다. 따라서 중앙행정기관의 장은 연구개발과제에 대한 단계평가시 국내외 특허동향, 기술동향 등을 조사한 결과 다음 단계의 연구개발이 불필요하다고 인정되는 경우에는 연구개발의 중단 또는 연구목표의 변경 등의 조치를 취할 수 있도록 하였다.

셋째, 국가연구개발사업 결과물의 관리를 강화(영 제15조 제5항 제2호 신설)하였다. 즉 주관연구기관의 장은 국가연구개발사업의 연구개발 결과물인 지식재산권을 출원할 때에 정부에 의한 지원사업의 결과임을 알 수 있도록 관련 출원정보를 기재하도록 하였다.

(4) 2008년 5월 27일 일부개정

2008년 5월 일부개정에서 개정이유로 "국가연구개발사업을 수행하는 연구기관 중 연구개발비를 투명하고 효율적으로 관리하는 연구기관을 연구비관리 우수기관으로 인증하고 인센티브를 부여하는 연구비관리 우수기관 인증제를 도입하고, 국가연구개발사업에 대한 범정부적인 정보 유통기반을 구축하기 위하여 국가과학기술종합정보시스템의 설치 및 활용을 위한 근거를 마련하며, 국가연구개발사업의 연구성과를 분야별로 관리하고 연구자 및 연구기관 간 공유할 수 있는 유통체계를 마련하여 연구성과를 보다 효율적으로 활용하기 위한 기반을 조성하는 한편, 연구개발비가 보다 적절하게 사용될 수 있도록 인건비 등 연구개발비 비목별 계상기준을 일부 조정하는 등 현행 규정의 운영상 나타난 일부 미비점을 개선 · 보완하려는 것임"이라고 밝히고 있다. 주요내용은 다음과 같다.

첫째, 연구비관리 우수기관 인증제를 도입(영 제11조의2 신설)하였다. 즉 국가연구개발사업을 수행하는 연구기관들이 연구개발비를 보다 투명하고 효율적으로 관리하도록 하는 유인체계가 없어 연구기관들의 적극적인 연구개발비 관리를 유도하는 데 한계가 있다. 연구개발비 관리 및 집행의 투명성과 효율성이 높은 연구기관을 연구비관리 우수기관으로 인증하고 연구개발비 사용실적보고 의무의 면제 등 인센티브를 부여하는 연구비관리 우수기관 인증제를 도입하였다.

둘째, 국가과학기술종합정보시스템의 설치 및 활용(영 제16조의2)을 규정하였다. 즉 각 중앙행정기관별로 추진되고 있는 국가연구개발사업과 관련된 정보를 종합적으로 관리하기 위하여 국가연구개발사업에 대한 범정부적인 정보시스템의 마련이 요구된다. 국가연구개발사업 종합관리정보망으로서 국가과학기술종합정보시스템을 구축하도록 하고, 이 시스템을 관련 시스템과 상호 연계하도록 하였다.

셋째, 연구성과의 유통체계를 마련(영 제16조의3 및 별표 3 신설)하였다. 즉 국가연구개발사업의 양적 · 질적 증가에 따라 연구성과를 보다 효율적으로 관리하고 공유할 수 있는 유통체계의 마련이 요구된다. 논문, 특허, 생명자원 등 연구성과 분야별로 연구성과 및 관련 정보를 관리하고 유통체계를 구축할 수 있는 전담기관을 정하고, 국가과학기술종합정보시스템과 연계하여 운영하도록 하였다.

넷째, 연구개발비 비목별 계상기준의 일부 조정(영 별표 2)을 하였다. 즉 정부출연연구기관 및 특정연구기관 외에 일부 비영리 민간 연구기관에도 연구개발준비금을 지원할 수 있도록 하는 등 연구개발비의 비목별 계상기준을 일부 조정하였다. 이에 따라 국가연구개발사업을 실제로 수행하는 연구자들이 연구수행에 따른 적절한 지원을 받도록 함으로써 연구자들의 연구수행에 보다 현실적이고 실질적인 도움이 될 것으로 기대되었다.

(5) 2010년 8월 11일 전부개정

2010년 8월 일부개정에서 개정이유로 "국가연구개발사업의 기획 · 관리 · 평가 및 활용에 관한 위임근거를 명확히 하고, 국가연구개발사업의 참여제한에 관한 사항을 법률에 규정하는 내용으로 과학기술기본법이 개정(법률 제9992호, 2010. 2. 4. 공포, 8. 5. 시행)됨에 따라 참여제한 사유별 참여제한 기간을 보다 세부적으로 규정하는 등 법률에서 위임한 사항과 그 시행에 필요한 사항을 정하는 한편, 연구성과 관리 분야를 포함한 연구관리 우수기관 인증 제도를 도입하는 등 현행 제도의 운영상 나타난 일부 미비점을 개선 · 보완하려는 것임"이라고 밝히고 있다. 주요내용은 다음과 같다.

첫째, 연구기관의 자율성 확대 및 지원을 강화(안 제12조 및 제18조)하였다. 즉 비영리법인인 연구기관의 연구개발비 부담을 완화하고, 연구기관이 정부 출연금의 이자를 연구성과 관리 역량 강화를 위하여 사용할 수 있도록 하며, 주관연구기관의 연구개발 최종보고서 배포의무를 폐지하는 등 연구기관의 자율성을 확대하고 지원을 강화하였다.

둘째, 연구기관의 연구성과 관리 분야 인증 제도를 도입(안 제14조)하였다. 즉 종전에는 연구기관의 연구비 관리 분야에 대해서만 우수기관 인증제도를 운영하였으나, 연구기관의 연구성과 관리 분야를 포함한 연구관리 우수기관 인증 제도를 도입함으로써 연구기관의 연구성과 관리 역량을 높이려는 것을 의도하였다.

셋째, 과학기술인 등록번호 제도를 도입(안 제25조)하였다. 즉 국가연구개발사업을 수행하거나 참여하려는 자에 대하여 국가과학기술종합정보시스템을 통하여 과학기술인 등록번호를 부여하여 관리하도록 함으로써 개인정보를 보호하고 참여연구원 정보를 체계적으로 관리하도록 하였다.

넷째, 연구노트지침을 마련 · 제공(안 제29조)하였다. 즉 연구자 및 연구기관의 장이 연구수행의 전 과정 및 연구성과를 기록한 연구노트를 작성하여 관리하도록 하고, 교육과학기술부장관은 연구노트지침을 마련하여 제공하도록 함으로써 연구자료의 체계적인 관리를 도모하려는 것을 의도하였다.

여섯째, 연구개발 관련 인력 교육을 체계화(안 제33조)하였다. 즉 국가연구개발사업에 참여하는 연구개발 관련 인력의 연구 및 연구지원 역량 강화를 위하여 교육과학기술부장관이 연구개발 관련 인력에 대한 교육과정을 기획하여 시행할 수 있도록 하였다.

일곱째, 연구개발비를 부담하는 참여기업을 세분화(안 별표 1)하였다. 종전에는 연구개발비를 부담하는 참여기업을 대기업과 중소기업으로만 구분하였으나, 대기업과 중소기업의 중간 규모에 해당하는 기업의 연구개발비 부담에 관한 기준을 추가하여 해당 기업에 대한 지원을 강화하였다.

여덟째, 과학기술인공제회 출연을 위한 기술료 사용에 관한 특례(안 부칙 제2조)를 신설하였다. 즉 과학기술인공제회 출연 재원 마련을 위하여 2009년부터 대학을 제외한 연구개발결과물 소유기관의 장 및 전문기관의 장이 징수한 기술료 중 정부 출연금 지분의 9퍼센트에 해당하는 금액을 과학기술인공제회에 출연하도록 하였으나, 전문기관의 출연금 납부시기가 명확하지 아니한 문제점이 있어 이를 명확히 하였다.

(6) 2011년 3월 28일 일부개정

2011년 3월 일부개정에서 개정이유로 "과학기술 관련 정책의 조정 및 연구개발예산의 효율적 운영 등을 위하여 비상설 심의위원회인 국가과학기술위원회를 대통령 소속 상설 행정위원회로 개편하는 등의 내용으로 과학기술기본법이 개정(법률 제10412호, 2010. 12. 27. 공포, 2011. 3. 28. 시행)됨에 따라 종전에 연구개발정보의 관리, 연구관리 우수기관 인증, 연구노트지침 마련 · 제공 등 교육과학기술부장관의 소관 업무를 국가과학기술위원회로 이관하고, 종전에 교육과학기술부령으로 규정하고 있던 관련 사항을 정비하여 이 영에 규정하는 한편, 그 밖에 현행 제도의 운영상 나타난 일부 미비점을 개선 · 보완하려는 것임"을 밝히고 있다.

(7) 2012년 5월 14일 일부개정

2012년 5월 일부개정에서 개정이유로 "연구개발비 중 인건비 증액에 제한이 없도록 하면서 인건비와 연계되는 연구수당은 증액을 하지 못하도록 하여 인건비 운영의 자율성과 투명성을 제고하고, 중앙행정기관마다 기술료 징수 기준을 달리하고 있음에 따른 혼란을 해소하기 위하여 기술료 징수 기준을 마련하는 한편, 중소기업의 연구 활성화를 위하여 중소기업과 비영리기관의 공동기술개발과제 중 별도로 정하는 과제는 연구개발과제 수(數)를 제한하지 않도록 하는 등 현행 제도의 운영상 나타난 일부 미비점을 개선 · 보완하려는 것임"이라고 밝히고 있다. 주요내용은 다음과 같다.

첫째, 연구개발비 사용 및 관리 기준을 정비(안 제12조, 별표 2 및 별표 2의2, 안 제12조의2 신설)하였다. 즉 인건비 · 직접비 · 위탁연구개발비 · 간접비로 되어 있는 연구개발비 비목을 직접비 · 간접비로 단순화하고 인건비와 위탁연구개발비는 직접비에 포함시켰다. 인건비를 원래 계획보다 20퍼센트 이상 늘리려는 경우에는 중앙행정기관의 장 또는 전문기관의 장의 승인을 받도록 되어 있는 규정을 삭제하여 인건비 사용의 자율성을 제고하는 한편, 인센티브 성격인 연구수당의 증액은 금지하도록 하여 자의적인 연구수당의 집행을 방지하도록 하였다.

둘째, 영리법인에 대한 기술료 징수기준을 정비(안 제22조 · 제23조)하였다. 즉 영리기관에 대해 징수하는 기술료는 중소기업의 경우 정부출연금의 10퍼센트, 중견기업은 30퍼센트, 대기업은 40퍼센트로 하거나 별도로 정하는 기준에 따라 정부출연금액의 범위에서 매출액을 기준으로 징수하도록 하였다.

셋째, 연구개발비의 용도 외 사용에 따른 참여제한 기준 정비 및 사업비 환수 기준을 마련(안 제27조 및 별표 5)하였다. 즉 연구개발비에서 용도 외로 사용한 금액 비율을 기준으로 연구개발 참여제한 기간을 달리하고 위반행위 유형별 연구개발비 환수기준을 마련함으로써 연구 참여제한 및 연구개발비 환수를 합리적으로 할 수 있도록 하였다.

넷째, 중소기업이 참여하는 연구개발사업에 대한 지원(안 제32조)을 규정하였다. 즉 연구자가 동시에 수행할 수 있는 연구개발과제는 최대 5개 이내이고 연구책임자로서 동시에 수행할 수 있는 연구개발과제는 최대 3개 이내로 되어 있는데, 대학 · 출연연구기관 등 비영리법인의 연구자가 중소기업과 함께 국가과학기술위원회가 금액 등을 별도로 정하는 기술개발과제를 수행하는 경우에는 연구개발과제 수(數)를 제한하지 않도록 하였다.

다섯째, 기초연구개발사업 수행에 대한 특례(안 제33조의2 신설)를 신설하였다. 즉 해당 연도 연구개발비 사용잔액은 반납하도록 하였는데, 기초연구개발사업과 관련하여 다년도 협약을 체결한 경우에는 그 사용잔액을 중앙행정기관의 장 또는 전문기관의 승인 없이 협약기간 내에서 다음 연도로 이월하여 사용할 수 있도록 하였다. 기초연구개발사업에 대하여 중앙행정기관의 장이 실시하는 평가에 따라 실패한 사업으로 결정된 경우라도 연구개발을 성실하게 수행한 사실이 인정된 경우에는 참여제한, 사업비 환수 등을 면제할 수 있도록 하였다.

2. 국가연구개발사업의 보안 및 정보관리에 관한 특칙

국가연구개발사업은 미래 신성장동력 창출을 목적으로 기반 · 핵심기술 연구에 주력하고 있는 만큼 연구성과물에 대한 보안관리도 매우 중요하다. 그러나 보안환경은 대용량 · 초소형 저장매체 및 인터넷 통신 · 네트워크(파일공유 사이트 등)의 발달로 자료의 유출이 용이할 뿐 아니라 단시간에 급속도로 확산될 수 있는 등 매우 취약한 실정이다. 따라서 국가연구개발사업을 수행하고 있는 모든 연구 · 전문 기관은 연구 성과물에 대한 보안사고 발생시 대처요령을 숙지하고 있어야 적시성 있는 초동조치가 가능하며 그 피해를 최소화시킬 수 있다. 따라서 과학기술기본법은 제11조의5에서 국가연구개발사업의 보안에 대하여 다음과 같이 규정하고 있다. 즉 중앙행정기관의 장은 국외로 유출되지 아니하도록 보호할 가치가 있는 국가연구개발사업의 결과물을 지식재산권의 설정 등을 통하여 보호될 수 있도록 적극 지원하여야 하며, 중앙행정기관의 장 및 국가연구개발사업을 수행하는 연구기관의 장은 국가연구개발사업의 결과물과 연구수행 중에 생산된 성과물이 외부로 유출되지 아니하도록 보안대책을 수립 · 시행하여야 한다. 그 밖에 국가연구개발사업의 보안에 관하여 필요한 사항은 국가연구개발사업의 관리 등에 관한 규정(대통령령)으로 별도로 정하도록 하였다. 이에 국가연구개발사업의 관리 등에 관한 규정은 제5장(국가연구개발사업의 보안 및 정보관리)을 신설하여 다음과 같이 규정하고 있다.

(1) 국가연구개발사업의 보안

중앙행정기관의 장, 전문기관의 장 및 연구개발과제를 수행하는 연구기관의 장은 국가연구개발사업 관련 보안관리 담당자를 지정하고 보안관리 규정을 마련하는 등 보안대책을 수립 · 시행하여야 한다. 이 경우 주관연구기관(세부과제의 경우 협동연구기관)의 연구개발과제에 참여하는 참여기관은 주관연구기관의 국가연구개발사업 보안관리 규정 및 조치에 따라야 한다(동 규정 제24조 제1항). 중앙행정기관의 장은 소관 국가연구개발사업에 대한 보안관리 실태를 국가정보원장 등 관계 기관의 장과 합동으로 점검할 수 있으며, 이 경우 관계 기관의 장과 ① 점검 대상 및 시기, ② 점검 내용 및 방법, ③ 점검반 구성, ④ 그 밖에 점검에 필요한 사항을 협의하여야 한다(동조 제2항). 중앙행정기관의 장은 보안관리 실태 점검 후 관계 중앙행정기관의 장 및 국가정보원장과 미리 협의하여 개선조치를 명할 수 있으며, 연구개발과제를 수행하는 연구기관의 장은 개선명령을 받은 후 3개월 이내에 개선조치에 대한 후속조치 결과를 중앙행정기관의 장 및 국가정보원장에게 보고하여야 하고(동조 제3항), 국가연구개발사업 관련 정보의 국외 유출을 방지하기 위하여 국가정보원장과 협조하여 별도의 보안대책을 수립 · 시행하여야 하며(동조 제4항), 국가연구개발사업과 관련된 중요 연구정보의 국외 유출을 방지하기 위하여 국가연구개발사업 보안관리 조치사항과 그 밖에 연구기관의 장이 필요하다고 인정하는 사항을 포함하여 자체 보안대책을 수립 · 시행하여야 한다(동조 제5항). 연구기관의 장은 보안과제와 관련하여 외국 정부 · 기관 또는 단체를 방문하거나 방문을 받을 경우에는 연구과제명, 연구책임자, 방문 일시 · 장소 및 주요 방문내용 등의 사항을 문서로 소관 중앙행정기관의 장 및 국가정보원장에게 알려야 한다(동조 제6항).

전문기관의 장 및 연구기관의 장은 연구개발과제와 관련하여 ① 연구개발과제와 관련된 정보의 유출, 누설, 분실 또는 도난, ② 연구개발과제와 관련된 정보를 유통 · 관리 · 보존하는 시스템의 유출, 손괴 또는 파괴, ③ 그 밖에 중앙행정기관의 장이 정하는 보안 관련 사고가 발생한 경우 그 사고를 인지한 즉시 필요한 조치를 함과 동시에 소관 중앙행정기관의 장에게 보고하여야 하며, 사고 일시 · 장소, 사고자 인적사항, 사고내용 등 세부적인 사고 경위를 보고일부터 5일 이내에 추가로 제출하여야 한다(동조 제7항). 중앙행정기관의 장은 보안사고가 발생한 경우 국가정보원장 등 관계 기관의 장에게 조사 · 지원을 요청하여 합동으로 그 경위를 조사할 수 있으며, 연구기관의 장과 연구책임자 등은 조사에 성실히 협조하여야 한다(동조 제8항). 이 경우 관계 중앙행정기관의 장, 전문기관의 장, 연구기관의 장은 조사가 끝날 때까지 관련 내용을 공개하지 아니하여야 하고, 사고를 수습한 후 재발방지 대책을 마련하여야 하며, 필요한 경우 국가정보원장에게 보안사고를 예방하기 위한 보안교육 등 관련 대책 지원을 요청할 수 있다(동조 제9항).

(2) 보안관리심의회

중앙행정기관의 장은 ① 국가연구개발사업 보안관리 규정의 제정 · 개정, ② 전문기관의 보안관리에 관한 사항, ③ 국가연구개발사업과 관련하여 보안사고가 발생한 경우 사후 조치사항, ④ 그 밖에 보안관리심의회의 위원장이 필요하다고 인정하는 사항을 심의하기 위하여 보안관리심의회를 구성 · 운영하여야 한다(동 규정 제24조의2 제1항). 보안관리심의회의 위원장은 국가연구개발사업 업무를 담당하는 부서의 고위공무원단에 속하는 공무원으로 하고, 보안관리심의회의 구성과 운영에 관한 사항은 중앙행정기관의 장이 정한다(동조 제2항).

전문기관의 장 및 연구기관의 장은 ① 국가연구개발사업과 관련된 자체 보안관리 규정의 제정 · 개정, ② 연구개발과제 보안등급 변경에 관한 사항, ③ 국가연구개발사업과 관련된 보안사고의 처리, ④ 그 밖에 연구보안심의회의 위원장이 필요하다고 인정하는 사항을 심의하기 위하여 연구기관 보안관리심의회(이하 "연구보안심의회"라 한다)를 구성 · 운영하여야 한다. 다만, 「중소기업기본법」에 따른 중소기업, 「벤처기업육성에 관한 특별조치법」에 따른 벤처기업 등 조직체계상 연구보안심의회를 운영하기 어려운 연구기관은 그러하지 아니하다(동 규정 제24조의3 제1항). 연구보안심의회의 구성과 운영에 관한 사항은 연구보안심의회가 소속된 기관의 장이 정한다(동조 제2항).

(3) 연구개발과제 보안등급의 분류기준

연구개발과제 보안등급은 보안과제와 일반과제로 구분하되, 보안과제는 연구개발결과물 등이 외부로 유출될 경우 기술적 · 재산적 가치에 상당한 손실이 예상되어 보안조치가 필요한 경우로서 ① 세계 초일류 기술제품의 개발과 관련되는 연구개발과제, ② 외국에서 기술이전을 거부하여 국산화를 추진 중인 기술 또는 미래핵심기술로서 보호의 필요성이 인정되는 연구개발과제, ③ 「산업기술의 유출방지 및 보호에 관한 법률」 제2조 제2호의 국가핵심기술과 관련된 연구개발과제, ④ 「대외무역법」 제19조 제1항 및 같은 법 시행령 제32조의2에 따른 수출허가 등의 제한이 필요한 기술과 관련된 연구개발과제, ⑤ 그 밖에 중앙행정기관의 장이 보안과제로 분류되어야 할 사유가 있다고 인정하는 과제에 해당하는 것을 말한다. 일반과제는 보안과제로 지정되지 아니한 과제를 말한다(동 규정 제24조의4 제1항).

연구개발과제 수행 과정 중 산출되는 모든 문서에는 분류된 보안등급을 표기하여야 하며(동조 제2항), 「보안업무규정」에 따른 Ⅰ급비밀, Ⅱ급비밀, Ⅲ급비밀 또는 이에 준하는 대외비로 분류된 과제와 「군사기밀보호법 시행령」에 따른 군사 Ⅰ급비밀, 군사 Ⅱ급비밀, 군사 Ⅲ급비밀 또는 이에 준하는 대외비로 분류된 과제에 대해서는 관련 법령에서 정하는 바에 따른다(동조 제2항).

연구책임자가 연구개발계획서를 작성할 때에는 중앙행정기관의 장이 공고한 연구개발사업의 보안등급을 따라야 하며(동 규정 제24조의5 제1항), 중앙행정기관의 장은 연구개발과제를 선정할 때에는 연구개발과제 평가단으로 하여금 보안등급 분류의 적정성을 검토하게 하고 그 결과를 반영하여 보안등급을 결정하여야 한다(동조 제2항).

(4) 보안등급의 변경

전문기관의 장 및 연구기관의 장이 연구개발과제의 보안등급을 변경할 경우에는 국가연구개발사업과 관련된 자체 보안관리 규정에서 정한 절차에 따라 연구보안심의회의 심의를 거쳐 변경할 수 있으며, 소관 중앙행정기관의 장에게 변경내용, 변경 사유 등을 제출하여야 한다(동 규정 제24조의6 제1항). 이 경우 중앙행정기관의 장은 제출받은 보안등급의 변경내용 등이 적절하지 않다고 판단될 때에는 그 보안등급의 변경을 철회할 것을 명할 수 있다(동조 제2항).

전문기관의 장 및 연구기관의 장은 보안등급을 변경한 경우 이와 관련된 연구기관에 통보하여야 한다. 다만, 일반과제에서 보안과제로 변경한 경우에는 관련 내용을 국가정보원장에게 통보하여야 한다(동조 제3항).

(5) 보안등급에 따른 조치

전문기관의 장은 연구개발과제의 선정 · 평가 · 관리와 관련하여 보안등급을 분류하고 이에 따른 보안대책을 수립 · 시행하여야 한다(동 규정 제24조의7 제1항). 연구기관의 장 및 연구책임자는 보안등급에 따른 보안관리 조치를 하여야 하며 그 내용은 아래의 도표와 같다(동조 제2항). 마찬가지로 중앙행정기관의 장은 주관연구기관의 장과 보안과제에 대하여 협약을 체결하는 경우 아래 도표의 보안조치 사항을 이행하여야 함을 협약에 명시하여야 한다(동조 제3항).

◈ 국가연구개발사업 보안관리 조치사항

1. 보안관리 체계

해당 과제	세부 조치사항	이행 대상	
		연구기관	연구책임자
모든 과제	1. 이 영 또는 관계 법령에 따라 연구기관 보안관리 실정을 반영한 자체 보안관리규정의 제정 · 개정	○	
모든 과제	2. 연구개발과제 보안관리와 관련한 각종 안건을 심의하기 위한 연구보안심의회 운영	○	
모든 과제	3. 연구과제 보안관리 업무의 종합계획 · 관리를 담당하는 보안관리 책임자 및 보안 업무 전담직원 지정 · 배치	○	
모든 과제	4. 국가연구개발사업 보안관리 부서 및 연구 인력에 대한 보안 관련 규정 교육 · 홍보 실시	○	
모든 과제	5. 자체 보안관리 규정에 보안 우수자 및 규정 위반자에 대한 상벌 조치 명시	○	
모든 과제	6. 보안사고 예방 · 조치 · 대응 등 재발 방지책 마련	○	
모든 과제	7. 연구기관 및 연구원에 대한 정기 · 수시 보안점검 및 보안교육 실시	○	
모든 과제	8. 화재, 홍수, 재난, 재해 등 비상시 대응계획 수립	○	
보안 과제	9. 외국기업 및 국외연구기관과 공동연구 · 위탁연구시 중앙행정기관의 사전 승인 절차 이행	○	

2. 참여연구원 관리

해당 과제	세부 조치사항	이행 대상	
		연구기관	연구책임자
모든 과제	1. 참여연구원(외국인 포함)의 채용 · 갱신 · 퇴직시 고용계약서 및 보안서약서를 받고, 이 경우 연구과제 보안관리 의무 및 그 위반 시의 제재 등을 명시	○	○
모든 과제	2. 연구과제 수행 연구원의 보안의식을 높이기 위한 보안 관련 교육 이수		○
모든 과제	3. 퇴직(예정)자의 반출(예상)자료에 대한 보안성 검토, 연구성과물 회수, 전산망 접속 차단 등의 제때 조치	○	
모든 과제	4. 외부기관 파견자 등 임시직 및 방문자에 대한 별도 보안조치	○	○

해당 과제	세부 조치사항	이행 대상	
		연구 기관	연구 책임자
모든 과제	5. 연구성과 유출 혐의(전력)자가 과제에 참여할 경우 특별 관리조치	○	
모든 과제	6. 참여연구원의 국외 출장시 사전 보안교육 및 귀국보고(출장기간에 접촉한 사람 및 협의 내용 등을 포함한다) 실시	○	○
보안 과제	7. 외국인 연구원의 별도 보안조치(영문 보안서약서 작성, 출입지역 제한, 반출 · 반입 물품 제한, 특이 동향 관리 등)	○	
보안 과제	8. 보안과제 참여연구원이 과제와 관련하여 접촉하는 외국인 현황 관리	○	○
보안 과제	9. 외국인 연구원의 보안과제 참여시 소속 기관의 장의 승인절차 이행		○

3. 연구개발 내용 및 결과의 관리

해당 과제	세부 조치사항	이행 대상	
		연구 기관	연구 책임자
모든 과제	1. 연구개발과제 수행과정 중 산출되는 모든 문서에 보안등급 표기		○
모든 과제	2. 연구수행 단계별 특허권 · 지식재산권 확보 방안과 주요 연구자료 및 성과물의 무단 유출 방지를 위한 보안책 마련 · 시행	○	○
모든 과제	3. 연구개발 성과의 대외 공개(홈페이지 게재 포함) 및 제공시, 연구책임자의 사전 보안성 검토 확인절차 이행	○	○
모든 과제	4. 연구개발결과의 국외 기술이전(양도) 추진시 관계 법령 준수 -「산업기술의 유출방지 및 보호에 관한 법률」 제11조(국가핵심기술의 수출 등)	○	
모든 과제	5. 연구개발 결과 활용시 국내에 있는 자를 계약체결 대상으로 우선 고려	○	
보안 과제	6. 외부 기관과 보안과제의 공동(협동 · 위탁 포함)연구 협약시 성과물의 귀속, 자료 제공 및 장비 반납 등에 관한 사전 보안대책 마련 및 적용	○	○
보안 과제	7. 연구성과물 기술 실시(사용) 계약시 "제3자 기술 실시(사용)권 금지협약" 체결	○	

4. 연구시설 관리

해당 과제	세부 조치사항	이행 대상	
		연구기관	연구책임자
모든 과제	1. 노트북, 외장형 하드디스크 드라이브 등 정보통신매체에 대한 반입 · 출입 절차 마련 및 이행	○	○
모든 과제	2. 외곽, 주요 시설물에 폐쇄회로 텔레비전, 침입감지센서 등 첨단장비의 설치 · 운용	○	
모든 과제	3. 연구개발과제와 관련된 핵심기술 및 정보를 보관하는 전산실 및 중요시설물에 대해서 보호구역 지정 후 특별 보안관리 조치	○	
모든 과제	4. 외부 입주기관(벤처기업 포함)의 연구시설 내부 출입통제 조치	○	
보안 과제	5. 연구시설 출입자에 대한 개인별 출입권한 차등 부여 및 통제	○	
보안 과제	6. 외부방문자 출입시 보안관리책임자의 사전 허가 후에 담당 직원이 방문자와 함께 방문지역 동행	○	○

5. 정보통신망 관리

해당 과제	세부 조치사항	이행 대상	
		연구기관	연구책임자
모든 과제	1. 연구개발과제의 보안을 목적으로 전산망 보호를 위한 방화벽 시스템, 침입탐지시스템 등 각종 장비의 설치 · 운영	○	
모든 과제	2. 외부에서 내부망 접속시 사용자 인증으로 정보시스템 접근 제한 조치	○	
모든 과제	3. 컴퓨터에 각종 장비 및 소프트웨어 설치시, 보안관리책임자의 사전 승인	○	○
모든 과제	4. 무선통신망 구축시 비인가 사용자의 차단을 위한 사용자 인증, 암호화 통신, 암호화 키의 주기적 변경 등 보안조치	○	
모든 과제	5. 사전에 소속 기관에서 인가받은 보안 이동형 저장매체 사용	○	○
모든 과제	6. 보안시스템 안전사고에 대비 데이터 백업시스템 구축 · 운영 및 원거리 지역 보안시설에 중요 데이터 별도 복사본 보관	○	
모든 과제	7. 비인가 개인용 정보통신매체 반입 · 출입 통제 및 내부망 연결 제한	○	○
모든 과제	8. 업무용 컴퓨터 대상 보안 소프트웨어, 보안패치 등 설치 및 업데이트	○	○

해당 과제	세부 조치사항	이행 대상	
		연구기관	연구책임자
모든 과제	9. 보안사고에 대비하여 정보시스템 사용 기록(최소 6개월 이상) 보관 – 보관 권장기간: 1년	○	
모든 과제	10. 직책, 업무에 따라 각종 전산 자료에 대한 차등적 접근권한 부여	○	
모든 과제	11. 네트워크 자료(시스템 구성, IP 현황 등)의 대외 보안관리	○	
모든 과제	12. 전산장비 폐기 및 외부 이관시, 하드디스크 드라이브 등에 저장된 주요 자료가 불법으로 복구되지 않도록 조치	○	○
보안 과제	13. 내부망의 연구실별 물리적 또는 논리적(방화벽 등) 분리	○	○
보안 과제	14. 업무용 컴퓨터 자료를 휴대전화, 이동형 저장매체 등 개인용 정보통신매체에 복사·저장·전송할 경우 보안관리책임자의 사전 승인	○	○
보안 과제	15. 인터넷을 이용하여 외부로 자료 전송시, 승인 절차 등 보안대책 마련 및 이행	○	○
보안 과제	16. 메신저, 인터넷 저장소, 외부 이메일 등 자료 유출 가능 경로 접속차단	○	

(6) 연구개발결과의 보안등급 및 연구개발과제 보안관리 현황 보고

연구개발결과의 보안등급은 그 등급이 결정되거나 변경된 연구개발과제 보안등급으로 한다(동 규정 제24조의8 제1항). 중앙행정기관의 장은 연구개발과제에 대해서 최종평가를 할 때에는 연구개발결과 평가단으로 하여금 연구개발결과 보안등급의 적정성을 검토하게 하고 그 결과를 반영하여 보안등급을 변경할 수 있다(동조 제2항).

전문기관의 장은 연구기관의 국가연구개발사업 보안관리 현황을 조사할 수 있으며(동 규정 제24조의9 제1항), 전문기관의 장은 그 결과를 종합하여 소관 중앙행정기관의 장이 정하는 기한 내에 보고하여야 한다(동조 제2항).

(7) 보안관리 위반시 조치

전문기관, 연구기관, 연구책임자 및 참여연구원 등은 이 규정에서 정하는 사항 및 관련 국가연구개발사업 보안관리규정을 지켜야 한다(동 규정 제24조의10 제

1항). 중앙행정기관의 장은 보고 및 보안관리 조치 등을 정당한 사유 없이 이행하지 않은 자에 대하여 국가연구개발사업의 선정 또는 평가 등에서 불리한 조치를 할 수 있음을 협약의 내용에 포함하여야 한다(동조 제2항).

한편, 국가연구개발사업 성과물에 대한 대외유출 및 해킹 등 보안사고는 국가연구개발사업 공통 관리규칙 제13조(보안사고 발생시 처리)에 따라 다음과 같이 조치를 한다.

상황전파 및 조사 체계

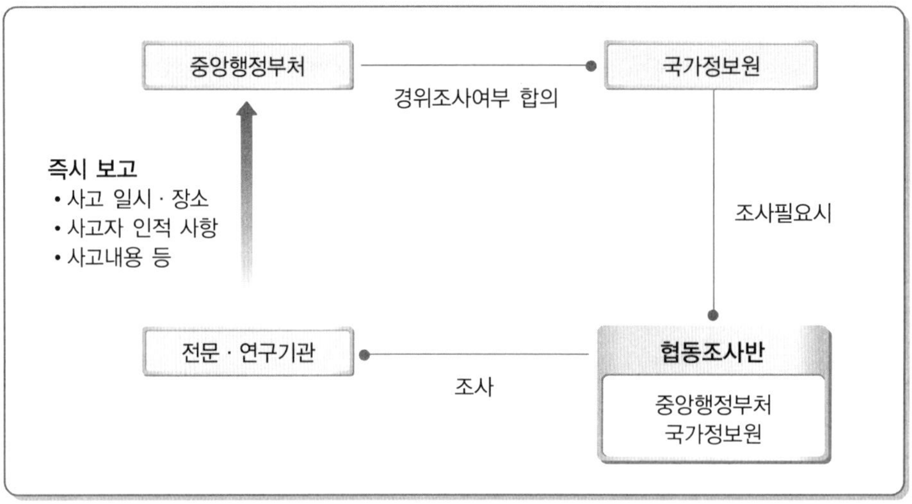

※ 전문 · 연구기관은 연구보안심의회, 중앙행정부처의 보안관리심의회를 각각 개최, 보안 사고 발생에 따른 조치사항을 심의한다.

(8) 연구개발정보의 관리

미래창조과학부장관은 중앙행정기관이 수행하고 있는 국가연구개발사업의 연구개발정보를 체계적으로 관리하기 위한 국가연구개발사업 연구개발정보 관리계획을 과학기술지식 · 정보 등의 관리 · 유통에 관한 시책에 따라 수립하고, 이를 효율적으로 시행할 수 있는 국가과학기술종합정보시스템을 구축하여 운영하여야 한다(동 규정 제25조 제1항). 또한 미래창조과학부장관은 국가과학기술종합정보시스템을 효율적으로 관리 · 운영하기 위하여 관계 중앙행정기관, 지방자치단체, 관련 교육 · 연구기관, 법인 · 단체에 대하여 그 소관에 속하는 연구개발

정보 및 자료의 제출을 요구하거나 국가연구개발정보표준에 따라 정보시스템의 상호연계를 요구할 수 있으며, 해당 기관 · 법인 또는 단체의 장은 특별한 사유가 없으면 그 요구에 따라야 한다(동조 제2항). 아울러 미래창조과학부장관은 관계 중앙행정기관의 장과 협의하여 정보시스템의 상호연계를 위한 국가연구개발정보표준을 정하여 고시하여야 한다(동조 제3항).

중앙행정기관의 장은 추진하고 있는 국가연구개발사업 연구개발과제의 정보, 평가위원 및 평가 결과, 연구성과, 실패한 연구개발과제 정보 등 모든 연구개발 정보를 관리하기 위하여 전문기관이 운영하는 정보관리시스템을 국가과학기술종합정보시스템과 연계하도록 하여야 한다. 이 경우 중앙행정기관의 장은 소관 전문기관이 다수인 경우에는 대표전문기관을 지정하여 각 전문기관의 정보관리시스템과 연계된 대표전문기관의 정보관리시스템을 통해 연구개발정보를 총괄적으로 관리하도록 할 수 있다(동조 제4항). 주관연구기관의 장은 국가연구개발사업을 통하여 취득한 연구시설 · 장비 중 3천만원 이상이거나 3천만원 미만이라도 공동활용이 가능한 연구시설 · 장비는 취득 후 30일 이내에 국가과학기술종합정보시스템에 등록하여 관리하여야 하며, 연구시설 · 장비의 유휴 · 저활용, 불용, 폐기 및 소유권 이전 등 변동사항이 발생하였을 때에는 그 변동사항을 국가과학기술종합정보시스템에 등록하여야 한다. 다만, 전문기관의 정보관리시스템이 국가과학기술종합정보시스템과 연계된 경우에는 전문기관의 정보관리시스템에 등록함으로써 국가과학기술종합정보시스템에 등록한 것으로 본다(동조 제5항). 중앙행정기관의 장 또는 전문기관의 장은 주관연구기관의 연구시설 · 장비 등록 · 관리 실태를 주기적으로 점검 및 관리 · 감독하여야 한다(동조 제6항).

중앙행정기관의 장은 주관연구기관의 연구장비 도입에 관한 사항을 심의하기 위하여 연구장비도입 심사평가단을 구성 · 운영하여야 한다(동조 제7항). 중앙행정기관의 장은 전문기관의 장에게 연구장비도입 심사평가단의 구성 · 운영에 관한 업무를 대행하게 할 수 있다(동조 제8항). 미래창조과학부장관은 연구장비도입 심사평가단의 원활한 구성 · 운영을 위하여 연구장비 도입 · 운영 및 관리에 대한 표준지침을 마련하여 관계 중앙행정기관의 장 및 전문기관의 장에게 제공하여야 한다(동조 제9항).

미래창조과학부장관은 연구개발과제의 선정 및 평가, 연구개발결과의 평가 등에 공정성과 전문성을 확보하고 평가위원을 체계적으로 관리하기 위하여 관계 중앙행정기관의 장과 협의하여 평가위원 후보단을 구성한 후 ① 인적사항, ② 전공, ③ 연구분야, ④ 논문실적, ⑤ 평가 이력 사항 및 ⑥ 그 밖에 평가위원 선정에 필요한 사항 정보를 포함하여 국가과학기술종합정보시스템에서 통합하여 관리하여야 한다(동조 제10항). 미래창조과학부장관은 국가연구개발사업을 수행하거나 참여하려는 자에 대하여 국가과학기술종합정보시스템을 통하여 과학기술인 등록번호를 부여하여 관리하여야 한다(동조 제11항).

중앙행정기관의 장은 전문기관이 운영하는 정보관리시스템과 국가과학기술종합정보시스템의 연계를 통하여 과학기술인 등록번호가 포함된 참여연구원 정보를 관리하여야 한다(동조 제12항). 주관연구기관의 장 또는 전문기관의 장은 연구성과를 논문, 특허, 연구시설 · 장비 등 연구성과 분야별로 효율적으로 관리하고 유통하기 위하여 미래창조과학부장관이 지정한 기관에 등록하거나 기탁하여야 한다(동조 제13항). 이에 따라 연구성과를 등록받거나 기탁받는 기관은 국가과학기술종합정보시스템과 연계하여 연구성과와 관련된 정보의 관리 · 유통체계를 구축 · 운영하여야 하며, 연구성과의 유지 · 보관 및 관리의 의무를 다하여야 한다(동조 제14항).

연구개발정보 관리계획에는 ① 연구개발정보의 공동활용을 위한 표준화 계획, ② 평가위원 정보 및 연구개발 참여인력 정보 관리계획, ③ 연구개발 평가정보 관리계획, ④ 연구개발 성과정보 관리계획, ⑤ 연구시설 · 장비 정보 관리 계획이 포함되어야 한다. 정보관리시스템에는 ① 연구개발계획서, 연차실적 · 계획서, 최종보고서 · 요약서 및 단계평가를 위한 단계실적 · 계획서, ② 연구개발과제별 선정 및 단계 · 최종 · 추적 평가에 참여한 평가위원의 명단, 종합평가의견, 평가결과, 평가결과에 따른 제재사항, ③ 연구책임자와 참여연구원별 과학기술인등록번호 · 소속기관 · 인적사항 및 과제별 참여율, ④ 지식재산권, 논문, 기술료 수입 등 과제별 연구개발성과 ⑤ 그 밖에 중앙행정기관의 장이 필요하다고 인정하는 사항 정보가 포함되어야 한다(동조 제16항). 중앙행정기관의 장은 정보관리시스템을 국가과학기술종합정보시스템에서 정한 표준에 따라 관리하여야 한다(동조 제17항), 연구개발정보를 국가과학기술종합정보시스템에 즉시 제출할 수 있는 수집 · 연계 체계를 구축하여야 한다(동조 제18항).

(9) 국가연구개발정보관리위원회

국가연구개발사업 연구개발정보 관리에 관한 사항을 심의하기 위하여 미래창조과학부 소속으로 국가연구개발정보관리위원회를 두되(동 규정 제26조 제1항), 위원회는 위원장 및 간사위원을 포함한 25명 이내의 위원으로 구성한다(동조 제2항). 위원회는 ① 위원회의 운영에 관한 사항, ② 국가연구개발사업 연구개발정보 관리계획의 수립 및 시행, ③ 국가과학기술종합정보시스템 정책방향 및 종합계획, ④ 그 밖에 위원장이 국가연구개발사업 연구개발정보 관리에 필요하다고 인정하는 사항을 심의한다(동조 제3항).

[부록 1] 산업기술의 유출방지 및 보호에 관한 법률

제1장 총　　칙

제1조(목적) 이 법은 산업기술의 부정한 유출을 방지하고 산업기술을 보호함으로써 국내산업의 경쟁력을 강화하고 국가의 안전보장과 국민경제의 발전에 이바지함을 목적으로 한다.

제2조(정의) 이 법에서 사용하는 용어의 정의는 다음과 같다.

1. "산업기술"이라 함은 제품 또는 용역의 개발 · 생산 · 보급 및 사용에 필요한 제반 방법 내지 기술상의 정보 중에서 관계중앙행정기관의 장이 소관 분야의 산업경쟁력 제고 등을 위하여 법률 또는 해당 법률에서 위임한 명령(대통령령 · 총리령 · 부령에 한정한다. 이하 이 조에서 같다)에 따라 지정 · 고시 · 공고 · 인증하는 다음 각 목의 어느 하나에 해당하는 기술을 말한다.
   가. 「산업발전법」 제5조에 따른 첨단기술
   나. 「조세특례제한법」 제18조 제2항에 따른 고도기술
   다. 「산업기술혁신 촉진법」 제15조의2에 따른 신기술
   라. 「전력기술관리법」 제6조의2에 따른 신기술
   마. 「부품 · 소재전문기업 등의 육성에 관한 특별조치법」 제19조에 따른 부품 · 소재기술
   바. 「환경기술 및 환경산업 지원법」 제7조 제1항에 따른 신기술
   사. 그 밖의 법률 또는 해당 법률에서 위임한 명령에 따라 지정 · 고시 · 공고 · 인증하는 기술
2. "국가핵심기술"이라 함은 국내외 시장에서 차지하는 기술적 · 경제적 가치가 높거나 관련 산업의 성장잠재력이 높아 해외로 유출될 경우에 국가의 안전보장 및 국민경제의 발전에 중대한 악영향을 줄 우려가 있는 기술로서 제9조의 규정에 따라 지정된 산업기술을 말한다.
3. "국가연구개발사업"이라 함은 「과학기술기본법」 제11조의 규정에 따라 관계중앙행정기관의 장이 추진하는 연구개발사업을 말한다.

제3조(국가 등의 책무) ① 국가는 산업기술의 유출방지와 보호에 필요한 종합적인 시책을 수립 · 추진하여야 한다.

② 국가 · 기업 · 연구기관 및 대학 등 산업기술의 개발 · 보급 및 활용에 관련된 모든 기관은 이 법의 적용에 있어 산업기술의 연구개발자 등 관련 종사자들이 부당한 처우와 선의의 피해를 받지 아니하도록 하고, 산업기술 및 지식의 확산과 활용이 제약되지 아니하도록 노력하여야 한다.

③ 모든 국민은 산업기술의 유출방지에 대한 관심과 인식을 높이고, 각자의 직업윤리의식을 배양하기 위하여 노력하여야 한다.

제4조(다른 법률과의 관계) 산업기술의 유출방지 및 보호에 관하여는 다른 법률에 특별한 규정이 있는 경우를 제외하고는 이 법이 정하는 바에 따른다.

제2장 산업기술의 유출방지 및 보호 정책의 수립 · 추진

제5조(종합계획의 수립 · 시행) ① 산업통상자원부장관은 산업기술의 유출방지 및 보호에 관한 종합계획(이하 "종합계획"이라 한다)을 수립 · 시행하여야 한다.

② 산업통상자원부장관은 종합계획을 수립함에 있어서 미리 관계중앙행정기관의 장과 협의한 후 제7조의 규정에 따른 산업기술보호위원회의 심의를 거쳐야 한다.

③ 종합계획에는 다음 각 호의 사항이 포함되어야 한다.

1. 산업기술의 유출방지 및 보호에 관한 기본목표와 추진방향
2. 산업기술의 유출방지 및 보호에 관한 단계별 목표와 추진방안
3. 산업기술의 유출방지 및 보호에 대한 홍보와 교육에 관한 사항
4. 산업기술의 유출방지 및 보호의 기반구축에 관한 사항
5. 산업기술의 유출방지 및 보호를 위한 기술의 연구개발에 관한 사항
6. 산업기술의 유출방지 및 보호에 관한 정보의 수집 · 분석 · 가공과 보급에 관한 사항
7. 산업기술의 유출방지 및 보호를 위한 국제협력에 관한 사항
8. 그 밖에 산업기술의 유출방지 및 보호를 위하여 필요한 사항

④ 산업통상자원부장관은 종합계획의 수립을 위하여 관계중앙행정기관의 장 및 산업기술을 보유한 기업 · 연구기관 · 전문기관 · 대학 등(이하 "대상기관"이라 한다)의 장에게 필요한 자료의 제출을 요청할 수 있다. 이 경우 자료제출을 요청받은 기관의 장은 특별한 사유가 없는 한 이에 협조하여야 한다.

제6조(시행계획의 수립 · 시행) ① 관계중앙행정기관의 장은 종합계획에 따라 매년 산업기술의 유출방지 및 보호에 관한 시행계획(이하 "시행계획"이라 한다)을 수립 · 시행하여야 한다.

② 시행계획의 수립 · 시행에 관하여 필요한 사항은 대통령령으로 정한다.

제7조(산업기술보호위원회의 설치 등) ① 산업기술의 유출방지 및 보호에 관한 다음 각 호의 사항을 심의하기 위하여 국무총리 소속하에 산업기술보호위원회(이하 "위원회"라 한다)를 둔다.

1. 종합계획의 수립 및 시행에 관한 사항
2. 제9조의 규정에 따른 국가핵심기술의 지정 · 변경 및 해제에 관한 사항
3. 제11조의 규정에 따른 국가핵심기술의 수출 등에 관한 사항
4. 제11조의2에 따른 국가핵심기술을 보유하는 대상기관의 해외인수 · 합병등에 관한 사항

5. 그 밖에 산업기술의 유출방지 및 보호를 위하여 필요한 것으로서 대통령령으로 정하는 사항

② 위원회는 위원장 1인을 포함한 25인 이내의 위원으로 구성한다. 이 경우 위원 중에는 제3항제3호의 규정에 해당하는 자가 5인 이상 포함되어야 한다.

③ 위원장은 국무총리가 되고, 위원은 다음 각 호의 자가 된다.

1. 관계중앙행정기관의 장으로서 대통령령으로 정하는 자
2. 산업기술의 유출방지업무를 수행하는 정보수사기관의 장
3. 산업기술의 유출방지 및 보호에 관한 학식과 경험이 풍부한 자로서 위원장이 위촉하는 자

④ 위원회에 간사위원 1인을 두되, 간사위원은 산업통상자원부장관이 된다.

⑤ 산업기술의 유출방지 및 보호에 관한 다음 각 호의 사항을 심의하기 위하여 위원회에 실무위원회를 두며, 실무위원회 소속으로 안건 심의 등을 지원하기 위하여 분야별 전문위원회를 둔다.

1. 위원회의 심의사항에 대한 사전검토
2. 대통령령으로 정하는 바에 따라 위원회로부터 위임받은 사항
3. 그 밖에 산업기술의 유출방지 및 보호를 위하여 필요한 실무적 사항으로서 대통령령으로 정하는 사항

⑥ 그 밖에 위원회 · 실무위원회 및 분야별 전문위원회의 구성 · 운영 등에 관하여 필요한 사항은 대통령령으로 정한다.

제3장 산업기술의 유출방지 및 관리

제8조(보호지침의 제정 등) ① 산업통상자원부장관은 산업기술의 유출을 방지하고 산업기술을 보호하기 위하여 필요한 방법 · 절차 등에 관한 지침(이하 “보호지침”이라 한다)을 관계 중앙행정기관의 장과 협의하여 제정하고 이를 대상기관이 활용할 수 있도록 하여야 한다.

② 산업통상자원부장관은 산업기술의 발전추세 및 국내외 시장환경 등을 감안하여 관계 중앙행정기관의 장과 협의하여 보호지침을 수정 또는 보완할 수 있다.

제9조(국가핵심기술의 지정 · 변경 및 해제 등) ① 산업통상자원부장관은 관계중앙행정기관의 장으로부터 그 소관의 국가핵심기술로 지정되어야 할 대상기술(이하 이 조에서 “지정대상기술”이라 한다)을 통보받아 위원회의 심의를 거쳐 국가핵심기술로 지정할 수 있다.

② 관계중앙행정기관의 장은 지정대상기술을 선정함에 있어서 해당기술이 국가안보 및 국민경제에 미치는 파급효과, 관련 제품의 국내외 시장점유율, 해당 분야의 연구동향 및 기술 확산과의 조화 등을 종합적으로 고려하여 필요최소한의 범위 안에서 선정하여야 한다.

③ 산업통상자원부장관은 관계중앙행정기관의 장으로부터 그 소관의 국가핵심기술의 범위 또는 내용의 변경이나 지정의 해제를 요청받은 경우에는 위원회의 심의를 거쳐 변경 또는 해제할 수 있다.

④ 산업통상자원부장관은 제1항의 규정에 따라 국가핵심기술을 지정하거나 제3항의 규정에 따라 국가핵심기술의 범위 또는 내용을 변경 또는 지정을 해제한 경우에는 이를 고시하여야 한다.

⑤ 위원회는 제1항 및 제3항의 규정에 따라 국가핵심기술의 지정 · 변경 또는 해제에 대한 심의를 함에 있어서 지정대상기술을 보유 · 관리하는 기업 등 이해관계인의 요청이 있는 경우에는 대통령령이 정하는 바에 따라 의견을 진술할 기회를 주어야 한다.

⑥ 대상기관은 해당 기관이 보유하고 있는 기술이 국가핵심기술에 해당하는지에 대한 판정을 대통령령으로 정하는 바에 따라 산업통상자원부장관에게 신청할 수 있다.

⑦ 제1항 및 제3항의 규정에 따른 국가핵심기술의 지정 · 변경 및 해제의 기준 · 절차 그 밖에 필요한 사항은 대통령령으로 정한다.

제10조(국가핵심기술의 보호조치) ① 국가핵심기술을 보유 · 관리하고 있는 대상기관의 장은 보호구역의 설정 · 출입허가 또는 출입시 휴대품 검사 등 국가핵심기술의 유출을 방지하기 위한 기반구축에 필요한 조치를 하여야 한다.

② 제1항의 규정에 따른 조치에 관하여 필요한 사항은 대통령령으로 정한다.

③ 누구든지 정당한 사유 없이 제1항의 보호조치를 거부 · 방해 또는 기피하여서는 아니 된다.

제11조(국가핵심기술의 수출 등) ① 국가로부터 연구개발비를 지원받아 개발한 국가핵심기술을 보유한 대상기관이 해당국가핵심기술을 외국기업 등에 매각 또는 이전 등의 방법으로 수출(이하 "국가핵심기술의 수출"이라 한다)하고자 하는 경우에는 산업통상자원부장관의 승인을 얻어야 한다.

② 산업통상자원부장관은 제1항의 규정에 따른 승인신청에 대하여 국가핵심기술의 수출에 따른 국가안보 및 국민경제적 파급효과 등을 검토하여 관계중앙행정기관의 장과 협의한 후 위원회의 심의를 거쳐 승인할 수 있다.

③ 제1항의 규정에 따라 승인을 얻은 국가핵심기술이 「대외무역법」 제19조 제1항의 기술인 경우에는 같은 조 제2항에 따라 허가를 받은 것으로 보며, 「방위사업법」 제30조 및 제34조의 국방과학기술 및 방산물자인 경우에는 같은 법 제57조 제2항에 따라 허가를 받은 것으로 본다. 이 경우 산업통상자원부장관은 사전에 관계중앙행정기관의 장과 협의를 하여야 한다.

④ 제1항의 규정에 따른 승인대상 외의 국가핵심기술을 보유 · 관리하고 있는 대상기관이 국가핵심기술의 수출을 하고자 하는 경우에는 산업통상자원부장관에게 사전에 신고를 하여야 한다.

⑤ 산업통상자원부장관은 제4항의 신고대상인 국가핵심기술의 수출이 국가안보에 심각한 영향을 줄 수 있다고 판단하는 경우에는 관계중앙행정기관의 장과 협의한 후 위원회의

심의를 거쳐 국가핵심기술의 수출중지 · 수출금지 · 원상회복 등의 조치를 명할 수 있다.

⑥ 제4항의 신고대상 국가핵심기술의 수출을 하고자 하는 자는 해당국가핵심기술이 국가안보와 관련되는지 여부에 대하여 산업통상자원부장관에게 사전검토를 신청할 수 있다.

⑦ 산업통상자원부장관은 국가핵심기술을 보유한 대상기관이 제1항의 규정에 따른 승인을 얻지 아니하거나 부정한 방법으로 승인을 얻어 국가핵심기술의 수출을 한 경우 또는 제4항의 규정에 따른 신고대상 국가핵심기술을 신고하지 아니하거나 허위로 신고하고 국가핵심기술의 수출을 한 경우에는 정보수사기관의 장에게 조사를 의뢰하고, 조사결과를 위원회에 보고한 후 위원회의 심의를 거쳐 해당국가핵심기술의 수출중지 · 수출금지 · 원상회복 등의 조치를 명령할 수 있다.

⑧ 위원회는 다음 각 호의 어느 하나에 해당하는 경우에는 대상기관의 의견을 청취할 수 있다.

1. 제2항의 규정에 따른 승인신청에 대한 심의
2. 제5항의 규정에 따른 국가안보에 심각한 영향을 주는 국가핵심기술의 수출중지 · 수출금지 · 원상회복 심의
3. 제7항의 규정에 따른 미승인 또는 부정승인 및 미신고 또는 허위신고 등에 대한 국가핵심기술의 수출중지 · 수출금지 · 원상회복 심의

⑨ 산업통상자원부장관은 제1항의 규정에 따른 승인 또는 제4항의 규정에 따른 신고와 관련하여 분야별 전문위원회로 하여금 검토하게 할 수 있으며 관계중앙행정기관의 장 또는 대상기관의 장에게 자료제출 등의 필요한 협조를 요청할 수 있다. 이 경우 관계 중앙행정기관의 장 및 대상기관의 장은 특별한 사유가 없는 한 이에 협조하여야 한다.

⑩ 제1항의 승인, 제4항의 신고, 제5항 및 제7항의 수출중지 · 수출금지 · 원상회복 등의 조치 및 절차 등에 관하여 세부적인 사항은 대통령령으로 정한다.

⑪ 제6항의 규정에 따른 국가핵심기술이 국가안보와 관련되는지 여부에 대한 사전검토의 신청에 관하여 필요한 사항은 대통령령으로 정한다.

제11조의2(국가핵심기술을 보유하는 대상기관의 해외인수 · 합병등) ① 국가로부터 연구개발비를 지원받아 개발한 국가핵심기술을 보유한 대상기관이 대통령령으로 정하는 해외인수 · 합병, 합작투자 등 외국인투자(이하 "해외인수 · 합병등"이라 한다)를 진행하려는 경우에는 산업통상자원부장관에게 미리 신고하여야 한다.

② 제1항의 대상기관은 대통령령으로 정하는 외국인에 의하여 해외인수 · 합병등이 진행되는 것을 알게 된 경우 지체 없이 산업통상자원부장관에게 신고하여야 한다.

③ 산업통상자원부장관은 제1항 및 제2항에 따른 국가핵심기술의 유출이 국가안보에 심각한 영향을 줄 수 있다고 판단하는 경우에는 관계 중앙행정기관의 장과 협의한 후 위원회의 심의를 거쳐 해외인수 · 합병등에 대하여 중지 · 금지 · 원상회복 등의 조치를 명할 수 있다.

④ 제1항 및 제2항에 따라 해외인수 · 합병등을 진행하려는 자는 해당 해외인수 · 합병등과 관련하여 다음 각 호의 사항에 관하여 의문이 있는 때에는 대통령령으로 정하는 바에 따

라 산업통상자원부장관에게 미리 검토하여 줄 것을 신청할 수 있다.
1. 해당 국가핵심기술이 국가안보와 관련되는지 여부
2. 해당 해외인수 · 합병등이 제1항 및 제2항의 신고대상인지 여부
3. 그 밖에 해당 해외인수 · 합병등과 관련하여 의문이 있는 사항

⑤ 산업통상자원부장관은 국가핵심기술을 보유한 대상기관이 제1항 및 제2항에 따른 신고를 하지 아니하거나 거짓이나 그 밖의 부정한 방법으로 신고를 하고서 해외인수 · 합병등을 한 경우에는 정보수사기관의 장에게 조사를 의뢰하고, 조사결과를 위원회에 보고한 후 위원회의 심의를 거쳐 해당 해외인수 · 합병등에 대하여 중지 · 금지 등 필요한 조치를 명할 수 있다.

⑥ 위원회는 다음 각 호의 어느 하나에 해당하는 경우에는 대상기관의 의견을 청취할 수 있다.
1. 제1항 및 제2항에 따른 신고에 대한 심의
2. 제3항에 따른 국가안보에 심각한 영향을 주는 해외인수 · 합병등에 대한 중지 · 금지 · 원상회복 등 심의
3. 제3항의 조치에 따른 대상기관의 손해에 대한 심의
4. 제5항에 따른 미신고 또는 거짓신고 등에 대한 해외인수 · 합병등의 중지 · 금지 · 원상회복 등 심의

⑦ 산업통상자원부장관은 제1항 및 제2항에 따른 신고와 관련하여 분야별 전문위원회로 하여금 검토하게 할 수 있으며 관계 중앙행정기관의 장 또는 대상기관의 장에게 자료제출 등의 필요한 협조를 요청할 수 있다. 이 경우 관계 중앙행정기관의 장 및 대상기관의 장은 특별한 사유가 없는 한 이에 협조하여야 한다.

⑧ 제1항 및 제2항의 신고, 제3항 및 제5항의 중지 · 금지 · 원상회복 등의 조치 및 절차 등에 관하여 세부적인 사항은 대통령령으로 정한다.

제12조(국가연구개발사업의 보호관리) 대상기관의 장은 산업기술과 관련된 국가연구개발사업을 수행하는 과정에서 개발성과물이 외부로 유출되지 아니하도록 필요한 대책을 수립 · 시행하여야 한다.

제13조(개선권고) ① 산업통상자원부장관은 제10조의 규정에 따른 국가핵심기술의 보호조치 및 제12조의 규정에 따른 국가연구개발사업의 보호관리와 관련하여 필요하다고 인정되는 경우 대상기관의 장에 대하여 개선을 권고할 수 있다.

② 제1항의 규정에 따라 개선권고를 받은 대상기관의 장은 개선대책을 수립 · 시행하고 그 결과를 산업통상자원부장관에게 통보하여야 한다.

③ 산업통상자원부장관은 제1항에 따라 대상기관의 장에게 개선권고를 한 경우 해당 개선권고의 주요 내용 및 이유, 대상기관의 조치결과 등을 위원회에 보고하여야 한다.

④ 제1항 및 제2항에 따른 개선권고 및 개선대책의 수립 · 시행 및 제3항에 따라 위원회에 보고하기 위하여 필요한 사항은 대통령령으로 정한다.

제14조(산업기술의 유출 및 침해행위 금지) 누구든지 다음 각 호의 어느 하나에 해당하는

행위를 하여서는 아니 된다.

1. 절취 · 기망 · 협박 그 밖의 부정한 방법으로 대상기관의 산업기술을 취득하는 행위 또는 그 취득한 산업기술을 사용하거나 공개(비밀을 유지하면서 특정인에게 알리는 것을 포함한다. 이하 같다)하는 행위
2. 제34조의 규정 또는 대상기관과의 계약 등에 따라 산업기술에 대한 비밀유지의무가 있는 자가 부정한 이익을 얻거나 그 대상기관에게 손해를 가할 목적으로 유출하거나 그 유출한 산업기술을 사용 또는 공개하거나 제3자가 사용하게 하는 행위
3. 제1호 또는 제2호의 규정에 해당하는 행위가 개입된 사실을 알고 그 산업기술을 취득 · 사용 및 공개하거나 산업기술을 취득한 후에 그 산업기술에 대하여 제1호 또는 제2호의 규정에 해당하는 행위가 개입된 사실을 알고 그 산업기술을 사용하거나 공개하는 행위
4. 제1호 또는 제2호의 규정에 해당하는 행위가 개입된 사실을 중대한 과실로 알지 못하고 그 산업기술을 취득 · 사용 및 공개하거나 산업기술을 취득한 후에 그 산업기술에 대하여 제1호 또는 제2호의 규정에 해당하는 행위가 개입된 사실을 중대한 과실로 알지 못하고 그 산업기술을 사용하거나 공개하는 행위
5. 제11조 제1항의 규정에 따른 승인을 얻지 아니하거나 부정한 방법으로 승인을 얻어 국가핵심기술을 수출하는 행위"로 하며
6. 국가핵심기술을 외국에서 사용하거나 사용되게 할 목적으로 제11조의2제1항 및 제2항에 따른 신고를 하지 아니하거나 거짓이나 그 밖의 부정한 방법으로 신고를 하고서 해외인수 · 합병등을 하는 행위
7. 제11조 제5항 · 제7항 및 제11조의2제3항 · 제5항에 따른 산업통상자원부장관의 명령을 이행하지 아니하는 행위

제14조의2(산업기술 침해행위에 대한 금지청구권 등) ① 대상기관은 산업기술 침해행위를 하거나 하려는 자에 대하여 그 행위에 의하여 영업상의 이익이 침해되거나 침해될 우려가 있는 경우에는 법원에 그 행위의 금지 또는 예방을 청구할 수 있다.

② 대상기관이 제1항에 따른 청구를 할 때에는 침해행위를 조성한 물건의 폐기, 침해행위에 제공된 설비의 제거, 그 밖에 침해행위의 금지 또는 예방을 위하여 필요한 조치를 함께 청구할 수 있다.

③ 제1항에 따라 산업기술 침해행위의 금지 또는 예방을 청구할 수 있는 권리는 산업기술 침해행위가 계속되는 경우에 대상기관이 그 침해행위에 의하여 영업상의 이익이 침해되거나 침해될 우려가 있다는 사실 및 침해행위자를 안 날부터 3년간 행사하지 아니하면 시효의 완성으로 소멸한다. 그 침해행위가 시작된 날부터 10년이 지난 때에도 또한 같다.

제15조(산업기술 침해신고 등) ① 국가핵심기술 및 국가연구개발사업으로 개발한 산업기술을 보유한 대상기관의 장은 제14조 각 호의 어느 하나에 해당하는 행위가 발생할 우려가 있거나 발생한 때에는 즉시 산업통상자원부장관 및 정보수사기관의 장에게 그 사실을

신고하여야 하고, 필요한 조치를 요청할 수 있다.

② 산업통상자원부장관 및 정보수사기관의 장은 제1항의 규정에 따른 요청을 받은 경우 또는 제14조에 따른 금지행위를 인지한 경우에는 그 필요한 조치를 하여야 한다.

제4장 산업기술보호의 기반구축 및 산업보안기술의 개발 · 지원 등

제16조(산업기술보호협회의 설립 등) ① 대상기관은 산업기술의 유출방지 및 보호에 관한 시책을 효율적으로 추진하기 위하여 산업통상자원부장관의 인가를 받아 산업기술보호협회(이하 "협회"라 한다)를 설립할 수 있다.

② 협회는 법인으로 하고, 그 주된 사무소의 소재지에서 설립등기를 함으로써 성립한다.

③ 설립등기 외의 등기를 필요로 하는 사항은 그 등기 후가 아니면 제3자에게 대항하지 못한다.

④ 협회는 다음 각 호의 업무를 행한다.

1. 산업기술보호를 위한 정책의 개발 및 협력
2. 산업기술의 해외유출 관련 정보 전파
3. 산업기술의 유출방지를 위한 상담 · 홍보 · 교육 · 실태조사
4. 국내외 산업기술보호 관련 자료 수집 · 분석 및 발간
5. 제22조 제1항에 따른 산업기술의 보호를 위한 지원업무
6. 제23조의 규정에 따른 산업기술분쟁조정위원회의 업무지원
7. 그 밖에 산업통상자원부장관이 필요하다고 인정하여 위탁하거나 협회의 정관이 정한 사업

⑤ 정부는 대상기관의 산업기술의 보호를 위하여 필요한 경우에는 예산의 범위 안에서 협회의 사업수행에 필요한 자금을 지원할 수 있다.

⑥ 협회의 사업 및 감독 등에 관하여 필요한 사항은 대통령령으로 정한다.

⑦ 협회에 관하여 이 법에 규정된 사항을 제외하고는 「민법」 중 사단법인에 관한 규정을 준용한다.

제17조(산업기술보호를 위한 실태조사) ① 산업통상자원부장관은 필요한 경우 대상기관의 산업기술의 보호 및 관리 현황에 대한 실태조사를 실시할 수 있다.

② 산업통상자원부장관은 제1항의 규정에 따른 실태조사를 위하여 산업기술을 보유하고 있는 대상기관 및 관련 단체에 대하여 관련 자료의 제출이나 조사업무의 수행에 필요한 협조를 요청할 수 있다. 이 경우 그 요청을 받은 자는 특별한 사유가 없는 한 이에 응하여야 한다.

③ 제2항의 규정에 따른 실태조사의 대상 · 범위 · 방법 등에 관하여 필요한 사항은 대통령령으로 정한다.

제18조(국제협력) ① 정부는 산업기술의 보호에 관한 국제협력을 촉진하기 위하여 관련 산업보안기술 및 전문인력의 국제교류, 산업보안기술의 국제표준화 및 국제공동연구개발

등에 관하여 필요한 국제협력사업을 추진할 수 있다.

② 정부는 다음 각 호의 사업을 지원할 수 있다.

1. 산업보안기술 및 보안산업의 국제적 차원의 조사 · 연구
2. 산업보안기술 및 보안산업에 관한 국제적 차원의 인력 · 정보의 교류
3. 산업보안기술 및 보안산업에 관한 국제적 전시회 · 학술회의 등의 개최
4. 그 밖에 국제적 차원의 대책을 수립하고 추진하기 위하여 필요하다고 인정하여 대통령령이 정하는 사업

제19조(산업기술보호교육) ① 산업통상자원부장관은 산업기술의 유출방지 및 보호를 위하여 대상기관의 임 · 직원을 대상으로 교육을 실시할 수 있다.

② 제1항의 규정에 따른 교육의 내용 · 기간 · 주기 등에 관하여 필요한 사항은 대통령령으로 정한다.

제20조(산업보안기술의 개발지원 등) ① 정부는 산업기술을 보호하기 위하여 산업보안기술의 개발 및 전문인력의 양성에 관한 시책을 수립하여 추진할 수 있다.

② 정부는 산업기술보호에 필요한 기술개발을 효율적으로 추진하기 위하여 대상기관으로 하여금 제1항의 규정에 따른 산업보안기술의 개발 등을 실시하게 할 수 있다.

③ 정부는 제2항의 규정에 따라 산업보안기술 개발사업 등을 실시하는 자에게 그 사업에 소요되는 비용을 출연 또는 보조할 수 있다.

④ 제3항의 규정에 따른 출연금의 지급 · 사용 및 관리 등에 관하여 필요한 사항은 대통령령으로 정한다.

제21조(산업기술보호 포상 및 보호 등) ① 정부는 산업보안기술의 개발 등 산업기술의 유출방지 및 보호에 기여한 공이 큰 자 또는 이 법의 규정을 위반하여 산업기술을 해외로 유출한 사실을 신고한 자 등에 대하여 예산의 범위 내에서 포상 및 포상금을 지급할 수 있다.

② 정부는 이 법의 규정을 위반하여 산업기술을 해외로 유출한 사실을 신고한 자로부터 요청이 있는 경우 그에 대하여 신변보호 등 필요한 조치를 취하여야 한다.

③ 정부는 산업보안기술의 개발 등 산업기술의 유출방지 및 보호에 기여한 공이 큰 외국인에 대하여 국내정착 및 국적취득을 지원할 수 있다.

④ 제1항 내지 제3항의 규정에 따른 포상 · 포상금 지급, 신변보호 등의 기준 · 방법 및 절차에 관하여 필요한 사항은 대통령령으로 정한다.

제22조(산업기술의 보호를 위한 지원) ① 정부는 산업기술의 보호를 촉진하기 위하여 필요하다고 인정하면 다음 각 호의 사항을 대상기관 등에게 지원할 수 있다.

1. 산업기술 보안에 대한 자문
2. 산업기술의 보안시설을 설치 · 운영하는 기술지원
3. 산업기술보호를 위한 교육 및 인력양성을 위한 지원
4. 그 밖에 산업기술보호를 위하여 필요한 사항

② 제1항의 규정에 따른 지원에 관하여 필요한 사항은 대통령령으로 정한다.

제5장 보 칙

제23조(산업기술분쟁조정위원회) ① 산업기술의 유출에 대한 분쟁을 신속하게 조정하기 위하여 산업통상자원부장관 소속하에 산업기술분쟁조정위원회(이하 "조정위원회"라 한다)를 둔다.

② 조정위원회는 위원장 1인을 포함한 15인 이내의 위원으로 구성한다.

③ 조정위원회의 위원은 다음 각 호의 어느 하나에 해당하는 자 중에서 대통령령이 정하는 바에 따라 산업통상자원부장관이 임명 또는 위촉한다.

1. 대학이나 공인된 연구기관에서 부교수 이상 또는 이에 상당하는 직에 있거나 있었던 자로서 기술 또는 정보의 보호 관련 분야를 전공한 자
2. 4급 또는 4급 상당 이상의 공무원 또는 이에 상당하는 공공기관의 직에 있거나 있었던 자로서 산업기술유출의 방지업무에 관한 경험이 있는 자
3. 산업기술의 보호사업을 영위하고 있는 기업 또는 산업기술의 보호업무를 수행하는 단체의 임원직에 있는 자
4. 판사 · 검사 또는 변호사의 자격이 있는 자

④ 위원의 임기는 3년으로 하되, 연임할 수 있다.

⑤ 위원장은 위원 중에서 산업통상자원부장관이 임명한다.

제24조(조정부) ① 분쟁의 조정을 효율적으로 수행하기 위하여 조정위원회에 5인 이내의 위원으로 구성되는 조정부를 두되, 그 중 1인은 변호사의 자격이 있는 자로 한다.

② 조정위원회는 필요한 경우 일부 분쟁에 대하여 제1항의 규정에 따른 조정부에 일임하여 조정하게 할 수 있다.

③ 제1항의 규정에 따른 조정부의 구성 및 운영에 관하여 필요한 사항은 대통령령으로 정한다.

제25조(위원의 제척 · 기피 · 회피) ① 위원은 다음 각 호의 어느 하나에 해당하는 경우에는 당해 분쟁조정청구사건(이하 "사건"이라 한다)의 심의 · 의결에서 제척된다.

1. 위원 또는 그 배우자나 배우자이었던 자가 당해 사건의 당사자가 되거나 당해 사건에 관하여 공동권리자 또는 의무자의 관계에 있는 경우
2. 위원이 당해 사건의 당사자와 친족관계에 있거나 있었던 경우
3. 위원이 당해 사건에 관하여 증언이나 감정을 한 경우
4. 위원이 당해 사건에 관하여 당사자의 대리인 또는 임 · 직원으로서 관여하거나 관여하였던 경우

② 당사자는 위원에게 심의 · 의결의 공정성을 기대하기 어려운 사정이 있는 경우에는 조정위원회에 기피신청을 할 수 있다. 이 경우 조정위원회는 기피신청이 타당하다고 인정하는 때에는 기피의 결정을 하여야 한다.

③ 위원이 제1항 또는 제2항의 사유에 해당하는 경우에는 스스로 그 사건의 심의 · 의결을 회피할 수 있다.

제26조(분쟁의 조정) ① 산업기술유출과 관련한 분쟁의 조정을 원하는 자는 신청취지와 원인을 기재한 조정신청서를 조정위원회에 제출하여 분쟁의 조정을 신청할 수 있다.

② 제1항의 규정에 따른 분쟁의 조정신청을 받은 조정위원회는 신청을 받은 날부터 3월 이내에 이를 심사하여 조정안을 작성하여야 한다. 다만, 부득이한 사정이 있는 경우에는 조정위원회의 의결로 1월의 범위 내에서 기간을 연장할 수 있다.

③ 제2항의 규정에 따른 기간이 경과하는 경우에는 조정이 성립되지 아니한 것으로 본다.

제27조(자료요청 등) ① 조정위원회는 분쟁조정을 위하여 필요한 자료를 분쟁당사자에게 요청할 수 있다. 이 경우 해당분쟁당사자는 정당한 사유가 없는 한 이에 응하여야 한다.

② 조정위원회는 필요하다고 인정하는 경우에는 분쟁당사자 또는 참고인으로 하여금 조정위원회에 출석하게 하여 그 의견을 들을 수 있다.

③ 조정위원회는 제1항의 규정에 따른 자료요구와 제2항의 규정에 따라 의견진술을 청취할 경우 비공개로 하여야 하며, 제출된 자료 및 청취된 의견에 대해서는 비밀을 유지하여야 한다.

제28조(조정의 효력) ① 조정위원회는 제26조 제2항의 규정에 따라 조정안을 작성한 때에는 지체 없이 이를 각 당사자에게 제시하여야 한다.

② 제1항의 규정에 따라 조정안을 제시받은 당사자는 그 제시를 받은 날부터 15일 이내에 그 수락 여부를 조정위원회에 통보하여야 한다.

③ 당사자가 조정안을 수락한 때에는 조정위원회는 즉시 조정조서를 작성하여야 하며, 위원장 및 각 당사자는 이에 기명날인하여야 한다.

④ 당사자가 제3항의 규정에 따라 조정안을 수락하고 기명날인한 경우에는 해당조정조서는 재판상 화해와 동일한 효력을 갖는다.

제29조(조정의 거부 및 중지) ① 조정위원회는 분쟁의 성질상 조정위원회에서 조정하는 것이 적합하지 아니하다고 인정하거나 당사자가 부정한 목적으로 조정을 신청한 것으로 인정되는 경우에는 해당조정을 거부할 수 있다. 이 경우 그 사유 등을 신청인에게 통보하여야 한다.

② 조정위원회는 신청된 조정사건에 대한 처리절차를 진행 중에 일방 당사자가 법원에 소를 제기한 경우에는 그 조정의 처리를 중지하고 이를 당사자에게 통지하여야 한다.

제30조(조정의 절차 등) 분쟁의 조정방법 · 조정절차 및 조정업무의 처리 등에 관하여 필요한 사항은 대통령령으로 정한다.

제31조(준용법률) 산업기술유출에 관한 분쟁조정에 관하여 이 법에 규정이 있는 경우를 제외하고는 그 성질에 반하지 않는 한 「민사조정법」의 규정을 준용한다.

제32조(수수료) ① 제26조 제1항의 규정에 따라 조정위원회에 산업기술유출과 관련한 분쟁의 조정을 신청하는 자는 대통령령이 정하는 바에 따라 수수료를 납부하여야 한다.

② 제1항의 규정에 따른 수수료의 금액 · 징수방법 · 징수절차 등에 관하여 필요한 사항은 산업통상자원부령으로 정한다.

제33조(권한의 위임 · 위탁) 산업통상자원부장관은 이 법에 의한 권한의 일부를 대통령령

이 정하는 바에 따라 보조기관 · 소속기관의 장이나 관계중앙행정기관의 장 또는 관계전문기관의 장에게 위임 또는 위탁할 수 있다.

제34조(비밀유지의무) 다음 각 호의 어느 하나에 해당하거나 해당하였던 자는 그 직무상 알게 된 비밀을 누설하거나 도용하여서는 아니 된다.

1. 대상기관의 임 · 직원(교수 · 연구원 · 학생을 포함한다)
2. 제9조의 규정에 따라 국가핵심기술의 지정 · 변경 및 해제 업무를 수행하는 자
3. 제11조 및 제11조의2에 따라 국가핵심기술의 수출 및 해외인수 · 합병등에 관한 사항을 검토하거나 사전검토, 조사업무를 수행하는 자
4. 제15조의 규정에 따라 침해행위의 접수 및 방지 등의 업무를 수행하는 자
5. 제16조 제4항제3호의 규정에 따라 상담업무 또는 실태조사에 종사하는 자
6. 제17조 제1항의 규정에 따라 산업기술의 보호 및 관리 현황에 대한 실태조사업무를 수행하는 자
7. 제20조 제2항의 규정에 따라 산업보안기술 개발사업자에게 고용되어 산업보안기술 연구개발업무를 수행하는 자
8. 제23조의 규정에 따라 산업기술 분쟁조정업무를 수행하는 자
9. 제33조의 규정에 따라 산업통상자원부장관의 권한의 일부를 위임 · 위탁받아 업무를 수행하는 자

제35조(벌칙 적용에서의 공무원 의제) 다음 각 호의 업무를 행하는 자는 「형법」 제129조 내지 제132조를 적용함에 있어서는 이를 공무원으로 본다.

1. 제9조의 규정에 따라 국가핵심기술의 지정 · 변경 및 해제 업무를 수행하는 자
2. 제11조 및 제11조의2에 따라 국가핵심기술의 수출 및 해외인수 · 합병등에 관한 사항을 검토하거나 조사업무를 수행하는 자
3. 제15조의 규정에 따라 침해행위의 접수 및 방지 등의 업무를 수행하는 자
4. 제17조의 규정에 따라 산업기술의 보호 및 관리 현황에 대한 실태조사업무를 수행하는 자
5. 제23조의 규정에 따라 산업기술 분쟁조정업무를 수행하는 자
6. 제33조의 규정에 따라 산업통상자원부장관의 권한의 일부를 위임 · 위탁받아 업무를 수행하는 자

제6장 벌 칙

제36조(벌칙) ① 산업기술을 외국에서 사용하거나 사용되게 할 목적으로 제14조 각 호(제4호를 제외한다)의 어느 하나에 해당하는 행위를 한 자는 10년 이하의 징역 또는 10억원 이하의 벌금에 처한다.

② 제14조 각 호(제4호 및 제6호는 제외한다)의 어느 하나에 해당하는 행위를 한 자는 5년 이하의 징역 또는 5억원 이하의 벌금에 처한다.

③ 제14조 제4호에 해당하는 행위를 한 자는 3년 이하의 징역 또는 3억원 이하의 벌금에 처한다.

④ 제1항 내지 제3항의 죄를 범한 자가 그 범죄행위로 인하여 얻은 재산은 이를 몰수한다. 다만, 그 전부 또는 일부를 몰수할 수 없는 때에는 그 가액을 추징한다.

⑤ 제34조의 규정을 위반하여 비밀을 누설한 자는 5년 이하의 징역이나 10년 이하의 자격정지 또는 5천만원 이하의 벌금에 처한다.

⑥ 제1항 및 제2항의 미수범은 처벌한다.

⑦ 제1항 내지 제3항의 징역형과 벌금형은 이를 병과할 수 있다.

제37조(예비 · 음모) ① 제36조 제1항의 죄를 범할 목적으로 예비 또는 음모한 자는 3년 이하의 징역 또는 3천만원 이하의 벌금에 처한다.

② 제36조 제2항의 죄를 범할 목적으로 예비 또는 음모한 자는 2년 이하의 징역 또는 2천만원 이하의 벌금에 처한다.

제38조(양벌규정) 법인의 대표자나 법인 또는 개인의 대리인, 사용인, 그 밖의 종업원이 그 법인 또는 개인의 업무에 관하여 제36조 제1항부터 제3항까지의 어느 하나에 해당하는 위반행위를 하면 그 행위자를 벌하는 외에 그 법인 또는 개인에게도 해당 조문의 벌금형을 과(科)한다. 다만, 법인 또는 개인이 그 위반행위를 방지하기 위하여 해당 업무에 관하여 상당한 주의와 감독을 게을리하지 아니한 경우에는 그러하지 아니하다.

제39조(과태료) ① 다음 각 호의 어느 하나에 해당하는 자는 1천만원 이하의 과태료에 처한다.

1. 제10조 제3항을 위반하여 국가핵심기술의 보호조치를 거부 · 방해 또는 기피한 자
2. 제15조 제1항의 규정에 따른 산업기술 침해신고를 하지 아니한 자
3. 제17조 제2항의 규정을 위반하여 관련 자료를 제출하지 아니하거나 허위로 제출한 자

② 제1항의 규정에 따른 과태료는 대통령령이 정하는 바에 따라 산업통상자원부장관이 부과 · 징수한다.

[부록 2] 부정경쟁방지 및 영업비밀보호에 관한 법률

제1장 총 칙

제1조(목적) 이 법은 국내에 널리 알려진 타인의 상표·상호(商號) 등을 부정하게 사용하는 등의 부정경쟁행위와 타인의 영업비밀을 침해하는 행위를 방지하여 건전한 거래질서를 유지함을 목적으로 한다.

제2조(정의) 이 법에서 사용하는 용어의 뜻은 다음과 같다.

1. "부정경쟁행위"란 다음 각 목의 어느 하나에 해당하는 행위를 말한다.
   가. 국내에 널리 인식된 타인의 성명, 상호, 상표, 상품의 용기·포장, 그 밖에 타인의 상품임을 표시한 표지(標識)와 동일하거나 유사한 것을 사용하거나 이러한 것을 사용한 상품을 판매·반포(頒布) 또는 수입·수출하여 타인의 상품과 혼동하게 하는 행위
   나. 국내에 널리 인식된 타인의 성명, 상호, 표장(標章), 그 밖에 타인의 영업임을 표시하는 표지와 동일하거나 유사한 것을 사용하여 타인의 영업상의 시설 또는 활동과 혼동하게 하는 행위
   다. 가목 또는 나목의 혼동하게 하는 행위 외에 비상업적 사용 등 대통령령으로 정하는 정당한 사유 없이 국내에 널리 인식된 타인의 성명, 상호, 상표, 상품의 용기·포장, 그 밖에 타인의 상품 또는 영업임을 표시한 표지와 동일하거나 유사한 것을 사용하거나 이러한 것을 사용한 상품을 판매·반포 또는 수입·수출하여 타인의 표지의 식별력이나 명성을 손상하는 행위
   라. 상품이나 그 광고에 의하여 또는 공중이 알 수 있는 방법으로 거래상의 서류 또는 통신에 거짓의 원산지의 표지를 하거나 이러한 표지를 한 상품을 판매·반포 또는 수입·수출하여 원산지를 오인(誤認)하게 하는 행위
   마. 상품이나 그 광고에 의하여 또는 공중이 알 수 있는 방법으로 거래상의 서류 또는 통신에 그 상품이 생산·제조 또는 가공된 지역 외의 곳에서 생산 또는 가공된 듯이 오인하게 하는 표지를 하거나 이러한 표지를 한 상품을 판매·반포 또는 수입·수출하는 행위
   바. 타인의 상품을 사칭(詐稱)하거나 상품 또는 그 광고에 상품의 품질, 내용, 제조방법, 용도 또는 수량을 오인하게 하는 선전 또는 표지를 하거나 이러한 방법이나 표지로써 상품을 판매·반포 또는 수입·수출하는 행위

사. 다음의 어느 하나의 나라에 등록된 상표 또는 이와 유사한 상표에 관한 권리를 가진 자의 대리인이나 대표자 또는 그 행위일 전 1년 이내에 대리인이나 대표자이었던 자가 정당한 사유 없이 해당 상표를 그 상표의 지정상품과 동일하거나 유사한 상품에 사용하거나 그 상표를 사용한 상품을 판매 · 반포 또는 수입 · 수출하는 행위

(1) 「공업소유권의 보호를 위한 파리협약」(이하 "파리협약"이라 한다) 당사국

(2) 세계무역기구 회원국

(3) 「상표법 조약」의 체약국(締約國)

아. 정당한 권원이 없는 자가 다음의 어느 하나의 목적으로 국내에 널리 인식된 타인의 성명, 상호, 상표, 그 밖의 표지와 동일하거나 유사한 도메인이름을 등록 · 보유 · 이전 또는 사용하는 행위

(1) 상표 등 표지에 대하여 정당한 권원이 있는 자 또는 제3자에게 판매하거나 대여할 목적

(2) 정당한 권원이 있는 자의 도메인이름의 등록 및 사용을 방해할 목적

(3) 그 밖에 상업적 이익을 얻을 목적

자. 타인이 제작한 상품의 형태(형상 · 모양 · 색채 · 광택 또는 이들을 결합한 것을 말하며, 시제품 또는 상품소개서상의 형태를 포함한다. 이하 같다)를 모방한 상품을 양도 · 대여 또는 이를 위한 전시를 하거나 수입 · 수출하는 행위. 다만, 다음의 어느 하나에 해당하는 행위는 제외한다.

(1) 상품의 시제품 제작 등 상품의 형태가 갖추어진 날부터 3년이 지난 상품의 형태를 모방한 상품을 양도 · 대여 또는 이를 위한 전시를 하거나 수입 · 수출하는 행위

(2) 타인이 제작한 상품과 동종의 상품(동종의 상품이 없는 경우에는 그 상품과 기능 및 효용이 동일하거나 유사한 상품을 말한다)이 통상적으로 가지는 형태를 모방한 상품을 양도 · 대여 또는 이를 위한 전시를 하거나 수입 · 수출하는 행위

2. "영업비밀"이란 공공연히 알려져 있지 아니하고 독립된 경제적 가치를 가지는 것으로서, 상당한 노력에 의하여 비밀로 유지된 생산방법, 판매방법, 그 밖에 영업활동에 유용한 기술상 또는 경영상의 정보를 말한다.

3. "영업비밀 침해행위"란 다음 각 목의 어느 하나에 해당하는 행위를 말한다.

가. 절취(竊取), 기망(欺罔), 협박, 그 밖의 부정한 수단으로 영업비밀을 취득하는 행위(이하 "부정취득행위"라 한다) 또는 그 취득한 영업비밀을 사용하거나 공개(비밀을 유지하면서 특정인에게 알리는 것을 포함한다. 이하 같다)하는 행위

나. 영업비밀에 대하여 부정취득행위가 개입된 사실을 알거나 중대한 과실로 알지 못하고 그 영업비밀을 취득하는 행위 또는 그 취득한 영업비밀을 사용하거나 공개하는 행위

다. 영업비밀을 취득한 후에 그 영업비밀에 대하여 부정취득행위가 개입된 사실을 알거나 중대한 과실로 알지 못하고 그 영업비밀을 사용하거나 공개하는 행위
라. 계약관계 등에 따라 영업비밀을 비밀로서 유지하여야 할 의무가 있는 자가 부정한 이익을 얻거나 그 영업비밀의 보유자에게 손해를 입힐 목적으로 그 영업비밀을 사용하거나 공개하는 행위
마. 영업비밀이 라목에 따라 공개된 사실 또는 그러한 공개행위가 개입된 사실을 알거나 중대한 과실로 알지 못하고 그 영업비밀을 취득하는 행위 또는 그 취득한 영업비밀을 사용하거나 공개하는 행위
바. 영업비밀을 취득한 후에 그 영업비밀이 라목에 따라 공개된 사실 또는 그러한 공개행위가 개입된 사실을 알거나 중대한 과실로 알지 못하고 그 영업비밀을 사용하거나 공개하는 행위

4. "도메인이름"이란 인터넷상의 숫자로 된 주소에 해당하는 숫자 · 문자 · 기호 또는 이들의 결합을 말한다.

제2조의2(부정경쟁방지 및 영업비밀보호 사업) 특허청장은 부정경쟁행위의 방지 및 영업비밀보호를 위하여 연구 · 교육 및 홍보, 부정경쟁방지를 위한 정보관리시스템 구축 및 운영, 그 밖에 대통령령으로 정하는 사업을 할 수 있다.

제2장 부정경쟁행위의 금지 등

제3조(국기 · 국장 등의 사용 금지) ① 파리협약 당사국, 세계무역기구 회원국 또는 「상표법 조약」 체약국의 국기 · 국장(國章), 그 밖의 휘장이나 국제기구의 표지와 동일하거나 유사한 것은 상표로 사용할 수 없다. 다만, 해당 국가 또는 국제기구의 허락을 받은 경우에는 그러하지 아니하다.

② 파리협약 당사국, 세계무역기구 회원국 또는 「상표법 조약」 체약국 정부의 감독용 또는 증명용 표지와 동일하거나 유사한 것은 상표로 사용할 수 없다. 다만, 해당 정부의 허락을 받은 경우에는 그러하지 아니하다.

제3조의2(자유무역협정에 따라 보호하는 지리적 표시의 사용금지 등) ① 정당한 권원이 없는 자는 대한민국이 외국과 양자간(兩者間) 또는 다자간(多者間)으로 체결하여 발효된 자유무역협정에 따라 보호하는 지리적 표시(이하 이 조에서 "지리적 표시"라 한다)에 대하여는 제2조 제1호라목 및 마목의 부정경쟁행위 이외에도 지리적 표시에 나타난 장소를 원산지로 하지 아니하는 상품(지리적 표시를 사용하는 상품과 동일하거나 동일하다고 인식되는 상품으로 한정한다)에 관하여 다음 각 호의 행위를 할 수 없다.

1. 진정한 원산지 표시 이외에 별도로 지리적 표시를 사용하는 행위
2. 지리적 표시를 번역 또는 음역하여 사용하는 행위
3. "종류", "유형", "양식" 또는 "모조품" 등의 표현을 수반하여 지리적 표시를 사용하는 행위

② 정당한 권원이 없는 자는 다음 각 호의 행위를 할 수 없다.
1. 제1항 각 호에 해당하는 방식으로 지리적 표시를 사용한 상품을 양도 · 인도 또는 이를 위하여 전시하거나 수입 · 수출하는 행위
2. 제2조 제1호라목 또는 마목에 해당하는 방식으로 지리적 표시를 사용한 상품을 인도하거나 이를 위하여 전시하는 행위

③ 제1항 각 호에 해당하는 방식으로 상표를 사용하는 자로서 다음 각 호의 요건을 모두 갖춘 자는 제1항에도 불구하고 해당 상표를 그 사용하는 상품에 계속 사용할 수 있다.
1. 국내에서 지리적 표시의 보호개시일 이전부터 해당 상표를 사용하고 있을 것
2. 제1호에 따라 상표를 사용한 결과 해당 지리적 표시의 보호개시일에 국내 수요자 간에 그 상표가 특정인의 상품을 표시하는 것이라고 인식되어 있을 것

제4조(부정경쟁행위 등의 금지청구권 등) ① 부정경쟁행위나 제3조의2제1항 또는 제2항을 위반하는 행위로 자신의 영업상의 이익이 침해되거나 침해될 우려가 있는 자는 부정경쟁행위나 제3조의2제1항 또는 제2항을 위반하는 행위를 하거나 하려는 자에 대하여 법원에 그 행위의 금지 또는 예방을 청구할 수 있다.

② 제1항에 따른 청구를 할 때에는 다음 각 호의 조치를 함께 청구할 수 있다.
1. 부정경쟁행위나 제3조의2제1항 또는 제2항을 위반하는 행위를 조성한 물건의 폐기
2. 부정경쟁행위나 제3조의2제1항 또는 제2항을 위반하는 행위에 제공된 설비의 제거
3. 부정경쟁행위나 제3조의2제1항 또는 제2항을 위반하는 행위의 대상이 된 도메인이름의 등록말소
4. 그 밖에 부정경쟁행위나 제3조의2제1항 또는 제2항을 위반하는 행위의 금지 또는 예방을 위하여 필요한 조치

제5조(부정경쟁행위 등에 대한 손해배상책임) 고의 또는 과실에 의한 부정경쟁행위나 제3조의2제1항 또는 제2항을 위반한 행위(제2조 제1호다목의 경우에는 고의에 의한 부정경쟁행위만을 말한다)로 타인의 영업상 이익을 침해하여 손해를 입힌 자는 그 손해를 배상할 책임을 진다.

제6조(부정경쟁행위 등으로 실추된 신용의 회복) 법원은 고의 또는 과실에 의한 부정경쟁행위나 제3조의2제1항 또는 제2항을 위반한 행위(제2조 제1호다목의 경우에는 고의에 의한 부정경쟁행위만을 말한다)로 타인의 영업상의 신용을 실추시킨 자에게는 부정경쟁행위나 제3조의2제1항 또는 제2항을 위반한 행위로 인하여 자신의 영업상의 이익이 침해된 자의 청구에 의하여 제5조에 따른 손해배상을 갈음하거나 손해배상과 함께 영업상의 신용을 회복하는 데에 필요한 조치를 명할 수 있다.

제7조(부정경쟁행위 등의 조사 등) ① 특허청장, 특별시장 · 광역시장 · 도지사 · 특별자치도지사(이하 "시 · 도지사"라 한다) 또는 시장 · 군수 · 구청장(자치구의 구청장을 말한다. 이하 같다)은 제2조 제1호가목부터 사목까지의 부정경쟁행위나 제3조, 제3조의2제1항 또는 제2항을 위반한 행위를 확인하기 위하여 필요하다고 인정하면 관계 공무원에게 영

업시설 또는 제조시설에 출입하여 관계 서류나 장부 · 제품 등을 조사하게 하거나 조사에 필요한 최소분량의 제품을 수거하여 검사하게 할 수 있다.

② 특허청장, 시 · 도지사 또는 시장 · 군수 · 구청장이 제1항에 따른 조사를 할 때에는 「행정조사기본법」 제15조에 따라 그 조사가 중복되지 아니하도록 하여야 한다.

③ 제1항에 따라 조사 등을 하는 공무원은 그 권한을 표시하는 증표를 지니고 이를 관계인에게 내보여야 한다.

제8조(위반행위의 시정권고) 특허청장, 시 · 도지사 또는 시장 · 군수 · 구청장은 제2조 제1호가목부터 사목까지의 부정경쟁행위나 제3조, 제3조의2제1항 또는 제2항을 위반한 행위가 있다고 인정되면 그 위반행위를 한 자에게 30일 이내의 기간을 정하여 그 행위를 중지하거나 표지를 제거 또는 폐기할 것 등 그 시정에 필요한 권고를 할 수 있다.

제9조(의견청취) 특허청장, 시 · 도지사 또는 시장 · 군수 · 구청장은 제8조에 따른 시정권고를 하기 위하여 필요하다고 인정하면 대통령령으로 정하는 바에 따라 당사자 · 이해관계인 또는 참고인의 의견을 들어야 한다.

제3장 영업비밀의 보호

제10조(영업비밀 침해행위에 대한 금지청구권 등) ① 영업비밀의 보유자는 영업비밀 침해행위를 하거나 하려는 자에 대하여 그 행위에 의하여 영업상의 이익이 침해되거나 침해될 우려가 있는 경우에는 법원에 그 행위의 금지 또는 예방을 청구할 수 있다.

② 영업비밀 보유자가 제1항에 따른 청구를 할 때에는 침해행위를 조성한 물건의 폐기, 침해행위에 제공된 설비의 제거, 그 밖에 침해행위의 금지 또는 예방을 위하여 필요한 조치를 함께 청구할 수 있다.

제11조(영업비밀 침해에 대한 손해배상책임) 고의 또는 과실에 의한 영업비밀 침해행위로 영업비밀 보유자의 영업상 이익을 침해하여 손해를 입힌 자는 그 손해를 배상할 책임을 진다.

제12조(영업비밀 보유자의 신용회복) 법원은 고의 또는 과실에 의한 영업비밀 침해행위로 영업비밀 보유자의 영업상의 신용을 실추시킨 자에게는 영업비밀 보유자의 청구에 의하여 제11조에 따른 손해배상을 갈음하거나 손해배상과 함께 영업상의 신용을 회복하는 데에 필요한 조치를 명할 수 있다.

제13조(선의자에 관한 특례) ① 거래에 의하여 영업비밀을 정당하게 취득한 자가 그 거래에 의하여 허용된 범위에서 그 영업비밀을 사용하거나 공개하는 행위에 대하여는 제10조부터 제12조까지의 규정을 적용하지 아니한다.

② 제1항에서 "영업비밀을 정당하게 취득한 자"란 제2조 제3호다목 또는 바목에서 영업비밀을 취득할 당시에 그 영업비밀이 부정하게 공개된 사실 또는 영업비밀의 부정취득행위나 부정공개행위가 개입된 사실을 중대한 과실 없이 알지 못하고 그 영업비밀을 취득한 자를 말한다.

제14조(시효) 제10조 제1항에 따라 영업비밀 침해행위의 금지 또는 예방을 청구할 수 있는 권리는 영업비밀 침해행위가 계속되는 경우에 영업비밀 보유자가 그 침해행위에 의하여 영업상의 이익이 침해되거나 침해될 우려가 있다는 사실 및 침해행위자를 안 날부터 3년간 행사하지 아니하면 시효(時效)로 소멸한다. 그 침해행위가 시작된 날부터 10년이 지난 때에도 또한 같다.

제4장 보 칙

제14조의2(손해액의 추정 등) ① 부정경쟁행위, 제3조의2제1항이나 제2항을 위반한 행위 또는 영업비밀 침해행위로 영업상의 이익을 침해당한 자가 제5조 또는 제11조에 따른 손해배상을 청구하는 경우 영업상의 이익을 침해한 자가 부정경쟁행위, 제3조의2제1항이나 제2항을 위반한 행위 또는 영업비밀 침해행위를 하게 한 물건을 양도하였을 때에는 제1호의 수량에 제2호의 단위수량당 이익액을 곱한 금액을 영업상의 이익을 침해당한 자의 손해액으로 할 수 있다. 이 경우 손해액은 영업상의 이익을 침해당한 자가 생산할 수 있었던 물건의 수량에서 실제 판매한 물건의 수량을 뺀 수량에 단위수량당 이익액을 곱한 금액을 한도로 한다. 다만, 영업상의 이익을 침해당한 자가 부정경쟁행위, 제3조의2제1항이나 제2항을 위반한 행위 또는 영업비밀 침해행위 외의 사유로 판매할 수 없었던 사정이 있는 경우에는 그 부정경쟁행위, 제3조의2제1항이나 제2항을 위반한 행위 또는 영업비밀 침해행위 외의 사유로 판매할 수 없었던 수량에 따른 금액을 빼야 한다.

1. 물건의 양도수량
2. 영업상의 이익을 침해당한 자가 그 부정경쟁행위, 제3조의2제1항이나 제2항을 위반한 행위 또는 영업비밀 침해행위가 없었다면 판매할 수 있었던 물건의 단위수량당 이익액

② 부정경쟁행위, 제3조의2제1항이나 제2항을 위반한 행위 또는 영업비밀 침해행위로 영업상의 이익을 침해당한 자가 제5조 또는 제11조에 따른 손해배상을 청구하는 경우 영업상의 이익을 침해한 자가 그 침해행위에 의하여 이익을 받은 것이 있으면 그 이익액은 영업상의 이익을 침해당한 자의 손해액으로 추정한다.

③ 부정경쟁행위, 제3조의2제1항이나 제2항을 위반한 행위 또는 영업비밀 침해행위로 영업상의 이익을 침해당한 자는 제5조 또는 제11조에 따른 손해배상을 청구하는 경우 부정경쟁행위 또는 제3조의2제1항이나 제2항을 위반한 행위의 대상이 된 상품 등에 사용된 상표 등 표지의 사용 또는 영업비밀 침해행위의 대상이 된 영업비밀의 사용에 대하여 통상 받을 수 있는 금액에 상당하는 금액을 자기의 손해액으로 하여 손해배상을 청구할 수 있다.

④ 부정경쟁행위, 제3조의2제1항이나 제2항을 위반한 행위 또는 영업비밀 침해행위로 인한 손해액이 제3항에 따른 금액을 초과하면 그 초과액에 대하여도 손해배상을 청구할 수 있다. 이 경우 그 영업상의 이익을 침해한 자에게 고의 또는 중대한 과실이 없으면 법원은

손해배상 금액을 산정할 때 이를 고려할 수 있다.

⑤ 법원은 부정경쟁행위, 제3조의2제1항이나 제2항을 위반한 행위 또는 영업비밀 침해행위에 관한 소송에서 손해가 발생된 것은 인정되나 그 손해액을 입증하기 위하여 필요한 사실을 입증하는 것이 해당 사실의 성질상 극히 곤란한 경우에는 제1항부터 제4항까지의 규정에도 불구하고 변론 전체의 취지와 증거조사의 결과에 기초하여 상당한 손해액을 인정할 수 있다.

제14조의3(자료의 제출) 법원은 부정경쟁행위, 제3조의2제1항이나 제2항을 위반한 행위 또는 영업비밀 침해행위로 인한 영업상 이익의 침해에 관한 소송에서 당사자의 신청에 의하여 상대방 당사자에 대하여 해당 침해행위로 인한 손해액을 산정하는 데에 필요한 자료의 제출을 명할 수 있다. 다만, 그 자료의 소지자가 자료의 제출을 거절할 정당한 이유가 있는 경우에는 그러하지 아니하다.

제14조의4(비밀유지명령) ① 법원은 부정경쟁행위, 제3조의2제1항이나 제2항을 위반한 행위 또는 영업비밀 침해행위로 인한 영업상 이익의 침해에 관한 소송에서 그 당사자가 보유한 영업비밀에 대하여 다음 각 호의 사유를 모두 소명한 경우에는 그 당사자의 신청에 따라 결정으로 다른 당사자(법인인 경우에는 그 대표자), 당사자를 위하여 소송을 대리하는 자, 그 밖에 해당 소송으로 인하여 영업비밀을 알게 된 자에게 그 영업비밀을 해당 소송의 계속적인 수행 외의 목적으로 사용하거나 그 영업비밀에 관계된 이 항에 따른 명령을 받은 자 외의 자에게 공개하지 아니할 것을 명할 수 있다. 다만, 그 신청 시점까지 다른 당사자(법인인 경우에는 그 대표자), 당사자를 위하여 소송을 대리하는 자, 그 밖에 해당 소송으로 인하여 영업비밀을 알게 된 자가 제1호에 규정된 준비서면의 열람이나 증거 조사 외의 방법으로 그 영업비밀을 이미 취득하고 있는 경우에는 그러하지 아니하다.

1. 이미 제출하였거나 제출하여야 할 준비서면 또는 이미 조사하였거나 조사하여야 할 증거에 영업비밀이 포함되어 있다는 것
2. 제1호의 영업비밀이 해당 소송 수행 외의 목적으로 사용되거나 공개되면 당사자의 영업에 지장을 줄 우려가 있어 이를 방지하기 위하여 영업비밀의 사용 또는 공개를 제한할 필요가 있다는 것

② 제1항에 따른 명령(이하 "비밀유지명령"이라 한다)의 신청은 다음 각 호의 사항을 적은 서면으로 하여야 한다.

1. 비밀유지명령을 받을 자
2. 비밀유지명령의 대상이 될 영업비밀을 특정하기에 충분한 사실
3. 제1항 각 호의 사유에 해당하는 사실

③ 법원은 비밀유지명령이 결정된 경우에는 그 결정서를 비밀유지명령을 받은 자에게 송달하여야 한다.

④ 비밀유지명령은 제3항의 결정서가 비밀유지명령을 받은 자에게 송달된 때부터 효력이 발생한다.

⑤ 비밀유지명령의 신청을 기각 또는 각하한 재판에 대하여는 즉시항고를 할 수 있다.

제14조의5(비밀유지명령의 취소) ① 비밀유지명령을 신청한 자 또는 비밀유지명령을 받은 자는 제14조의4제1항에 따른 요건을 갖추지 못하였거나 갖추지 못하게 된 경우 소송기록을 보관하고 있는 법원(소송기록을 보관하고 있는 법원이 없는 경우에는 비밀유지명령을 내린 법원)에 비밀유지명령의 취소를 신청할 수 있다.

② 법원은 비밀유지명령의 취소 신청에 대한 재판이 있는 경우에는 그 결정서를 그 신청을 한 자 및 상대방에게 송달하여야 한다.

③ 비밀유지명령의 취소 신청에 대한 재판에 대하여는 즉시항고를 할 수 있다.

④ 비밀유지명령을 취소하는 재판은 확정되어야 그 효력이 발생한다.

⑤ 비밀유지명령을 취소하는 재판을 한 법원은 비밀유지명령의 취소 신청을 한 자 또는 상대방 외에 해당 영업비밀에 관한 비밀유지명령을 받은 자가 있는 경우에는 그 자에게 즉시 비밀유지명령의 취소 재판을 한 사실을 알려야 한다.

제14조의6(소송기록 열람 등의 청구 통지 등) ① 비밀유지명령이 내려진 소송(모든 비밀유지명령이 취소된 소송은 제외한다)에 관한 소송기록에 대하여 「민사소송법」 제163조 제1항의 결정이 있었던 경우, 당사자가 같은 항에서 규정하는 비밀 기재 부분의 열람 등의 청구를 하였으나 그 청구절차를 해당 소송에서 비밀유지명령을 받지 아니한 자가 밟은 경우에는 법원서기관, 법원사무관, 법원주사 또는 법원주사보(이하 이 조에서 "법원사무관등"이라 한다)는 「민사소송법」 제163조 제1항의 신청을 한 당사자(그 열람 등의 청구를 한 자는 제외한다. 이하 제3항에서 같다)에게 그 청구 직후에 그 열람 등의 청구가 있었다는 사실을 알려야 한다.

② 제1항의 경우에 법원사무관등은 제1항의 청구가 있었던 날부터 2주일이 지날 때까지(그 청구절차를 행한 자에 대한 비밀유지명령신청이 그 기간 내에 행하여진 경우에는 그 신청에 대한 재판이 확정되는 시점까지) 그 청구절차를 행한 자에게 제1항의 비밀 기재 부분의 열람 등을 하게 하여서는 아니 된다.

③ 제2항은 제1항의 열람 등의 청구를 한 자에게 제1항의 비밀 기재 부분의 열람 등을 하게 하는 것에 대하여 「민사소송법」 제163조 제1항의 신청을 한 당사자 모두의 동의가 있는 경우에는 적용되지 아니한다.

제15조(다른 법률과의 관계) ① 「특허법」, 「실용신안법」, 「디자인보호법」, 「상표법」, 「농산물품질관리법」 또는 「수산물품질관리법」에 제2조부터 제6조까지 및 제18조 제3항과 다른 규정이 있으면 그 법에 따른다.

② 「독점규제 및 공정거래에 관한 법률」, 「표시 · 광고의 공정화에 관한 법률」 또는 「형법」 중 국기 · 국장에 관한 규정에 제2조 제1호라목부터 바목까지, 제3조부터 제6조까지 및 제18조 제3항과 다른 규정이 있으면 그 법에 따른다.

제16조 삭제

제17조(업무의 위탁 등) ① 삭제

② 특허청장은 제2조의2에 따른 연구 · 교육 · 홍보 및 정보관리시스템의 구축 · 운영에 관한 업무를 대통령령으로 정하는 산업재산권 보호 또는 부정경쟁방지 업무와 관련된 법

인이나 단체(이하 이 조에서 "전문단체"라 한다)에 위탁할 수 있다.

③ 특허청장, 시 · 도지사 또는 시장 · 군수 · 구청장은 제7조나 제8조에 따른 업무를 수행하기 위하여 필요한 경우에 전문단체의 지원을 받을 수 있다.

④ 제3항에 따른 지원업무에 종사하는 자에 관하여는 제7조 제3항을 준용한다.

⑤ 특허청장은 예산의 범위에서 제2항에 따른 위탁업무 및 제3항에 따른 지원업무에 사용되는 비용의 전부 또는 일부를 지원할 수 있다.

제17조의2(벌칙 적용에서의 공무원 의제) 제17조 제3항에 따른 지원업무에 종사하는 자는 「형법」 제127조 및 제129조부터 제132조까지의 규정에 따른 벌칙의 적용에서는 공무원으로 본다.

제18조(벌칙) ① 부정한 이익을 얻거나 기업에 손해를 입힐 목적으로 그 기업에 유용한 영업비밀을 외국에서 사용하거나 외국에서 사용될 것임을 알면서 취득 · 사용 또는 제3자에게 누설한 자는 10년 이하의 징역 또는 그 재산상 이득액의 2배 이상 10배 이하에 상당하는 벌금에 처한다.

② 부정한 이익을 얻거나 기업에 손해를 입힐 목적으로 그 기업에 유용한 영업비밀을 취득 · 사용하거나 제3자에게 누설한 자는 5년 이하의 징역 또는 그 재산상 이득액의 2배 이상 10배 이하에 상당하는 벌금에 처한다.

③ 다음 각 호의 어느 하나에 해당하는 자는 3년 이하의 징역 또는 3천만원 이하의 벌금에 처한다.

1. 제2조 제1호(아목 및 자목은 제외한다)에 따른 부정경쟁행위를 한 자
2. 제3조를 위반하여 다음 각 목의 어느 하나에 해당하는 휘장 또는 표지와 동일하거나 유사한 것을 상표로 사용한 자
   가. 파리협약 당사국, 세계무역기구 회원국 또는 「상표법 조약」 체약국의 국기 · 국장, 그 밖의 휘장
   나. 국제기구의 표지
   다. 파리협약 당사국, 세계무역기구 회원국 또는 「상표법 조약」 체약국 정부의 감독용 · 증명용 표지

④ 제1항과 제2항의 징역과 벌금은 병과(倂科)할 수 있다.

제18조의2(미수) 제18조 제1항 및 제2항의 미수범은 처벌한다.

제18조의3(예비 · 음모) ① 제18조 제1항의 죄를 범할 목적으로 예비 또는 음모한 자는 3년 이하의 징역 또는 2천만원 이하의 벌금에 처한다.

② 제18조 제2항의 죄를 범할 목적으로 예비 또는 음모한 자는 2년 이하의 징역 또는 1천만원 이하의 벌금에 처한다.

제18조의4(비밀유지명령 위반죄) ① 국내외에서 정당한 사유 없이 제14조의4제1항에 따른 비밀유지명령을 위반한 자는 5년 이하의 징역 또는 5천만원 이하의 벌금에 처한다.

② 제1항의 죄는 비밀유지명령을 신청한 자의 고소가 없으면 공소를 제기할 수 없다.

제19조(양벌규정) 법인의 대표자나 법인 또는 개인의 대리인, 사용인, 그 밖의 종업원이 그

법인 또는 개인의 업무에 관하여 제18조 제1항부터 제3항까지의 어느 하나에 해당하는 위반행위를 하면 그 행위자를 벌하는 외에 그 법인 또는 개인에게도 해당 조문의 벌금형을 과(科)한다. 다만, 법인 또는 개인이 그 위반행위를 방지하기 위하여 해당 업무에 관하여 상당한 주의와 감독을 게을리하지 아니한 경우에는 그러하지 아니하다.

제20조(과태료) ① 제7조 제1항에 따른 관계 공무원의 조사나 수거를 거부 · 방해 또는 기피한 자에게는 2천만원 이하의 과태료를 부과한다.

② 제1항에 따른 과태료는 대통령령으로 정하는 바에 따라 특허청장, 시 · 도지사 또는 시장 · 군수 · 구청장이 부과 · 징수한다.

③ 삭제

④ 삭제

⑤ 삭제

저자 약력

■ 현대호

충남대학교 법과대학 졸업
법학박사(충남대학교 대학원)
현재 한국법제연구원 연구위원
대통령소속 국가지식재산위원회 전문위원
소비자분쟁조정위원회 위원
산업보안연구학회 학술이사
국무총리실 전문위원, 경원대학교 겸임교수 역임

»» 주요저서

최근 산업기술 보호법제의 동향과 과제(한국법제연구원)
영업비밀에 관한 법제연구(한국법제연구원)

■ 이호용

한양대학교 법과대학 졸업
법학박사(한양대학교 대학원)
현재 한양대 정책과학대학 정책학과 교수
방송통신심의위원회 규제심의위원
국가인권위원회 정보공개심사위원
경찰대 [치안정책연구] 편집위원
한국법정책학회 총무이사
법무부 전문위원, 단국대 법과대학 교수 역임
사법시험위원, 행정고시위원 역임

»» 주요저서

사회보장행정법의 구조적 특성(한국학술정보)
행정법입문(삼영사)

산업기술보호법

2013년 6월 20일 초판 인쇄
2013년 6월 25일 초판 1쇄 발행

저 자 현 대 호 · 이 호 용
발행인 배 효 선
발행처 도서출판 法 文 社

주 소 413-756 경기도 파주시 문발동 526-3
등 록 1957. 12. 12 / 제2-76호 (윤)
TEL 031) 955-6500~6 FAX 031) 955-6525
e-mail (영업): bms@bobmunsa.co.kr
(편집): edit66@bobmunsa.co.kr
홈페이지 http://www.bobmunsa.co.kr
조 판 법 문 사 전 산 실

정가 30,000원 ISBN 978-89-18-08936-2